भारत : 8वीं सदी से 15वीं सदी तक

India from 8th Century to 15th Century A.D.

(ई.एच.आई.-03)

इतिहास में स्नातक उपाधि (बी.ए.) हेतु

For Bachelor of Arts [B.A.]

माया समारिया

बिमला देवी

विशेष विश्वविद्यालयों के लिए महत्वपूर्ण अध्ययन सामग्री

इंदिरा गाँधी राष्ट्रीय मुक्त विश्वविद्यालय (इग्नू), के.एस.ओ.यू. (कर्नाटका), बिहार विश्वविद्यालय (मुजफ्फरपुर), नालंदा विश्वविद्यालय, सेंटर फॉर डिस्टेंस एंड ओपन लर्निंग, जामिया मिलिया इस्लामिया, वर्धमान महावीर मुक्त विश्वविद्यालय (कोटा), उत्तराखंड मुक्त विश्वविद्यालय, कुरुक्षेत्र विश्वविद्यालय, सेवा सदन कॉलेज ऑफ एजुकेशन (महाराष्ट्र), मिथिला विश्वविद्यालय, आंध्रा विश्वविद्यालय, अन्नामलाई विश्वविद्यालय, बैंगलोर विश्वविद्यालय, भारतीयर विश्वविद्यालय, भारतीदशन विश्वविद्यालय, हिमाचल प्रदेश विश्वविद्यालय, काकाटिया विश्वविद्यालय (आंध्र प्रदेश), के.ओ.यू. (राजस्थान), एम.पी.बी.ओ.यू. (एम.पी.), एम.डी.यू. (हरियाणा), पंजाब विश्वविद्यालय, तमिलनाडु मुक्त विश्वविद्यालय, श्री पद्मावती महिला विश्वविद्यालयम् (आंध्र प्रदेश), जम्मू विश्वविद्यालय, वाई.सी.एम.ओ.यू., राजस्थान विश्वविद्यालय, उत्तर प्रदेश राजर्षि टण्डन मुक्त विश्वविद्यालय, कल्याणी विश्वविद्यालय, बनारस हिंदू विश्वविद्यालय (बी.एच.यू.), और अन्य भारतीय विश्वविद्यालय।

इस पुस्तक का अंग्रेजी संस्करण भी उपलब्ध है।

English Edition of this Book is also available.

Closer to Nature  We use Recycled Paper

गुल्लीबाबा पब्लिशिंग हाउस प्रा. लि.

आई.एस.ओ. 9001 एवं आई.एस.ओ. 14001 प्रमाणित कं.

Published by:

GullyBaba Publishing House Pvt. Ltd.

Regd. Office:
2525/193, 1st Floor, Onkar Nagar-A,
Tri Nagar, Delhi-110035
(From Kanhaiya Nagar Metro Station Towards Old Bus Stand)
Call: 9991112299, 9312235086
WhatsApp: 9350849407

Branch Office:
1A/2A, 20, Hari Sadan,
Ansari Road, Daryaganj,
New Delhi-110002
Ph.011-45794768
Call & WhatsApp:
8130521616,8130511234

E-mail: hello@gullybaba.com, **Website**:GullyBaba.com

New Edition

ISBN: 978-93-81690-80-2

Disclaimer: Although the author and publisher have made every effort to ensure that the information in this book is correct, the author and publisher do not assume and hereby disclaim any liability to any party for any loss, damage, or disruption caused by errors or omissions, whether such errors or omissions result from negligence, accident, or any other cause.
If you find any kind of error, please let us know and get reward and or the new book free of cost.
The book is based on IGNOU syllabus. This is only a sample. The book/ author/publisher does not impose any guarantee or claim for full marks or to be passed in exam. You are advised only to understand the contents with the help of this book and answer in your words.
All disputes with respect to this publication shall be subject to the jurisdiction of the Courts, Tribunals and Forums of New Delhi, India only.

प्रथम संस्करण की भूमिका

प्रिय छात्रो! हमें आपके मध्य पुस्तक **भारत – 8वीं सदी से 15वीं सदी तक** (E.H.I.- 03) प्रस्तुतकर अपार हर्ष हो रहा है। पुस्तक में बहुत–सी विशेषताएँ हैं जैसे इग्नू द्वारा प्रस्तावित सम्पूर्ण कोर्स, गत वर्षों के दस प्रश्नपत्र हलसहित तथा अत्यन्त सरल भाषा–शैली।

यह पुस्तक आपकी परीक्षा को अत्यन्त सरल बनाने में सक्षम है। विद्वान लेखकों ने इसे अपने ज्ञान व अनुभवों से सजाया है। सम्पूर्ण पुस्तक प्रश्न पत्रानुसार संयोजित करने की कोशिश की गई है। हमें विश्वास है कि आप इससे अवश्य लाभान्वित होंगे। विभिन्न विश्वविद्यालयों में इतिहास के अध्यापन में लगे विद्वान् सहयोगी साथियों से विनम्र निवेदन है कि वे सदैव की भाँति हमारे इस प्रथम संस्करण का भी निष्पक्ष मूल्यांकन करें और अपने सुझावों से हमें अनुगृहीत करें। पाठ्यपुस्तकें तो विकासशील ज्ञान बिरवे हैं जो संरक्षण एवं प्रोत्साहन से ही पल्लवित होते हैं। आगामी संस्करण में उनके सुझावों को यथास्थान साभार सम्मिलित किया जाएगा। विद्यार्थियों को हमारी यह कृति यदि ज्ञानवर्धक और परीक्षा में अच्छे अंकों से सफलता प्राप्त करने में सहायक सिद्ध हुई तो हम अपने श्रम को सार्थक समझेंगे।

आप हमारी पुस्तकों को भारत के किसी भी राज्य/शहर में हमसे सम्बद्ध दुकानों से या सीधे प्रकाशन के पते से या वेब साइट www.gullybaba.com, www.ignouonline.com से e-mail करके भी ऑर्डर कर सकते हैं।

प्रकाशन (GPH) अपने कार्यरत बन्धुओं व लेखकों का हृदय से आभार प्रकट करता है, जिनके अथक प्रयास व लगन से पुस्तक का प्रकाशन सम्भव हो सका।

नई दिल्ली

–प्रकाशक

TOPICS COVERED

खंड–1 प्रारंभिक मध्ययुगीन अर्थव्यवस्था : आठवी से तेरहवीं शताब्दी तक

खंड–2 समाज और संस्कृति : आठवीं से तेरहवीं सदी तक

खंड–3 भारतीय राजनीति : क्षेत्रीय विभिन्नताएँ आठवी सदी से तेरहवीं सदी तक

खंड–4 दिल्ली सल्तनत की स्थापना

खंड–5 भारतीय राजनीति : सल्तनत कालीन

खंड–6 दिल्ली सल्तनत की अर्थव्यवस्था

खंड–7 क्षेत्रीय शक्तियाँ : 13वीं सदी से 15वीं सदी तक

खंड–8 समाज और संस्कृति : 13वीं से 15वीं सदी

प्रश्न पत्र

BLOCK-1

प्रारंभिक मध्ययुगीन अर्थव्यवस्था : आठवी से तेरहवीं शताब्दी तक

1 कृषि अर्थव्यवस्था

प्रश्न 1. आठवीं शताब्दी से बारहवीं शताब्दी में कृषि विस्तार का उल्लेख कीजिए।

उत्तर– ब्रह्मदेय और अग्रहार बस्तियों में कृषि विस्तार की शुरुआत हुई। ये ब्राह्मणों को चौथी सदी के बाद से दिए गए भूमि अनुदान थे। बाद की सदियों में यह कृषि विस्तार एकरूप व सार्वभौमिक हो गया।

आठवीं और बारहवीं सदी में इस प्रक्रिया का विस्तार हुआ। कृषि विकास की प्रक्रिया पराकाष्ठा पर जा पहुँची जो कि धार्मिक और धर्मनिरपेक्ष लोगों जैसे ब्राह्मण, मंदिरों और राजा की सरकार के अधिकारियों को मिले भूमि अनुदानों के कारण संभव हो सका। हालांकि भौगोलिक और पारिस्थितिकीय कारकों की वजह से इस विकास में कई महत्वपूर्ण क्षेत्रीय विविधताएं आ गईं।

भौगोलिक और कालानुक्रमिक प्रतिरूप: खेती का विस्तार सिर्फ खाली जमीन पर ही नहीं हुआ बल्कि जंगलों को भी साफ करके हुआ। यह एक निरन्तर प्रक्रिया थी और यह प्रारंभिक मध्ययुगीन कृषि अर्थव्यवस्था की एक मुख्य विशेषता रही है। कुछ विद्वानों का यह मत है कि भूमि अनुदान पहले बाहर, पिछड़े और जनजातीय क्षेत्रों में हुआ और बाद में धीरे–धीरे गंगा की घाटी तक फैल गया जो कि ब्राह्मणवादी संस्कृति का केन्द्र थी। ब्राह्मण पिछड़े और आदिवासी क्षेत्रों में मौसम, खेत जोतने, सिंचाई और पशु की रक्षा के विशेष ज्ञान से कृषि प्रक्रिया को नियंत्रित कर सकते थे और खेती के नए तरीके का प्रचार कर सकते थे। हालांकि यह बात पूरे भारत के लिए सच नहीं है क्योंकि भूमि अनुदान, व्यवस्थित तथा स्थानबद्ध खेती वाले क्षेत्रों और दूसरे पारिस्थितिकीय क्षेत्रों में भी प्रचलित था। इन भूमि अनुदानों का उद्देश्य इन सब क्षेत्रों को नई अर्थव्यवस्था से जोड़ना था।

वैचारिक पृष्ठभूमि: जमीन के दान का विचार दान के महत्व को दर्शाता है। ब्राह्मणवादी ग्रंथों में ब्राह्मणों को दान या उपहार देना पुण्य कमाने का और पाप को नष्ट करने का सबसे सही

तरीका बताया जाता है। ऐसा प्रतीत होता है कि ब्राह्मणों को जीविका उपलब्ध कराने के लिए यह एक पहले से सोची–समझी कोशिश है। गुप्त काल के बाद की सदियों की सभी स्मृतियों और पुराणों में ब्राह्मणों को खेती की जमीन अनुदान देने और ताँबे के स्मृति पत्रों पर जमीन दान दर्ज करने की बात की गई है।

दान में दी जाने वाली कई प्रकार की वस्तुएं होती थीं–

(1) खाद्यान्न, अनाज, धान इत्यादि,

(2) चल सम्पत्ति जैसे सोना, मुद्रा इत्यादि, और

(3) अचल संपत्ति जैसे खेती की जमीन, बाग और रहने योग्य जमीन।

दान की वस्तुओं के अंतर्गत हल, गायें, बैल भी आते थे। ब्राह्मणों को दिए जाने वाले दानों में जमीन का दान सबसे उत्तम माना जाता था। दान के दुरुपयोग की स्थिति में अभिशाप का भागी बनने के भय या ब्राह्मणों को दी गई दान की जमीन को वापस लेने की प्रथा ने दान की प्रक्रिया को बनाए रखा। इस प्रकार भूमि अनुदान धर्मशास्त्र में प्रतिपादित एक निश्चित कानूनी तरीके के अनुसार दिया जाता था।

प्रारंभ में भूमि अनुदान मुख्यतः वैदिक पुजारियों (श्रोत्रिय अग्नि पुजारी) को दिया जाता था। लेकिन पांचवीं से तेरहवीं सदी के बीच मंदिर के पुजारियों को भी भूमि अनुदान दिया जाने लगा। आठवीं सदी के बाद कृषि विस्तार और संगठन में मंदिर एक संस्थान के रूप में एक केन्द्रीय भूमिका अदा करने लगा। दक्षिण भारतीय संदर्भ में मंदिर को दिए गए अनुदान चाहे वह भूमि भागों, पूरे गाँव के रूप में हो, देवदान के नाम से जाने जाते हैं। यह बात जोर देने लायक है कि जो प्रक्रिया एक फुहार के रूप में शुरू हुई थी वह बाद में एक शक्तिशाली धारा बन गई। भू–सम्पत्ति प्राप्त करना सिर्फ ब्राह्मणवादी मंदिरों तक ही सीमित नहीं था। गैर ब्राह्मणवादी धार्मिक संस्थान, जैसे बौद्ध या जैन विहार (समोहा और बसाढ़ी) भी विशेषकर कर्नाटक, आंध्र, गुजरात और पूर्वी भारत (बिहार और उड़ीसा) में जमींदार बनने के लिए एक दूसरे से प्रतिस्पर्धा करने लगे।

प्रश्न 2. आठवीं शताब्दी से बारहवीं शताब्दी में कृषि संगठन की प्रकृति की चर्चा कीजिए। [June-05, Q1]

उत्तर– 8वीं शताब्दी से 12वीं शताब्दी में कृषि संगठन और अर्थव्यवस्था बहुत जटिल थी। इसे अनुदान की क्षेत्रीय पद्धति के गहन अध्ययन और ब्रह्मदेय, गैर–ब्रह्मदेय और मंदिर अनुदान व्यवस्था की भूमिका व चरित्र से समझा जा सकता है। भूमि अधिकार ही प्रकृति और विकास, जमीन से जुड़े विभिन्न वर्गों की परस्पर अन्तर निर्भरता तथा उत्पादन और वितरण प्रक्रिया भी इसको समझने में मदद करते हैं।

विभिन्न प्रकार की कृषि बस्तियों का स्वरूप तथा भूमिका

ब्रह्मदेय: ब्राह्मणों की भूमि अनुदान में मिले खेत या पूरे गाँव को ब्रह्मदेय अनुदान कहा जाता है जिससे वे भू–स्वामी या भू–नियंत्रक हो जाते हैं। इसका मतलब खाली जमीन को खेती में लाना था। मौजूद खेतों में ब्राह्मणों द्वारा प्रभावित नई अर्थव्यवस्था में लाना था। इन ब्राह्मणों ने विभिन्न सामाजिक–आर्थिक वर्गों को नौकरी के जरिये और वर्ण–व्यवस्था के अंतर्गत

जातीय समूह के जरिये नई अर्थव्यवस्था में लाने में महत्वपूर्ण भूमिका अदा की। उदाहरण के तौर पर शूद्रों को कृषक वर्ग में लाने के लिए तत्कालीन ब्राह्मणवादी सामाजिक व्यवस्था में तार्किक रूप देने की कोशिश की।

ब्रह्मदेय के रूप में भूमि अनुदान के प्रचलन की शुरुआत शासक वंशों द्वारा की गई और उसके बाद छोटे राजा और सामंत आदि भी इसका अनुसरण करने लगे। ब्रह्मदेय अनुदानों ने कृषि के विस्तार में सहायता क्यों की?

(1) उन्हें बहुत से करों और देयों से पूरी तरह या कम से कम प्रारंभिक अवस्था में छूट मिली हुई थी (उदाहरण के लिए 12 वर्ष)।

(2) उन्हें बहुत तरह के विशेषाधिकार (परिहार) मिलते थे।

गैर धार्मिक अनुदान: सातवीं सदी के उपरान्त राजकीय अधिकारियों को भी भूमि दान के रूप में वेतन दिया जाने लगा। इसका विशेष महत्व है क्योंकि इससे एक दूसरे जमींदार वर्ग का उदय हुआ जो ब्राह्मण नहीं थे।

प्रशासनिक अधिकारियों को जमीन दान देने का उल्लेख काफी प्रारंभ में 200 ई. (मनु के समय में) मिलता है। लेकिन इसका ज्यादा प्रचलन गुप्त काल के बाद हुआ। मध्य भारत, राजस्थान, गुजरात, बिहार और बंगाल के साहित्यिक ग्रंथों से पता चलता है कि मंत्री, रिश्तेदार और वैसे लोग जो रक्षा सेवाओं में संलग्न थे उन्हें दसवीं से बारहवीं सदी में कई तरह के अनुदान दिए गए। पाल भूमि चार्टर में उल्लेखित राजा, राजपुत्रा, राणका और महासामंत लोग मुख्यतः जमीन से जुड़े हुए जागीरदार थे। एक क्षेत्र के अधिकारियों को मिले अनुदान अलग–अलग होते थे।

देवदान: अभिलेखों से यह विशेष प्रमाण मिलता है कि ब्राह्मण और गैर–ब्राह्मण धार्मिक प्रतिष्ठानों को उपहार मिलते थे। ये स्थान कृषि बस्तियों के लिए केन्द्र बिन्दु का काम करते थे और संस्कृति संक्रमण के जरिए किसान बस्तियों और जनजातीय बस्तियों को एकीकृत करते थे। मंदिर की जमीन पट्टे पर पट्टेदारों को दी जाती थी जो उपज का एक बड़ा हिस्सा मंदिर को देते थे। ऐसी जमीन अग्रहार व्यवस्था के ब्रह्मदेय या महाजनों की सभा द्वारा संचालित की जाती थी। गैर–ब्राह्मण बस्तियों में भी मंदिर मुख्य संस्थान बन गए। मंदिर की जमीनें गैर–ब्राह्मणों द्वारा बनाई गई मंदिर कार्यकारिणी समिति से संचालित होती थी जैसे तमिलनाडु के विलालाज और कर्नाटक व आंध्र के ओकालू, कम्पलू आदि। जाति संघ मंदिर के इर्द–गिर्द काम करता था जिसमें विभिन्न वर्गों को जाति और कर्मकाण्डी स्तर दे दिया गया था। इस प्रक्रिया में वैसे लोग जिन्हें अशुद्ध और निम्न पेशे वाला समझा जाता था वे अछूत समझे जाने लगे। उन्हें मंदिर में नहीं आने दिया जाता था और उन्हें बस्ती के बाहर रहने को जगह दी जाती थी।

भूमि अधिकार: भूमि अनुदान का एक महत्वपूर्ण पहलू अनुदान पाने वाले को दिए गए अधिकार हैं। दिए जाने वाले अधिकारों में वित्तीय और प्रशासनिक अधिकार भी हैं। करों में भूमि कर जो राजस्व का एक बड़ा हिस्सा था और जिसे राजा या सरकार को दिया जाता था,

जमीन प्राप्त करने वालों को सौंप दिया गया। ऐसी परिहार या छूट जिनका संदर्भ ताम्र पत्र और शिला लेखों में मिलता है जिसमें छूट की बात दर्ज की गयी है और जो वास्तव में राजा को देय होती थी उसमें अदायगी पाने का अधिकार जमीन पाने वालों को हस्तांतरित कर दिया गया। ऐसा प्रतीत होता है कि यह धर्मशास्त्रों के आधार पर किया गया जो भूमि पर राजा के अधिकार को स्थापित करना चाहते थे और ऐसे अनुदान को उचित ठहराते थे जिससे बिचौलियों का उदय हुआ।

प्रश्न 3. 8वीं से 13वीं सदी की कृषि अर्थव्यवस्था के स्वरूप की चर्चा कीजिए।

[June-05, Q2]

उत्तर– 8वीं से 13वीं सदी की कृषि आधारित अर्थव्यवस्था के बारे में कई मत सामने आए हैं। एक तरफ इसे सामंती अर्थव्यवस्था की उपज बताया जाता है तो दूसरी ओर इसे किसान–राज्य और समाज बताया जाता है।

भारतीय सामन्तवाद की मुख्य विशेषताएं हैं:

1) पदानुक्रम पर आधारित भू–पति बिचौलियों का उदय। सामन्तों, राजकीय अधिकारियों और गैर आर्थिक आधार पर भूमि प्राप्त करने वालों को सैनिक कार्य करने पड़ते थे और उन्हें सामंती पदवी मिलती थी। अनुदान पाने वालों को अपनी भूमि पर खेती करवाने के लिए अपनी भूमि कई प्रकार के लोगों को देनी पड़ी (विभिन्न क्षेत्रों में यह प्रक्रिया भिन्न थी) जिससे विभिन्न वर्ग के बिचौलियों का उदय हुआ। इसमें कुलीन भूमिपति, पट्टेदार, जोतदार और कृषक थे। यह पदानुक्रम प्रशासनिक ढाँचे में नजर आता था, जहाँ जमींदार–जागीरदार संबंधों का उदय हुआ। दूसरे शब्दों में भारतीय सामंतवाद में जमीन का और उसकी उपज का असमान वितरण था।

2) दूसरा महत्वपूर्ण पहलू जबरन मजदूरी का प्रचलन था। ब्राह्मण और जमीन का दान पाने वाले अन्य लोग जबरन मजदूरी (विस्ती) लेने के अधिकार का दावा करते थे। मूलतः जबरन मजदूरी राजा या राज्य का विशेषाधिकार था। इसे जमीन पाने वाले छोटे अधिकारियों, गांव–अधिकारी और दूसरों को हस्तांतरित किया गया। सिर्फ चोल अभिलेखों में जबरन मजदूरी के 100 से ज्यादा संदर्भ मिलते हैं। यहां तक कि किसान और कारीगर भी विस्ती के अंतर्गत आते थे। इसके परिणामस्वरूप कृषि दास प्रथा का उदय हुआ जिसमें खेत मजदूर अर्द्ध दास हो गए।

3) शासकों और बिचौलियों के द्वारा जमीन पर अधिकार की बढ़ती मांग के कारण किसान का भूमि पर अधिकार कम हो गया। कईयों की स्थिति पट्टेदारों की सी हो गई जिन्हें हटाए जाने का खतरा बना रहता था। कई किसान अर्धिक (जोतदार) हो गए। करों के बोझ, जबरन दबाव और कर्ज के कारण किसानों पर दबाव बढ़ता गया।

4) कई तरीके के अधिशेष (उत्पादन का अतिरिक्त भाग) लिया जाता था। आर्थिक मांगों के अतिरिक्त दमन एक प्रमुख तरीका था। नए संपत्ति संबंधों के उदय से नए आर्थिक दमन की शुरुआत हुई। राजराजा चोल के अभिलेख में लगभग 50 प्रकार के करों और राज्य की मांगों से बढ़ते हुए दबाव का पता चलता है।

5) यह एक अपेक्षाकृत आत्मनिर्भर अर्थव्यवस्था थी। भूमि अनुदान पाने वाले को जमीन के

साथ मानव संसाधनों का हस्तांतरण यह दर्शाता है कि ऐसे गांव में किसान, हस्तकार और कारीगर गांव से जुड़े थे और एक दूसरे पर निर्भर थे। जमीन से उनका जुडाव अनुदान पाने वालों का उन पर नियंत्रण बनाए रखता था। संक्षेप में 500 सालों के सर्वेक्षण में अपेक्षाकृत आत्मनिर्भर गांव में वर्ण व्यवस्था के अन्दर काम करने वाले किसान उस समय के कृषि आधारित अर्थव्यवस्था की खास विशेषता हैं। भारतीय सामंतवाद के सिद्धांत के विरोध में स्वायत्त किसान समाज का सिद्धान्त दिया जाता है। यह सिद्धांत दक्षिण भारत में मिले प्रमाणों पर आधारित है।

इस सिद्धांत के अनुसार प्रारंभिक मध्ययुगीन काल में दक्षिण भारत में स्वायत्त किसान क्षेत्र नाडू कहलाते थे। वे परिवार और परिवार समूहों के संबंधों पर संगठित थे। कृषि उत्पादन और इसका नियंत्रण नाडू के लोगों अर्थात नत्तार द्वारा संचालित होता था। नत्तार नाडू की जनता को कहा जाता था। इस संगठन के सदस्य वेल्लाल या गैर–ब्राह्मण किसान थे। उनकी स्वायत्तता का प्रमाण इस बात से मिलता है कि जब राजा या प्रधान भूमि अनुदान देते थे तो आदेश नत्तार की सलाह पर जारी किए जाते थे। आदेश उन्हें पहले दिए जाते थे। वे दान में मिली जमीन का निर्धारण और देखरेख करते थे क्योंकि वे उत्पादन के संगठक थे। ब्राह्मण और दूसरे प्रभावी किसान उत्पादन में उनका साथ देते थे। ऐसा लगता है कि इस सिद्धांत के प्रवर्तक ग्रामीण आत्मनिर्भरता पर विश्वास रखते थे जो भारतीय सामंतवाद का महत्वपूर्ण घटक है। भारतीय सामन्तवाद के सिद्धांत और स्वायत्त किसान समाज के सिद्धांत को मानने वाले उनके लिए ऐतिहासिक साक्ष्य प्रस्तुत करते हैं। यह कहा जा सकता है कि प्रारंभिक मध्ययुगीन कृषि अर्थव्यवस्था काफी जटिल थी। इसके चरित्र को समझने के लिए और एक सामान्य विश्लेषण करने के लिए इसके क्षेत्रीय प्रतिरूपों पर काम करना होगा।

2 शहरी बस्तियाँ

प्रश्न 1. शहरी केन्द्रों का तात्पर्य और ढाँचा का उल्लेख कीजिए। [June-03, Q1]
उत्तर– शहरी केन्द्रों का अध्ययन सामाजिक–आर्थिक इतिहास का एक महत्वपूर्ण हिस्सा है। आरंभिक मध्यकालीन भारत के शहरी केन्द्रों का अध्ययन आमतौर पर दो तरीकों से हुआ है:
i) आर्थिक इतिहास के हिस्से के रूप में, अर्थात् व्यापार, वाणिज्य और शिल्प उत्पादन आदि का इतिहास,
ii) प्रशासनिक या राजनीतिक इतिहास के रूप में, अर्थात् राजधानियों, प्रशासनिक केन्द्रों, प्रमुख और गौण शाही परिवारों के केन्द्रों और किलाबंद शहरों के रूप में।

विभिन्न चरण और परिभाषा: तुर्कों के आगमन से पहले भारतीय उप–महाद्वीप में शहरी विकास कम से कम तीन चरणों से गुजर चुका था:
1) कांस्य युग में हड़प्पा सभ्यता (चौथी–दूसरी सहस्राब्दि ई.पू.)
2) लौह युग के आरंभिक ऐतिहासिक शहरी केन्द्र (छठी शताब्दी ई.पू. के आगमन से लेकर तीसरी शताब्दी ई.पू. के अंत तक)
3) आरंभिक मध्यकालीन शहर (लगभग आठवीं–नवीं शताब्दी से लेकर बारहवीं शताब्दी तक)।
मोर्डन चाइल्ड ने "शहरी क्रांति" की अपनी धारणा के तहत शहरी केन्द्रों को परिभाषित करने का आरंभिक प्रयत्न किया। उन्होंने शहरी केन्द्र की विशेषताओं को रेखांकित किया। इस क्रम में उन्होंने स्मारकों, घनी आबादी वाली बस्तियों, खाद्यान्न उत्पादन में सीधे तौर से न जुड़े लोगों (शासक, शिल्पी और व्यापारी) और कला, विज्ञान और लेखन के विकास आदि का उल्लेख शहरी केद्रों की विशेषताओं के रूप में किया। इसके अलावा चाइल्ड ने शहरी केन्द्रों के अस्तित्व के लिए शिल्प उद्योग और अधिशेष कृषि उत्पादन पर विशेष बल दिया। अधिशेष कृषि उत्पादन से ही शहर में रह रहे खाद्यान्न उत्पादन से सीधे तौर पर न जुड़े व्यक्तियों का पालन–पोषण होता था। ऊपर कांस्य युग के नगरों के संदर्भ में जिन विशेषताओं का उल्लेख किया गया, वे सभी विशेषताएं लौह युग में देखने को नहीं मिलती हैं। ऐसे शहरी केन्द्रों, जहां जनसंख्या काफी कम थी और घर मिट्टी के बने थे की बहुतायत थी।
आरंभिक मध्यकालीन शहरी बस्तियों की प्रमुख विशेषताओं का उल्लेख इस प्रकार किया गया है:
i) क्षेत्रफल और आबादी के अनुसार बस्तियों का आकार,
ii) पानी के स्रोतों की उपलब्धता – नदी का किनारा, तालाब, कुंआ आदि।

iii) शिल्पकारों की गतिविधियों का प्रतिनिधित्व करने वाले शिल्प–तथ्यों की उपस्थिति या अनुपस्थिति, मसलन कुल्हाड़ी, छेनी, हल, हँसिया, कुदाली, चूल्हा, भट्ठी, रंगरेज की हौज, मनका, मुहर, गहने, मिट्टी के खिलौने आदि बनाने के सांचे।

iv) सिक्के के सांचों के प्रमाणों से ऐसे शहरों का पता चलता है जहां सिक्के ढाले जाते थे। धातु की मुद्रा की प्राप्ति और शिल्पकारों तथा व्यापारियों की उपस्थिति से ऐसे स्थलों का संकेत मिलता है, जो शहरी विशेषताओं से युक्त थे।

v) विलास की वस्तुओं जैसे बहुमूल्य और अर्धबहुमूल्य पत्थर, शीशे के सामान, हाथी दाँत से बनी वस्तुएं, परिष्कृत मिट्टी के बर्तन की मौजूदगी। इस तथ्य से इंकार नहीं किया जा सकता है कि प्राचीन शहरों से प्राप्त ये विलास–वस्तुएं आरंभिक मध्यकाल के उच्च ग्रामीण वर्ग की जरूरत बन गयी हो।

vi) गंगा के मैदान इलाके के आर्द्र और वर्षा से युक्त जलवायु को देखते हुए पक्की ईंटों (मात्र जली हुई ईंटों में नहीं) से बड़े पैमाने पर बनी इमारतों का अपना महत्व है। हालांकि मध्य एशिया में बहुत से शहरों में मिट्टी की इमारतें भी मिली हैं।

vii) गलियाँ, दुकानें, नालियां और किलेबंदी भी शहरी बस्तियों की विशेषताओं पर प्रकाश डालती हैं। दक्खन के कई ऐतिहासिक स्थलों से (जैसे आंध्र प्रदेश का धुलीकट्टा) भंडार और खाद्यान्न भंडार प्राप्त हुए हैं। वस्तुतः इस प्रकार के भंडारगृह अधिशेष खाद्यान्न रखने के काम में लाये जाते थे, इनका उपयोग शहरी लोगों की खाद्यान्न संबंधी जरूरतों को पूरा करने के लिए किया जाता था।

प्रश्न 2. क्षेत्रीय विभिन्नता और उसके प्रकारों पर प्रकाश डालिए।

[June-05, Q3]

उत्तर— भारत जैसे विशाल देश में शहरों के उत्थान और विकास की प्रक्रिया में विभिन्नता का होना स्वाभाविक है। ऐसी ही विभिन्नता का वर्णन कुछ क्षेत्रों में किया गया है।

ग्रामीण केन्द्रों का शहरी केन्द्रों में रूपांतरण: ब्रह्मदेय और देवदान आरंभिक मध्यकाल के अध्ययन का प्रमुख स्रोत माने जाते हैं। ये शहरी विकास के प्रमुख केन्द्र के रूप में उभरे। कुछ प्रमुख कृषि उत्पादन वाले इलाकों में ब्राह्मण और मंदिर बस्तियां एक साथ मिल गये। ऐसे केन्द्र जो आरम्भ में ग्रामीण थे, कुछ विशेष और खास उत्पादित वस्तुओं के व्यापार में प्रमुख बिन्दु बन गये। आठवीं–नवीं शताब्दी से ऐसे शहरी विकास के क्षेत्र ज्यादातर दक्षिण भारत में पाये गये हैं। नवीं से लेकर बारहवीं शताब्दी के बीच कुंबकोणम (कुदमुक्कु पलैयरइ) का चोल शहर कृषि बस्तियों से बहु–मंदिर शहर केंद्र के रूप में विकसित हुआ। कांचिपुरम इस प्रकार के शहरी क्षेत्र का दूसरा प्रमुख उदाहरण है। चोलों की राजधानी होने के कारण कुंबकोणम का राजनीतिक महत्व था, यह पहलू इसके शहर के रूप में विकसित होने में सहायक सिद्ध हुआ। कांचिपुरम इसलिए बहुत महत्वपूर्ण था क्योंकि वह दक्षिण भारत का एक बड़ा शिल्प केंद्र (कपड़ा उत्पादन) था।

बाजार केन्द्र, व्यापार तंत्र और चलता–फिरता व्यापार: आरंभिक मध्यकाल की शताब्दियों

में अपेक्षित रूप से कम विस्तार वाले शहरी केन्द्रों का उदय बाजार व्यापार केन्द्रों (मेले आदि) के रूप में हुआ, जो मूलतः विनिमय–केन्द्र थे। इन केन्द्रों का ग्रामीण प्रभाव क्षेत्र से लेकर क्षेत्रीय वाणिज्यिक प्रभाव क्षेत्र से संबंध था। इनमें से कुछ केन्द्रों का कार्य उनकी क्षेत्रीय सीमाओं से बाहर भी फैला हुआ था। इनमें से बहुत से केन्द्र ऐसे थे जिनकी स्थापना शासक वर्ग या शाही मंजरी के तहत हुई थी। इनमें से कई केन्द्रों का नाम शासकों के नाम पर रखा गया। यह विशेषता दक्षिण भारत के सभी क्षेत्रों में सामान्य रूप में पायी जाती है। इन केन्द्रों के नामों में पुर या पट्टन प्रत्यय जुड़ा रहता था।

नगरम महत्वपूर्ण व्यापार मार्गों और व्यापार मार्गों के मिलन बिन्दु पर स्थित थे। इनका विकास विशेष व्यापारिक और वाणिज्यिक केन्द्रों के रूप में हुआ। इन केन्द्रों का बाहर और आंतरिक क्षेत्रों के साथ व्यापार होता था और भ्रमणशील व्यापारी संगठनों और शाही बंदरगाहों के माध्यम से विदेशी व्यापार भी संचालित होता था। दसवीं और बारहवीं शताब्दी के बीच सम्पूर्ण प्रायद्वीपीय भारत में यह प्रकृति समानरूप से विकसित हुई। इन शताब्दियों में दक्षिण भारत व्यापार के माध्यम से दक्षिण एशिया, दक्षिण पूर्व एशिया के देशों, और चीन तथा अरब देशों के साथ जुड़ा।

कर्नाटक में नगरम का उदय व्यापारिक आदान–प्रदान के केन्द्रों के रूप में हुआ, कृषि इलाकों के लिए नियमित बाजार के रूप में इनका महत्व कम था। पर सभी नगरमों की एक समान विशेषता यह थी कि वे किसी कृषि प्रभाव क्षेत्र से सम्बद्ध थे। इन इलाकों से नगरम में रहने वाले लोगों के लिए खाद्यान्न की आपूर्ति होती थी। इन केन्द्रों में स्थापित बाजार पर नगरम सभा का नियंत्रण होता था, जिसका प्रधान नट्टनस्वामी के नाम से जाना जाता था।

केरल का पश्चिमी और विदेशों व्यापारियों से संबंध स्थापित हुआ। विशेष शाही फरमानों के द्वारा इन विदेशी व्यापारियों (यहूदियों, इसाइयों और अरबी लोगों) को व्यापारिक शहर प्रदान किए गए। कोलिकुड्डू और कौल्लम आदि तटीय शहर दक्षिण एशियाई व्यापार के केन्द्र बने। अंजुवन जैसे व्यापारिक समुदायों और अरब के घोड़े व्यापारियों के कारण कर्नाटक और केरल के तटीय शहरों का महत्व बढ़ गया। कर्नाटक, आंध्र प्रदेश और तमिलनाडु के बुनकर केन्द्र अंतक्षेत्रीय व्यापार के फलस्वरूप उभरे।

नगरीकरण के आरंभिक ऐतिहासिक चरण के कुछ शिल्प और वाणिज्य केन्द्र आरंभिक मध्यकाल तक बने रहे। पुनर्नगरीकरण की इस प्रक्रिया में ये पुराने केन्द्र मंदिर जैसे नये सामाजिक–आर्थिक संस्थानों से जुड़े। उत्तर में काशी (वाराणसी) और दक्षिण में कांचीपुरम (मद्रास के निकट) इस प्रकार की प्रक्रिया के प्रमुख उदाहरण हैं।

पवित्र/तीर्थस्थल: भक्ति आंदोलन के फैलाव के कारण आरंभिक मध्यकाल के दौरान तीर्थस्थलों (धार्मिक–केन्द्रों) का महत्व बढ़ा। ब्राह्मण उपासना पद्धति और लोक विश्वास के बीच संबंध स्थापित हुआ और संकीर्ण विश्वासों से निकालकर इस मिलन से विभिन्न क्षेत्रों में तीर्थस्थलों की स्थापना हुई। लोक–विश्वास के कई प्राचीन केन्द्र, परिणामस्वरूप तीर्थस्थल के रूप में विकसित हुए। इनमें से कुछ स्थलों का ब्राह्मण धर्म से पुराना संबंध था और कुछ स्थलों का गैर–ब्राह्मण धर्मों से संबंध था।

कभी–कभी यह तीर्थस्थल तंत्र किसी सांस्कृतिक क्षेत्र विशेष तक सीमित था जिसके अंतर्गत

किसी विश्वास केन्द्र का पवित्र स्वरूप उभरता था।

राजस्थान में अजमेर के निकट पुष्कर वैष्णव सम्प्रदाय का प्रमुख क्षेत्रीय तीर्थस्थल था। अपनी प्राचीनता और पवित्र ब्राह्मण केन्द्र होने के कारण काशी (बनारस) अखिल भारतीय केन्द्र के रूप में सामने आया। दक्षिण भारत में श्रीरंगम (वैष्णव), चिदंबरम (शैव) और मदुरई (शैव) आदि क्षेत्रीय तीर्थस्थल के रूप में विकसित हुए। कांचीपुरम अखिल भारतीय तीर्थ यंत्र का एक हिस्सा था।

कर्नाटक में मेलकोटे और आंध्र प्रदेश में आलमपुर, द्राकशर्मा और सिमहचलम क्षेत्रीय पवित्र स्थल थे। आरंभ में तिरुपति भी तमिल वैष्णवों का एक महत्वपूर्ण पवित्र स्थल था पर विजयनगर साम्राज्य के काल में इसने अखिल भारतीय स्वरूप ग्रहण किया।

गुजरात और राजस्थान में जैन धर्म के तीर्थस्थल विकसित हुए। व्यापारियों के और शाही संरक्षण के फलस्वरूप ओसिया, माउंट आबू, पलिटना आदि स्थानों पर प्रचुर मात्रा में जैन मंदिरों का निर्माण हुआ।

दक्षिण भारत के पवित्र स्थलों में बर्ने मंदिरों की संरचना को ध्यान से देखने पर नगरीकरण विकास की प्रक्रिया के दो चरणों का पता चलता है:

1) एक ही बड़े मंदिर के चारों ओर हुआ शहरीकरण जैसे श्रीरंगम, मदुरई, विरुवन्नामलई (तमिलनाडु), मेलकोटे (कर्नाटक) क्षेत्रशर्मा और सिमहाचलम (आंध्र प्रदेश)।

2) विभिन्न धर्मों जैसे शैव, वैष्णव, शक्ति आदि के मन्दिरों के चारों ओर हुआ शहरीकरण।

आरंभिक मध्यकालीन नगरीकरण को (खासकर, दक्षिण भारत के संदर्भ में) मंदिर नगरीकरण की संज्ञा दी जाती है। इन पवित्र केन्द्रों ने क्षेत्र विशेष के वाणिज्य को प्रोत्साहित करने के लिए कड़ी के रूप में काम किया, क्योंकि क्षेत्र विशेष से संबद्ध मंदिर या मठ ही बहुमूल्य वस्तुओं के सबसे बड़े उपभोक्ता थे।

राजसी केन्द्र या राजधानियां: आरंभिक मध्यकालीन भारत में शाही केन्द्रों और शाही परिवारों ने सत्ता केन्द्रों का विकास शहरी केन्द्रों के रूप में हुआ। इनमें से कुछ सत्ता केन्द्र आरंभिक ऐतिहासिक काल से अस्तित्व में थे, मसलन उत्तरी भारत के जनपद और दक्षिण भारत की परम्परागत राजनीतिक व्यवस्थाएं। शाही परिवार अपने लिए बंदरगाहों का निर्माण करवाते थे, जो उनके राज्य का प्रमुख प्रवेश बंदरगाह होता था और यह अन्तर्राष्ट्रीय वाणिज्य से भी उन्हें जोड़ता था। इस प्रकार, शाही केन्द्रों की वाणिज्यिक जरूरतों के फलस्वरूप नये व्यापार और संचार संबंध स्थापित हुए और शाही केन्द्र तथा कृषीय प्रभाव क्षेत्र के बीच संबंध प्रगाढ़ हुआ। विंध्य से दक्षिण के क्षेत्रों में, जहां आठवीं शताब्दी ई. में ब्राह्मण राज्यों की स्थापना हुई थी, इस प्रकार के शाही केन्द्रों के उदय के पर्याप्त प्रमाण उपलब्ध हैं। इसके कुछ उदाहरण निम्नलिखित हैं:

1) उत्तरी कर्नाटक और आंध्र में चालुक्यों के वातापी और वेंगी शहर।

2) पल्लवों का कांचीपुरम और उनका बंदरगाह मामल्लपुरम (महाबलिपुरम)

3) पांड्यों की मदुरई और उनका बंदरगाह कोरकई

4) चोलों का तंजावुर और उनका बंदरगाह नागपट्टिनम

5) पश्चिमी चालुक्यों का कल्याण, होयसलों का द्वारसमूद्र और

6) काकातियों का वारंगल और उनका बंदरगाह मोटुपल्लि

दक्षिण भारत में वारंगल किलाबंद शाही शहर था। पर दक्षिण भारत के लिए यह अपवाद था। उत्तर भारत में शाही केन्द्रों के उदाहरण:

1) गुर्जर प्रतिहारों की राजधानी कान्यकुब्ज (कन्नौज)

2) चंदेलों का खजुराहो

3) परमारों का धार, और

4) सोलंकियों की वल्लभी

राजस्थान में शक्तिशाली, गुर्जर प्रतिहारों, चौहानों और परमारों के शासनकाल में कई शहरों का उदय हुआ। इनमें से अधिकांश केन्द्र किलेबंद थे, या पहाड़ी किले (गढ़किला या दुर्ग) थे। राजस्थान के दुर्ग शहर निम्नलिखित थे:

1) गुहिलों के अधीन नागरा और नागदा

2) गुर्जर–प्रतिहारों के अधीन बयाना, हनुमानगढ़ और चित्तौड़, और

3) चौहानों के अधीन मंदोर, रनथमभोर, सकमभरी और अजमेर

3 वाणिज्य और व्यापार

प्रश्न 1. व्यापार क्या है? इसके पहले चरण (700–900) का उल्लेख कीजिए।
[Dec-03, Q1]

उत्तर– सरल शब्दों में कहा जाए तो व्यापार माल एकत्र करने इसके वितरण और विनिमय की प्रक्रिया हैं। प्रारंभिक मध्ययुगीन काल के व्यापार की ऐतिहासिक विशेषताओं को बेहतर ढंग से समझने के लिए हम इस काल को मोटे तौर पर दो चरणों में बांट लेते हैं: (1) ई. 700–900 तक और (2) ई. 900–1200 तक।

पहला चरण (ई. 700–900): 700–1000 ई. के काल में यह पाया गया है कि भूमि अनुदान सिर्फ पुजारियों और मंदिरों को ही नहीं बल्कि योद्धाओं और राजकीय अधिकारियों को दिया गया। यहां तक कि बड़े राजकीय अधिकारियों जैसे माहा–मण्डलेश्वर, मंदालिका, सामंत, महासामंत, ठाकुर आदि भी भूमि से संबंधित गतिविधियों में रुचि लेने लगे हालांकि वे वास्तविक खेत जोतने वालों से अलग थे क्योंकि वे किसानों से हासिल किए गए अधिशेष पर निर्भर थे। इस प्रकार किसानों के पास व्यापार के लिए कुछ भी नहीं रह जाता था। इससे एक ऐसी ग्रामीण अर्थव्यवस्था का विकास हुआ जिसमें वास्तविक उत्पादकों की गतिशीलता पर प्रतिबंध लगा कर स्थानीय जरूरतों को स्थानीय रूप से पूरा किया जाता था। विनिमय के माध्यम जैसे धातु सिक्कों की सापेक्षिक कमी ने इस प्रवृत्ति को और मजबूत बनाया।

विनिमय के माध्यम: 700 से 1000 ई. तक भारत में कई महत्वपूर्ण राजवंशों ने राज किया। इनमें पश्चिम भारत में गुरजारा–प्रतिहार, पूर्वी भारत में पाल और दक्खन में राष्ट्रकूट थे। उस समय के कुछ शक्तिशाली राजा जिन्होंने लंबे समय तक शासन किया इन राजवंशों के थे। बड़े आश्चर्य की बात है कि उस समय के बहुत कम सिक्के उपलब्ध हैं और उनकी तुलना पहले की सदियों के सिक्कों से मात्रा या स्तर में नहीं की जा सकती थी। क्योंकि माल की खरीद या बिक्री में मुद्रा की महत्वपूर्ण भूमिका है इसलिए पुरातात्विक खोजों में सिक्कों की कमी तथा सिक्कों को ढालने के सांचों की अनुपलब्धता से यह पता चलता है कि उस काल में व्यापार काफी कम हो गया था।

पिछले 35 सालों में इस पर काफी बहस हुई है। अब तक चार मत सामने आए हैं।

i) एक में उपर्युक्त दिए गए पहलू का समर्थन किया गया है।

ii) उड़ीसा पर किया गया एक अध्ययन यह सिद्ध करता है कि 600 से 1200 ई. तक सिक्के का चलन बिल्कुल नहीं था लेकिन यह अध्ययन दक्षिण पूर्वी एशिया से व्यापार की

चर्चा करता है और विदेशी व्यापार में वस्तु विनिमय पर जोर देता है।

iii) कश्मीर में 800 ई. से ही सिक्कों का प्रचलन हो गया था, सिक्कों के निम्न स्तर को कश्मीर घाटी में व्यापार के पतन पर आधारित अर्थव्यवस्था और कृषि पर आधारित गतिविधियों की पृष्ठ भूमि में समझा जा सकता है।

iv) अंत में एक मत सिक्कों की कमी और व्यापार के ह्रास के बीच संबंध पर आपत्ति प्रकट करता है। यह 700 से 1200 ई. के बीच मध्यपूर्व भारत जिसमें बिहार, पश्चिमी बंगाल और वर्तमान बंगलादेश आते हैं से मिले प्रमाणों पर आधारित है। यह बात मानी जाती है कि उस समय सिक्के उपयोग में नहीं लाये जाते थे और पाल और सैन राज्यों में सिक्के नहीं ढाले जाते थे। यह भी कहा जाता है कि विनिमय के माध्यमों की कोई कमी नहीं थी। उदाहरण के तौर पर यह बताया जाता है कि चांदी के सिक्के हरिकेला ही नहीं बल्कि कौड़ियां और सबसे महत्वपूर्ण चूर्णी (सोने, चांदी के बूरे) भी विनिमय के माध्यम थे।

कुछ क्षेत्रों में अपवाद हो सकते हैं लेकिन पूरे भारत के परिप्रेक्ष्य में प्रो० शर्मा की परिकल्पना सही साबित होती है। क्षेत्रीय अपवादों के संदर्भ में निम्नलिखित सवाल जरूरी हैं:

1) इन वाणिज्यिक गतिविधियों का स्वरूप और सीमा क्या थी?

2) क्या ये गतिविधियां एक स्थाई वाणिज्यिक वर्ग को जन्म देने में सक्षम थीं?

3) इस व्यापार से किस को लाभ पहुंचता था?

4) क्या इस तथाकथित बढ़ते व्यापार से मेहनतकश जनता और एक स्थान पर बसे किसानों को कोई फायदा था? इस संदर्भ में यह ध्यान देने योग्य बात है:

5) मध्य पूर्वी भारत से संबंधित स्रोत जिन्हें उस क्षेत्र के परिप्रेक्ष्य में उद्धृत किया गया वहां के मूल निवासियों की समुद्री व्यापार में भागीदारी के बारे में कुछ नहीं बताते हैं।

6) यहां तक कि सीमित व्यापारिक गतिविधियां भी विशिष्ट शासक वर्ग के ही हाथ में थी।

7) आम व्यक्ति की दयनीय हालत बंगाली शब्द (बंगाल का निवासी) से प्रकट होती है। यह शब्द गरीबी और दयनीय स्थिति को दर्शाता है।

व्यापार का सापेक्ष ह्रास: आंतरिक तौर पर राजनीतिक शक्ति का बिखराव और स्थानीय प्रधानों और धार्मिक अनुदान पाने वाले आदि के हाथ में शक्ति आ जाने से ऐसा प्रतीत होता है कि प्रारंभिक सदियों में भूमि–अनुदान पर आधारित अर्थव्यवस्था पर विपरीत असर पड़ा। बहुत से बिचौलिए जमींदार, विशेषकर कम उपजाऊ क्षेत्रों में रहने वाले, लूट पाट करने लगे या अपने क्षेत्र से गुजरने वाले माल पर अत्यधिक कर लगाने लगे। इससे व्यापारियों और सौदागरों के व्यवसाय में बाधा पड़ी। संभावी शासक प्रधानों के बीच आपसी लड़ाई ने भी व्यापारियों को हतोत्साहित किया।

पश्चिम के साथ विदेशी व्यापार के ह्रास के बारे में यह बताया जाता है कि चौथी सदी में महान रोमन साम्राज्य के पतन के बाद इसमें गिरावट आयी। छठी सदी के मध्य में भी इस पर विपरीत प्रभाव पड़ा जब बाइजनटाइन (पूर्वी रोमन साम्राज्य) के लोगों ने रेशम बनाने की कला को सीखा। इस तरह भारत ने एक महत्वपूर्ण बाजार खो दिया जिससे ईसवीं की प्रारंभिक सदियों में भारत को बड़ी मात्रा में सोना प्राप्त हुआ था।

विदेशी व्यापार का पतन सातवीं और आठवीं सदी में भारत की उत्तर पश्चिमी सीमा पर अरबों

के विस्तार के कारण भी हुआ। इस क्षेत्र में उनकी मौजूदगी से भारतीय व्यापारियों के लिए स्थल मार्ग असुरक्षित हो गए।

शहरी बस्तियों का ह्रास: शहरों में रहने वाले व्यापारियों और दस्तकारों को जीविका के वैकल्पिक साधन ढूंढने के लिए देहाती इलाकों में जाना पड़ा। इस प्रकार कस्बों का पतन हुआ और शहरी लोग ग्रामीण अर्थव्यवस्था का हिस्सा बन गए। वैशाली, पाटलिपुत्र, वाराणसी आदि जैसे महत्वपूर्ण शहरों का ह्रास पुरातात्विक खुदाई से स्पष्ट है। खुदाई ढांचों और प्राचीन वस्तुओं के निम्न स्तर को प्रकट करती है। तीसरी और आठवीं सदी के बीच का अखिल भारतीय परिप्रेक्ष्य शहरी केन्द्रों से उजड़ने और उनके ह्रास की स्थिति को दर्शाता है। यहां तक कि जो बस्तियां आठवीं सदी तक भी रहीं वे बाद में उजड़ गईं।

प्रश्न 2. व्यापार के दूसरे चरण (900–1300) का उल्लेख कीजिए।

उत्तर– व्यापार का दूसरा चरण (ई. 900–1300): इस चरण का उद्देश्य व्यापार और वाणिज्य का दोबारा उत्थान करना था। इस काल में कृषि का विस्तार, मुद्रा का बढ़ता प्रचलन और बाजार अर्थव्यवस्था का पुर्नउदय हुआ जिसमें माल का उत्पादन स्थानीय खपत की बजाय विनिमय के लिए हुआ। इन सदियों में महाद्वीप के विभिन्न हिस्सों में शहरी बस्तियों का पर्याप्त विकास हुआ।

शिल्प और उद्योग: शिल्प उत्पादन ने कृषि उत्पादन के विकास में योगदान दिया। कपड़ा उद्योग जो प्राचीन काल से ही स्थापित था अब एक प्रमुख आर्थिक गतिविधि के रूप में विकसित होने लगा। मोटे और महीन दोनों तरह के रुई की वस्तुओं का उत्पादन हो रहा था। मारको पोलो (ई. 1293) और अरब के लेखकों ने बंगाल और गुजरात के सूत की बहुत प्रशंसा की है। बंगाल में मद्दर और गुजरात में इंडिगों की उपलब्धता ने भी शायद इन क्षेत्रों में कपड़ा उद्योग के विकास में महत्वपूर्ण भूमिका निभाई होगी।

तेल उद्योग इस काल में काफी महत्वपूर्ण हो गया था। दसवीं सदी के उपरांत तेलहन बोने और तेल के मिल या धनाका के प्रमाण मिलते हैं। इस काल में गन्ना उत्पादन और गन्ने की पिराई का उल्लेख किया गया है। यह गुड़ और चीनी के दूसरे रूपों के बड़े पैमाने पर उत्पादन की ओर इशारा करता है। कृषि आधारित उद्योगों के अलावा, धातु और चमड़े की वस्तुओं में शिल्पकारी उच्च कोटि की थी। उड़ीसा के पुरी एवं कोणार्क मंदिरों में बड़ी संख्या में पाई गई छड़ों से बारहवीं सदी के लोहारों की दक्षता का पता चलता है। बारहवीं सदी के यहूदी सौदागरों के गिंजा रिकार्डों से भारतीय पीतल उद्योग की प्रसिद्धि का पता चलता है। एडेन से ग्राहक टूटे बर्तनों को भारत भेजते थे जिससे कि उनकी जरूरत के हिसाब से मरम्मत की जा सके। नालंदा, नेपाल, कश्मीर और चोल राज्य की कांस्य की बनी वस्तुओं से उस समय के भारतीय धातु कारीगरों की कुशलता का पता चलता है।

चमड़ा उद्योग के क्षेत्र में गुजरात की स्थिति बहुत अच्छी थी। मारको पोलो बताता है कि उस समय गुजरात के लोग चमड़े की लाल और नीले रंग की खूबसूरत चटाई बनाते थे जिन पर पक्षियों और जानवरों की कढ़ाई होती थी। अरब में इनकी बहुत अधिक मांग थी।

सिक्के और विनिमय के दूसरे माध्यम: धातु मुद्रा के पुर्नउदय ने इन सदियों में व्यापार को काफी मदद पहुंचाई। इसलिए मुद्राकरण के स्तर पर काफी बहस हुई है। प्रायः बाजार में मुद्रा के प्रचलन का समर्थन करने वाले इतिहासकार साहित्य और अभिलेखों की चर्चा प्रारंभिक मध्ययुगीन भारत में विभिन्न तरह के सिक्कों का वर्णन करने के लिए करते हैं। इस तरह ग्रंथों जैसे "प्रबंधचिन्तामणि", "लीलावती", "द्रव्यपरीक्षा", "लेखाधिपति" आदि में भागका, रूपका, विमशतिका, कर्शपाना, दीनार, द्रमः, निशका, गधिया–मुद्रा, गडयंका, टंका और कई सिक्कों की चर्चा पाई गई है। अभिलेखों में भी सिक्कों की चर्चा पाई गई है। अभिलेखों और साहित्य के आधार पर सिक्कों के अध्ययन से मुद्रा के बाजार में भारी प्रचलन का मत एक कठिन विवेचन को सरल तरह से प्रस्तुत करता है। इसलिए हमें इन सभी पक्षों की जांच करनी होगी। जांच के विभिन्न पक्ष निम्न हैं:

i) मुद्रा (सिक्कों) की चर्चा शहरी क्षेत्रों या ग्रामीण क्षेत्रों में विनिमय के संदर्भ में है,
ii) विनिमय केन्द्रों के प्रकार और बाजार का स्वरूप जहां आदान–प्रदान होता था,
iii) आदान–प्रदान में संलग्न लोग,
iv) किस हद तक मुद्रा (सिक्कों) के संबंध में अभिलेखीय संदर्भ सिर्फ वैचारिक है।

प्रारंभिक मध्यकाल के सिक्कों की निम्न क्रय शक्ति को, चाहे वह किसी भी धातु के बने हों, अनदेखा नहीं किया जा सकता है। इस काल के सभी सिक्के बहुत ही निम्न स्तर के थे तथा इनका वजन भी बहुत कम था। बढ़ती आबादी और बस्तियों के विस्तार के साथ–साथ ऐसा प्रतीत होता है कि मुद्रा का इस्तेमाल बहुत प्रतिबंधित हो गया था। मध्यकालीन राज्यस्थान पर किया गया अध्ययन यह दर्शाता है कि व्यापार का पुनरुत्थान, विनिमय केन्द्रों तथा बाजारों का विस्तार और सौदागरों के परिवारों की खुशहाली, "आंशिक मुद्राकरण" के साथ ही संभव हुआ। आम जनता सिक्कों का अधिक प्रयोग नहीं करती थी। दक्षिण भारत में ई. 950 से 1300 की मुद्रा व्यवस्था यह दर्शाती है कि समाज के सभी स्तरों में आदान–प्रदान पर धातु मुद्रा (सिक्कों) का समान प्रभाव नहीं था। उदाहरण के तौर पर पांडयो द्वारा विदेशी घोड़ों की खरीद पर किये गये खर्च के बारे में पांडयो की निम्न स्तर की मुद्रा से अनुमान नहीं लगाया जा सकता है। वस्तु विनिमय का स्थानीय अन्तर्क्षेत्रीय और शायद अन्तर्राष्ट्रीय वाणिज्य में महत्वपूर्ण स्थान था।

प्रश्न 3. व्यापार के पहलुओं की चर्चा कीजिए।

उत्तर– कृषि उत्पादन में विस्तार और तेजी से बढ़ता हुआ औद्योगिक तथा शिल्प उत्पादन वे दो कारण थे जिन्होंने श्रेणीबद्ध विनिमय केन्द्रों के उद्भव में योगदान दिया। ये केन्द्र अपने इलाकों से बाहर भी कार्य करते थे। इस प्रकार अन्तर्क्षेत्रीय और क्षेत्र के अंदर के विनिमय तंत्र ने अपेक्षाकृत आत्मनिर्भर ग्रामीण अर्थव्यवस्था को पहले चरण (ई. 750 से 900) में हानि पहुंचाई।

अन्तर्देशीय व्यापार: विभिन्न किस्म की वस्तुओं को व्यापार मार्ग के तंत्र द्वारा व्यापार के लिए ले जाया जाता था।

(अ) व्यापार की वस्तुएं और उसके उपभोक्ता: अनेक अभिलेखों में उन व्यापारियों का

उल्लेख पाया गया है जो अनाज, तेल, मक्खन, नमक, नारियल, सुपारी, पान के पत्ते, नील, मिश्री, गुड़, सूती कपड़े, कपास, कम्बल, धातु, मसाले इत्यादि एक जगह से दूसरी जगह ले जाते थे और उन पर कर तथा चुंगी देते थे। अलइदरीसी ने भी मालाबार से श्रीलंका को जहाजों द्वारा बारहवीं सदी में चावल पहुंचाने का उल्लेख किया है। खजूर की चीनी और रस्सीयों के लिए नारियल के रेशों के निर्यात के बारे में फ्रेयर जोरडॉनस ने लगभग ई. 1330 में लिखा है।

आठवीं सदी के बाद बड़े पैमाने पर भूमि अनुदान की वजह से उपभोक्ताओं का एक नया वर्ग पनपा। जो पुजारी पहले घरेलू और दूसरे कर्मकांडों के बदले मिली छोटी–मोटी आमदनी पर निर्भर थे अब उन्हें पुश्तैनी तौर पर बड़ी जमींदारियां तथा अन्य लाभ और अधिकार मिल गए। यह भूपति वर्ग शासकों और उभरते हुए व्यापारिक वर्ग के साथ विलासिता के सामान का महत्वपूर्ण खरीददार हो गया क्योंकि इस वर्ग की क्रय शक्ति ज्यादा थी। ब्राह्मणवादी और गैर ब्राह्मणवादी धार्मिक प्रतिष्ठान जो भू सम्पत्ति और स्थानीय करों के रूप में विस्तृत संसाधनों के मालिक थे, अधिकांश बेचे जाने योग्य वस्तुओं के महत्वपूर्ण उपभोक्ता के रूप में उभरे।

(ब) व्यापार मार्ग और संचार के साधन: सड़कों का विस्तृत तंत्र विभिन्न बंदरगाहों को एक दूसरे से जोड़े हुए था। इनके द्वारा बाजारों और नगरों के बीच व्यापार और वाणिज्य होता था। चीनी यात्री ह्वेनसांग के यात्रा वृतांत से पता चलता है कि विभिन्न भू–क्षेत्र आपस में जुड़े हुए थे। ई. 903 के एक अभिलेख में सौदागरों का उल्लेख मिलता है जो कर्नाटक, मध्य प्रदेश, दक्षिणी गुजरात और सिंध से होते हुए राजस्थान में अहदा में व्यापार के लिए आए। ग्यारहवीं सदी में कश्मीर से आया एक कवि, बिलहाना, कश्मीर से मथुरा तक अपनी यात्रा के बारे में बताता है कि वह किस तरह कन्नौज और प्रयाग से बनारस पहुंचा।

अरबी और फारसी विवरण हमें समकालीन व्यापारिक मार्गों पर अधिक गहन जानकारी देते हैं। अलबरूनी (ई. 1030) ने 15 मार्गों का उल्लेख किया है जो कन्नौज, मथुरा, बयाना आदि से शुरू होते थे। उत्तर पूर्व से यह मार्ग आसाम, नेपाल और तिब्बत तक जाता था जहां से भू–मार्ग से चीन तक जाया जा सकता था। उत्तर–पश्चिम में बल्ख जाते समय कन्नौज तथा मथुरा से गुजरना पड़ता था। यह मार्ग पेशावर और काबुल को जोड़ता था और अन्त में ग्रेट सिल्करूट में मिलता था जो चीन को यूरोप से जोड़ता था। मथुरा और प्रयाग से एक दूसरा मार्ग पश्चिमी तट पर स्थित भड़ौच के बंदरगाह की ओर उज्जैन होते हुए जाता था। इन मार्गों ने भारत के भीतरी हिस्सों को अन्तर्राष्ट्रीय समुद्री व्यापार के लिए खोलने में महत्वपूर्ण भूमिका निभाई जिसने दसवीं सदी के बाद एक नया आयाम हासिल किया। सड़कों के अलावा उत्तर भारत की नदियों, और दक्षिण भारत के पूर्वी और पश्चिमी तटों के साथ लगे समुद्री मार्गों ने भी अंतर्क्षेत्रीय सम्पर्कों को बढ़ाने में महत्वपूर्ण भूमिका निभाई।

समुद्री व्यापार: इस काल में बड़े पैमाने पर व्यापारिक गतिविधियां समुद्र के जरिए हुईं। इस काल की विशेषता एशिया के दो छोरों, फारस की खाड़ी और दक्षिण चीन के बीच समुद्री व्यापार का विस्तार था। हिन्दुस्तान, जो इन दो छोरों के बीच में पड़ता था, को इस व्यापार से बहुत फायदा हुआ। लम्बी समुद्री यात्रा की कठिनाइयों को भारतीय तटों पर लंगर डालकर

कम करने की कोशिश की जाती थी।

(अ) मुख्य भागीदार: इन सदियों में एशिया के व्यापार पर अरबों का प्रभुत्व रहा। आठवीं सदी में सौराष्ट्र तट पर स्थित बल्लभी के बाजार और महत्वपूर्ण बंदरगाह को नष्ट करने के बाद उन्होंने अरब सागर में अपने को मुख्य समुद्री ताकत के रूप में स्थापित किया। बाद में बारहवीं सदी में चीन भी इस व्यापार का एक महत्वपूर्ण भागीदार बना और उसने दक्षिणी पूर्वी एशिया और भारत में अपने जहाज भेजने शुरू किए किन्तु इससे अरबों की स्थिति पर कोई प्रभाव नहीं पड़ा जिन्होंने एशियाई व्यापार पर अपनी सर्वोच्च पकड़ को कायम रखा।

(ब) विनिमय होने वाली वस्तुएं: जहां तक एशियाई व्यापार में शामिल वस्तुओं की बात है, चीनी ग्रंथों में उल्लेख मिलता है कि मालाबार तट को चीन और दक्षिण पूर्वी एशिया से रेशम, चीनी, मिट्टी के बर्तन, कपूर, लौंग, मोम, चंदन की लकड़ी, इलायची इत्यादि मिलते थे। इनमें से बहुत सी वस्तुएं शायद अरब देशों को पुनः निर्यात होती थीं लेकिन कुछ हिन्दुस्तान के लिए भी थीं, खास तौर पर रेशम जिसकी स्थानीय बाजारों में काफी मांग थी।

मारको पोलो हमें बताते हैं कि गुजरात में कैम्बे के बंदरगाहों में दूर से आने वाले जहाज अन्य वस्तुओं के अलावा सोना, चांदी और तांबा लाते थे। टिन पूर्वी एशिया से हिन्दुस्तान आने वाला अन्य धातु था।

पूर्वी उत्पादों के बदले भारत अपनी सुगन्धित वस्तुएं और मसाले खास तौर पर काली मिर्च भेजता था। इब्न बतूता (ई. 1333) ने इंगित किया है कि चीन के शहरों में सूती कपड़े रेशम से ज्यादा दुर्लभ और कीमती थे। भारत चीन को हाथी दांत, गैंडों के सींग और कुछ बहुमूल्य और अर्ध–बहुमूल्य पत्थर भी निर्यात करता था।

यहूदी सौदागर भारत के पश्चिमी तटों से बहुत सारा माल मिश्र के बाजारों में ले जाते थे। इनमें मसाले, सुगन्धित वस्तुएं, रंग, जड़ी बूटियां, कांस्य और पीतल के बर्तन, कपड़े, मोती, मनके, नारियल इत्यादि थे। भारत सागौन की लकड़ी का निर्यात भी करता था। इसका इस्तेमाल फारस की खाड़ी और दक्षिण अरब के लगभग वृक्षहीन इलाकों में जहाज बनाने और घरों के निर्माण में होता था। भारत अपने लोहे और इस्पात उत्पादों खास तौर से तलवार और भालों के लिए भी प्रसिद्ध था जिनकी पश्चिमी देशों में बहुत मांग थी।

जहां तक पश्चिम से आयात का सवाल है सबसे महत्वपूर्ण वस्तु कपड़ा था। प्रारंभिक मध्ययुगीन काल में जैसे–जैसे सामंती सरदारों और मुखियों की संख्या बढ़ी, घोड़ों की मांग कई गुना बढ़ गयी। घोड़े भू–मार्गों तथा समुद्री–मार्गों से लाए जाते थे। घोड़ों के अलावा छुहारे, हाथी दांत, मूंगा, पन्ना इत्यादि भी पश्चिम से भारत लाए जाते थे।

(स) बंदरगाह: भारतीय तटों पर बहुत सारे बंदरगाह थे जो न सिर्फ अन्तर्देशीय व्यापारिक तंत्र के हिस्से थे बल्कि वह पूर्वी और पश्चिमी व्यापार के बीच कड़ी का काम भी करते थे। अलइदरीसी (बारहवीं सदी) के अनुसार सिन्धु के मुहाने पर देवाल एक महत्वपूर्ण बंदरगाह था जहां अरब और चीन तथा अन्य भारतीय बंदरगाहों से पोत आते थे। गुजरात तट के मुख्य बंदरगाह सोमनाथ भड़ौच और कैम्बे थे। सोमनाथ के पूरब में चीन और पश्चिम में जांजीबार

(अफ्रीका में) के साथ संपर्क थे। भड़ौच या प्राचीन बृगुकच्छ का बहुत लम्बा इतिहास रहा है। अरबी स्रोतों में कैम्बे का उल्लेख खम्बायत और संस्कृत स्रोतों में इसका उल्लेख स्तम्भ तीर्थ के रूप में हुआ है।

भारत के पश्चिमी तट पर सोपारा और थाना दूसरे महत्वपूर्ण बंदरगाह थे। मालाबार तट पर क्वीलोन एक महत्वपूर्ण बंदरगाह के रूप में उभरा था। दसवीं और तेरहवीं सदियों के बीच पूरब और पश्चिम से आने वाले जहाजों के लिए कोरोमंडल तट का विकास सामान उतारने या चढ़ाने के स्थान में हो गया। इस इलाके का सबसे महत्वपूर्ण बंदरगाह नागपट्टनम था। पुरी और कलिंगपट्टम उड़ीसा तट के महत्वपूर्ण बंदरगाह थे। बंगाल में ताम्रलिप्ती का फिर से उत्कर्ष हुआ। हालांकि कुछ विद्वानों के अनुसार इसका स्थान धीरे–धीरे सप्तग्राम ले रहा था।

(द) व्यापारियों की सुरक्षा: भारी मुनाफों को ध्यान में रखते हुए समकालीन राजसी अधिकारियों ने विदेशी व्यापार में संलग्न सौदागरों को सुविधाएं देने में गहरी रुचि दिखाई। गुजरात के चालुक्यों (दसवीं से तेरहवीं सदी) ने राजसी नियंत्रण में बंदरगाहों के एक अलग विभाग (वेला कलाकरन) का गठन किया। दक्षिण भारत में भी चोल अपने बंदरगाहों की स्थानीय व्यापारी संगठनों की मदद से तथा राजसी अधिकारियों के माध्यम से व्यवस्था करते थे जो विदेशी व्यापारियों की देखभाल करते थे और बंदरगाह से चुंगी इकट्ठा करते थे। अरब लेखक एक मत होकर राष्ट्रकूट राजाओं की अरबों के प्रति उनकी शांति, सहिष्णुता की नीति की प्रशंसा करते हैं। गुजरात के चालुक्य भी अपने राज्य में मुस्लिम व्यापारियों को धार्मिक और आर्थिक आजादी देते थे। आंध्र प्रदेश के गुन्टूर जिला के मौटूपल्ली के ई. 1244 के अभिलेखों से मालूम होता है कि राजा तूफान में भटके जहाजों को सुरक्षा देता था और विदेशी व्यापारियों का विश्वास जीतने के लिए राज्य के कानून के अनुसार कर एकत्र करने का वचन देता था।

नगरों का पुनरुत्थान: प्रारंभिक मध्ययुगीन भारत (ई. 900 से 1300) का दूसरा चरण दो पूर्ववर्ती सदियों से विलग था, क्योंकि इस काल में शहरी केन्द्रों का स्पष्ट पुनरुत्थान देखा जा सकता है। यह पुनरुत्थान लगभग अखिल भारतीय विशेषता बन गई। प्रायः इसे भारतीय उपमहाद्वीप का "तीसरा शहरीकरण" कहा जा सकता है।

4 व्यापारिक समुदाय और संगठन

प्रश्न 1. 7वीं–13वीं शताब्दी ई० के प्रारम्भिक मध्यकालीन व्यापार के स्वरूप का आलोचनात्मक परीक्षण कीजिए। [Dec-02, Q1]

उत्तर– मध्ययुगीन काल के प्रारंभिक दोर में छोटे और बड़े व्यापारी माल जमा करने और वितरण में लगे रहते थे स्थानीय के अलावा अंतक्षेत्रीय होते थे। इन दोनों दौर की स्थिति का विवरण इस प्रकार है।

पहले दौर (ईसवी 700–900) में व्यापारियों की स्थिति: इन सदियों में व्यापार के सापेक्षिक पतन के कारण समाज में व्यापारियों की भूमिका काफी घट गयी थी। व्यापार के पतन और बाजार की कमी हो जाने के कारण व्यापारियों को मंदिरों और दूसरे उभरते जमींदारों की शरण में जाना पड़ा। इससे उनकी स्वतंत्र व्यापारिक गतिविधियां छिन गयीं और उन्हें अपने शरण देने वालों की जरूरतों और मांगों को पूरा करना पड़ा। आठवीं व दसवीं सदी के दौरान ऐसे कोई भी महत्वपूर्ण प्रमाण नहीं मिलते हैं जिससे कि यह पता लगे कि व्यापारियों का प्रशासन में कोई हाथ था। जबकि बिहार और उत्तर प्रदेश में मिली मुहरों से पता चलता हैं कि गुप्त काल में उनकी महत्वपूर्ण प्रशासनिक भूमिका थी। हालांकि व्यापार बिल्कुल लुप्त नहीं हो गया था कुछ सौदागर विशेषकर खाड़ी तट पर सक्रिय थे लेकिन उनकी संख्या बहुत कम थी और वे अधिकतर राजाओं, सामंतों और मंदिरों के लिए विलासिता की जरूरतों को पूरा करते थे।

दूसरे दौर (ईसवी 900 से 1300) में व्यापारियों की स्थिति: प्रारंभिक मध्ययुगीन भारत में दूसरे दौर में व्यापारी वर्ग एक बार फिर प्रमुख हो गया और हम पाते हैं कि बड़ी तादाद में सौदागर विलास और जरूरत का सामान एक स्थान से दूसरे स्थान पर ले जाते थे। वे व्यापारिक विनिमय से काफी धन इकट्ठा कर चुके थे और मंदिरों और पुजारियों को उपहार देकर उन्होंने समाज में ख्याति अर्जित कर ली थी। उनमें से कईयों ने प्रशासन में सक्रिय भूमिका निभाई और कुछ राजदरबार में मंत्री भी बने।

उस काल के साहित्य और अभिलेखों में बड़ी संख्या में सौदागरों का विवरण है जो अपने विशेष व्यापार में संलग्न थे। उधार देना भी सौदागरों का एक प्रमुख काम हो गया। हालांकि लोग धार्मिक उद्देश्य जैसे कि फूल चढ़ाने, दिया जलाने आदि के लिए मंदिर के खजानों में पैसा जमा करते थे लेकिन कुछ ऐसे संदर्भ मिलते हैं जिसमें श्रेणी पैसे जमा करके उस पर सूद देती थी।

इस काल में बहुत से क्षेत्रीय सौदागर समूहों का उदय हुआ जो अपने क्षेत्र के नाम से जाने जाते थे। ये मुख्यतः पश्चिम भारत से थे चूंकि इस क्षेत्र में बहुत से भू–मार्ग थे जो पश्चिमी तटों को पूर्वी भारत के बाजारों और शहरों से जोड़ते थे। इस लिए इस क्षेत्र के कुछ स्थान के सौदागरों ने यह पाया कि अंतर्क्षेत्रीय व्यापार में दक्षता ज्यादा लाभप्रद है। मारवाड़ी अर्थात् मारवाड़ के सौदागर अपने क्षेत्रीय नाम के अलावा सौदागर लोग कई दूसरे नामों से जाने जाते थे उनमें से दो हैं श्रेष्ठी और सर्थवाह। ये दोनों नाम काफी पहले से प्रचलित हैं। श्रेष्ठी एक धनी थोक व्यापारी था जो शहर में रहता था और अपना धंधा खुदरा व्यापारियों और एजेंटों के सहारे से करता था। समय–समय पर वह छोटे व्यापारियों को सामान और पैसा उधार देता था और इस तरह वह एक बैंकर का काम भी करता था।

कारवां के नेता का सर्थवाह कहा जाता था जिसकी देखरेख में सौदागर सुदूर जगहों पर माल बेचने व खरीदने जाते थे। वह अत्यंत योग्य माना जाता था जिसे सिर्फ मार्ग का ही नहीं बल्कि भाषा और विभिन्न क्षेत्रों के विनिमय के नियमों का पता होता था। कृषि के विस्तार से और आठवीं और नवीं सदी के उपरांत उत्पादों की उपलब्धता से दक्षिण भारत में भी व्यापारिक विनिमय में वृद्धि हुई। इससे एक व्यापारिक समुदाय का उदय हुआ जो अपना पूरा समय स्थानीय विनिमय में लगाता था। यह वर्ग अंतर्क्षेत्रीय और अंतर्देशीय व्यापार में भी हिस्सा लेते थे। पूर्वी भारत के समान दक्षिण भारत में भी व्यापारियों ने कुछ खास वस्तुओं जैसे कपड़ा, तेल या घी, पान के पत्ते, घोड़ों आदि के व्यापार में भी दक्षता हासिल कर ली। स्थानीय स्तर पर क्षेत्रीय बाजार जिन्हें नगरम कहा जाता था, विनिमय के केन्द्र थे। यह कृषि बस्तियों के पास थे जो न केवल आस–पास के क्षेत्रों से माल एकत्र करते थे बल्कि दूसरे क्षेत्रों से आने जाने वाले व्यापारियों से माल विनिमय भी करते थे। ग्यारहवीं व बारहवीं सदी में चोल काल के दौरान नगरम की संख्या में काफी वृद्धि हुई थी। यहां तक कि सभी तमिल व्यापारी नगरतार (जो कि नगरम् सभा का सदस्य होता था) के नाम से पहचाने जाने लगे।

प्रश्न 2. श्रेणियों की परिभाषा, दक्षिणी भारत में व्यापारिक श्रेणियों के संगठन का उल्लेख कीजिए। [Dec-04, Q1]

उत्तर— व्यापारियों की श्रेणियां समान प्रकार के माल जैसे अनाज, कपड़े, पान के पत्ते, घोड़े, इत्र आदि का व्यापार करने वाले व्यापारियों की स्वैच्छिक श्रेणियां थी। इसकी स्थापना स्थानीय व भ्रमणशील सौदागर करते थे। स्थानीय सौदागरों द्वारा बनाई गई श्रेणियां स्थायी होती थीं जबकि भ्रमणशील सौदागरों की श्रेणियां एक खास यात्रा के लिए बनाई जाती थीं और यात्रा के अंत में उन्हें भंग किया जाता था। श्रेणियां अपनी सदस्यता और कार्य पद्धति के लिए खुद नियम और कानून बनाती थीं। वे माल का दाम तय करती थीं और यह भी तय करती थीं कि किसी खास दिन इसके सदस्य किसी खास माल को नहीं बेचेंगे। अगर श्रेणियां पाती थीं कि स्थानीय अधिकारी का रवैया द्वेषपूर्ण और असहयोगपूर्ण है तो कभी–कभी एक खास क्षेत्र में व्यापार करने से मना कर देती थी। व्यापारी श्रेणियां धार्मिक हितों के संरक्षण का काम भी करती थीं। अभिलेखों में कई ऐसे उद्धरण मिलते हैं जब श्रेणियों ने सामूहिक रूप से अपने माल की खरीद बिक्री पर मंदिर के रख–रखाव या अनुष्ठान के लिए अतिरिक्त कर देने के लिए निर्णय लिये। श्रेणियां आमतौर पर एक प्रमुख के अधीन काम करती थीं जिसका चुनाव

श्रेणियों के सदस्य करते थे। श्रेणियों के आर्थिक मामलों को तय करने में यह प्रमुख प्रधान न्याय अधिकारी की भूमिका निभाता था। यदि सदस्य श्रेणियों के नियमों को तोड़ते थे तो वह श्रेणियों के सदस्यों को सजा दे सकता था, निंदा कर सकता था या उनको निकाल सकता था। उसका एक मुख्य कार्य था राजा से सीधा संबंध बनाए रखना और अपने साथी सौदागरों की ओर से बाजार की चुंगी और कर को तय करना। व्यापारिक गतिविधियों के विकास से श्रेणियों के प्रमुख को समाज में अपनी शक्ति और प्रतिष्ठा बढ़ाने में सहायता मिली और उनमें से कई स्थानीय प्रशासनिक परषिदों में अपने सदस्यों के प्रतिनिधियों का काम भी करते थे। श्रेणियों के सदस्यों को एक कठोर नियम के तहत काम करना पड़ता था।

दक्षिणी भारत में व्यापारिक श्रेणियों के संगठन: दक्षिण भारत में कृषि के विस्तार से और व्यापार की वृद्धि से दसवें दशक में कई व्यापारिक श्रेणियों का उदय हुआ। अभिलेखों में इन संगठनों को समाया कहा गया है जिसका मतलब सदस्यों के बीच सहमति या अनुबंध से पैदा हुआ संगठन जिसमें उसके सदस्यों को कुछ नियम व कानून मानने होते हैं। दक्षिण भारत की दो महत्वपूर्ण श्रेणियां हैं, अयावोले और माणिग्रमण। भौगोलिक रूप से उनका कार्य क्षेत्र वर्तमान महाराष्ट्र, कर्नाटक, तमिलनाडु और दक्षिण आंध्र प्रदेश था।

आयावोले श्रेणी ऐहोले के पांच सौ स्वामियों की "नाना देशी" श्रेणी भी मानी जाती थी। जबकि कुछ का तर्क है ऐसे संगठन मुख्यतः विभिन्न तरह के मालों के व्यापारी थे ना कि सौदागरों का एक निगम। कन्नड आयावोले के विस्तृत अध्ययन करने से पता चलता है कि ये निगम एक या दो जिलों तक फैले हुये, छोटे व काम चलाऊ संघ थे। संगठन में शुरुआत में हो सकता है कि पांच सौ सदस्य रहे हों। लेकिन इस बात से इंकार नहीं किया जा सकता है कि व्यापार और वाणिज्य के विकास के साथ बीरा बंननजाज (आयावोले की व्यापारिक श्रेणी) के काम का दायरा अंतर्क्षेत्रीय था और 900 के 1500 ई. के बीच उनके गहन सामाजिक–आर्थिक हितों का विकास हुआ था। वे उत्तर में भलवानी (महाराष्ट्र के संगली जिले में) से दक्षिण में कायलपट्टीनम (तमिलनाडु में) तक फैल गये।

अपने विस्तार के दौरान आयावोले श्रेणी के सदस्य स्थानीय बाजार नगरम के संपर्क में आए और आस–पास के क्षेत्रों से कृषि उत्पादों को इकट्ठा करके और दूसरी जगह से लाए गए माल का वितरण करके इस तरह की व्यापारिक गतिविधियों को बढ़ाया। आयावोले का व्यापारिक प्रभाव दक्षिण भारत के बाहर तक फैल गया। बरमा, जावा, सुमात्रा और श्रीलंका से मिले अभिलेखों से इस बात का पता चलता है।

दक्षिण भारत का दूसरा महत्वपूर्ण व्यापारिक संघ था मणिग्रमण। इसका उदय नौवीं सदी में केरल के तट पर हुआ था। जैसे–जैसे यह आयावोले के संपर्क में आया इसकी अंतर्क्षेत्रीय गतिविधियां बहुत बढ़ गयीं और यह प्रायद्वीप के बहुत बड़े भाग तक फैल गया। मलाया में तकुआपा से नौवीं सदी का एक तमिल अभिलेख यह बताता है कि यह लम्बी दूरी के समुद्री व्यापार में शुरू से ही लगा था।

अंजुवन, दक्षिण भारत का एक अन्य व्यापारिक समूह था। यह शायद विदेशी व्यापारियों का संगठन था ना कि पांच समुदायों या जातियों का समूह जैसा कि कुछ विद्वान मानते हैं। मणिग्रमण के समान इन्होंने भी अपनी व्यापारिक गतिविधियां केरल तट पर आठवीं या नवीं

सदी में शुरू की थी और ग्यारहवीं सदी तक दूसरे तटीय क्षेत्रों में फैल गयी। इन्होंने स्थानीय सौदागरों के साथ–साथ आयावोले और मणिग्रमण के साथ सम्पर्क बनाये रखा।

आयावोले के बीराबंननजाज को वसुदेरा की जाति का बताते हैं। उनकी तुलना महाकाव्यों में नायकों से की जाती थी। सीलाहार राजा गन्दरदित्या के ईसवी 1130 के कोल्हापुर के शिलालेख में बीराबंननजाज की प्रशस्ति का एक उदाहरण देखा जा सकता है।

"उनकी जय हो। जो पांच सौ विश्व प्रसिद्ध महान नायकों के पदचिन्हों पर चले, जो कि बनंनजाज के द्वारा बनाए गए नियमों पर चलें, जिनमें सच्चाई, शुद्ध आचरण, अच्छा व्यवहार, राजनीतिक सूझ बूझ, भद्रता और व्यापारिक ज्ञान है। जो कि अपने शौर्य से भरे थे, जिनका जन्म वासुदेव, खण्डाली और मूलभद्र की जाति में हुआ था। जो लड़ाई में अपराजेय थे, जो ब्रह्मा के समान चौसठ कलाओं में पारंगत हैं, नारायण के समान वे चक्रधारी हैं और रूद्र के समान जिनमें दुनिया को नष्ट करने की शक्ति है। जो कि दृढ़ता में रास की तरह है, अर्जुन के समान पराक्रमी है, भीष्म की तरह सदाचारी है, भीम के समान साहसी है, युधिष्ठर की तरह धर्मात्मा है, कर्ण के समान दानवीर है तथा सूर्य के समान तेजस्वी है। संक्षेप में दक्षिण भारत का विशाल व्यापारिक तंत्र अनेक व्यापारियों संगठनों द्वारा नियंत्रित था जो कि आपस में सहयोग और सामंजस्य के साथ काम करते थे। संघों के मुखियाओं ने व्यापार तथा व्यापारिक संगठनों पर नियंत्रण के द्वारा राजसी घरानों से घनिष्ठता के संबंध बना लिए तथा समाज में यश एवं नाम कमाया।"

प्रश्न 3. व्यापारियों तथा शिल्पकारों के बीच संबंद्ध की चर्चा कीजिए।

उत्तर– व्यापारियों तथा शिल्पकारों के बीच संबंद्धः समकालीन स्रोतों में व्यापारियों तथा शिल्पकारों जो कि वाणिज्य में एक दूसरे पर परस्पर निर्भर वर्ग थे के संबंधों के सही स्वरूप का प्रमाण नहीं मिलता है। इसलिए यह नहीं कहा जा सकता है कि शिल्पकार जैसे बुनकर, धातुकर्मी आदि स्वतंत्र रूप से कार्य करते थे या व्यापारियों, जो कि उन्हें धन तथा कच्चा माल या दोनों उपलब्ध कराते थे, के आदेशानुसार कार्य करते थे। परन्तु इस बात के प्रमाण है कि व्यापारियों द्वारा कच्चे माल तथा तैयार माल के संग्रहण/संगठन पर अधिक नियंत्रण कायम करने से शिल्पकारों की गतिविधियों पर उनका प्रभाव काफी बढ़ गया।

अल–बरूनी जो ग्यारहवीं शताब्दी में भारत आया, तथा लक्ष्मी–धारा जो कि बारहवीं शताब्दी का एक विधि शास्त्री था हमें बताते हैं कि शिल्पकार व्यापारियों के बीच रहते थे। इससे पता चलता है कि व्यापारी शिल्पकारों को कच्चा माल तथा पूंजी उपलब्ध कराते थे, जो कि व्यापारियों के निर्देशों तथा मांग के अनुसार माल तैयार करते थे, तमिलनाडु में इरोडे में पाया गया ग्यारहवीं शताब्दी का एक अभिलेख व्यापारियों द्वारा शिल्पकारों को शरण दिए जाने की चर्चा करता है तथा इस बात से शिल्पकारों की व्यापारियों पर निर्भरता प्रदर्शित होती है। जैसे–जैसे व्यापार तथा वाणिज्य का विस्तार हुआ व्यापारियों ने खरीद–फरोख्त के वाणिज्यिक तंत्र पर एकाधिकार स्थापित करने की कोशिश की। इसके कारण शिल्पकारों द्वारा स्वयं अपने माल को बेचने की क्षमता को हानि पहुंची। परन्तु कुछ ऐसे प्रमाण मिलते हैं जिनके अनुसार तेली तथा बुनकर अपने माल को स्वयं बेचते थे जिसके कारण वे मंदिरों तथा पुजारियों को अनुदान देने की क्षमता तथा धन पा सके। यह कहा जा सकता है कि प्रारंभिक मध्ययुगीन काल में शिल्पकार बड़े व्यापारियों पर आर्थिक रूप से निर्भर थे।

BLOCK-2

समाज और संस्कृति : आठवीं से तेरहवीं सदी तक

सामाजिक संगठन

प्रश्न 1. उन स्रोतों को सूचीबद्ध कीजिए जो सन् 800 से 1300 ई० के बीच सामाजिक पुनर्निर्धारण पर प्रकाश डालते हैं?

उत्तर– सन् 800 ई० से 1300 ई० के दौरान के पांच सौ वर्षों के सामाजिक संगठन का पुनर्निर्धारण करने के लिए पर्याप्त मात्रा में ऐतिहासिक सामग्री उपलब्ध है। इस ऐतिहासिक सामग्री के अंतर्गत साहित्यिक एवं शिलालेख संबंधी दोनों प्रकार के स्रोत उपलब्ध हैं।

साहित्यिक स्रोत विविध प्रकार के हैं। ये धर्मशास्त्रों पर मात्र टीकाओं तथा दूसरे निबंधों के रूप में नहीं हैं बल्कि हमें ये सामाजिक व्यवस्था में होने वाले उत्थान एवं पतन की जानकारी भी देते हैं। काव्यात्मक रचनाएं, नाटक, तकनीकी एवं वैज्ञानिक रचनाएं, संधियों से संबंधित लेख और भवन–निर्माण कला से उत्तर–गुप्त कालीन समाज में होने वाले परिवर्तनों पर व्यापक रोशनी पड़ती है। कल्हण की **राजतरंगणि**, श्रीहर्ष का ***नैशाधिंयाचरित***, मेहरूतुंग की ***प्रबंधचिंतामणि***, सोध्धला की ***उदय–सुन्दरी–कथा***, जिनसेना की ***आदिपुराण***, सिद्धों के **दोहे**, मेधातिथि की ***मनुस्मृति*** पर टीका और विज्ञानेश्वर का ***याज्ञवल्कस्मृति*** पर भाष्य – ये सभी रचनाएं सन् 800 ई० से 1300 ई० तक की सामाजिक व्यवस्था का पुनर्निर्धारण करने के लिए काफी उपयोगी हैं।

प्रश्न 2. वर्ण–व्यवस्था के विरुद्ध उभरे असंतोष पर 10 पंक्तियां लिखिए।

उत्तर– गैर–ब्राह्मण लोगों जाति व्यवस्था के मूलभूत आधारों पर विवाद उत्पन्न किये। सदियों पहले महात्मा बुद्ध ने जन्म के आधार पर जातियों के औचित्य को अनुचित कहा। बुद्ध का क्रोध मुख्य रूप से ब्राह्मणवाद–विरोधी था। यद्यपि ब्राह्मणवाद के इस तरह के विरोध अधिक लंबे समय में कुछ विशेष न कर पाए, लेकिन ये विरोध समाप्त नहीं हुए। इस पर कोई आश्चर्य नहीं होना चाहिए कि जैन अमित गति ने अपने ग्यारहवीं सदी के ग्रंथ ***धर्मपरीक्षा*** में कहा कि जाति को व्यक्तिगत व्यवहार के आधार पर सुनिश्चित किया जाना चाहिए। ब्राह्मणों

की जाति सर्वोच्चता को जैन लेखकों द्वारा ***कथाकोष प्रकरण*** जैसे ग्रंथों में चुनौती दी गई। एक व्यंग्यात्मक रचना ***लताकमेलका*** में एक ऐसे बौद्ध भिक्षु को उद्धत किया गया है जो जाति के महत्व से इंकार करता है, जाति को वह व्यर्थ कहता है और इस बुराई की भर्त्सना करते हुए जाति–आधार को समाप्त करने को कहता है। कश्मीर के महान् साहित्यकार क्षेमेन्द्र ने ***कुल–जाति–दर्प*** (जाति एवं वंश की व्यर्थता) को समाज के एक ऐसे रोग के रूप में उद्धत किया है, जिसके वे स्वयं के चिकित्सक होने का दावा करते थे ***पद्मपुराण*** में दो विचारधाराओं के बीच होने वाले संघर्षों का उल्लेख हुआ है। एक विचारधारा उन कट्टरपंथियों की है, शूद्रों से निर्धनता का जीवन व्यतीत करने की अपेक्षा करती है तथा दूसरी उन वामगर्मी धर्मों को मानने वालों की है, जो शूद्रों को धन के महत्व का बोध कराती है।

ग्यारहवीं शताब्दी की एक रचना में सामाजिक पदों तथा जन्म के आधार पर सामाजिक विभाजन पर बल दिया गया है, न कि व्यवसाय के आधार पर। विभिन्न धर्मों के पुरोहितों को जहां एक ओर पाखंडी कहा गया है, वहीं पर दूसरी ओर शेष समाज का वर्गीकरण निम्नलिखित छः वर्गों के आधार पर किया गया है:

1) समाज में राजा रहित शासक वर्ग (चक्रवर्तिन्) का सर्वोच्च स्थान था,

2) द्वितीय स्थान अभिजात सामंतों का था,

3) मध्यम वर्ग में व्यापारीगण, महाजन, गायों, भैसों, ऊंटों, घोड़ों आदि के स्वामी थे,

4) छोटे व्यापारी एवं छोटे किसान इस श्रेणी में थे,

5) नीचे स्तर पर कारीगरों तथा शिल्पकारों के संगठन के सदस्य थे, और

6) सबसे नीचे स्तर पर चण्डालों सहित वे दूसरे लोग थे जो चिड़ियों एवं पशुओं का वध करने जैसे "हीन कार्यों" को करते थे।

प्रश्न 3. 8वीं–12वीं शताब्दी के दौरान सामाजिक संगठन की व्याख्या कीजिए।
[June-03, Q2]

उत्तर– आठवीं सदी ई० के बाद और तेरहवीं सदी ई० में तुर्की राज सत्ता के स्थापित होने तक जो सामाजिक संगठन विद्यमान थे, उनकी निम्नलिखित विशेषताएँ थी:

1) ***वर्ण***–व्यवस्था में कुछ संशोधन हो जाने से शूद्रों का रूपांतरण खेती करने वाली जातियों में हुआ, जिससे कि वे वैश्यों के समीप आ गए,

2) बंगाल एवं दक्षिण भारत में नई ब्राह्मण व्यवस्था की स्थापना हुई। इन क्षेत्रों में बीच के ***वर्ण*** विद्यमान नहीं थे और अंततः उस शिक्षित वर्ग का उदय हुआ, जो ***वर्ण***–व्यवस्था में उचित स्थान प्राप्त करने के लिए संघर्ष कर रहा था।

3) नई वर्ण–संकर जातियों में विलक्षण वृद्धि हुई,

4) असमान भूमि तथा सैनिक शक्ति के वितरण के कारण ऐसी सामंतीय व्यवस्था का उद्भव हुआ जिसने ***वर्ण***–व्यवस्था की सभी सीमाओं को लांघ दिया; और

5) ऐसे प्रमाण भी उपलब्ध हैं, जिनसे सामाजिक तनावों की वृद्धि का पता चलता है।

कृषकों के रूप में शूद्रों का उदय: ग्रामीण क्षेत्र तथा कृषि गतिविधियों के फैलाव के कारण शूद्रों के विषय में जो अवधारणाएं थीं, उनमें परिवर्तन हुआ। उत्तर–गुप्त काल की विधि–पुस्तकों ने

कृषि को सभी ***वर्णों*** के लिए ***सामान्य–धर्म*** (सामान्य व्यवसाय) के रूप में शामिल कर दिया। पाराशर की ***स्मृति*** में बल दिया गया है कि जहां एक ओर ब्राह्मणों के छः कर्तव्यों–अध्ययन करना, पढ़ाना, यज्ञ करना, दूसरों की सहायता करने के तौर पर यज्ञों की अध्यक्षता करना; तीनों उच्च ***वर्णों*** के धनी लोगों से उपहारों को स्वीकार करना और उपहार देना–के साथ–साथ वे स्वयं को कृषि कार्यों के साथ भी संबंधित कर सकते थे और वे इन कृषि कार्यों को शूद्रों के परिश्रम द्वारा पूरा कर सकते थे। ब्राह्मणों को यह भी अधिकार था कि पापों से स्वयं को बचाने के लिए वे बैलों के साथ सही व्यवहार करें और अनाज की एक निश्चित राशि को राजा, देवताओं एवं अपने साथी ब्राह्मणों को दे सकते थे।

इस दिशा में किए जाने वाले प्रयास का सबसे बड़ा संकेत यह था कि वैश्य एवं शूद्रों के बीच की दूरी कम हो रही थी। जहां एक ओर इस रुझान का प्रारंभ ईसा की प्रारंभिक सदियों में हो चुका था और दूसरी ओर उत्तर–गुप्त काल की सदियों में यह तथ्य महत्वपूर्ण है कि वैश्य कृषक जाति के रूप में व्यावहारिक तौर पर अपनी पहचान को खो बैठे। सातवीं सदी ई० के प्रारंभ में भारत आने वाले प्रसिद्ध चीनी यात्री ह्वेन–सांग ने शूद्रों को कृषकों के रूप में उद्धत किया है। ग्यारहवीं सदी ई० के प्रारंभिक वर्षों में अलबरूनी महमूद गजनवी के साथ भारत आया तो उसने शूद्रों तथा वैश्यों के मध्य कोई अंतर न पाया। स्कन्द पुराण भी वैश्यों की खराब हालत का उल्लेख करता है। ग्यारहवीं सदी ई० के आते–आते उनको अनुष्ठानिक एवं वैधानिक दोनों तरह से शूद्रों के समक्ष माना जाने लगा। उदाहरणार्थ, अलबरूनी का कथन है कि यदि शूद्र एवं वैश्य श्लोकों का उच्चारण करते तो उनकी जीभ काट दी जाती थी।

कुछ ऐसे शूद्र भी थे जिनको ***भोजयन्ना*** कहा जाता था। इन शूद्रों के द्वारा भोजन तैयार किया जाता था और इस भोजन का ब्राह्मण लोग भी सेवन करते थे। बहुत से तान्त्रिक एवं सिद्धि की शिक्षा देने वाले शूद्र थे और ये मछुआरों, चमड़े का काम करने वालों, धोबी, लुहार आदि के कार्यों को करते थे। ***अनाश्रित शूद्रों*** का भी उल्लेख हुआ है। ये ऐसे शूद्र थे जो आत्म–निर्भर थे तथा जिनकी आर्थिक स्थिति अच्छी थी। ये शूद्र स्थानीय प्रशासनिक समितियों में भी थे और यदा–कदा ये भी शासक अभिजात वर्ग में शामिल हो जाते थे। शूद्रों की इस तरह की उपलब्धियाँ निश्चित रूप से काफी कम थीं।

बंगाल एवं दक्षिण भारत में मध्यम वर्गों का अभाव: वैश्यों एवं शूद्रों के मध्य दूर होते विभेदों के कारण एक ऐसी सामाजिक व्यवस्था का उद्भव हुआ जिसके अंतर्गत बंगाल एवं दक्षिण भारत में मध्यम ***वर्ण*** लुप्त हो गये। इन क्षेत्रों में नवीन ब्राह्मणवादी व्यवस्था केवल ब्राह्मणों एवं शूद्रों के लिए उपलब्ध करायी गयी थी। ऐसा केवल इसलिए हुआ क्योंकि इन क्षेत्रों में गैर–ब्राह्मणवादी धर्मों का प्रभाव अधिक था। ब्राह्मणवाद की प्रगति की प्रकृति ने इस नये घटना क्रम में योगदान किया। यह संस्कृत भाषा बोलने वाले आक्रामक लोगों के व्यापक विस्थापन के कारण नहीं हुआ था। इसका मुख्य कारण अन्तर–मिश्रण एवं उत्संस्करण था। नौवीं सदी ई० से 13वीं सदी ई० तक सभी राजनीतिक शक्तियों का संघर्ष अमीरों के साथ हुआ। ***ब्रह्मवायवर्त पुराण*** में 13वीं सदी ई० के बंगाल के विषय में विवरण है और यह ग्रंथ ***अगारी, अम्बस्थ, भील, चण्डाल, कांची*** आदि ऐसी आदिवासी जातियों का उल्लेख करता है जिनको ब्राह्मणिक व्यवस्था में शूद्रों के रूप में स्वीकृत कर लिया गया था। जहाँ तक

दक्खन का प्रश्न है यह ***अमीरों*** के विषय में भी सत्य था।

नव शिक्षित वर्ग का उदय: भूमि अनुदानों की अभूतपूर्व वृद्धि में भूमि के लेन–देन, स्वामित्व के प्रमाणों का रख–रखाव और भूमि की नाप के आंकड़ों को रखना जैसे कार्य भी निहित थे। इसका तात्पर्य यह हुआ कि एक ऐसे वर्ग की आवश्यकता थी, जो अपने कार्य में निपुण एवं पढ़ा–लिखा हो। लगभग एक दर्जन किस्म के लेखक एवं कागजात को रखने वाले वर्गों में कायस्थ भी एक वर्ग था। बंगाल से प्राप्त हुए व गुप्त अभिलेखों में पहली बार कायस्थ शब्द को उद्धृत किया गया है, लेकिन उत्तर–गुप्त कालीन अभिलेखों में रिकार्ड रखने वालों के नामों का भरपूर मात्रा में उल्लेख हुआ है। ***कायस्थों*** के अतिरिक्त ***करण, करणिक, पुस्तपाल, लेखक, दिविरा, अक्षरचांचू, धर्मलेखिन, अक्षपटालिक*** जैसे नामों का भरपूर उल्लेख हुआ है। कायस्थों ने व्यक्तिगत स्तर पर पढ़ने–लिखने एवं साहित्य में महत्वपूर्ण योगदान करना प्रारंभ कर दिया था। उड़ीसा का ***तथागतरक्षिता*** व्यवसाय के तौर पर चिकित्सक परिवार से एवं जाति के रूप में कायस्थ जाति से संबंधित था और 12वीं सदी ई० में वह बिहार में स्थित विक्रमशिला विश्वविद्यालय में तंत्रवाद का सम्माननीय प्राध्यापक था।

नई मिश्रित जातियों के उदय में अभूतपूर्व वृद्धि

i) ब्राह्मणों में: जातियों की बढ़ती संख्या की विशेषता ब्राह्मणों के बीच सबसे अधिक प्रतीत होती है। ब्राह्मण वर्ण अब केवल अपने छः कर्तव्यों तक सीमित न था। मंत्री, पुरोहित, न्यायाधीश आदि जैसे सरकारी पदों पर बने रहने के अतिरिक्त, ब्राह्मणों ने सैनिक कार्यों को भी करना शुरू कर दिया था। दृष्टांत के तौर पर, पृथ्वीराज चौहान का सेनापति स्कन्द नाम का ब्राह्मण था और सपदलालक्ष के शासक (राजस्थान में) की सेना का नेतृत्व भी राक नाम के एक ब्राह्मण ने किया था। ब्राह्मणों की कार्यात्मक भिन्नता निम्नलिखित उपाधियों से भी स्पष्ट होती है:

श्रोतिया, पंडित, महाराज पंडित, दीक्षित, याज्ञनिक, पाठक, उपाध्याय, ठाकुर, अग्निहोत्री आदि।

ब्राह्मण ***वर्ण*** के बीच हुए विभाजन का कारण क्षेत्रीय संबंधता भी थी। उत्तर भारत में हमें सारस्वत, कान्यकुब्ज, मैथी, गण्डा एवं उत्कल ब्राह्मणों के नाम सुनाई पड़ते हैं। गुजरात एवं राजस्थान के क्षेत्रों में उनकी पहचान मूल (निवास करने का मूल स्थान) शब्द के द्वारा की गई है और उनको मोधा, उदिवया, नागर आदि में विभाजित किया गया। बाद में मध्यकाल के अंत तथा ब्राह्मणों का विभाजन 180 मूलों में हो गया था। इसके अंतर्गत सर्वोच्चता की भावनाएं भी निहित थीं। ब्राह्मणों के विलक्षण विस्थापन के कारण कुछ क्षेत्रों को ***पाप देश*** (अपवित्र स्थान) समझा जाने लगा। इन क्षेत्रों में सौराष्ट्र, सिन्ध एवं दक्षिणपथ शामिल थे।

ii) क्षत्रियों में: आठवीं सदी ई० के बाद क्षत्रियों के बीच भी अनेक जातियों की उत्पत्ति हुई और उनकी संख्या में तेजी से वृद्धि होने लगी। अकेले उत्तर की 36 राजपूत जातियों के नामों की सूचियां उस समय के ग्रंथों में दी गई हैं। इन राजपूत जातियों की उत्पत्ति आबादी के विभिन्न वर्गों जैसे कि कायस्थों एवं ब्राह्मणों से हुई। इनकी उत्पत्ति कुछ आदिवासी जातियों से भी हुई थी और कुछ तो मूल रूप से इन्हीं से बनी थीं। राजपूत जातियों का उदय उन विदेशी आक्रमणकारियों से भी हुआ जो यहीं पर बस गए तथा जिनका विलय भारतीय सामाजिक–व्यवस्था

में हो गया। क्षत्रिय वर्ण की परम्परागत अवधारणा के अनुसार, क्षत्रियों का मुख्य कार्य शासन को संचालित करना था, लेकिन विचारवेत्ताओं ने उन गैर–क्षत्रियों को क्षत्रिय मानने से इंकार नहीं किया जो शासक बन गए थे।

iii) वैश्यों एवं शूद्रों में: जाति वृद्धि की प्रक्रिया ने वैश्यों एवं शूद्रों को भी अछूता नहीं छोड़ा। जिस तरह से ब्राह्मण जातियों की पहचान क्षेत्रीय संबंधता के साथ की गई है उसी तरह से वैश्य जातियों की पहचान भी की जाती है। इस तरह से वैश्यों को श्रीमाली, नागर, पालीवाल, दिसावत आदि कहा जाता था। ***वायर्त्त पुराण*** में शूद्रों की सौ जातियों की सूची को उद्धृत किया गया है। शूद्रों का जातियों में उप–विभाजन भी क्षेत्र एवं भूमि की संबंधताओं पर आधारित था। शूद्र जातियों का उदय भी ***पादूकाकृत*** एवं ***चर्मकार*** (चमड़े का काम करने वाले कारीगर) आदि जैसे औद्योगिक कार्य करने वाले समूहों से हुआ था। उस समय में शिल्पकारों का जातियों में परिवर्तित हो जाना एक सम्पूरक प्रक्रिया थी। ऐसा प्रतीत होता है कि ***नपिता, मोदक, ताम्बूलिक, सुवर्णकार, सूत्रकार, मालाकार*** आदि जातियों का उद्भव बहुत से शिल्पों से हुआ था। यादव ***महासामंत*** भील्लमा–द्वितीय के 1000 ई० के अभिलेख में दान किए गए ऐसे गांवों का विवरण किया गया है, जिनके अंतर्गत अठारह व्यापारिक संगठन निहित थे। संयोगवश, ये व्यापारिक संगठन भी जातियों के रूप में कार्यरत थे।

6 विचारधारा

प्रश्न 1 . धर्म, विचारधारा और समाज के मध्य सम्बन्धों की चर्चा कीजिए।

उत्तर—धर्म, समान और विचारधारा के मध्य कार्लमार्क्स दुर्खीम तथा वेबर ने पर्याप्त प्रकाश डाला है। धर्म एवं विचारधारा का अभिनिर्धारण किए बिना, पिछले तीन दशकों में, विशेष रूप से मार्क्सवादियों के, लेखन ने इन दोनों के अध्ययन को सांस्कृतिक विधाओं और प्रक्रमों के रूप में पर्याप्त रूप से समृद्ध किया है।

धर्म और समाज के मध्य संबंधों के संदर्भ में मार्क्स–एंगेल्स के धर्म के प्रति अव्यवस्थित और बिखरे हुए संदर्भों का उल्लेख किया जा सकता है। मार्क्स ने 1844 में लिखा, "अधार्मिक आलोचना का आधार है– **मनुष्य धर्म की सृष्टि करता है,** धर्म मनुष्य की नहीं। धर्म मनुष्य की स्व–चेतना और आत्म–सम्मान है, जिसने या तो अभी तक स्वयं प्राप्त नहीं किया है या पुनः खो चुका है।"

मार्क्स के अनुसार, "मनुष्य दुनिया से परे, अमूर्त रूप से पड़ाव डाले नहीं है।" मनुष्य के लिए इस भ्रम से बाहर निकलने का एक ही तरीका है कि इसे उत्पन्न करने वाली सामाजिक परिस्थितियों को समाप्त किया जाए। जैसा कि मार्क्स ने प्रस्तावित किया है:

"**धार्मिक** दुःख एक ही समय वास्तविक दुःख की अभिव्यक्ति और वास्तविक दुःख के विरुद्ध **प्रतिवाद** है। उत्पीड़ित प्राणी धर्म की छांव में ठंडी सांस लेता है।"

मैक्स वेबर, दुर्खीम के एक कनिष्ठ समकालीन और बिस्मार्कीय जर्मनी की देन थे। वे न केवल भारत और चीन जैसे विशिष्ट देशों के धर्मो पर, बल्कि विशिष्ट धर्मों और धर्म के समाजशास्त्र पर अपने विस्तृत लेखन के लिए विख्यात है। धर्म के समाजशास्त्रीय दृष्टिकोण से उन्होंने सामाजिक संगठनों और धार्मिक विचारों के मध्य निम्न तीन प्रकार के संबंधों पर प्रकाश डाला:

क) विशेष आर्थिक हितों युक्त सामाजिक समूह, अक्सर दुनिया की तुलना में स्वयं को किन्हीं धार्मिक विचारों के प्रति अधिक ग्राह्य होते हैं। जहां शूरवीर लड़ाकू नायक, राजनैतिक अधिकारी वर्ग, आर्थिक रूप से अभिग्रहणशील वर्ग या अंत में, एक संगठित वर्ग जहां धर्म का प्रमुख स्थान था, कुल परिणाम वहां से भिन्न थे जहां भद्र बुद्धिजीवी निर्णायक थे। सामाजिक स्तर जिसमें उद्योगों में संलग्न कारीगर, व्यापारी, उद्यमी होते हैं, वे मुक्ति के सभी प्रकार के व्यक्तिगत प्रयत्नों की ओर आकर्षित होते हैं। सर्वत्र शासक–वर्ग ने धार्मिक मूल्यों की व्यवस्था पर एकाधिकार करने का प्रयास किया है। चिंतन, रहस्यानुष्ठानों या वैराग्य के साधनों द्वारा मुक्ति के लिए व्यक्ति विशेष की खोज या स्वतंत्र समुदायों की तलाश पर अत्यधिक संदेह किया

जाता रहा है और उसको अनुष्ठानिक और धर्मतंत्रीय पद्धति से नियमित तथा नियंत्रित किया जाता रहा है। सत्तासीन पुरोहितवाद के हितों के दृष्टिकोण से, यह स्वाभाविक माना जाता था।

ख) धार्मिक विचार कुछ निश्चित समुदायों के निर्माण में सहायता करते हैं जैसे मठवादी व्यवस्थाएं, जादूगरों के संघ या एक पुरोहित वर्ग और ये समुदाय आर्थिक गतिविधियों में व्यापक रूप से संलग्न हो जाते हैं।

ग) कुलीन और जन–साधारण के बीच खाई की समस्या का विश्व के सभी बड़े धर्मों में से हर एक को, सामना करना पड़ा है। चीन के धर्म, विशेष रूप से कन्फुयशियसवाद और ताओवाद, के संदर्भ में वेबर कहता है कि कैसे कन्फुशियसवाद सम्राट और प्रशासनिक क्षेत्र तक सीमित रहा और मोटे तौर पर जन–साधारण इससे वंचित रहा। इसके विपरीत, भारत में ब्राह्मणों ने, जो राज–पुरोहित, आध्यात्मिक सलाहकार, धर्मशास्त्री और धार्मिक मर्यादा के प्रश्नों पर विशेषज्ञ थे, "जादू की एक क्रमबद्ध बुद्धिसंगत व्याख्या" की। उन्होंने अपने स्वयं के समानपूर्वक जीवन के अभिजात्य हितों और उनके द्वारा जन–साधारण की विपत्ति मिटाने की आवश्यकता के मध्य समझौतावादी दृष्टिकोण अपनाया।

विचारधारा के विश्लेषण में नवीन अध्ययन इसकी और व्याख्या करने में संलग्न है कि क्यों और कैसे विचारधारा एक विशेष रूप ग्रहण करती है और कैसे यह कार्य करती है। इससे दो महत्वपूर्ण बातें सामने आती हैं:

i) प्रथम, गीर्ज की "प्रतीकात्मक नियम की स्वायत्त प्रक्रिया" पर अधिक ध्यान दिया गया है। इसके अंतर्गत विचारधाराओं का, दिलचस्प प्रतीकों की प्रणालियों और उन शैलियों के तहत जिसमें वे समस्याग्रस्त सामाजिक यथार्थता की युक्तिसंगत व्याख्या करते हैं, अध्ययन किया जाता है। इससे हमें प्रतीकात्मक प्रक्रियाओं की जटिल और दुरुह प्रकृति को समझने में सहायता मिली है, और जिसका केवल मिथ्याचेतना बनाम सत्य–चेतना के रूप में विभेदन नहीं किया जा सकता।

ii) द्वितीय, अब वर्गों और समुदायों के संदर्भ में विचारधारा के क्षेत्र (अध्ययन) को एक विवाद और "जीवित संबंध" के रूप में कि एक यांत्रिक क्रिया के तौर पर देखा जाता है।

प्रश्न 2. उत्तर–गुप्त शताब्दियों में विचारधारा की प्रकृति व भूमिका का उल्लेख कीजिए।

उत्तर– हमारा संबंध आठवीं और तेरहवीं शताब्दियों के मध्य समाज और संस्कृति की विस्तृत रूपरेखा के अंतर्गत विचारधारा से है, इसके कार्यों और भूमिका का आकलन करना उचित होगा। हम उत्तर–गुप्त शताब्दियों में भूमि–अनुदान के अर्थशास्त्र की प्रधानता पर बल देते आए हैं।

भूमि–अनुदानों का दर्शन: भूमि–अनुदानों से निःस्वार्थ ब्राह्मणों को वित्तीय सहायता प्राप्त होती थी जो ज्ञान और शिक्षा के प्रसार के कार्य में संलग्न थे। यह भी कि ब्राह्मण एक सरल

और सादा जीवन निर्वाह करते थे। यह अत्यधिक सरलीकृत तर्क है। ब्राह्मणों को पुरोहितों से जमींदारों में स्पष्टतः रूपांतरण हुआ–वे एक संपत्ति चाहने और सम्पत्ति पर अधिकार करने वाले वर्ग के रूप में उभर रहे थे।

उल्लिखित पुरोलेखीय प्रमाण का एक महत्वपूर्ण आयाम, धर्मशास्त्रीय प्रदर्शनों और अभिलेखों में उपहार देने की शब्दावली के मध्य सामंजस्य है। दान (उपहार देना) की सम्पूर्ण धारणों में एक विचारणीय परिवर्तन हुआ। धर्मशास्त्र इस प्रकार संसार में किए गए पापों के लिए प्रायश्चित (पश्चाताप) को महत्व देते हैं। विधि–निर्माताओं ने, जो बिना अपवाद ब्राह्मण होते थे, पापों और दंडों की एक श्रेणीगत प्रणाली और **महापताका** जैसी धारणा द्वारा लोगों में भय की भावना व्याप्त की। प्रायश्चित के सिद्धांत से जुड़े राजाओं की अपराध–बोध की भावना का ब्राह्मणों द्वारा शोषण किया जाता था। उनके द्वारा गायों, बैलों, भूमि और स्वर्ण के बड़े उपहार देने की सलाह दी जाती थी, यदि राजा अगले जन्म में स्वयं या अपने पूर्वजों के लिए एक कीड़े या निम्न पशुवृत जैसी दयनीय जिंदगी नहीं चाहते थे। सभी उपहारों में, भूमि का स्थान सर्वोच्च था।

भक्ति और तीर्थयात्रा: छठी शताब्दी के मध्य से लेकर लगभग 500 वर्षों तक, शैव तथा वैष्णव संतों (क्रमशः नयनार और अलवार) तथा उनके अनुयायियों ने भक्ति को ग्रामीण क्षेत्रों में अपनाया तथा प्रचारित किया। वे गाते–नाचते तीर्थ–स्थलों पर जाते थे। कुल मिलाकर, इसका स्वरूप प्रारंभिक मध्यकालीन भारत के आदर्श ब्राह्मणवादी समाज की संरचना के समान था। यह (भक्ति) छठी शताब्दी में पल्लवों के अधीन कांचीपुरम् क्षेत्र से उपजी, तथा नवीं शताब्दी के अंत तक तमिलाहम के पूरे भाग को पार कर चोलों, पाण्डयों तथा चेरों के सभी राज्यों को अपने प्रभाव में ले लिया। यदि हम एक नवीन विश्लेषण को आधार बनाएं तो उत्तर में भक्ति आंदोलन, जिसका प्रतीक प्रसिद्ध ***भगवत पुराण*** है, भी तमिल संतों के प्रोत्साहन का ही परिणाम था। आंदोलन के प्रसार में इसके मंदिर आधार का घनिष्ठ संबंध है। ये मंदिर अपने आर्थिक संरक्षण के लिए न केवल राजाओं तथा प्रमुख राज–जनों बल्कि समाज के प्रभावशाली लोगों द्वारा किए गए भूमि–अनुदानों पर निर्भर रहते थे। पल्लवों, चोलों, अलवारों और नयनारों पर कुछ नवीन लेखन, कावेरी घाट में धान की खेती की बढ़ती महत्ता और फलस्वरूप ब्राह्मणवादी व्यवस्थापन, जो बदले में चोल शक्ति को बढ़ाने में सहयोगी रहा, पर प्रकाश डालते हैं। इसे स्पष्ट करने हेतु, कावेरी में मंदिर आंदोलन के प्रसार का अध्ययन किया जा सकता है। तीन प्रसिद्ध नयनारों यथा अप्पार, संबन्धार और सुंदरार ने क्रमशः 307, 384 और 100 भजन गाए जिनमें उन्होंने लगभग क्रमशः 126, 231 और 85 मंदिरों का जिक्र किया। इन 442 मंदिरों में से, 315 मंदिर चोल–युग से संबंधित थे, जो सभी कावेरी घाटों में केन्द्रित हैं।

तंत्रवाद: उत्तर–गुप्त शताब्दियों में भक्ति के समान तंत्रवाद सभी धर्मों में व्याप्त था। इससे तथाकथित अनैतिकतावादी गैर–ब्राह्मण धार्मिक व्यवस्थाएं भी बच नहीं सकीं। आर. एस. शर्मा ने इसकी, मातृ (जननी) देवी की उपासना–पद्धति के प्रचलन के संदर्भ में व्याख्या की है, जिसे भूमि–अनुदानों के कारण कृषि के विस्तार का परिणाम माना जा सकता है। इस विश्लेषण

का एक सुंदर आयाम, पुरोहितीय संस्कृत तथा जनजातीय अवयवों की सांस्कृतिक अन्योन्यक्रिया है। हाल ही के, एक साहित्यिक तथ्यों पर आधारित अध्ययन के अनुसार ***मर्कण्डेय पुराण*** की ***देवी महात्म्या*** (लगभग छठी शताब्दी) संस्कृत में प्रकट होने वाला देवी का प्रथम बोधशील वर्णन है–इसके स्पष्टीकरण को संस्कृतिकरण के संदर्भ में खोजा जा सकता है। यह ध्यान देने वाली बात है कि देवी–पूजा की मूल–प्रेरणा स्रोत गैर–आर्यवादी और गैर–संस्कृतीय है। केवल मध्य प्रदेश में ही शक्ति मूर्तिकला के एक सर्वेक्षण में 400 प्रतिमाओं का ज्ञान होता है। उनमें से बहुत के नाम जैसे चारचिका, उमरी माता, बिजासनी देवी, बेहामाता, बिरासनी देवी इत्यादि लोकप्रिय जनजातीय देवियों के नामों को प्रदर्शित करते हैं।

वीर–स्तम्भ: हाल ही के कुछ वर्षों में, कुछ अत्यधिक प्रेरक और उत्साहवर्धक लेखन में मृत्यु की धारणा पर इसके कर्मकाण्डों, धार्मिक विश्वासों तथा रिवाजों, कला रूपों और सबसे बढ़कर सामाजिक–आर्थिक विकास के साथ संबंधों पर प्रकाश डाला गया है। इनके परिणामस्वरूप उपमहाद्वीप के धार्मिक तथा कला–इतिहास के एक अंधकारमय क्षेत्र में एक विशिष्ट शैली के साहित्य का प्रादुर्भाव हुआ। यह अध्ययन वीर–स्तम्भों पर केन्द्रित है जो भारतीय उपमहाद्वीप के बहुत से भागों में पाए जाते हैं। इन स्मृति चिह्नों का 1500 वर्षों से भी अधिक लंबा और लगभग निरंतर इतिहास रहा है, जो ब्राह्मण तथा गैर–ब्राह्मण, दोनों धर्मों में मिलता है। ये स्थानीय रूप से ***विराग, नाटूगल, पालिया, गोवर्धना–स्तम्भ, कीर्ति–स्तम्भ, छाया–स्तम्भ*** या केवल ***छतरियां, स्तम्भ*** देवली इत्यादि। इन ***पट्टिकाओं*** या स्तम्भों को कई श्रेणियों में इनके संरक्षकों की धर्म–विधियों या पंथिक पद्धतियों और साथ ही धार्मिक एवं सामाजिक रिवाजों के आधार पर विभाजित किया गया है। ***छाया–स्तम्भ*** सबसे प्रारंभिक पुरातत्वीय प्रमाण में माना जाता है, और ऐसा लगता है कि इसकी जड़ें बौद्ध धर्म की सामाजिक पद्धति से है। केवल जैन अनुयायियों के मृत्यु संबंधी कर्मकाण्डों और पद्धतियों का प्रतिनिधित्व ***निसिधी*** करती है। ***विरागल*** या कम से कम इस शब्द का प्रचलन यदि दक्षिण भारत की परम्परागत भौगोलिक सीमाओं को नहीं तो धार्मिक सीमाओं को लांघता है। ***कीर्ति–स्तम्भ, पालिया, छतरी, देहली और स्तम्भ*** हिमालय और विध्यांचल के मध्य अधिकतर गुजरात और राजस्थान में पाए जाते हैं। वीर–स्तम्भों की शैली में परिवर्तन स्मरण किए जाने वाले वीरों की प्रतिष्ठा में परिवर्तन को प्रतिबिंबित करता है।

यह सामरिक (सैनिक) कर्तव्यों के एक विकेंद्रीकृत राजनीतिक व्यवस्था में विभेदीकरण को प्रकट करता है। चूंकि ये स्मृति चिह्न छठी शताब्दी के बाद के काल से प्रचुर संख्या में पाए गए हैं–इस कारण एक तरफ भूमि–अनुदानों के विस्तार और दूसरी ओर इन स्मारक–स्तम्भों के मध्य किसी प्रकार के सहसंबंधों और सामंजस्य का अध्ययन करना उचित होगा। यह निम्न मान्यताओं के संदर्भ में और भी आवश्यक है:

क) भूमि–अनुदानों की संवृद्धि कृषि के विस्तार से जुड़ी हुई है,

ख) स्मारक–स्तम्भ और भूमि–अनुदान दोनों ही साम्प्रदायिक एकीकरण की दिशा में उपयोगी तंत्र थे–पंधारपुर (महाराष्ट्र) में विथोबा के सम्प्रदाय में वीर–स्तम्भ को एक उपासना देवी के रूप में परिवर्तित करना, और

ग) दोनों ही संवृत्तियां राज्य–निर्माण की प्रक्रिया में भी उपयोगी रही हैं।

धर्म विचारधारा के रूप में–किसके लिए?

उत्तर–गुप्त शताब्दियों में भारतीय उपमहाद्वीप के लोगों के धार्मिक–दार्शनिक दृष्टिकोण की प्रमुख अभिव्यक्तियाँ जैसे भक्ति, तंत्रवाद, तीर्थयात्रा इत्यादि का प्रसार भूमि–अनुदान अर्थव्यवस्था की देन थे। इस प्रक्रिया में ब्राह्मणों को सर्वाधिक लाभ हुआ और जिन्होंने शायद चेतन रूप से समकालीन शासकों के साथ सहयोग कर इसकी दार्शनिक पृष्ठभूमि तैयार की होगी, परंतु इसे केवल प्रभावी ब्राह्मण विचारधारा के संदर्भ में ही तर्कसंगत ढंग से नहीं समझा जा सकता। निश्चय ही, एक तरफ ब्राह्मणों और दूसरी ओर जनजातियों के मध्य सहजीवी संबंध को नकारना असंभव है। विचारों का आवागमन दोनों तरफ से था।

7 क्षेत्रीय सांस्कृतिक परम्पराओं का विकास

प्रश्न 1. भारत में 700–1200 ई० के दौरान मंदिर स्थापत्य की प्रमुख पद्धतियों का विवरण दीजिए। **[Dec-03, Q4]**

उत्तर– हजारों वर्षों से भारतीय मंदिर लोगों की जीवन शैली के स्वरूप का प्रतिनिधित्व करते आ रहे हैं। संपूर्ण भारत में विभिन्न कालों के भारतीय मंदिरों पर विचार करने से एक समग्र दृश्य उपस्थित होता है। पांचवी शताब्दी में सांची में एक साधारण–सा मंदिर निर्मित हुआ। उसके बाद मंदिर स्थापत्य तेजी से विकसित हुआ। कांची, तंजावूर और मदुरई में बने भव्य मंदिर इसके प्रमाण हैं। परन्तु यह विकास एकाएक नहीं हुआ, बल्कि यह हजारों वर्षों की विकास–यात्रा का परिणाम है।

मंदिर स्थापत्य से सम्बद्ध प्रमुख शिल्पशास्त्र निम्नलिखित हैं:

मायामत, मनसर, शिल्परत्न, कामिकाजम, कश्यपशिल्प; और इशानगुरूदेवपद्धति।

प्रमुख शैलियां: प्राचीन ग्रंथों में भारतीय मंदिर स्थापत्य को तीन कोटियों में विभाजित किया गया है। नागर, द्रविड़ और बेसर जैसे नाम मंदिरों के आकार–प्रकार और भौगोलिक विशेषताओं का प्रतिनिधित्व करते हैं। नागर शैली के मंदिर चौकोर आकार के होते थे, द्रविड़ शैली में मंदिर अष्टकोणीय होते थे, और बेसर शैली के मंदिर बहुकोणीय होते थे। नागर और द्रविड़ शैली के मंदिर आमतौर पर उत्तरी और दक्षिण मंदिर शैलियों का प्रतिनिधित्व करते हैं। पूरे उत्तर भारत में, हिमालय की तलहटी से लेकर दक्खन के मध्य पठार तक उत्तर भारतीय शैली के मंदिर मिलते हैं। उड़ीसा के स्थानीय अभिलेखों में उड़ीसा मंदिर शैली के चार प्रमुख रूपों का उल्लेख मिलता है। ये हैं: रेखा, भद्र, खारखर और गौदिया।

द्रविड़ या दक्षिण शैली में अपेक्षाकृत एकरूपता मिलती है। कृष्णा नदी और कन्याकुमारी के बीच के इलाकों में इसी शैली का बाहुल्य है। बेसर शैली का अर्थ बहुत स्पष्ट नहीं है। कुछ ग्रंथ इस शैली का विस्तार विंध्य और कृष्णा नदी के बीच के इलाकों में मानते हैं, जबकि कुछ ग्रंथ इसका फैलाव विंध्य और अगस्त्य के बीच मानते हैं। अगस्त्य किस जगह स्थापित था, इसके बारे में कुछ निश्चित रूप से नहीं कहा जा सकता है। वस्तुस्थिति यह है कि नागर शैली के मंदिर दक्षिण में धारवाड़ (कर्नाटक) में भी मिले हैं और द्रविड़ शैली के मंदिर उत्तर में एलोरा (महाराष्ट्र) में भी बने हैं। अतः इन शैलियों को भौगोलिक सीमा में बांधना बहुत संगत नहीं है।

प्रमुख देवी–देवता: मंदिरों में केवल ब्राह्मण धर्म के आराध्य शिव और विष्णु ही स्थापित नहीं हैं, बल्कि देवियों को भी मंदिरों में स्थापित किया गया था। वस्तुतः मंदिरों में बड़े और छोटे देवी–देवताओं, परोपकारी तथा अपकारी, स्वार्गिक तथा पार्थिव, वातावरण और स्वर्ग के प्रतिनिधि देवी–देवता, देव और असुर तथा यक्ष, यक्षी, अप्सरा और किन्नर जैसे लोक देवी–देवताओं को आराध्य बनाकर भी मंदिर बने। यह एक रोचक तथ्य है कि इन देवी–देवताओं के वाहन जानवर और पक्षी भी अपनी साधारणता से ऊपर उठकर आराधना के प्रतीक बन गए। शिव का वाहन बैल (नंदी) ईश्वर की यौन शक्ति का प्रतीक बन गया; दुर्गा का वाहन शेर मजबूत शक्ति और आक्रमण का प्रतीक बन गया। गंगा और यमुना जैसी नदी–देवियों का प्रतिनिधित्व क्रमशः उनके वाहन घड़ियाल और कछुआ करने लगे। "हंस पर आरूढ़ सरस्वती" सौम्यता और चारूता की देवी बन गई; वह नीर–क्षीर–विवेक का प्रतिनिधित्व करने लगीं और उनका संबंध शिक्षा तथा अध्ययन से जुड़ गया। इसके अनुसार, शांतमूर्तियों को नागर शैली में स्थापित किया जाना चाहिए, दम्पत्ति देवी–देवताओं को बेसर शैली में और शौर्य, नृत्य तथा सुख में लिप्त देवी–देवताओं को नागर ढांचे में स्थापित किया जाना चाहिए।

मंदिरों के आकार, योजना और शब्दावली: प्रत्येक मंदिर शैली की अपनी एक खास तकनीकी शब्दावली थी, कुछ शब्द आम थे, परन्तु प्रत्येक शैली में उनका प्रयोग अलग–अलग भागों के लिए किया जाता था। मुख्य उपासना स्थल को विमान कहते थे, जिसमें गर्भगृह स्थिर रहता था। विमान के ऊपर के भाग को शिखर कहा जाता था। पूजा करने के लिए बने स्थान को मंडल कहते थे। विमान, मंडल और प्रदक्षिणापथ को जोड़ने वाले गलियारे को अंत्रालय कहा जाता था। प्रदक्षिणापथ गर्भगृह और मंडल के चारों ओर रहता था। देवी–देवताओं को चमत्कार और महिमा से मंडित करने के लिए बाद में नटमंदिर (नृत्य का स्थान) और भोग मंदिर जोड़े गए। कोणार्क का प्रसिद्ध सूर्य मंदिर इसका जीता जागता उदाहरण है। नागर शैली के मंदिर का बाहरी भाग समतल रूप में कई स्तरों पर विभक्त होता था।

द्रविड़ शैली बहुकोणीय थी। इसका शिखर आमतौर पर अष्टकोणीय होता था और ऊंचे विमान आयताकार होते थे। द्रविड़ शैली के मंदिर अपने ऊंचे गोपरम या बड़े दरवाजों के लिए प्रसिद्ध थी। महाबलीपुरम (मद्रास के निकट) स्थित पल्लव काल (सातवीं शताब्दी) के गणेश रथ से तंजाउर स्थित चोलों (985–1012) के बृहदेश्वर मंदिर तक द्रविड़ शैली का लगातार विकास हुआ।

पारिस्थितिकी, निर्माण सामग्री और क्षेत्रीयता: पारिस्थितिकी ने मंदिर स्थापत्य को काफी प्रभावित किया और इसके कारण उनमें प्रादेशिक पुट आ गया। भारत के पश्चिमी तट पर और बंगाल में अपेक्षाकृत अधिक वर्षा होती है, इसलिए यहां के मंदिरों की छतें ढलवां हैं। इसमें तिकोनी लकड़ियों का उपयोग किया गया है। हिमालय क्षेत्र में बर्फ और तूफान से बचाव करने के लिए मंदिरों में लकड़ी की ढलवां छतें बनाई गई हैं। आमतौर पर गर्म और सूखे इलाके में छतें सपाट होती थीं; बरामदे खुले और छायादार होते थे। रोशनी के लिए झिल्लीदार चट्टानों का उपयोग किया जाता था। **ऐचोल** (उत्तर कर्नाटक) में बने चालुक्यों के प्रसिद्ध **लडखन** मंदिर में इस प्रकार की कुछ विशेषताएं मिलती हैं। इस प्रकार के कुछ मंदिरों के

उदाहरण गुजरात की शत्रुंजय और पालिताना पहाड़ियों पर मिल जाएंगे। दक्षिण राजस्थान में माउंट आबू पर स्थित दिलवारा मंदिर इसका अच्छा उदाहरण है।

पारिस्थितिकी के अलावा, भवन निर्माण के लिए उपलब्ध कच्चे माल के कारण भी मंदिर शिल्प प्रभावित हुआ। तीसरी शताब्दी ई. पू. में मौर्य काल के दौरान भवन के निर्माण के लिए लकड़ी के स्थान पर पत्थर का इस्तेमाल किया जाने लगा। भवन निर्माण के क्षेत्र में यह एक बड़ी उपलब्धि थी। परन्तु कच्चे माल की स्थानीय उपलब्धि से क्षेत्रीय शैलियां काफी प्रभावित हुई, इससे मंदिर के निर्माण और नक्काशी पर भी प्रभाव पड़ा। पल्लव राजा महेंद्र वर्मन (सातवीं शताब्दी का आरंभ) को वित्रचित्र कहा जाता था, क्योंकि वह हमेशा नए प्रयोग करता रहता था। जहां अच्छे पत्थर उपलब्ध नहीं थे, वहां ईंटों का उपयोग भी होता रहा, ईंट की ढलाई और नक्काशी की तकनीक से इन इलाकों का मंदिर स्थापत्य भी प्रभावित हुआ। बंगाल में बिशनपुर स्थित मंदिर इसका प्रमाण है। उत्तरी–पूर्वी राज्य आसाम में मंदिर स्थापत्य में लकड़ी और बांस की तकनीक का सुंदर उपयोग मिलता है। हिमालय की घाटी में कुलु, कांगड़ा और चंबा में पत्थर से बने मंदिर नहीं मिलते हैं। यह स्पष्ट है कि इन इलाकों में मंदिर निर्माण के लिए ईंट और लकड़ी का उपयोग होता था। कश्मीर के पत्थर से बने मंदिरों में ढलवां और तिकोनी छतें हैं। इससे अनुमान लगाया जा सकता है कि लकड़ी से बनी इमारतें भी इसी तरह की होंगी। कांगड़ा घाटी में मससर में हुई खुदाई में नवीं शताब्दी या उसके आसपास का बना एक बहुमंजिला मंदिर मिला है।

अलंकरण के स्वरूपों की भूमिका: विभिन्न शैलियों में सजावट, अलंकरण और अन्य सज्जा का समावेश स्वाभाविक प्रक्रिया है। परन्तु यह बात ध्यान में रखनी चाहिए कि मंदिर के आधारभूत स्थापत्य पर इस अलंकरण का कोई प्रभाव नहीं पड़ता था। अलंकरण और साज–सज्जा का विकास धीरे–धीरे हुआ। आरंभिक पल्लव काल की इमारतों में आयताकार खंभे मिलते हैं, जिनपर छैनी से अलंकरण किया गया है (यह खराद कला का नमूना प्रतीत होती है)। होयसल मंदिरों के खंभों पर इसी प्रकार का अलंकरण मिलता है। मदुरै और रामेश्वरम में बने बाद के मंदिरों में लंबे गलियारे हैं, जिसके स्तंभों पर जानवरों के चित्र उकेरे गए हैं। ताक, पैविलियन और घोड़े के नाल के आकार की खिड़कियां (कुडु) अलंकरण के प्रमुख प्रकार थे। इनसे अलंकरण के विकास के निर्धारण में सहायता मिलती है।

मालाबार, बंगाल और पूर्वी तथा पश्चिमी हिमालय प्रदेश के मंदिर बहुमंजिले हैं। एक के बाद एक छतों के निर्माण को अक्सर इन मंदिरों की विशेषता के रूप में देखा जाता है। पश्चिमी तट या मालाबार के मंदिर की दीवारें लकड़ी की पटरियों से बनाई जाती थीं। चौदहवीं शताब्दी के पत्थर के बने मंदिर भी मिले हैं। इस प्रकार के मंदिरों (मसलन, त्रिचुर का वदक कुंठ मंदिर–15–16 वीं शताब्दी) में या तो सामान्य प्रकार की छत होती थी, जिनमें एक के ऊपर एक पत्थर के टुकड़े लगाए जाते थे या एक के ऊपर एक छतों का सिलसिला होता था। चीन और नेपाल में भी इसी प्रकार के मंदिर देखने को मिलते हैं।

पश्चिमी हिमालय की कश्मीर घाटी में लकड़ी की बनी दो–तीन छतें होती थीं। लकड़ी की छतों के बीच का स्थान रोशनी और हवा के लिए खुला छोड़ दिया जाता था। पत्थर से बने मंदिरों में इस खुले स्थान को अलंकृत कर दिया जाता था। इसके अतिरिक्त, छतों पर खिड़कियां होती

थीं, इस प्रकार की खिड़कियों का उपयोग मध्यकालीन यूरोपीय स्थापत्य में भी किया जाता था।

प्रश्न 2. गुप्त काल के बाद की शताब्दियों में शिक्षा–दीक्षा के रूप की विवेचना कीजिए। [Dec-04, Q5(1)]

उत्तर– जिस प्रकार मध्यकालीन यूरोप में शिक्षा का मुख्य केंद्र चर्च था, उसी प्रकार गुप्त काल के बाद की शताब्दियों में विहार, मठ और मंदिर जैसे धार्मिक स्थल शिक्षा के केंद्र के रूप में विकसित हुए। धार, अजमेर, अनदिल्लपुर आदि राजधानियों में भी महाविद्यालय स्थापित किए गए। इन शताब्दियों में उत्तर बिहार का मिथिलांचल और बंगाल का नदिया ब्राह्मण विद्या के केंद्र के रूप में विकसित हुआ। काशी (वाराणसी) के शैव मठ ब्राह्मण विद्या के समृद्ध केंद्र थे। इस काल के प्रमुख विश्वविद्यालयों में नालंदा, विक्रमशिला और उदंतपुरी (बिहार), वल्लभी (गुजरात), जगदल्ला और सोमपुरी (बंगाल) और कांचीपुरम् (तमिलनाडु) उल्लेखनीय हैं।
आठवीं शताब्दी से मंदिर पुस्तकालय की भूमिका भी अदा करने लगे। इस परम्परा की वास्तविक शुरुआत जैनों ने की।
तंत्र मंत्र अध्ययन का एक मुख्य विषय था। विक्रमशिला विश्वविद्यालय में तंत्र का एक अलग विभाग होना इसका प्रमाण है। तिब्बती यात्री तारा नाथ 17वीं शताब्दी में भारत आया था। वह बिहार और बंगाल के प्रमुख विश्वविद्यालयों, नालंदा, उदंतपुरी आदि में तांत्रिक विद्या के अध्ययन की विस्तार से चर्चा करता है। आठवीं शताब्दी के बाद चमत्कारी विज्ञान का महत्व भी तेजी से बढ़ा। राजेशेखर ने अपने "प्रबंध कोष" में तेरहवीं शताब्दी के दौरान पढ़ाए जाने वाले विषयों का उल्लेख किया है।
शिक्षा–दीक्षा के क्षेत्र में विकसित विशेष प्रवृत्तियां निम्नलिखित हैं:

क) भाषाओं की प्रादेशिकता
ख) प्रादेशिक लिपियों का उदय
ग) साहित्य का बढ़ता शब्द–भंडार

गुप्तकाल के बाद का समय साहित्य और भाषा के इतिहास के उत्कर्ष का युग है। इस काल में संस्कृत का फैलाव हुआ। ब्राह्मणों को भू–अनुदान दिए गए। इसके कारण ब्राह्मण दूर–दराज के इलाकों में फैल गए, उनके साथ संस्कृत भी फैला। पर संस्कृत का उपयोग सीमित वर्ग में ही होता था और शनैः–शनैः इसकी सीमा सिकुड़ती गई। अब यह राजन्य वर्ग और उसके प्रशासन की भाषा बनकर सिमट गई। "नैषाध्य" में उल्लेख है कि दमयंती के स्वयंवर में उपस्थित राजे–महाराजे संस्कृत का ही उपयोग करते हैं।
अल–बरूनी के अनुसार, उच्च और पढ़े–लिखे वर्ग के लोग आम आदमी की देशी भाषा की उपेक्षा करते थे। इस काल में अपभ्रंश का विकास हुआ, जिससे आधुनिक भारतीय आर्य भाषाएं जैसे हिंदी, बंगला, राजस्थानी, गुजराती, मराठी, मैथिली आदि का विकास हुआ है। अपभ्रंश संस्कृत और प्राकृत जैसी पुरानी भाषाओं और आधुनिक भारतीय आर्य भाषाओं के बीच की कड़ी थी। इसका जन्म इस काल के काफी पहले हो चुका था। आठवीं शताब्दी की रचना "कुवल्यमाल" में 18 अपभ्रंशों का उल्लेख किया गया है। ये भारत के विभिन्न हिस्सों में बोली जाती थीं, बाद में आधुनिक भारतीय भाषाओं के रूप में इनका विकास हुआ।
प्रादेशिक भाषाओं के साथ–साथ प्रादेशिक लिपि का भी विकास हुआ। भाषा की विविधता से

लिपि के विविध रूप सामने आए। मौर्यकाल से गुप्त काल तक आते–आते लिपि में परिवर्तन हुआ, पर यह परिवर्तन समय के बीतने के साथ–साथ हुआ। गुप्त काल में पूरे भारत में ब्राह्मी लिपि का वर्चस्व था। ब्राह्मी लिपि जानने वाला संपूर्ण भारतवर्ष में फैले गुप्तकालीन अभिलेखों को आराम से पढ़ सकता है। सातवीं शताब्दी के बाद यह तत्व समाप्त हो गया। इस युग से विभिन्न प्रदेशों की लिपि पढ़ने के लिए अनेक लिपियों की जानकारी आवश्यक हो गई निश्चित रूप से प्रादेशिक लिपि का जन्म प्रादेशिक अवरुद्धता (एक प्रदेश दूसरे प्रदेश के बीच संवाद का अभाव) और स्थानीय रूप से उपलब्ध लिपि के मेल से हुआ। स्थानीय शिक्षा और प्रशासन की जरूरतों के कारण प्रादेशिक लिपि का जन्म हुआ। पांडुलिपि, अभिलेख और अन्य प्रकार के लेखन में देवनागरी, असमी, बंगला, ओडिया, तमिल, कन्नड और शारदा (कश्मीर) लिपियों का उपयोग होता था।

मध्यकालीन संस्कृत ग्रंथ "सुभाषितरत्नकोश" का संपादन करने के क्रम में डी.डी. कोसाम्बी ने कई उपेक्षित कवियों का परिचय दिया, पर उनकी कविता या लेखन को उन्होंने पतनोन्मुख कला का लेखन कहा। पर किसी लेखन को पूर्ण रूप से पतनोन्मुख या विकासोन्मुख नहीं कहा जा सकता है। किसी व्यक्ति के लिए अगर विकासोन्मुख है तो किसी के लिए पतनोन्मुख भी हो सकता है। सवाल दृष्टिकोण का है। यह भी जरूरी नहीं है कि सांस्कृतिक पतन के साथ–साथ सामाजिक, आर्थिक और राजनीतिक पतन भी हो।

आठवीं शताब्दी के बाद दर्शन, तर्कशास्त्र, वैधानिक ग्रंथों, अलवारों के भक्ति काव्य, शैव आगम, काव्य, आख्यान, गीत, ऐतिहासिक जीवनी, वैज्ञानिक लेखन, शिल्पशास्त्र आदि की बाढ़ आ गई। पर इस काल का लेखन शब्दाडंबर और अलंकरण से आच्छादित हो गया, इसका कारण था तत्कालीन राजाओं और सामंत वर्ग की मनोवृत्ति। इस अलंकरणपूर्ण शैली में तड़क–भड़क वाले विश्लेषण, उपमा और अलंकार का वर्चस्व हो गया। इस काल के साहित्य और अभिलेखों में इस प्रकार की शैली के उदाहरण प्रचुर मात्रा में उपलब्ध हो जाएंगे। बाणभट्ट की गद्य–शैली क्लिष्ट, जटिल और अलंकारयुक्त भाषा का उदाहरण है। वाण का काल यह नहीं है, पर सातवीं शताब्दी के बाद के लेखन में उसकी अनुकृति होती रही।

BLOCK-3

भारतीय राजनीति : क्षेत्रीय विभिन्नताएँ आठवी सदी से तेरहवीं सदी तक

8 क्षेत्रीय राजनीति की प्रकृति

प्रश्न 1. 800 से 1300 ई० में क्षेत्रीय राजनैतिक व्यवस्था की प्रकृति की विवेचना कीजिए। **[Dec-03, Q2] [Dec-02, Q2]**

उत्तर– सन् 800 से 1300 ई. तक भौगोलिक आकार, आर्थिक ढांचा और वैचारिक स्वरूप मुख्यतः एक क्षेत्र के राजनीतिक संगठन की प्रकृति को निर्धारित करते थे।

1) पश्चिम तथा मध्य एशिया के राजनीतिक घटनाक्रम का भारतीय राजनीति पर काफी प्रभाव पड़ा। सातवीं सदी ई. में अरबों का व्यापारियों के रूप में आगमन के समय से 13वीं सदी ई. के प्रारंभ में तुर्क साम्राज्य की स्थापना तक भारतीय उपमहाद्वीप विदेशी शक्तियों के आक्रमण का मुख्य निशाना बना रहा।

2) इस समय असम का रूपांतरण आदिवासी राजनीति से राज्य राजनीति में हो रहा था और उसका संपर्क उत्तरी भारत के साथ स्थापित हो रहा था।

3) नौवीं सदी ई. के मध्य तक गंगा घाटी एवं कन्नौज संघर्ष का मुख्य कारण थे। उत्तर, पश्चिम तथा दक्खन की तीन मुख्य शक्तियाँ क्रमशः पाल, गुर्जर प्रतिहार तथा राष्ट्रकूट इस संघर्ष में क्रियाशील थी।

4) उड़ीसा में राज्य का उद्‌भव मजबूत जनजातीय तत्त्वों के साथ हो रहा था।

5) पश्चिम तथा मध्य भारत में इस समय में राजपूत शासकों की संख्या में काफी वृद्धि हुई। उनमें से अधिकतर गुर्जर प्रतिहारों के सामंत थे।

6) कश्मीर में पुरोहितों तथा दमरों जैसे भू–स्वामी सामाजिक गुटों ने आंतरिक राजनीतिक को प्रभावित किया।

7) दक्खन तथा दक्षिण में कर्नाटक तथा कावेरी घाटी में स्थित राज्यों के बीच लगातार संघर्ष होते रहते थे। इसी प्रकार से आंध्र प्रदेश के समुद्र तट (वेंगी) पर अधिकार करने की लालसा को लेकर चोलों, पाण्ड्यों एवं चेरों के मध्य संघर्ष हुए और इन संघर्षों में यदा–कदा श्रीलंका भी शामिल हुआ। इस क्षेत्र की राजनीति की मुख्य विशेषता यही संघर्ष थे। चोल राजाओं ने समुद्र के मार्गों से दक्षिण–पूर्वी एशिया तक पहुंचने के सफलतापूर्वक प्रयास किये।

8) मध्यकालीन भारतीय राजनीतिक ढांचे का पुनर्गठन करने के लिए तीन प्रकार की अवधारणाओं को आधार बनाया गया है। सामंतीय राजनीतिक संगठन, खण्डात्मक राज्य तथा एकीकृत राजनयिक संगठन। बाद की दो अवधारणाओं को स्थानीय स्तर पर एवं सीमित तौर पर ही लागू किया जा सकता है। उनको भौतिक आधार पर वैकल्पिक रूप से तर्कसंगत नहीं बनाया जा सकता। ये अवधारणाएं भी "सामंतीय प्रारूप" के उत्पादन की शक्तियों के मूल तत्त्वों पर निर्भर करती हैं। सामंतीय तत्त्वों को अखिल भारतीय स्तर की राजनीति में प्रयुक्त किया जा सकता और उन परिस्थितियों में शोध करने के लिए प्रो. आर. एस. शर्मा द्वारा प्रस्तुत "सामंतीय प्रारूप" ही अधिक तर्क संगत है। लेकिन वास्तव में भिन्न–भिन्न क्षेत्रों की राजनीति का विश्लेषण अलग–अलग किया जाना चाहिए तथा भारतीय उपमहाद्वीप के भिन्न–भिन्न क्षेत्रों के बीच तथ्यपरक संबंधों को स्थापित करने की आवश्यकता है।

प्रश्न 2. 800–1300 ई० के मध्य भारतीय राजनीतिक संगठन का पुनर्गठन का विश्लेषण कीजिए।

उत्तर– इस विषय पर 1960 के दशक के प्रारंभिक वर्षों से अब तक जो कुछ भी लिखा गया है, उन सबमें सामान्यतः तीन दृष्टिकोणों को अपनाया गया है: सामंतीय, खंडात्मक एवं एकीकृत।

सामंतीय राजनीतिक संगठन: इस विचार का प्रतिपादन प्रो. आर. एस. शर्मा ने 1965 में प्रकाशित अपनी पुस्तक **इण्डियन फ्यूडेलिज्म** में किया। यह भूमि अनुदानों के भारतीय चरित्र पर आधारित है। यह निम्नलिखित पर केन्द्रित है:

क) भूमि के नियंत्रण एवं अधिकार पर आधारित प्रशासनिक ढांचा,

ख) राजनीतिक प्रभुत्व का विखंडन,

ग) भू–स्वामी बिचौलियों का पदानुक्रम,

घ) कृषकों की भू–स्वामियों पर निर्भरता,

च) कृषकों का दमन एवं गतिहीनता,

छ) धातु मुद्रा का सीमित उपयोग।

भू–स्वामियों पर किसानों की निर्भरता एक क्षेत्र से दूसरे क्षेत्र में भिन्न–भिन्न थी। कृषि, दस्तकारी, वस्तु उत्पादन, व्यापार एवं वाणिज्य तथा नगरीकरण के विकास ने किसानों के बीच विभेद करने वाली परिस्थितियों को पैदा किया। भूमि के ऊपर पदानुक्रम नियंत्रण कुछ निश्चित क्षेत्रों में भूमि को किराए पर देने की प्रथा से उत्पन्न हुआ और इसी कारणवश भू–स्वामियों के विभिन्न वर्ग पैदा हुए।

मध्यकालीन समाज में आत्म–निर्भर या स्वतंत्र कृषक उत्पादन का प्रचलन था। किसानों का उत्पादन के साधनों एवं प्रक्रियाओं पर नियंत्रण था। इसके साथ–साथ यह भी तर्क दिया जाता है कि सामाजिक एवं आर्थिक ढांचे में सापेक्ष स्थायित्व था और कृषि उत्पादन तकनीकों में भी कोई अधिक परिवर्तन नहीं हुए थे। उत्पादन के साधनों के पुनर्वितरण की अपेक्षा अतिरिक्त उत्पादन के वितरण एवं पुनर्वितरण पर संघर्ष अधिक था। राज्य को प्राप्त होने वाला अतिरिक्त कृषि उत्पादन शोषण का मुख्य उपकरण था। भूमि की अधिक उर्वरकता तथा किसान के

भरण–पोषण के निम्न स्तर ने सापेक्ष स्थायित्व की परिस्थितियों में राज्य द्वारा किए जाने वाले अतिरिक्त उत्पादन के संचयन को सुविधाजनक बनाया। लेकिन इस विचार ने भूमि पर एक वर्ग के सर्वोच्च अधिकारों तथा दूसरे वर्ग के निम्न स्तर के अधिकारों पर ध्यान नहीं दिया गया। वास्तव में सत्य यह है कि प्रारंभिक मध्यकाल में भूमि के एक ही टुकड़े पर किसानों को निम्न अधिकार तथा भू–स्वामियों को उच्च अधिकार प्राप्त थे।

खण्डात्मक राज्य: खण्डात्मक राज्य का तात्पर्य उस राज्य से है जिसके अंतर्गत आनुष्ठानिक आधिपत्य तथा राजनीतिक संप्रभुता के क्षेत्र एक ही सिक्के के दो पहलू नहीं होते हैं। विधिवत आधिपत्य या विधिवत अर्थ–स्वतंत्र राज्य सामान्यतः उदार एवं उसका क्षेत्र परिवर्तनीय होता है। लेकिन राजनीतिक संप्रभुता केंद्रीय क्षेत्र तक सीमित होती है। खण्डात्मक राज्य में विभिन्न स्तरों पर सहायक शक्ति के बहुत से केन्द्र विद्यमान होते हैं और वह राज्य शक्ति से अलग पदानुक्रम रूप में संगठित होता है। शासक वंश के राजाओं ने प्राथमिक केंद्र से सहायक केंद्रों को वैचारिक रूप से एकीकृत किया है। राज्य के खण्डों में वास्तविक राजनीति नियंत्रण स्थानीय सम्पन्न वर्ग द्वारा किया जाता है। यह भी माना जाता है कि ब्राह्मण एवं प्रभुत्वशाली किसानों के मध्य घनिष्ठ सहयोग विद्यमान था। खण्डात्मक राज्य के प्रतिपादन की कुछ सीमाएं हैं। आनुष्ठानिक आधिपत्य को सांस्कृतिक आधिपत्य के साथ उलझा दिया जाता है। यह शक्ति के भिन्न–भिन्न केंद्रों को मुख्य क्षेत्र से अलग समझती है और उनको राज्य शक्ति के अंगों के रूप में नहीं देखती। इससे भी अधिक महत्त्वपूर्ण बात यह है कि दक्षिण भारतीय किसानों के चरित्र की विषमताओं को भली–भांति नहीं समझा गया है। जहां तक खण्डात्मक राज्य के द्वारा राज्य के ढांचे की राजनीतिक तथा आर्थिक विशालता को इसकी अनुष्ठानिक विशालता तक सहायक बनाने का प्रश्न है, उसमें वह अधिक विश्वास प्रेरित नहीं कर पाता है। इस अवधारणा को राजपूत राजनीतिक संगठन पर भी लागू किया गया है। ऐडन साउथहाल एवं बर्टेन स्टीन इस विचार के सबसे बड़े प्रतिपादक हैं।

एकीकृत राजनीतिक संगठन: इस विचार के प्रतिपादक प्रो. बी.डी. चट्टोपाध्याय हैं। इनके अनुसार राजनीतिक प्रक्रिया का अध्ययन करते समय राज्य व्यवस्था के स्थापित मानकों और केन्द्र बिन्दुओं को ध्यान में रखा जाना चाहिए। सत्ता के विसर्जित केंद्रों का प्रतिनिधित्व सामान्यतः कथित **सामंत** व्यवस्था द्वारा होता था। **सामंत** राजनीतिक संगठन के उस ढांचे में एकीकृत थे, जिसके अंतर्गत स्वामीदास संबंध अन्य संबंधों से ज्यादा महत्त्वपूर्ण थे। सामंतों का राजनीतिक ढांचे के एक विशाल अंग के रूप में रूपांतरण स्वयं में पदानुक्रम का प्रमाण है और इस तरह से यह एकीकरण के राजनीतिक आधार को स्पष्ट करता है। राजनीतिक संगठन के आधार के रूप में पद का तात्पर्य है केन्द्र के प्रति पहुंच में भिन्नता तथा पदानुक्रम में परिवर्तन।

एकात्मक राजनीतिक संगठन सामंतीय राजनीतिक संगठन की भांति राजनीतिक प्रक्रियाओं के समकालीन आर्थिक, सामाजिक और धार्मिक परिवर्तनों के समांतर ही देखता है। जैसे कि:

1) ग्रामीण कृषि बस्तियों का सपाट प्रसार।

2) **वर्ण** विभाजन पर आधारित सामाजिक व्यवस्था की प्रमुख विचारधारा का सपाट प्रसार और

3) स्थानीय समुदायों, अनुष्ठानिक एवं पवित्र केंद्रों का एक बड़े ढांचे में एकीकरण।

लेकिन इस प्रकार का निर्धारण पारिभाषिक रूप से संदिग्धता पूर्ण है। "शासक परिवार का आधिपत्य" और "राज्य समाज" जैसे शब्दों को स्पष्ट नहीं किया गया है। इसके अतिरिक्त सामंत अपनी राजनीतिक समझ के बावजूद भू–स्वामी कुलीन ही बने रहे। इन सबसे महत्त्वपूर्ण बात यह है कि खण्डात्मक राज्य और एकीकृत राज्य कोई वैकल्पिक भौतिक आधार उपलब्ध नहीं कराते, जो सामंतीय राजनीतिक संगठन का मुकाबला कर सके। एकीकृत एवं खण्डात्मक, दोनों प्रकार के राज्यों की व्याख्या उन भूमि अनुदानों के संदर्भों में की जा सकती है जो सामंतीय ढांचे के निर्णायक तत्त्व थे।

प्रश्न 3. उत्तरी राज्य व दक्षिण के राज्य की राजनीतिक दशा का वर्णन कीजिए।

उत्तर– उत्तरी राज्य व दक्षिण के राज्य की राजनीतिमक दशा का उल्लेख इस प्रकार है:

राजनीतिक दशा: महमूद के आक्रमण के समय भारत राजनीतिक दृष्टि से अनेक छोटे–छोटे स्वतंत्र राज्यों में बंटा हुआ था। ये राज्य आपसी ईर्ष्या एवं द्वेष के शिकार थे। उनमें राष्ट्रीय एकता एवं देशभक्ति का अभाव था। अतः ये राज्य मिलकर किसी बाहरी खतरे का सामना करने की स्थिति में नहीं थे। *मुल्तान* और *सिन्ध* में दो *मुस्लिम* राज्य थे। शेष भारत में हिन्दू राज्य थे। इन राज्यों की विशेष बात यह थी कि प्रत्येक राज्य अपने स्वार्थ में पल रहा था और किसी को देश–रक्षा की चिन्ता न थी।

क. उत्तरी राज्य–

1. **मुल्तान (पश्चिमी पंजाब) तथा सिन्ध (गुजरात) के अरब राज्य**: मुल्तान पर *करमाथी शियाओं* का प्रभुत्व था और फतेह दाऊद उनका एक योग्य शासक था। मनसूरा में अरबों का शासन था। मुसलमानों को हर प्रकार की स्वतंत्रता थी। वे नये लोगों को मुसलमान बना रहे थे, किन्तु किसी हिन्दू राजा ने इस पर कोई आपत्ति नहीं की।

2. **हिन्दूशाही राज्य**: ब्राह्मण हिन्दूशाही राज्य चिनाब नदी में हिन्दूकुश पर्वतमाला तक फैला हुआ था। इस राजवंश ने कोई 300 वर्षों तक अकेले ही अरब आक्रमण का सफलतापूर्वक सामना किया था। महमूद के आक्रमण के समय पर जयपाल का शासन था। यद्यपि वह एक वीर सैनिक तथा योग्य शासक था, फिर भी वह गजनी के सुबुक्तगीन से दो बार पहले ही पराजित हो चुका था। वह पहला भारतीय नरेश था, जिसे महमूद गजनवी ने पराजित किया था।

3. **काश्मीर**: काश्मीर पर *उत्पल* वंश का शासन था। हिन्दूशाही तथा कन्नौज से इसके सम्बन्ध अच्छे न थे। महमूद के आक्रमण के समय इस पर रानी दिक्षा (958–1003) का शासन था। टुंग नामक सेनापति ने असफल रूप से महमूद गजनवी का विरोध किया। **संग्राम**, जो रानी दिद्दा का भतीजा था, उसका उत्तराधिकारी बना।

4. **कन्नौज**: इन राज्यों पर *प्रतिहार वंश* का शासन था। **मिहिरभोज** (835 ई.) इस वंश का एक प्रतापी राजा था। उसके समय में काश्मीर और सिन्ध को छोड़कर शेष उत्तरी भारत पर

उसका शासन था। उसके उत्तराधिकारी **महेन्द्रपाल** ने कोई बीस वर्ष तक इस विशाल राज्य को संभाले रखा। महीपाल, देवपाल, विजयपाल आदि उसके अयोग्य एवं दुर्बल उत्तराधिकारी थे। बुन्देलखंड के चन्देलों, गुजरात के चालुक्यों तथा मालवा के परमारों ने कन्नौज में अपनी स्वतन्त्रता प्राप्त कर ली। महमूद के आक्रमण (1018 ई.) के समय कन्नौज पर राजपाल शासन करता था। वह तुर्कों के आक्रमणों का मुकाबला न कर सका।

5. **बंगाल**: बंगाल में *पाल वंश* का शासन था। **डॉ. श्रीवास्तव** के अनुसार, "जिस समय उत्तर–पश्चिमी भारत में महमूद गजनवी हत्या और लूट का कांड रच रहा था, उसी समय बंगाल पर शक्तिशाली तमिल सम्राट् राजेन्द्र चोल का आक्रमण हुआ। इस युद्ध में बंगाल को भीषण क्षति उठानी पड़ी। किन्तु भाग्य से दूरस्थ होने के कारण वह गजनवी के आक्रमणों से मुक्त रहा।"

6. **छोटे राज्य**: महमूद के उत्तरी भारत पर आक्रमणों के समय देश के इस भाग में गुजरात के चालुक्य, बुन्देलखंड के चन्देल तथा मालवा के परमार राज्य स्थापित थे। पहले ये कन्नौज राज्य के अधीन थे, जो बाद में स्वतंत्र हो गए थे।

ख. दक्षिण के राज्य–

1. **कल्याणी का चालुक्य राज्य**: तैलप द्वितीय चालुक्य वंश का संस्थापक था। उसे वातापी के चालुक्यों का वंशज होने का अभिमान था। उसने कल्याणी को अपनी राजधानी बनाया, जो वर्तमान कर्नाटक राज्य में स्थित है। उसका उत्तराधिकारी सत्यश्री एक योग्य शासक था। यह राज्य चोलों के साथ संघर्षरत था।

2. **तंजौर का चोल राज्य**: चोल शासक आदित्य के वंशज थे। **राजाराज** ने इसे एक शक्तिशाली राज्य बनाने का प्रयत्न किया। उसका पुत्र तथा उत्तराधिकारी राजेन्द्र चोल एक योग्य शासक तथा महान् विजेता था। राजाराज ने बैंगी के चालुक्यों, मदुरा के पाण्ड्यो तथा मैसूर के गंगों को हराया और श्रीलंका के उत्तरी भाग पर अधिकार कर लिया। उसके उत्तराधिकारी ने सम्पूर्ण लंका, बंगाल तथा मालवा नरेश राज्यश्री को भी परास्त किया। किन्तु जिस समय दक्षिण में चालुक्य और चोल आपस में संघर्षरत थे, उत्तरी भारत में महमूद गजनवी के आक्रमण तथा लूट जारी थी। यह एक दुर्भाग्य की बात थी कि देश पर संकट की इस घड़ी में दक्षिणी राज्य उत्तरी भारत की राजनीति के प्रति पूर्णतया उदासीन थे।

संक्षेप में, भारत की राजनीतिक दशा 1000–1200 ई. तक बड़ी शोचनीय थी। भारत के ये सभी राज्य प्रायः राजपूतों द्वारा शासित थे। "राजपूतों को प्राणों का मोह नहीं था और न ही उनमें साहस और शौर्य की कमी थी। परन्तु उनमें दूरदर्शिता और परिस्थितियों को समझने तथा उनके अनुकूल उठ खड़े होने का सर्वथा अभाव रहा।" फलतः वे बार–बार महमूद के क्रूर अत्याचारों के शिकार हुए और अपने धर्म एवं देश–रक्षा हेतु ठोस पग न उठा सके।

प्रश्न 4. त्रिपक्षीय संघर्ष पर टिप्पणी लिखिए।

उत्तर– आठवीं शताब्दी के प्रारंभ में कन्नौज पर नितांत शक्तिहीन आयुध शासकों का शासन था। इसके विपरीत पाल, प्रतीहार और राष्ट्रकूट उनकी शक्तिहीनता का लाभ उठाकर कन्नौज पर अपना आधिपत्य स्थापित करना चाहते थे। कन्नौज पर आधिपत्य के लिए इन तीनों

महाशक्तियों के मध्य संघर्ष को 'त्रिपक्षीय संघर्ष' कहा जाता है। यह संघर्ष बड़ी विचित्र एवं रोचक स्थितियों में लगभग एक शताब्दी तक चलता रहा और अंततः नवीं शताब्दी के प्रारंभ में गुर्जर–प्रतीहार कन्नौज पर आधिपत्य स्थापित करने में सफल हुए।

इस त्रिपक्षीय संघर्ष का कारण कन्नौज नगर पर अधिकार करने की आकांक्षा मात्र नहीं था। कन्नौज वास्तव में इन तीनों महाशक्तियों की महत्त्वाकांक्षाओं का क्रीड़ा–स्थल था। गुप्त साम्राज्य के पतन के बाद कन्नौज का वही स्थान हो गया था जो मगध साम्राज्य के इतिहास में कभी पाटलिपुत्र का था। कन्नौज अब उत्तर भारत की राजनीतिक धुरी का प्रतीक था। अतः समकालीन राजनीतिक महाशक्तियों द्वारा कन्नौज पर प्रभुत्व स्थापित करने की लालसा बड़ी स्वाभाविक थी। इस काल में कन्नौज के आसपास के उत्तर भारत के क्षेत्र को मध्यदेश कहा जाता था।

हर्ष के समय से कन्नौज ने उत्तर भारत के एक प्रमुख नगर का स्थान ग्रहण कर लिया था। गंगा के तट पर स्थित होने के कारण नदी–मार्ग से होने वाले व्यापार की दृष्टि से उत्तर एवं पूर्वी भारत के मध्य वह बहुत महत्त्वपूर्ण कड़ी था। कन्नौज का क्षेत्र गंगा और यमुना के मध्य स्थित होने के कारण भारत का सर्वाधिक उपजाऊ क्षेत्र था। इसके अतिरिक्त पालों और गुर्जर–प्रतीहारों दोनों के लिए अपनी राजनीतिक महत्त्वाकांक्षाओं की पूर्ति के लिए इससे अधिक उपयुक्त क्षेत्र नहीं हो सकता था। साथ ही राष्ट्रकूटों ने गुर्जर–प्रतीहारों के प्रति अपने विरोध और अपनी साम्राज्यवादी महत्त्वाकांक्षाओं की कीर्ति–पताका चारों दिशाओं में फहराने के लिए इस संघर्ष में सक्रिय रूप से हस्तक्षेप किया। यह उल्लेखनीय है कि त्रिपक्षीय संघर्ष में भाग लेकर राष्ट्रकूट उत्तर भारत की राजनीति में हस्तक्षेप करने वाली और दक्षिण से उत्तर पर आक्रमण करने वाली दक्षिण की पहली शक्ति थे। उन्होंने समकालीन उत्तर भारत की राजनीति में लगभग वही भूमिका निभाई जो बाद में अठारहवीं शताब्दी में मराठों ने निभाई थी। इस त्रिपक्षीय संघर्ष में कन्नौज पर प्रभुत्व स्थापित करने की सर्वाधिक आतुरता गुर्जर–प्रतीहारों को थी, क्योंकि इस समय राष्ट्रकूट, जो समकालीन भारत में अजेय शक्ति हो गए थे, प्रतीहारों पर लगातार प्रहार कर रहे थे। अतः राष्ट्रकूटों के पड़ोस से हटकर वे कन्नौज के सुरक्षित और समृद्ध क्षेत्र की ओर बढ़ने के लिए बड़े आकुल थे। मालवा पर इन दिनों प्रतीहारों का अधिकार था और मालवा के दक्षिण में राष्ट्रकूटों का अधिकार–क्षेत्र था। इस प्रकार इस क्षेत्र में दोनों राज्यों की समान सीमाएँ थीं। राष्ट्रकूटों के हाथों पराजित हो जाने एवं उनकी प्रचंड शक्ति से भयभीत होकर सामरिक एवं राजनीतिक कारणों से प्रतीहार कन्नौज पर अधिकार करने के लिए बड़े प्रयत्नशील थे।

इस त्रिपक्षीय संघर्ष की वास्तविक पहल प्रतीहार नरेश वत्सराज ने की और कन्नौज के आयुध शासक इंद्रायुध को युद्ध में पराजित करके उत्तर भारत में अपनी सत्ता का विस्तार प्रारंभ किया। पाल नरेश धर्मपाल भी उत्तर भारत पर अपनी प्रभुसत्ता के विस्तार के लिए उतना ही महत्त्वाकांक्षी था, अतः प्रतीहार वत्सराज एवं धर्मपाल के बीच उत्तर भारत पर शक्ति–विस्तार के लिए, संघर्ष प्रारंभ हो गया। इसी दौरान राष्ट्रकूट नरेश ध्रुव ने उत्तर भारत की प्रभुसत्ता के लिए इस संघर्ष में हस्तक्षेप किया और सर्वप्रथम वत्सराज को युद्ध में पराजित करके उसे राजपूताने की ओर खदेड़ दिया। इसके बाद ध्रुव ने गंगा यमुना के मध्य कहीं धर्मपाल को पराजित किया। इस प्रकार उत्तर भारत की प्रभुसत्ता के लिए पालों, प्रतीहारों एवं राष्ट्रकूटों के

मध्य एक शताब्दी से अधिक समय तक चलने वाले त्रिपक्षीय संघर्ष का प्रारंभ हो गया।

राष्ट्रकूटों द्वारा उत्तर भारत की समकालीन राजनीति में हस्तक्षेप का तात्कालिक लाभ धर्मपाल ने उठाया। राष्ट्रकूटों के हाथों पराजित होने के बाद प्रतीहारों की उत्तर भारत पर प्रभुसत्ता के विस्तार की महत्त्वाकांक्षा कुछ समय के लिए कम हो गई। राष्ट्रकूट ध्रुव ऊपर बताई गई विजयों के बाद दक्षिण वापस लौट गया। अब पालों की महत्त्वाकांक्षा की पूर्ति के लिए उत्तर भारत में उपयुक्त अवसर था। परिणामस्वरूप ध्रुव के दक्षिण वापस जाते ही धर्मपाल ने कन्नौज पर आक्रमण करके इंद्रायुध को राज–सिंहासन से अपदस्थ किया और उसके स्थान पर चक्रायुध को सिंहासनारूढ़ किया। इस प्रकार कन्नौज पर कुछ समय के लिए पालों का आधिपत्य स्थापित हो गया।

प्रतीहार इस स्थिति को सहन नहीं कर पाए। परिणामस्वरूप वत्सराज के पुत्र और उत्तराधिकारी नागभट्ट द्वितीय ने चक्रायुध को पराजिक करके कन्नौज पर अधिकार कर लिया। यह धर्मपाल के लिए बहुत बड़ी चुनौती था और दोनों पक्षों ने अवश्यम्भावी युद्ध के लिए तैयारियाँ प्रारंभ कर दीं। मुँगेर के निकट लड़े गए इस युद्ध में नागभट्ट द्वितीय ने धर्मपाल को बुरी तरह पराजित किया।

9 उत्तरी और पूर्वी भारत

प्रश्न 1. उत्तरी तथा पूर्वी भारत की शक्तियों के विभाजन पर प्रकाश डालिए।

[Dec-04, Q3]

उत्तर– प्रारंभिक मध्यकाल में राजा भारी भरकम शब्दों वाली उपाधियों जैसे कि **परम भट्टारक, महाराजाधिराज, परमेश्वर** आदि को ग्रहण करते थे। इन भारी–भरकम उपाधियों के कारण अक्सर राजाओं को शक्तिशाली केंद्रीकृत राजत्व का प्रतीक समझ लिया जाता है। परन्तु यह सत्य नहीं है। क्षेत्रीय विभाजन, प्रशासनिक तथा वित्तीय शक्तियों के वितरण से जुड़े प्रमाण वास्तविक शक्ति के केन्द्रों को स्पष्ट करते हैं। यह एक केंद्रीकृत शक्ति का ढांचा न होकर बहु–केंद्रों वाली शक्ति का ढांचा हो गया था।

प्रशासनिक इकाइयों का विकास: राजनीतिक ढांचे की मुख्य विशेषता राजनीतिक एवं आर्थिक शक्तियों का विभाजन है। अभिलेखीय प्रमाणों में भुक्ती, मंडल, विषय जैसे शब्दों का वर्णन किया गया है। पालों के शासन में पुन्दरावर्धन–भुक्ती, वर्धमान भुक्ती, दंड भुक्ती, तिराभुक्ती आदि थे। मंडलों का प्रचलन बंगाल में अधिक था, लेकिन बिहार में बहुत कम। पाल अभिलेखों में न्यास या विभि और खांडला जैसी कुछ छोटी प्रशासनिक इकाइयों का भी वर्णन किया गया है। बारहवीं सदी की वैद्य देव के ताम्र अनुदान–पत्र, जो असम से प्राप्त हुआ है, में भुक्ती मंडल एवं विषय का वर्णन किया गया है। उड़ीसा में भी विषयों एवं मंडलों का उल्लेख 12वीं सदी के प्रमाणों में माही परिवार को दिए जाने वाले भूमि–अनुदानों के रूप में उद्धृत किया गया है। पत्ताल एवं पाठक गहड़वालों के अंतर्गत प्रशासनिक इकाइयाँ थीं।
हरिसेन की 10वीं सदी की रचना कथा–कोष में विषय का उल्लेख राजा की एक जागीर के रूप में किया गया है जिसके अधीन (राजा के) एक सामंत था। कश्मीर के इतिहास पर रचित राजतरंगिनी में स्व–मंडल तथा मंडलांतर में विभेद किया गया है। इसी ग्रंथ में एक प्रशासनिक इकाई के लिए गुलमा शब्द का प्रयोग हुआ है। इसके अंतर्गत तीन से पांच गांव तक होते थे। राजतरंगिनी में ग्रामपति, ग्रामाधिपति, देशग्रामापति, विम्षातिम्शाग्रामापति, सहस्त्रग्रामापति जैसे शब्दों का प्रयोग गांवों के पदानुक्रम को अभिव्यक्त करता है। ग्रामों के मुखियाओं को अदा किए जाने वाले कर की मात्रा एवं कर–प्रणाली के स्वरूप को भी स्पष्ट किया गया है। दशश (दस गांवों का मुखिया) को उतनी ही भूमि प्राप्त होती थी जितनी वह एक हल से जोत सकता था। विम्षातिशा (20 ग्रामों का मुखिया) को संपूर्ण गांव पारितोषिक के रूप में प्राप्त होता था।

प्रशासनिक एवं वित्तीय अधिकारों का हस्तांतरण: यह विभिन्न स्तरों पर प्रशासनिक

इकाइयों की वृद्धि मात्र न था। पुलिस, अपराध, विधि एवं न्याय–प्रशासन सहित अन्य प्रशासनिक और वित्तीय अधिकारों को भूमि अनुदान प्राप्त कर्त्ताओं को दे दिए जाने से राजा एवं किसानों के बीच भू–स्वामियों का एक कुलीन वर्ग पैदा हो गया। लेकिन इस प्रक्रिया की गहनता एक क्षेत्र से दूसरे क्षेत्र में भिन्न थी। प्रशासनिक शक्तियों के विभाजन, जो सामंतीय राजनीतिक प्रणाली की एक महत्त्वपूर्ण विशेषता है, को शक्ति केन्द्रों के निरंतर स्थानांतरण द्वारा निर्देशित किया जा सकता है। इस प्रवृत्ति का एक महत्त्वपूर्ण उदाहरण पाल इतिहास के प्रमाणों में संकेतित **नौ स्कन्धवर** (विजय सैन्य कैंप) है। इसी प्रकार के इक्कीस स्कन्धवरों का उल्लेख चंदेलों के स्रोतों में भी मिलता है। लेकिन इस संदर्भ में प्रतिहारों में कुछ स्थिरता थी क्योंकि केवल उज्जैनी तथा महोदया (कन्नौज) का ही वर्णन उनकी राजधानियों के रूप में मिलता है। राजधानी परिवर्तन, किलेबंदी आदि भी राजनीतिक शक्ति के कार्य हैं। यह उल्लेखनीय है कि पाल शासकों ने अपने साम्राज्य में 20 किलों का निर्माण कराया।

राजा बनाने में भू–पतियों की भूमिकाः सत्ता का मंत्रियों के हाथों में एकत्रित हो जाना प्रारंभिक मध्य काल में राजत्व की प्रकृति की एक और उल्लेखनीय विशेषता थी। क्षेमेन्द्र द्वारा लालची मंत्रियों का स्पष्टवादी वर्णन तथा कल्हन द्वारा **दमरों** के जुल्मों एवं षडयंत्रों का रोचक चित्रण स्पष्ट करता है कि मंत्रीगण स्वार्थी थे और इन्हें शायद ही जनता की भलाई से कोई लेना–देना था। 12वीं सदी ई. के एक ग्रंथ **मनसोल्लास** में राजा को यह सलाह दी गई है कि वह अपनी प्रजा की रक्षा न केवल लूटेरों से अपितु मंत्रियों सहित वित्तीय एवं राजस्व अधिकारियों से भी करनी चाहिए। उड़ीसा के सोमवंशियों ने स्पष्ट किया है कि सामंत राजा को हटा सकते थे और उसको सिंहासन पर बैठा भी सकते थे। लेकिन इस प्रकार के मामलों की संख्या न बहुत अधिक थी और न ही इसको वैधता प्राप्त थी।

प्रश्न 2. *सामंतों* के पदानुक्रम पर पांच पंक्तियाँ लिखिए।

उत्तर– सामंतों का पदानुक्रमः 12वीं सदी के आते–आते सामंतों की पदानुक्रम व्यवस्था उल्लेखनीय रूप से स्पष्ट होने लगी थी। 12वीं सदी ई. के एक ग्रंथ ने सामंतों के अधीनस्थ ग्रामों की संख्या के आधार पर सामंतों का वर्गीकरण इस प्रकार किया है **महामंडलेश्वर** (100,000 गांवों का सामंत), **मण्डलिका** (50,000 गांवों का सामंत), **महासामंत** (20,000 ग्रामों का सामंत), लघु सामंत और **चतुरमश्किा** (क्रमशः 10,000, 5,000 और 1,000 ग्रामों का सामंत)। रामपाल के शासन काल के लेखक–जिसने बंगाल के विषय में लिखा–संध्याकार नन्दी ने **मण्डलाधिपति, सामंत चक्र–चूड़ाणि, भूपाल** और **राजा** जैसे शब्दों का उल्लेख किया है।

सामंतों के पदानुक्रम का उल्लेख शिलालेखों में भी मिलता है। चम्बा राज्य के अभिलेखों में **राजनका** और **राजपुत्र** जैसे शब्दों का उल्लेख हुआ है। **सामंत, महासामंत, महासामंताधिपति** और **ठाकुर** जैसे शब्दों का चित्रण **गढ़वाल** राज्य के 11वीं सदी ई. के अभिलेखों में किया गया है। सन् 830 ई. के तेजपुर अभिलेख में असम के **शलस्तम्भा** वंश के श्री हरजरवर्मन की **महाराजधिराज–परमेश्वर, परमभट्टाकरक** जैसी उपाधियों का उल्लेख किया है जिसके (इस राजा के) अधीन **महासामंत** श्री सुचित थे। इस अभिलेख में शिलाकुट्टीकावलेया को सामंत के रूप में उद्धृत किया गया है। बंगाल के शासक लक्ष्मण सेन केशक्तिपुर ताम्रपत्र में

राजा, **राजन्या**, **रणका** और **राजपुत्र** जैसे शब्दों का उल्लेख हमें मिलता है।

प्रश्न 3. क्या नौकरशाही का सामंतीकरण हुआ? टिप्पणी कीजिए।

उत्तर– **नौकरशाही का सामंतीकरण**: उत्तर भारत के राज्यों से संबंधित अधिकतर अभिलेखों में बहुत से अधिकारियों को सूचीबद्ध किया गया है। पाल शासकों के भूमि संबंधी अभिलेखों में चार दर्जन अधिकारियों तथा सामंतों का उल्लेख किया गया है और इनमें से कुछ पैतृक भी थे। दो दर्जन से अधिक अधिकारियों का वर्णन गहड़वाल अभिलेखों में भी किया गया है। चौहानों, चंदेलों तथा कलचुरियों के अधीनस्थ प्रदेशों में भी स्थिति कोई विशेष भिन्न न थी। यहाँ तक कि सामंतों के अधीन भी अनेक अधिकारी होते थे। मिथिला के करनाता क्षेत्र के **महामण्डलिका** संग्राम गुप्ता के अधीन दो दर्जन से अधिक अधिकारी कार्यरत थे। इन अधिकारियों की उपाधियों एवं पदों का सामंतीकरण इस काल की उल्लेखनीय विशेषता थी। इस विशेषता की ओर स्पष्ट इशारा '**महा**' उपसर्ग के प्रयोग से भी होता है। जिन उपसर्गों का प्रयोग राजाओं और सामंतों के संबंधी को निर्धारित करने के लिये किया जाता था अब उन उपसर्गों का प्रयोग राजा और अधिकारियों के संबंधों को निर्धारित करने के लिये किया जाने लगा। **पादपद्मोपजीवन**, **राजपदोपजीवन**, **पादप्रसादोपजीवन**, **परमेश्वर–पदोपजीवन** जैसी उपाधियों का प्रयोग अधिकारीगण एवं सामंत दोनों करते थे। ये यह भी इंगित करते हैं कि ये अधिकारीगण अपने निर्वाह के लिए अपने स्वामियों के समर्थन पर निर्भर थे।

प्रश्न 4. क्या वंश के आधार पर भूमि अनुदानों को दिया जाता था?

उत्तर– **भू–स्वामित्व एवं वंश का महत्त्व**: सरकारी कार्यों को न केवल सरदारों तथा अधिकारियों का सौंपा गया बल्कि राजा के द्वारा इन्हें अपने वंश के सदस्यों तथा संबंधियों को दिया गया। उत्तर प्रदेश के वर्तमान पीलीभीत जिले के क्षेत्र में हमें चिंद वंश के सरदार द्वारा शासन करने का एक उद्धरण प्राप्त होता है। ऐसे कई उदाहरण मिलते हैं जिसमें वंश को आधार मानकर गाँवों को बारह की इकाई में विभाजित किया गया है। कन्नौज के शासक महेन्द्रपाल के सन् 893 ई. के ऊना ताम्रपत्र में यह उद्धृत किया गया है कि बलवर्मन **महासामंत** के अधीन 84 ग्राम थे। रानियों के लिए **ग्रासा** और **मुक्ति** छोटे राजकुमारों के लिए गांवों को भोकत्रिस (स्वामी), सेजा (आवंटन) **राजपुत्र** अर्थात राजा के पुत्र को प्रदान करना और **राजकीय–भोग** (राजा की संपत्ति) जैसी शब्दों का प्रयोग भी हुआ है। 84 गांवों के समूह के सरदार को 12वीं सदी ई. के अंत तक **चतुराशिका** कहा जाने लगा था। उत्तरी तथा पूर्वी भारत की अपेक्षा पश्चिमी तथा मध्य भारत में वंश के आधार पर भूमि का आवंटन करने की परंपरा का प्रचलन कुछ अधिक ही था। अपने वंश के लोगों के बीच भूमि के वितरण की परंपरा उस कबीलाई व्यवस्था का स्मरण कराती है जिसमें युद्ध में लूटी गई संपत्ति का बंटवारा कबीले के सदस्यों के मध्य होता है।

प्रश्न 5. *सामंतों* के मुख्य कार्यों को लिखिए। [June-05, Q5(1)]

उत्तर– सामंतों के कार्यों में कुछ इस प्रकार थे–नजरानों की नियमित अदायगी करना, शाही आज्ञाओं का पालन करना, समारोहों के अवसर पर दरबार में उपस्थित होना, न्यायिक प्रशासन को चलाना, सैन्य अनुबंधों को पूरा करना आदि। उत्तरी बिहार में स्थित मिथिला के चंदेश्वर द्वारा 13वीं सदी ई. में लिखित राजनीति रत्नाकर में सामंतों का वर्गीकरण सकर एवं

अंकर में उनके द्वारा अदा किये जाने वाले नजरानों के आधार पर किया गया है।

जैजकाभुक्ती (बुंदेलखंड) के चंदेलों ने अपने सैनिक अधिकारियों को प्रचुर मात्रा में भूमि अनुदान दिये। परमारदीन के ब्राह्मण सेनापति अजयपाल ने सन् 1160 ई. में एक पद भूमि का अनुदान प्राप्त किया। कुछ वर्षों बाद सन् 1171 ई. में संपूर्ण गांव का अनुदान ब्राह्मण सेनापति मदनपाल शर्मा को दिया गया जो उससे पहले लगातार तीन ठाकुरों के पास रह चुका था। चंदेलों द्वारा दिये गये सभी अनुदानों की यह विशेषता थी कि ये अनुदान वर्तमान एवं भविष्य के शुल्कों से मुक्त थे। कभी–कभी युद्ध में मृत्यु हो जाने पर भी सैनिक अधिकारियों को अनुदान दिए जाते थे। सन् 1207–08 ई. का त्रिलोकवर्मन का पूर्णतया लौकिक टेहरी ताम्रपत्र ब्राह्मण सैनिक अधिकारी को दिये गये वंशानुगत अनुदान का वर्णन करता है।

कायस्थों को भी सैनिक सेवा के लिए अनुदान प्रदान किये जाते थे।

गहड़वाल राजाओं के द्वारा राउत तथा रणकाओं को अनुदान दिये जाने के कई उदाहरण मिलते हैं। परंतु इन अनुदानों को केवल सैनिक एवं बहादुरी के कार्यों के कारण ही नहीं दिया गया था। लेकिन यह भी सत्य है कि वे सामंत रहे होंगे जो राज्य के प्रत्यक्ष नियंत्रण के अंतर्गत स्थायी अधिकारियों से भिन्न थे। क्योंकि गहड़वाल शासकों के अभिलेखों में उद्धृत अधिकारियों की सूचियों में और राउत का उल्लेख नहीं आया है। इस संदर्भ में एक महत्त्वपूर्ण तथ्य यह भी है कि गहड़वाल शासकों के अधीन एक लेखक की व्यंग्यात्मक रचना लता कमेलका, जो 12वीं सदी ई. की है में राउतराजा संग्राम विसार का उल्लेख किया गया है। ऐसा प्रतीत होता है कि ग्रामपट्टा संभवतः एक सैनिक अधिकारी के लिए प्रयोग होता था और राउतराजा एक सामाजिक पद था।

प्रश्न 6. *पंचमहाशब्द* से आप क्या समझते हैं?

उत्तर– राजा एवं सामंतों के संबंधों पर कुछ अंर्तदृष्टि पंचमहाशब्द के उपयोग के द्वारा भी डाली जा सकती है। इस शब्द का विकास उत्तर–गुप्त शताब्दियों में सामंत संस्था के रूप में हुआ। बहुत से अभिलेखों से स्पष्ट होता है कि उच्च सामंतीय पद का मापदंड राजा द्वारा पंचमहाशब्द की उपाधि प्रदान करना था।

सन् 893 के एक ताम्रपत्र में महासामंत बकवर्मन के द्वारा किये गये भूमि अनुदान का उल्लेख है। बकवर्मन के पिता को कन्नौज नरेश महेन्द्रपाल की कृपादृष्टि से पंचमहाशब्द की उपाधि प्राप्त हुई थी। लेकिन यह आश्चर्य की बात है कि इस शब्द का प्रयोग पाल राज्य में नहीं हुआ परन्तु उड़ीसा एवं असम इस शब्द में दृष्टांत मिलते हैं। इसमें संदेह नहीं कि पंचमहाशब्द किसी भी सामंत द्वारा प्राप्त किये जाने वाला सर्वोच्च सामंतीय सम्मान था। यहाँ तक कि कोई युवराज भी इस उच्च सामंतीय उपाधि से बड़ी उपाधि प्राप्त नहीं करता था। सामंत परमभट्टारक महाराजाधिराज–परमेश्वर जैसी भारी–भरकम शब्दों वाली उपाधि को धारण करने के बावजूद इस विशेषण (पंचमहाशब्द) का प्रयोग करते रहे।

12वीं सदी ई. की एक रचना के अनुसार पंचमहाशब्द का अभिप्राय पांच संगीतीय यंत्रों के प्रयोग से है। ये यंत्र श्रींगा (भोंपू), तम्मत (ढोलक), शंख, मेरी (नगाड़ा) और जयघंटा (विजय की घंटी) आदि है। उत्तर भारत के कुछ भागों में पंचमहाशब्द का प्रयोग 'महा' उपसर्ग के साथ पांच अधिकारिक पदों के लिये भी किया जाता था। यदि शब्द "शब्द" कास्त्रोत शप से है तब इसका अन्य अर्थ शपर्थ या प्रतिज्ञा लेना भी है। यदि ऐसा था, तब राज्य अधिकारियों एवं राजा–सामंत के संबंधों के संदर्भ में पंचमहाशब्द की महत्त्वपूर्ण भूमिका है।

10 पश्चिमी तथा मध्य भारत

प्रश्न 1. राजपूतों की उत्पत्ति पर प्रकाश डालिए तथा इसके सम्बन्ध में मतों की व्याख्या कीजिए।

उत्तर– राजपूतों की उत्पत्तिः 'राजपूत' शब्द संस्कृत के 'राजपूत्र' का विकृत रूप है। 'राजपुत्र' शब्द का प्रयोग, जो पहले राजकुमार के अर्थ में किया जाता था, पूर्व मध्यकाल में सैनिक वर्गों तथा छोटे–छोटे जमींदारों के लिये किया जाने लगा। वस्तुतः आठवीं शती के उपरान्त 'राजपूत' शब्द शासक वर्ग का पर्याय बन जाता है। इस वर्ग की उत्पत्ति का प्रश्न विद्वानों के बीच अत्यन्त विवाद का विषय रहा है। मुख्यतः इस सम्बन्ध में दो मत दिये जाते हैं–

(1) विदेशी उत्पत्ति का मत।

(2) भारतीय उत्पत्ति का मत।

विदेशी उत्पत्ति का मतः राजपूतों की विदेशी उत्पत्ति के मत का प्रतिपादन सर्वप्रथम कर्नल जेम्स टाड ने किया। उनके अनुसार राजपूत विदेशी सीथियन जाति की सन्तान थे। इस मत का आधार सीथियन तथा राजपूत जातियों की कुछ सामाजिक तथा धार्मिक प्रथाओं में समानता है जो टाड के अनुसार इस प्रकार है–

(1) रहन–सहन तथा वेशभूषा में समानता।

(2) मांसाहार का प्रचलन।

(3) रथों द्वारा युद्ध करना।

(4) यज्ञों का प्रचलन।

स्मिथ के अनुसार उत्तर–पश्चिम की राजपूत जातियों–प्रतिहार, चौहान, परमार, चालुक्य आदि की उत्पत्ति शकों तथा हूणों से हुई थी। मनुस्मृति में शकों को 'व्रात्य क्षत्रिय' कहा गया है। इन जातियों के वीरतापूर्वक कृत्यों को उनके दरबारी चारणों ने बहुत बढ़ा–चढ़ा कर प्रस्तुत किया तथा उनकी तुलना रामायण और महाभारत के वीरों से की। भण्डारकर ने भी विदेशी उत्पत्ति के मत का समर्थन किया है। उनके अनुसार अग्निकुल के चार राजपूत वंश–प्रतिहार, परमार, चौहान तथा सोलंकी–गुर्जर नामक विदेशी जाति से उत्पन्न हुए थे। चौहान तथा गुहिलोत जैसे कुछ वंश विदेशी जातियों के पुरोहित थे।

पृथ्वीराजरासो में अग्निकुण्ड द्वारा राजपूतों की उत्पत्ति बताई गयी है। इस कथा के अनुसार 'जब परशुराम ने क्षत्रियों का विनाश कर दिया तो शासकों का अभाव हो गया। म्लेच्छों तथा

राक्षसों के अत्याचार बढ़ गये। पृथ्वी त्रस्त हो उठी। अतः पृथ्वी के त्रास का हरण करने के लिये वशिष्ठ ने आबू पर्वत पर एक यज्ञ किया जहाँ यज्ञ की अग्निकुण्ड में चार राजपूत कुलों का उद्भव हुआ—परमार, प्रतिहार, चौहान तथा चालुक्य। इस कथा से यह स्पष्ट संकेत मिलता है कि भारतीय वर्णव्यवस्थाकारों ने विदेशी जातियों को शुद्धि द्वारा भारतीय वर्ण–व्यवस्था के अन्तर्गत स्थान प्रदान कर दिया था।

भारतीय उत्पत्ति का मत: राजपूतों की उत्पत्ति के उपर्युक्त विदेशी सिद्धान्त का विरोध गौरी शंकर, हीराचन्द्र ओझा तथा सी० वी० वैद्य जैसे कुछ भारतीय विद्वानों ने किया है। इनकी सम्मति में राजपूत विशुद्ध भारतीय क्षत्रियों की ही सन्तान थे जिनमें विदेशी रक्त का मिश्रण बिल्कुल ही नहीं था। इन विद्वानों के प्रमुख तर्क इस प्रकार हैं—

(1) टाड ने राजपूत तथा सीथियन जातियों में जिन समान प्रथाओं का संकेत किया है वह कल्पना पर आधारित है। ये सभी प्रथायें भारत की प्राचीन क्षत्रिय जाति में देखी जा सकती है।

(2) क्रुक के निष्कर्ष की पुष्टि किसी भी ऐतिहासिक साक्ष्य से नहीं होती है। यह विचार कोरी कल्पना की उपज है।

(3) इस बात का कोई प्रमाण नहीं है कि 'खजर' नामक किसी जाति ने कभी भी भारत के ऊपर आक्रमण किया हो। भारतीय अथवा विदेशी किसी भी साक्ष्य में इस जाति का उल्लेख नहीं मिलता है।

(4) पृथ्वीराजरासो में वर्णित अग्निकुल की कथा ऐतिहासिक नहीं लगती। इस कथा का उल्लेख रासो की प्राचीन पाण्डुलिपियों में नहीं मिलता है।

पाणिनि की अष्टाध्यायी में राजपूत शब्द का प्रयोग 'राजन्य' अथवा रक्षक के रूप में हुआ। महाभारत में विभिन्न प्रकार के अस्त्र–शस्त्र चलाने वाले को 'राजपूत' कहा गया है। आठवीं शती के लेखक भवभूति ने कौशल्या को 'राजपुत्री' कहा है। ऐसा प्रतीत होता है कि तुर्कों द्वारा पराजित हो जाने के बाद राजपुत्रों की राजनैतिक प्रतिष्ठा समाप्त हो गयी तथा तुर्कों ने अपमानस्वरूप उन्हें 'राजपूत' कहना प्रारम्भ कर दिया।

परन्तु ये दोनों ही मत अतिवादी है। वस्तुस्थिति तो यह है कि भारतीय वर्ण–व्यवस्था में सदा ही विदेशी जातियों के लिये स्थान दिया गया। यहाँ कोई भी जाति ऐसी नहीं थी जिसमें विदेशी रक्त का मिश्रण न हो। स्वयं आर्य भी यहाँ बाहर से ही आये थे। प्राचीन वर्ण–व्यवस्था पर्याप्त लचीली थी। वैदिक काल में क्षत्रियों का कोई विशिष्ट वर्ण नहीं था, अपितु उन लोगों को ही क्षत्रिय कहा गया जो वीर तथा साहसी होते थे। स्वयं क्षत्रिय शब्द का अर्थ है, 'क्षत् अर्थात् हानि से रक्षा करने वाला।' अतः यह कहा जा सकता है कि यद्यपि राजपूत क्षत्रियों के वंशज थे तथापि उनमें विदेशी रक्त का मिश्रण अवश्य था। वैदिक क्षत्रियों में विदेशी जाति के वीरों के मिश्रण से जिस नवीन जाति का आविर्भाव हुआ उसे ही राजपूत कहा गया। राजपूत न तो पूर्णरूपेण विदेशी थे और न पूर्णरूपेण भारतीय ही।

प्रश्न 2. राजपूतों के राजनीतिक इतिहास की चर्चा कीजिए। [Dec-06, Q7]

उत्तर— राजनैतिक इतिहास—

1. **नागभट्ट प्रथम**: गुर्जर–प्रतिहार वंश का संस्थापक नागभट्ट प्रथम (730–756 ईस्वी)

था। वह एक पराक्रमी शासक था। ग्वालियर अभिलेख से पता चलता है कि उसने एक शक्तिशाली म्लेच्छ शासक की विशाल सेना को नष्ट कर दिया। यह म्लेच्छ सम्भवतः सिन्ध का अरब शासक था। इस प्रकार नागभट्ट ने अरबों के आक्रमण से पश्चिमी भारत की रक्षा की तथा उनके द्वारा रौंदे हुए अनेक प्रदेशों को पुनः जीत लिया।

2. **वत्सराज**: नागभट्ट प्रथम के पश्चात् उसके दो भतीजों—कक्कुक तथा देवराज—ने शासन किया। वे दोनों निर्बल शासक थे जिनकी किसी भी उपलब्धि के विषय में हमें ज्ञात नहीं है। इस वंश का चौथा शासक वत्सराज (775–800 ईस्वी) हुआ जो देवराज का पुत्र था। वह एक शक्तिशाली शासक था जिसे प्रतिहार साम्राज्य का वास्तविक संस्थापक माना जा सकता है। उसने कन्नौज पर आक्रमण कर वहाँ के शासक इन्द्रायुध को हराया तथा उसे अपने अधीन कर लिया। ग्वालियर अभिलेख से पता चलता है कि उसने प्रसिद्ध भण्डीवंश को पराजित कर उसका राज्य छीन लिया। वत्सराज की सबसे बड़ी सफलता थी। यह पराजित नरेश पालवंशी शासक धर्मपाल था। इस प्रकार वत्सराज उत्तर भारत के एक विशाल भूभाग का स्वामी बन बैठा। परन्तु राष्ट्रकूट नरेश ध्रुव ने उस पर आक्रमण किया तथा युद्ध में बुरी तरह परास्त कर दिया। भयभीत होकर वत्सराज राजपूताना के रेगिस्तान की ओर भाग गया। ध्रुव के वापस लौटने के बाद पालनरेश धर्मपाल ने भी वत्सराज को परास्त किया। उसने कन्नौज से वत्सराज द्वारा मनोनीत शासक इन्द्रायुध को हटाकर उसके स्थान पर चक्रायुध को शासक बनाया।

3. **नागभट्ट द्वितीय**: वत्सराज के पश्चात् उसका पुत्र नागभट्ट द्वितीय (800–833 ईस्वी) गुर्जर–प्रतिहारों का राजा हुआ। वह अपने वंश की खोई हुई प्रतिष्ठा पुनः स्थापित करने में जुटा। ग्वालियर लेख में उसकी उपलब्धियों का वर्णन मिलता है। उसके अनुसार उसने कन्नौज पर आक्रमण कर चक्रायुध को वहाँ से भगा दिया तथा कन्नौज को अपनी राजधानी बनाई। परन्तु नागभट्ट को भी राष्ट्रकूटों के हाथों पराजय उठानी पड़ी। राष्ट्रकूट नरेश गोविन्द तृतीय ने उसे परास्त कर मालवा को छीन लिया। इस पराजय से नागभट्ट हताश नहीं हुआ तथा उसने उत्तर भारत के अनेक राज्यों की विजय कर इस क्षति की पूर्ति कर ली।

4. **रामभद्र**: नागभट्ट द्वितीय के बाद उसका पुत्र रामभद्र गद्दी पर बैठा। वह अत्यन्त दुर्बल शासक था जिसने मात्र तीन वर्षों तक राज्य किया। उसके समय में प्रतिहारों को पालों के हाथों पराजय उठानी पड़ी।

5. **मिहिरभोज प्रथम**: रामभद्र का पुत्र और उत्तराधिकारी मिहिरभोज प्रथम (836–885 ईस्वी) इस वंश का सर्वाधिक महत्वपूर्ण शासक हुआ। उसका सर्वप्रमुख लेख ग्वालियर से मिलता है जो प्रशस्ति के रूप में है। उसने कलचुरिचेदि तथा गुहिलोत वंशों के साथ मैत्री सम्बन्ध स्थापित किया। इन वंशों के राजाओं ने उसके अभियानों में सहायता दी। परन्तु भोज को अपने समय की दो प्रबल शक्तियों—पालनरेश देवपाल तथा राष्ट्रकूट नरेश ध्रुव से पराजित होना पड़ा। उसने अपने मित्र गोरखपुर के चेदि तथा गुहिलोत सरदारों की मदद से देवपाल के निर्बल उत्तराधिकारी नारायणपाल को बुरी तरह परास्त कर उसके साम्राज्य के पश्चिमी भागों को जीत लिया। तत्पश्चात् वह राष्ट्रकूटों की ओर मुड़ा। इस समय राष्ट्रकूट नरेश कृष्ण द्वितीय (878–914 ईस्वी) चालुक्यों के साथ युद्ध में फँसा हुआ था। भोज ने उस पर आक्रमण कर नर्मदा नदी के तट पर उसे परास्त किया। इस विजय के फलस्वरूप मालवा पर उसका अधिकार स्थापित हो गया। दक्षिण में उसका साम्राज्य नर्मदा नदी तक विस्तृत था। उसने

कन्नौज को इस विशाल साम्राज्य की राजधानी बनाई तथा लगभग 50 वर्षों तक शासन किया। भोज वैष्णव धर्मानुयायी था तथा उसने 'आदिवाराह' तथा 'प्रभास' जैसी उपाधियाँ धारण की थीं। निश्चयतः वह गुर्जर–प्रतिहारों का सर्वाधिक शक्तिशाली शासक हुआ।

भोज के शासन–काल का अरब यात्री सुलेमान बड़े उच्च शब्दों में वर्णन करता है। उसके अनुसार इस राजा के पास अपार सैनिक शक्ति एवं सम्पत्ति थी। वह मुसलमानों का घोर शत्रु था।

6. **महेन्द्रपाल प्रथम**: मिहिरभोज प्रथम के बाद उसका पुत्र महेन्द्रपाल प्रथम (885–910 ईस्वी) शासक बना। महेन्द्रपाल प्रथम के शासन–काल से सम्बन्धित घटनाओं की सूचना देने वाले लेख भोज से अधिक हैं। महेन्द्रपाल ने अपने समकालीन पालशासक को पराजित कर उत्तरी बंगाल को जीत लिया था। काठियावाड़, पूर्वी पंजाब, झाँसी तथा अवध से भी उसके लेख मिलते हैं। महेन्द्रपाल ने एक अत्यन्त विस्तृत साम्राज्य पर शासन किया। उसने जीवन–पर्यन्त अपने शत्रुओं को दबाकर रखा।

महेन्द्रपाल न केवल एक विजेता एवं साम्राज्य निर्माता था, अपितु कुशल प्रशासक एवं विद्या और साहित्य का महान् संरक्षक भी था। उसकी राज्यसभा में प्रसिद्ध विद्वान राजशेखर निवास करते थे जो उसके राजगुरु थे। राजशेखर ने कर्पूरमञ्जरी, काव्यमीमांसा, विद्धशालभञ्जिका, बालरामायण, भुवनकोश, हरविलास जैसे प्रसिद्ध ग्रन्थों की रचना की थी। कन्नौज ने एक बार पुनः वही गौरव एवं प्रतिष्ठा प्राप्त कर लिया जो हर्षवर्धन के काल में उसे प्राप्त था।

7. **महीपाल**: महेन्द्रपाल के पश्चात् प्रतिहार वंश के उत्तराधिकारी का प्रश्न कुछ विवादग्रस्त है। उसकी दो पत्नियाँ थीं जिनसे दो पुत्र—भोज द्वितीय तथा महीपाल थे। महेन्द्रपाल के बाद संभवतः कुछ समय के लिये भोज द्वितीय ने शासन किया, परन्तु शीघ्र ही उसका सौतेला भाई महीपाल शासक बना। उसने 912 ईस्वी ने 944 ईस्वी तक शासन किया। उसका शासन–काल शान्ति एवं समृद्धि का काल रहा। राष्ट्रकूट नरेश इन्द्र तृतीय ने 914 ईस्वी में उसके राज्य पर आक्रमण किया। महीपाल पराजित हुआ तथा जान बचाकर भागा। राष्ट्रकूटों के प्रत्यावर्तन के पश्चात् महीपाल ने पुनः अपनी स्थिति सुदृढ़ करना प्रारम्भ कर दिया। राजशेखर उसे 'आर्यावर्त्त का महाराजाधिराज' कहता है जिसका मेकल, कलिंग, केरल, कुलूट, कुन्तल आदि पर अधिकार था। क्षेमीश्वर ने उसे कर्नाट का विजेता बताया है। मुसलमान लेखक अलमसूदी जो 915–16 ईस्वी में भारत की यात्रा पर आया था, महीपाल की अपार शक्ति एवं साधनों की प्रशंसा करता है।

8. **महेन्द्रपाल द्वितीय तथा प्रतिहार साम्राज्य का पतन**: महीपाल के पश्चात् उसका पुत्र महेन्द्रपाल द्वितीय राजा बना जिसने 945–45 ईस्वी तक शासन किया। इसके बाद 960 ईस्वी तक प्रतिहार वंश में चार शासक हुए—देवपाल (948–49 ईस्वी), विनायकपाल द्वितीय (953–54), महीपाल द्वितीय (955 ईस्वी) तथा विजयपाल (960 ईस्वी)। इन शासकों के समय में प्रतिहार–साम्राज्य की निरन्तर अवनति होती रही। विजयपाल के समय तक आते–आते प्रतिहार साम्राज्य कई भागों में बँट गया तथा प्रत्येक भाग में स्वतन्त्र राजवंश शासन करने लगे। इनमें कन्नौज के गहड़वाल, जेजाक–भुक्ति (बुन्देलखण्ड) के चन्देल, ग्वालियर के कच्छणघात, शाकम्भरी के चाहमान, मालवा के परमार, दक्षिणी राजपूताना के गुहिलोत, मध्य भारत के कलचुरिचेदि तथा गुजरात के चालुक्य प्रमुख हैं। राज्यपाल, जो

विजयपाल का पुत्र था, ने 1018 ईस्वी तक कन्नौज पर शासन किया। उसने महमूद गजनवी के सम्मुख आत्मसमर्पण कर दिया तथा कन्नौज पर मुसलमानों का अधिकार हो गया। राज्यपाल अपना शरीर लेकर भाग खड़ा हुआ तथा महमूद ने कन्नौज को खूब लूटा।

राज्यपाल के दो उत्तराधिकारी–त्रिलोचनपाल तथा यशपाल–के नाम मिलते हैं जिनके शासन–काल के विषय में हमारा ज्ञान अत्यल्प है।

उत्तर भारत के इतिहास में प्रतिहारों के शासन का अत्यन्त महत्वपूर्ण स्थान है। हर्ष की मृत्यु के बाद प्रतिहारों ने प्रथम बार उत्तरी भारत में एक विस्तृत साम्राज्य की स्थापना की।

गुर्जर प्रतिहार साम्राज्य के पतन के पश्चात् उत्तर भारत की राजनीतिक दशा

हर्ष की मृत्यु के उपरान्त प्रतिहारों ने सम्पूर्ण उत्तर भारत में एकछत्र साम्राज्य स्थापित किया। किन्तु विजयपाल (960 ई०) के समय तक आते–आते विशाल प्रतिहार साम्राज्य पूर्णतया छिन्न–भिन्न हो गया तथा उत्तर भारत में पुनः राजनैतिक अराजकता एवं अव्यवस्था उत्पन्न हो गयी। प्रतिहार साम्राज्य के ध्वंसावशेषों पर जिन राजवंशों का उदय हुआ, उनका इतिहास अग्रलिखित पंक्तियों में प्रस्तुत किया जायेगा।

11 दक्खन

प्रश्न 1. दक्खन के शासक परिवारों का उद्भव व प्रसार की व्याख्या कीजिए।

उत्तर– आठवीं सदी ई. से काफी पहले दक्खन के एक बड़े भू–भाग मे राज्य का निर्माण हो चुका था। लेकिन इसका तात्पर्य यह नहीं है कि सत्ता के केन्द्रों में कोई बदलाव एवं शासक वंशों के उद्भव, के प्रतिमान में कोई परिवर्तन नहीं हुए। नये शासक वंशों का उदय एक अनवरत प्रक्रिया थी।

सन् 800 ई. से 1200 ई. तक जारी किये गये अभिलेख राष्ट्रकूट, चालुक्य, सिलहर, काकतीय, सेवूनाज (यादव) होयसल आदि जैसी छोटी–बड़ी राजनीतिक शक्तियों के उदय पर प्रकाश डालते हैं।

दक्खन में इस काल में न केवल नवीन शासक वंशों का उदय हुआ अपितु विद्यमान शासक वंशों की शाखाओं का प्रसार भी हुआ। चालुक्यों की बेंड्गी शाखा को उद्धृत किया जा सकता है। इसकी स्थापना बादामी के चालुक्य नरेश पुलकेशिन ने की थी। गंगा, कदमबास और दूसरे राजवंशों की उपशाखाएं भी काफी लंबे समय तक शासन करतीं रहीं यद्यपि उनकी मुख्य शाखाएं राजनीतिक परिदृश्य से बहुत पहले ही लुप्त हो गई थीं।

राजवंश एवं उनके क्षेत्र: राजवंशों का स्तर, शक्ति एवं क्षेत्रीय विस्तार एक समान नहीं थे। कभी–कभी वंश एवं क्षेत्र का संबंध उस क्षेत्र के नाम के रूप में अभिव्यक्त हुआ जिसमें उस वंश का प्रभुत्व था जैसे गंगावादी, नोलम्बावदी आदि। राजवंश की शक्ति का केन्द्र बिन्दु एक छोटा क्षेत्र भी हो सकता था। 140 मसावदी के यादव 140 अरालू के हडय 300 अपने स्थानीय क्षेत्रों गाँवों में जैसा कि उनके नामों के आगे उपयोग होने वाले प्रत्यय से स्पष्ट है काफी शक्तिशाली थे। शासक वंशों के परिवर्तित वितरित प्रतिमानों के लिये यह आवश्यक नहीं था कि ये सब स्थिर क्षेत्रीय इकाइयों के अनुरूप ही हो। उदाहरण के लिए, कलचुरी वंश का उदय छठी सदी ई. में हुआ और उनके अधीन मालवा, गुजरात, कोंकण, महाराष्ट्र एवं विदर्भ का विशाल क्षेत्र था, लेकिन उन्होंने त्रिपुरी (जबलपुर के पास) और नर्मदा की ऊपरी तलहटी में स्थिति रतनपुर जैसे स्थानों पर भी अपने सत्ता केन्द्र स्थापित किये। उन्होंने अपनी शाखा की स्थापना सुदूर पूर्वी भारत में भी की जिसे सरयूपार के नाम से जाना जाता है। कलचुरियों की एक शाखा ने कर्नाटक में भी अपनी सत्ता स्थापित की। कर्नाटक के कलचुरिया मध्य भारत के कलचुरियों को अपना पूर्वज मानते हैं।

शासक वंशों के उद्‌भव के प्रतिमान: वंशों की सत्ता का निर्माण एवं गतिशीलता कई प्रकार से विकसित हुई। एक वंश की सत्ता को दूसरे वंश द्वारा हटाकर सरलता से कायम किया जा सकता था। चालुक्यों की वेहंगी शाखा की स्थापना उस समय हुई जब तेलगू भाषी क्षेत्र के तत्कालीन स्वामियों पर बादामी के चालुक्य नरेश पुलकेशिन द्वितीय ने विजय प्राप्त की। दूसरे नये वंशों का प्रसार ऐसे भी हुआ जब किसी वंश की विस्थापित शाखा ने नये क्षेत्रों को आबाद किया और उस क्षेत्र के आर्थिक प्रतिमानों को परिवर्तित कर दिया।

सामान्यतः जिस किसी शासक वंश का उदय शक्तिशाली प्रभुत्व संपन्न राजनीतिक शक्ति के रूप में हुआ उसका स्वरूप स्थानीय होते हुए भी अक्सर कृषि पर आधारित था। चालुक्य शब्द का प्रयोग एक कृषि यंत्र के लिए किया जाता है इस व्याख्या में यह सिद्ध किया जा सकता है कि चालुक्य मूलतः कृषक थे जिन्होंने बाद में शक्ति प्रयोग द्वारा एक राज्य की स्थापना की। लेकिन होयसलों जो पहाड़ी जंगलों के सरदार थे, के उदय का आधार कृषि नहीं था परन्तु उन्होंने अन्य पहाड़ी शक्तियों पर नियंत्रण रखने के साथ मैदानी क्षेत्रों की राजनीतिक परिस्थितियों का उपयोग अपने लाभ के लिए किया। यह भी सामान्यतः एक सत्य है कि प्रारंभिक मध्यकालीन भारत में विशाल राज्यीय ढांचे का उत्कर्ष उन्हीं क्षेत्रों में हुआ जो क्षेत्र केन्द्र में स्थित थे अथवा संसाधन सम्पन्न थे जैसे गंगा और कावेरी की घाटियाँ और कृष्णा–गोदावरी दोआब के क्षेत्र। लेकिन फिर भी संसाधनों का विस्तार आवश्यक था। इसी पृष्ठभूमि में यह महत्त्वपूर्ण है कि ओरूगलू (वारंगल) का क्षेत्र कृष्णा गोदावरी दोआब से दूर होने पर भी यह एक ऐसा आधार था जहां काकतीयों ने विशाल राज्य का निर्माण किया। काकतीयों से पूर्व इस क्षेत्र में तालाब छोटे थे, सिंचाई सुविधाएं अपर्याप्त थीं और खेती करने योग्य क्षेत्र सीमित था। बेता–द्वितीय, रुद्ध, गणपति, प्रतापरुद्र जैसे काकतीय नरेशों ने अपने राज्य के भिन्न–भिन्न भागों में बहुत से तालाबों का निर्माण कराया। प्रतापरुद्र ने जंगलों को काट कर कृषि योग्य भूमि का विस्तार किया जैसे रायलसीमा क्षेत्र। कृषि योग्य भूमि का विस्तार करने के लिए इसी तरह का आंदोलन दक्षिणी कर्नाटक में होयसलों के उदय के प्रारंभिक काल में भी चलाया गया।

12 दक्षिण भारत

प्रश्न 1. दक्षिण भारत के कृषि व्यवस्था एवं राजनीतिक संगठन पर चर्चा कीजिए।
[June-03, 5(ii)]

उत्तर– कृषि व्यवस्था एवं राजनीति को उचित प्रकार से समझने के लिए हमें अन्य कई पक्षों का अध्ययन करना होगा। उनका प्रारंभ नाडू से करेंगे।

नाडू: नाडू का प्रारंभ पल्लवों के शासन काल से पूर्व हुआ था तथा इसकी एक समान कृषि विशेषताएं हैं। यह नातेदारी पर आधारित एक सामाजिक संगठन है। नाडू के अंतर्गत उत्पादन की प्रक्रियाओं पर नियंत्रण नत्तार सभा (नाडू) के द्वारा किया जाता और इस सभा का गठन कृषक परिवारों (वेलालों) के मुखियाओं से होता था। नाडू भरण–पोषण के स्तर की बस्तियाँ थीं और इनका गठन समान आर्थिक एवं सामाजिक गतिविधियों को संचालित करने के लिए किया जाता था। एक विशाल तथा व्यवस्थित कृषि संगठन के अंतर्गत नाडू का एकीकरण पल्लव, पांडेय एवं चोल जैसे शासक परिवारों के द्वारा ब्राह्मणों (ब्रहमदेय) तथा मंदिरों को दिए गए भूमि अनुदानो के द्वारा हुआ। इसी के कारणवश पहली बार क्षेत्रीय तमिल राजनीति का उदय हुआ।

प्रारंभिक परंपरागत लेखों में नाडू पर बहुत कम ध्यान दिया गया और इस प्रकार के अध्ययनों में इसका कोई महत्त्व न था। खण्डात्मक राज्य की अवधारणा के अंतर्गत–एक खण्ड के रूप में नाडू को काफी स्वायत्तता प्राप्त थी और इस तरह से प्रारंभिक मध्यकालीन दक्षिण भारतीय राज्य की विशेषता एक खण्डात्मक एवं किसान राज्य की थी। लेकिन नाडू का अध्ययन अन्य संस्थाओं से अलग करके स्वतंत्र रूप से नहीं किया जा सकता। नाडू, ब्रहमदेय तथा मंदिर ने एक साथ मिलकर तमिलनाडू के मैदानों के इतिहास में एक नए युग का प्रारंभ किया। नाडू को कृषि व्यवस्था की मूलभूत इकाई मानने के साथ ही अपरिवर्तनीय ग्रामीण समुदायों के पुराने सिद्धांत की वैधता समाप्त हो जाती है। आजकल वाद–विवाद, नाडू की स्वायत्ता के स्तर, नत्तार संगठन के स्थायित्व और खण्डात्मक राज्य की अवधारणा की वैधता पर केन्द्रित है।

ब्रहमदेय: ब्राह्मणों को दिए जाने वाले भूमि अनुदानों के विषय में जानकारी प्रारंभिक ऐतिहासिक काल से प्राप्त होती है। लेकिन इसके बावजूद भी तमिल क्षेत्र में यह प्रथा छठी सदी ई. के अंत तक ही संस्थागत स्वरूप को प्राप्त कर सकी। ब्रहमदेयों की स्थापना स्थायी तौर पर शासक परिवारों के द्वारा की गई थी। यह अधिकांशत: गैर–कृषि क्षेत्रों में या दो या दो से अधिक

बस्तियों को एक–दूसरे के साथ मिलाकर नाडू या कोटम के अंतर्गत ही स्थापित की गई थीं। उन्होंने कृषि की उन्नत विधियों जैसे सिंचाई, उत्पादन के साधनों तथा संसाधनों के उचित प्रबंधन को लागू किया। पल्लवों तथा पांडयों की जलाशय व्यवस्थाओं का प्रबंधन ब्राह्मण सभाओं के द्वारा किया जाता था। ब्रहमदेयों को नाडू की नियमावली से अलग कर दिया गया। ब्राह्मण भू–स्वामियों की सभा, गैर–ब्रहमदेय बस्तियों की सभा (उर) की अपेक्षा अधिक महत्त्वपूर्ण संस्था के रूप में विकसित हुई। सभा की विकसित परिपक्वता का चित्रण एक बड़े ब्रहमदेय–प्रसिद्ध उत्तरामेरूर (चिंगगिलपत जिला) और आठवीं तथा नौवीं सदियों के एक महत्त्वपूर्ण ब्रहमदेव मानूर (तिरूनेलवेल्ली) के द्वारा होता है। आठवीं सदी से 13वीं सदी ई. के बीच एक अन्य महत्त्वपूर्ण केन्द्र तान कुरू था। तान कुरू एक केन्द्रीय स्थल के रूप में था तथा इसके अधीन कृषि एवं हस्तकला के उत्पादन के अन्य कई केन्द्र आते थे।

वालानाडू: 11वीं सदी ई. में चोल शासकों के अधीन राजस्व और भू–राजस्व की जांच–पड़ताल करने के कार्य को व्यवस्थित रूप से किया जाता था। इस प्रक्रिया के अंतर्गत नवीन एवं बड़ी राजस्व इकाइयों का निर्माण नाडूओं के कुछ समूहों ने एक साथ मिलकर तथा नाडूओं के विभिन्न वाला नाडूओं में विभाजन द्वारा किया गया। इसका निर्णय उनकी सिंचाई की आवश्यकताओं के द्वारा होता था और इसी कारणवश वालानाडू की सीमाओं का निर्धारण जल स्थलों के आसपास होता था। वालानाडू पर एक कृत्रिम इकाई थी और इसका राजनीतिक–आर्थिक विभाजन राजसत्ता की इच्छा के अनुरूप ही होता था। वालानाडू का नामकरण उन्हीं राजाओं के नाम पर किया जाता, जो इनका निर्माण करते थे। इनका संगठन अधिकारियों के पदानुक्रम की व्यवस्था और राजस्व एकत्रित करने वाले एक विभाग से जुड़ा होता था। यह विभाग राजस्व के विस्तृत लेखों को सुरक्षित रखता था। यह विभाग (पुरावे–वरितिनापक्कलम) प्रशासनिक तंत्र का सबसे प्रभावशाली अंग था और चोलों ने इसको संसाधनों को जुटाने के लिए विकसित किया।

मंदिर: 9वीं सदी ई. से ही मंदिर को राजनीतिक ढांचे का कार्य करने वाला "सर्वोच्च" औजार समझा जाने लगा। इसका तंजावूर तथा गंगाये–कोण्डाचालोपुरम के राजसी मंदिरों में अच्छी तरह से चित्रण हुआ है। इन मंदिरों के पास भूमि एवं नकद धन के अनुदानों, जमा किए गए सोने, उपहारों तथा विशाल व्यापारिक धन के रूप में अथाह सम्पत्ति जमा हो गई थी। ब्राह्मण वर्ण व्यवस्था के अंतर्गत अनुष्ठानिक पद व्यवस्था के माध्यम से इन मंदिरों का प्रशासन सभा, उर तथा नगरम के हाथों में होता था। संसाधनों के वितरण में मंदिर को ब्रहमदेय की अपेक्षा अधिक महत्त्वपूर्ण भूमिका प्राप्त थी। यह मंदिर नाम की संस्था ही थी, जिसके माध्यम से 11वीं सदी ई. में चोलों ने केन्द्रीकृत सत्ता को प्राप्त कर लिया क्योंकि इसकी अर्थव्यवस्था और संसाधनों की सहायता से चोल शासक नाडू की सीमाओं से बाहर आकर स्थानीय गठबंधन को तोड़ सके।

नगरम: बाजार केन्द्र: नगरम प्रशासन का एक और महत्त्वपूर्ण अंग था। इसका उदय 9वीं सदी ई. में उस समय हुआ था, जबकि बाजार केन्द्र का प्रशासन व्यापारिक संगठन (नगरात्तार)

के द्वारा किया जाने लगा। फैलते कृषि समाज की बढ़ती आवश्यकताओं के साथ–साथ, इस तरह के बाजार केन्द्रों का विकास अधिकतर नाडूओं में हुआ। जहां ये एक ओर अपने विनिमय के लक्ष्यों को पूरा करता वहीं ये ब्रहमदेय एवं दूसरी बस्तियों की जरूरतों को भी पूरा करने लगा। नाडू तथा नगरम पारस्परिक तौर पर एक–दूसरे के समर्थक थे। नगरम के सदस्य वे कृषक होते थे, जो अपने अतिरिक्त उत्पादन को व्यापार के द्वारा बेच सकते थे। कुछ समय बाद वे पूर्णरूपेण व्यापारिक समुदाय के सदस्यों के रूप में रूपांतरित हो गए और उनको नगरात्ततार कहा जाने लगा।

नगरमों के तंत्र का उद्भव 9वीं सदी ई. तथा 12वीं सदी ई. के बीच हुआ। कांचीपुरम तथा तंजावूर जैसे विशाल व्यापारिक केन्द्रों के साथ–साथ राजनीतिक केन्द्रों को मानगरम या विशाल नगरम कहा जाता था। उन्होंने व्यापारिक संगठनों को अधिकार पत्र जारी करके अपना संरक्षण प्रदान किया। इन अधिकार पत्रों के द्वारा व्यापारी वाणिज्य पर आधारित नगरों की स्थापना कर सकते थे तथा अपने भाड़े के सिपाहियों के द्वारा इन नगरों की रक्षा भी। गोदामों तथा वितरण केन्द्रों को **एरिविरप्पात्तना** के नाम से जाना जाता था। ये नगरम के साथ–साथ **मनिग्रामाम** जैसे दूसरे छोटे स्थानीय व्यापारी संगठनों तथा **अन्जूवन्नाम** जैसे विदेशी व्यापार संगठनों के साथ भी व्यापार करते थे। वे विलासिता की चीजों, दूसरे देशों से विदेशी वस्तुओं तथा दक्षिण भारतीय सूती वस्त्रों में व्यापार करते थे। विनिमय के रूप में वे **चिट्टिरामेलि पेरिपान्डू** से कृषि उत्पादनों को प्राप्त करते थे। **चिट्टिरामेलि** सभी चारों वर्गों के किसानों का एक संगठन था और उसकी उत्पत्ति तमिल क्षेत्र में हुई।

प्रश्न 2. क्या चोल राज्य में नौकरशाही विद्यमान थी? कुछ अधिकारियों के नाम बताइए।

उत्तर– नौकरशाही: इतिहासकारों के अनुसार चोल राज्य को एक काफी विकसित नौकरशाही के तंत्र वाला राज्य बताया गया है। लेकिन खण्डात्मक राज्य के सिद्धांत को मानने वाले विद्वान इस तरह की नौकरशाही के अस्तित्व से इंकार करते हैं। **मुवेन्द बेलान** जैसी उपाधियों को धारण करने वाले व्यक्तियों के नामों में अधिकारी शब्द जुड़ा होना एक नौकरशाही की उपस्थिति को दर्शाता है, विशेषकर पदानुक्रम पर आधारित राजस्व विभाग में। **पेरून्दरम** (उच्च स्तर) और **सिरूतारम** (निम्न स्तर) जैसे शब्दों से स्पष्ट है कि अधिकारियों के बीच पद व्यवस्था विद्यमान थी और यह नागरिक प्रशासन तथा सेना, दोनों में पाई जाती थी। राजदरबार के अधिकारियों (उदन कुट्टम) तथा देश में भ्रमण करने वाले अधिकारियों (विदयियिल अधिकारी) के विषय में भी जानकारी प्राप्त होती है। राजा की सरकार का **मण्डलामुदाली नाडू वगाप** तथा **मध्यस्थ** जैसे स्थानीय अधिकारियों के माध्यम से स्थानीय स्तर पर होने का आभास होता था। ये अधिकारीगण राजा एवं स्थानीय जनता के बीच महत्त्वपूर्ण कड़ी का काम करते थे।

प्रश्न 3. चोलों की प्रशासनिक नियंत्रण की क्या व्यवस्था थी?

उत्तर– चोलों के राजनीतिक सांस्कृति मण्डलों के प्रारूप को धारण करते हुए नियंत्रण की भिन्न–भिन्न पद्धतियों को विकसित किया। प्रत्येक मण्डल का नाम राजा के नाम पर रख दिया

जाता था। राजाराज–I (सन् 985 ई.–1014 ई. तक) ने राजस्व के सर्वेक्षण एवं वालानाडू की व्यवस्था का प्रारंभ किया। उदाहरणार्थ, तोण्दायमण्डलम में कोट्टम (चरागाह से कृषि में विकसित) जैसी प्रारंभिक संरचनाओं को बिल्कुल भी नहीं बदला गया, लेकिन **तान–कुरु** को लागू किया गया। वालानाडू ने चोलमण्डलम में प्रारंभिक सरदारों की जागीरों और उत्तर में **नाडूविल नाडू** के आसपास मण्डलम का स्थान ग्रहण कर लिया। इसी तरह से रूपांतरित होते क्षेत्रों में सेना की टुकड़ियों को सामरिक महत्त्व के केन्द्रों पर लगा दिया गया। कर्नाटक के आसपास के क्षेत्रों के व्यापार मार्गों पर भी सेना को लगाया और इस तरह से संचार संपर्क को स्थापित किया गया। चोल राजकुमारों तथा **मण्डल मुदालियों** की नियुक्तियां इस तरह के उप–क्षेत्रों पर शासन करने के लिए की गई।

छोटे सरदार या क्षेत्र प्रमुख चोलों के राजनीतिक संगठन में विशेष प्रकार के मध्यस्थ स्तरों का प्रतिनिधित्व करते थे। इस तरह के छोटे क्षेत्रों के सरदारों को सामंत कहा जाता था। विभिन्न प्रकार की शर्तों के अंतर्गत राजा ने शक्तिशाली सरकारों के साथ यह व्यवस्था की, कि उनको किसी न किसी रूप में स्वायत्ता प्राप्त होगी और इसके बदले ये शक्तिशाली सरदार राजा को सैनिक सहायता उपलब्ध कराएंगे या फिर उस मण्डल में होने वाले व्यापार में राजा के हितों की सुरक्षा करेंगे। कभी–कभी कुछ सरदारों के क्षेत्रों को विभाजित कर लिया जाता लेकिन पुनः इन क्षेत्रों को इस शर्त के साथ सौंप दिया जाता कि स्थानीय नियंत्रण के लिए ये नए वंश राजा का समर्थन करेंगे। इन सरदारों के भी भिन्न–भिन्न पद होते थे और ये ऐसे चोल अधिकारी थे, जिनको नागरिक एवं सैनिक सेवाओं के साथ–साथ पुलिस अधिकार भी प्राप्त थे।

BLOCK-4

दिल्ली सल्तनत की स्थापना

13

मध्य एशिया और तुर्कों और मंगोलों का उदय

प्रश्न 1. तिउकिउ साम्राज्य के बारे में संक्षिप्त परिचय दीजिए। [Dec-04, Q5(3)]

उत्तर— सभ्यता और तुर्क खानाबदोशों के बीच पहला संपर्क छठवीं शताब्दी के मध्य में उस समय हुआ जब चीन की सीमाओं से बाइजेंटियम तक फैला एक खानाबदोशी साम्राज्य अस्तित्व में आया। तिउकिउ साम्राज्य के नाम से मशहूर यह साम्राज्य वास्तव में तोगुज–ओगुज कहलाने वाली एक कौम के बाईस कबीलों का एक संघ था। यह साम्राज्य कोई दो सौ सालों तक बना रहा। आने वाली तीन शताब्दियों के दौरान मध्य एशिया में तिउकिउ साम्राज्य के राज्यों का इसमें रहने वाले कबीलों और दूसरे नवागंतुक तुर्की खानाबदोशों के बीच बार–बार बंटवारा हुआ। ओगुज के भटके हुए तत्त्व दो शताब्दी पहले ही ऊपर ऑक्सस के क्षेत्र में घुस चुके थे। आठवीं शताब्दी में जो झुंड ओगुज के पास कूच कर गये थे वे 'मुसलमान लेखकों के क्षेत्र में' आ पहुंचे। दसवीं शताब्दी के अंतिम वर्षों में जो 'तुर्क' और 'तुर्कमान' शब्द प्रचलन में आये, उनका इस्तेमाल शुरुआत में इन्हीं लेखकों ने ओगुज आदिवासियों के लिये किया था। धीरे–धीरे इनका इस्तेमाल आम तुर्की खानाबदोशों के लिये शायद ओगुज की जातीय पहचान के धीरे–धीरे कमजोर होने के कारण होने लगा।

प्रश्न 2. तुर्की और स्थायी आवास वाले लोगों के बीच व्यापार की वस्तुओं एवं व्यापार मार्गों पर एक निबन्ध लिखिए।

उत्तर— तुर्कों और स्थायी आवास वाले लोगों के बीच संपर्क ने दो प्रमुख रूप धारण किये–(1) सैनिक टकराव, और (2) व्यापारिक लेन–देन। दोनों ही स्थितियों का परिणाम आपसी आत्मसातीकरण और संस्कृति संक्रमण के रूप में सामने आया। पहले हम सैनिक टकराव पर चर्चा करेंगे।

खानाबदोशों की स्वाभाविक प्रवृत्ति थी ऑक्सस के दक्षिण में स्थायी आवास वाले क्षेत्रों में छापे मारना। इन आक्रमणों से बचने के लिए पश्चिम एशिया के राज्यों ने एक सक्रिय प्रतिरक्षा नीति बनायी जिसका केन्द्र पूर्व से होने वाले आक्रमणों का प्रमुख ठहराव क्षेत्र ट्रांस–ऑक्सियाना था। छठवीं शताब्दी में ईराक और फारस के सासानिद शासक इस अभियान के वाहक थे। आठवीं शताब्दी में यह काम अरबों ने किया। मुस्लिम और तुर्की दोनों की ओर की सीमाओं पर गार्डों

की बस्तियां बन गयीं। मुस्लिम पक्ष में इन गार्डों को गाजी कहा जाता था, अर्थात् वे लोग जिनका काम काफिरों के झुंडों से धर्म की रक्षा करना था। शत्रु खेमों के होते हुए भी दोनों गुट एक ही तरह की सीमांत जिंदगी जीने लग गये। जिन समाजों से वे थे और जिनकी वे रक्षा कर रहे थे, यह समाज उन समाजों के समान कम था और इन लोगों के समान अधिक था।

ट्रांस–ऑक्सियाना में जब आठवीं शताब्दी में अरबों का कब्जा हुआ, उस समय तक तुर्क और गैर–तुर्क का अंतर लगभग मिट चुका था। आंतरिक गड़बड़ियों के कारण ट्रांस–ऑक्सियाना के नेताओं को अक्सर तुर्की व्यापारियों को एक संतुलनकारी शक्ति के रूप में दर्ज करना पड़ा था।

दूसरे प्रकार का संपर्क व्यापार और वाणिज्य के माध्यम से स्थापित हुआ। एक खानाबदोश साम्राज्य के केन्द्र ने सौदागरों को हमेशा ही आकृष्ट किया है क्योंकि उनके पास स्थायी बस्तियों के उत्पादन के लिये एक तैयार बाजार उपलब्ध रहा। तिउकिउ साम्राज्य के मामलों में यह आकर्षण और भी स्पष्ट था क्योंकि यह विशाल सिल्य मार्ग के पार पड़ता था, जो अंतर्राष्ट्रीय वाणिज्य का प्रमुख मार्ग था। इन सामग्रियों में से अधिकांश प्रति दिन के प्रयोग की थीं, जैसे चमड़ा, खालें, चर्बी, मोम और शहद। लेकिन उनमें रोएंदार खालें (फर) जैसी ऐश की वस्तुएं भी थीं। इसके अलावा गुलामों का नियमित व्यापार भी होता था जो घासस्थलों से लाये गये होते थे। इन उत्तरी क्षेत्रों से भोजन सामग्रियां कारवां के मार्ग पर पड़ने वाले खुरासानी कस्बों में पहुंचती थीं और अंत में ये पारगमन व्यापार से होते हुए पश्चिम एशिया में उपभोग के सर्वोच्च केन्द्रों, ईराक और बगदाद में आती थीं।

दसवीं शताब्दी के विवरणों में तुर्कों के कई स्थायी आवासों के सीर दरिया के निचले क्षेत्र में होने का हवाला मिलता है जिसके निवासी "विशुद्ध रूप से खानाबदोश नहीं थे, बल्कि मवेशी मापने वाले, मछली मारने वाले और खेती–बाड़ी करने वाले भी थे।"

प्रश्न 3. चंगेज खाँ का उदय शक्तिशाली शासक के रूप में कैसे हुआ?

उत्तर– चंगेज खाँ और स्टेप्स के (घासस्थलीय) कुलीनतंत्रः चंगेज खाँ ने मंगोलों को एक गजब की आक्रामक ताकत बना दिया। चंगेज खाँ का जन्म बारहवीं शताब्दी के सातवें दशक में एक शक्तिशाली मंगोल सरदार के यहाँ हुआ था। उसका प्रारंभ का नाम तेमुचिन था। घासस्थलों के अंदर तीन दशकों के कड़े संघर्ष के बाद चंगेज खाँ अंत में मंगोलों के एक श्रेष्ठ नेता के रूप में उभर कर आया। इस दौरान उसने एक योद्धा और एक ऐसे शातिर कूटनीतिज्ञ के रूप में अपने आपको माहिर किया जो अपने शत्रुओं में फूट डालने और उन्हें फंसाने में निपुण था।

चंगेज खाँ की सेना और उसकी शाही सरकार की धुरी सावधानी से चुने गये गार्डों **(बहादुर)** की एक टुकड़ी थी। मंगोल सेना की टुकड़ियों को इसी गार्ड टुकड़ी के सेनापतियों के अधीन रखा जाता था। सैन्य संगठन चंगेज खाँ के समय अपने चरम पर पहुंचा। एक सुस्थापित खानाबदोशी परंपरा का इस्तेमाल करते हुए, उसने तमाम वयस्क पुरुषों को **"मिनगान"** (दस हजार की टुकड़ियों) में भर्ती कर लिया। **मिनगानों** को फिर दस–दस और सौ–सौ की और छोटी–छोटी टुकड़ियों में बाँटा जाता था। दस **मिनगानों** का एक **तुमान** बनता था जिन्हें बड़े स्तर के अभियानों में लगाया जाता था। इनमें से हरेक टुकड़ी एक सेनापति के अधीन होती थी

जिसकी योग्यता चंगेज खाँ खुद परखता था। सेनापति का अधिकार सैनिकों और उनके परिवारों पर होता था।

विजयें और विस्तार: चंगेज खाँ के पहले सैनिक प्रयास पूर्वी घासस्थलों के चरागाही कबीलों को अपने झंडे तले लाने को समर्पित थे। अब तेमुचिन का शासन मंगोल, तुर्की और मंचूरियाई कबीलों के एक विशाल संघ पर था। वह उनके तमाम **किबितकी** (तंबुओं) का मुखिया था और उसके परिवार के पास जीते हुए पशुओं का स्वामित्व पैतृक रूप में होता था।

सन् 1206 में संपन्न हुई एक **"करूलताई"** (खानाबदोश सरदारों की बैठक) में, तेमुचिन को "समस्त मंगोलिया का **कगान**" घोषित किया गया, और उसे चंगेज खाँ की पदवी मिली।

आंतरिक रूप से मजबूत होने के बाद, मंगोल मंगोलिया की सीमा से बाहर निकल पड़े। 1211 ई० में शुरू होने वाला सालाना अभियानों की एक श्रृंखला के अंत में उन्होंने चीन की बड़ी दीवार को पार कर लिया और पीकिंग पर कब्जा कर लिया। जल्दी ही, उनका ध्यान ट्रांस ऑक्सियाना और खुरासान की ओर गया जो ख्वारिज्म शाह के राज्य थे। ख्वारिज्म साम्राज्य की सुरक्षा तो मंगोलों की कब्जा करने की कला के आगे ध्वस्त हो गयी। मंगोलों ने दीवारों, फाटकों को तोड़ने वाली मशीनों, लपटें उगलने वाली मशीनों, पत्थर फेंकने वाली मशीनों या गुलेलों आदि का इस्तेमाल किया। बुखारा और समरकंद का पतन 1220 में भयंकर नरसंहार के बीच हुआ। बुखारा की स्थिति का वर्णन करते हुए एक प्रत्यक्षदर्शी ने कहा: "वे आये, उन्होंने बर्बाद किया, उन्होंने जलाया, उन्होंने मारकाट की, उन्होंने लूटा, वे चले गये।"

मंगोलों को ट्रांस ऑक्सियाना और खरासान को अपने साम्राज्य में मिलाने में कोई तीन साल 1219–22, लगे थे। 1227 में, मंगोलिया लौटते समय, चंगेज खाँ की मृत्यु हो गयी। उस समय तक पूरा उत्तरी चीन उसके साम्राज्य में मिलाया जा चुका था। उसकी मृत्यु के पश्चात् साम्राज्य का बंटवारा उसके बेटों में हो गया। उसके तीसरे बेटे, ओगेर्द, को 1229 में महान् खान घोषित किया गया। उस समय तक अविजित यूरेशियाई घासस्थल जोची के हिस्से में गये। दूसरे बेटे, चगताई, को तुर्किस्तान मिला, और उसके सबसे छोटे तोलुई को अपनी मातृभूमि मंगोलिया का प्रदेश मिला।

चंगेज खाँ के एक उत्तराधिकारी, हलागू, ने 1258 ई० में बगदाद पर आक्रमण कर दिया। यह शहर अब्बासिदों की राजधानी था जो खून और आग की लपटों में नष्ट हो गया। एक संतुलित आकलन के अनुसार कोई 800,000 लोगों की वहशी तरीके से मार डाला गया। अब्बासिद खलीफा का अंत भी हिंसक हुआ। अंत में मंगोलों की जीतों से चार महान् साम्राज्य निकले: सुनहले झुंड **(गोल्डन होर्ड)** ने वोल्गा के घासस्थल और दक्षिणी रूस पर राज्य किया, **इलखानों** का अफगानिस्तान और ईरान पर कब्जा रहा, **चगताई** साम्राज्य में अधिकांश मध्य एशिया रहा, और, **कुबलई खाँ** का साम्राज्य जिसने चीन और पड़ोसी क्षेत्रों पर कब्जा किया। ये साम्राज्य पंद्रहवीं शताब्दी तक बने रहे।

14 दिल्ली सल्तनत की स्थापना

प्रश्न 1. महमूद गजनवी के भारत के आक्रमणों के उद्देश्यों का आलोचनात्मक विश्लेषण कीजिए। भारत पर इन आक्रमणों का क्या प्रभाव पड़ा?

उत्तर– महमूद गजनवी के आक्रमणों के उद्देश्य: हमूद गजनवी, गजनवी वंश का सर्वप्रथम शासक था बादशाह बनने से पहले वह खुरासान का प्रान्तीय गवर्नर रह चुका था। 993 ई. में वह गजनवी का शासक बन बैठा। महमूद गजनवी के भारत पर आक्रमणों के मुख्य उद्देश्य निम्नलिखित थे–

1. **धार्मिक कारण:** महमूद भारत में इस्लाम धर्म की प्रतिष्ठा को स्थापित करना चाहता था। किन्तु **प्रो. हबीब** ने इस मत का खंडन करते हुए लिखा है कि "वह धर्मांध न था। मुस्लिम उलेमा–वर्ग की आज्ञाओं को मानने को तैयार न था और उसके बर्बरतापूर्ण कार्यों ने इस्लाम का प्रचार नहीं किया, बल्कि इस्लाम को संसार की दृष्टि में गिराया।" **प्रो. नाजिम** ने भी इस मत की पुष्टि में लिखा है, "यदि उसने हिन्दू राजाओं को तंग किया, तो उसने ईरान और ट्रांस–ऑक्सियाना के मुस्लिम शासकों को भी नहीं छोड़ा। जो लूटमार उसने गंगा के मैदान में की, वैसे ही अपने ऑक्सस नदी के किनारे पर भी की।" **ई. बी. हैवल (E.B. Havell)** के अनुसार, "वह बगदाद को भी वैसी ही निर्दयता से लूट लेता, जैसी निर्पयता से उसने सोमनाथ को लूटा था, यदि उसे वहां से उतना धन मिलने की आशा होती।"

2. **धन–सम्पत्ति को लूटना:** इसमें कोई सन्देह नहीं कि महमूद धन का लालची था। उसे गजनी को सजाने तथा उसके राज्य–विस्तार के लिए धन की आवश्यकता थी। उसके प्रारंभिक आक्रमणों की सफलता एवं धन की लूट–पाट ने उसे अधिक लालची बना दिया था। उसे प्रत्येक आक्रमण में भारत से जो अपार धनराशि तथा स्वर्ण प्राप्त हुआ, उसने उसे भारत की सम्पन्नता से परिचित करा दिया। फलतः उसने अपने प्रत्येक आक्रमण को अधिकतम धन–प्राप्ति का साधन बनाया। नगरकोट, मथुरा, सोमनाथ ऐसे ही स्थान थे, जहां से उसे विपुल धन लूट में मिला।

3. **राजनैतिक कारण:** पड़ोस के हिन्दू राज्य को नष्ट करना महमूद का राजनैतिक उद्देश्य था। गजनी तथा हिन्दूशाही राज्य अलप्तगीन के समय से ही संघर्षरत थे और तीन बार हिन्दूशाही राज्य गजनी पर राज्य पर आक्रमण कर चुका था। महमूद अपने शत्रु को नष्ट करना चाहता था। फलतः उसने आक्रमणकारी नीति अपनाई। हिन्दूशाही राज्य को नष्ट करने के पश्चात् उसका साहस और भी बढ़ गया और उसने भारत में दूर–दूर तक आक्रमण किए।

4. **यश की लालसा:** यश की लालसा तथा युद्ध–लिप्सा महमूद के भारत आक्रमणों का एक

अन्य प्रमुख कारण था। वह एक सफल विजेता होने के साथ ही बड़ा महत्त्वाकांक्षी भी था। वह यश का भूखा तथा राज्य–विस्तार का भी भूखा था।

5. भारत से हाथी प्राप्त करना: **डॉ. ए.बी. पाण्डे** के अनुसार वह भारत से हाथी प्राप्त करने का इच्छुक था, जिनका प्रयोग वह मध्य एशिया के शत्रु–राज्यों के विरुद्ध करना चाहता था।

6. कलाकारों की प्राप्ति: भारत पर आक्रमणों का उसका एक अन्य उद्देश्य विशिष्ट प्रकार के कलाकारों की प्राप्ति था। भारतीय प्रदेशों की विजय के पश्चात् वह गजनवी में अपने साथ बड़ी संख्या में कलाकारों को भी ले गया। वह उनकी सहायता से अपने देश में निर्माण कार्य करवाना चाहता था। यद्यपि यह उसका मुख्य उद्देश्य न होकर एक गौण उद्देश्य था।

भारत ने उसके आक्रमणों को आत्मसात् कर लिया, फिर भी उसके आक्रमणों के निम्नलिखित प्रभाव हुए–

1. भारत की राजनैतिक दुर्बलता का प्रदर्शन: महमूद ने भारत पर सत्रह सफल आक्रमण किए और वह एक बार भी पराजित नहीं हुआ। इन आक्रमणों से विश्व को राजपूतों की आपसी फूट तथा भारत की आन्तरिक दुर्बलता का ज्ञान हो गया। **लेनपूल** के अनुसार, "इस आन्तरिक फूट ने बार–बार भारत का पतन किया है।"

2. धन–जन की अपार हानि: महमूद ने भारत पर अपने सत्रह आक्रमणों में जन–धन की अपार हानि पहुंचाई। अकेले नगरकोट से उसे 7 लाख दीनार, 2 मन सोना, 20 मन हीरे–जवाहरात, 2 हजार मन कच्ची चांदी प्राप्त हुई। सोमनाथ के आक्रमण में उसे 20 लाख दीनार हाथ लगे। मथुरा तथा नगरकोट से भी उसे विपुल मात्रा में धनराशि हाथ लगी। इसी प्रकार उसने अपने पहले आक्रमण में जयपाल के 15000 सैनिकों का वध किया।

3. भारत–विजय मुसलमानों के लिए आसान हो गया: महमूद के आक्रमणों के परिणामस्वरूप बाद के मुस्लिम आक्रमणकारियों के लिए भारत–विजय का कार्य आसान हो गया और कोई एक सौ वर्ष बाद गंगा के तट के राज्यों पर मुसलमानों का अधिकार हो गया।

4. पंजाब का गजनी साम्राज्य में विलय होना: महमूद ने पंजाब, सिन्ध तथा मुल्तान को अपने साम्राज्य में मिला लिया। इससे मुसलमान शासकों को एक ऐसा आधार मिल गया, जिससे उनके लिए भारत–विजय का कार्य सरल हो गया। **डॉ. आर. सी. मजूमदार** (Dr. Majumdar) के अनुसार, "पंजाब पर गजनी के अधिकार ने भारत के आन्तरिक प्रदेश के द्वार अन्य आक्रमणों के लिए खोल दिए।"

5. भारत में इस्लाम धर्म का प्रसार: महमूद के लगातार आक्रमणों के फलस्वरूप कन्नौज एवं गंगा की घाटी तक इस्लाम धर्म का प्रभाव बढ़ गया। **डॉ. ईश्वरी प्रसाद** के अनुसार, "मुस्लिम योद्धाओं एवं सैनिकों के पीछे–पीछे मुस्लिम सन्त और शिक्षक भी आए, जो भारतीय समाज में घुल–मिल गए, जिन्होंने इस्लाम का प्रचार किया और अनेक लोगों को अपने धर्म में शामिल किया।"

6. भारतीयों में हीनता की भावना: मुसलमान आक्रांताओं के हाथों निरन्तर पराजित होने के कारण भारतीयों में हीनता की भावना घर कर गई। उन्हें अपने शस्त्र–बल पर से विश्वास उठ गया। यवनों ने उन्हें राजनीति एवं युद्धनीति दोनों में पछाड़ दिया। अपनी इस हीनता की भावना के फलस्वरूप वे यह भी न सोच सके कि उनकी पराजय का वास्तविक कारण उनकी

दुर्बलता न होकर उनमें संगठन व एकता का अभाव था, जिससे वे शत्रु का सामूहिक विरोध न कर सके। इसके विपरीत मुसलमानों का मनोबल ऊँचा हो गया और वे अपने को भारतीयों से श्रेष्ठ एवं अधिक वीर समझने लगे।

7. **कलाकृतियों को भारी आघात**: महमूद के बर्बरतापूर्ण आक्रमणों से भारत की सभ्यता, संस्कृति एवं कलाकृतियों को भारी आघात पहुंचा। उसने भव्य भवनों, दिव्य मंदिरों तथा देवी–देवताओं की अनुपम मूर्तियों को तोड़ा। नगरकोट, कन्नौज, मथुरा, कांगड़ा तथा सोमनाथ जैसे समृद्धिशाली तथा विशाल नगरों का विध्वंस कर दिया। **प्रो. एस.आर. शर्मा** के अनुसार, "मथुरा तथा वृंदावन की लूट के समय मानवता और सभ्यता के प्रति जिस बर्बरता तथा निर्दयता का प्रदर्शन महमूद ने किया, वैसा संसार के क्रूर–से–क्रूर आक्रमणकारियों में से किसी ने भी नहीं किया।" उसने अनेक भारतीय शिल्पकारों का वध किया, असंख्यों को मुसलमान बना लिया।

8. **अल्बेरूनी का विवरण**: महमूद अपने आक्रमण के समय अल्बेरूनी नामक इतिहासकार को अपने साथ लाया था, जिसने अपने ग्रंथ में तत्कालीन भारत के विषय में विस्तारपूर्वक लिखा। यह ग्रन्थ भारतीय इतिहास की जानकारी के लिए बहुत ही महत्त्वपूर्ण है।

प्रश्न 2. मुहम्मद गौरी के आक्रमणों के उद्देश्यों (कारण) एवं परिणामों का मूल्यांकन कीजिए। [June-07, Q3]

उत्तर– शहाबुद्दीन मुहम्मद गौरी का परिचय: शहाबुद्दीन मुहम्मद गौरी गौर के शासक गियासुद्दीन का छोटा भाई था। 1173 ई. में उसे गजनी की गद्दी पर बैठाया गया। वह अपने बड़े भाई के प्रति सदा निष्ठावान् रहा। एक स्वतंत्र शासक के रूप में आचरण करते हुए भी उसने सिक्कों पर अपने भाई का नाम उत्कीर्ण कराया। उसने अपने भाई के अधीनस्थ के रूप में भारत पर कई आक्रमण किए और दिल्ली सल्तनत की स्थापना का मार्ग प्रशस्त किया।

मुहम्मद गौरी के आक्रमण के उद्देश्य–

1. **धन की लालसा**: महमूद की तरह गौरी को भी धन–प्राप्ति की लालसा थी। वह महमूद के आक्रमणों के प्रतिफलों से बड़ा प्रभावित था और भारत की आन्तरिक दुर्बलता का लाभ उठाकर भारत के अपार धन को लूटना चाहता था।

2. **गजनी की सुरक्षा**: गौरी को अपने गजनी राज्य की सुरक्षा की चिन्ता थी। उसे भय था कि भारत के हिन्दू शासक समय पाते ही पश्चिम में गजनी पर आक्रमण कर देंगे। अतः वह अपने राज्य की पूर्वी सीमा की सुरक्षा करना चाहता था। पंजाब को जीतना उसका एक प्रमुख लक्ष्य था।

3. **साम्राज्य विस्तार**: मुहम्मद गौरी महत्त्वाकांक्षी था और भारत में अपना साम्राज्य स्थापित करना चाहता था। वह शक्ति एवं सम्मान की लालसा से ऐसा करना चाहता था। ऐसा करके वह श्रेष्ठता एवं महानता प्राप्त करना चाहता था।

4. **इस्लाम का प्रचार**: गौरी को धर्म–विस्तार की लालसा भी रही होगी। तत्कालीन भारत की परिस्थितियों में ऐसा स्वाभाविक था। यह कारण मुहम्मद गौरी के भारत आक्रमण के लिए मुख्य नहीं था।

युद्धों के प्रभाव या परिणाम–

मुहम्मद गौरी के भारत आक्रमणों के परिणाम बड़े दूरगामी सिद्ध हुए और भारतीय जीवन पर इनके गहरे प्रभाव पड़े। उसके आक्रमणों के कुछ प्रभाव इस प्रकार थे–

1. उसके आक्रमणों के फलस्वरूप भारत में राजपूत राज्यों तथा राजपूतों की शक्ति का विनाश हो गया। अब देश में कोई ऐसी शक्ति शेष नहीं थी, जो मुस्लिम आक्रमणकारियों से लोहा ले सके।

2. मुहम्मद गौरी ने भारत के विभिन्न क्षेत्रों को केवल विजय ही नहीं किया, अपितु उसने भारत में मुस्लिम राज्य की स्थापना भी की।

3. मुहम्मद गौरी ने अपने आक्रमणों में भारतीय साहित्य, शिक्षा केन्द्रों, धर्मस्थलों, भव्य भवनों तथा भारत की समृद्ध कला के प्रतीकों का विनाश किया। इस प्रकार उसने भारतीय संस्कृति को गहरा आघात पहुंचाया।

4. मुहम्मद गौरी की मृत्यु के पश्चात् कुतुबद्दीन ऐबक गौरी के भारतीय साम्राज्य का उत्तराधिकारी बना और उसने भारत में 'दास वंश' की स्थापना की।

5. गौरी के आक्रमणों के फलस्वरूप भारत का व्यापार फारस, खुरासान, गजनी आदि देशों के साथ स्थापित हो गया।

प्रश्न 3. उत्तरी भारत में तुर्कों की विजय के राजनीतिक, सामाजिक तथा आर्थिक प्रभाव की विवेचना कीजिए।

उत्तर– उत्तरी भारत में तुर्कों की विजय के राजनैतिक सामाजिक तथा आर्थिक प्रभाव का विवरण इस प्रकार है:–

1. **राजनीतिक प्रभाव**: उत्तरी भारत में तुर्कों का वहां की राजनीतिक तथा आर्थिक दशा पर अत्यन्त गंभीर तथा गहरा प्रभाव पड़ा। मुहम्मद गौरी के आक्रमणों के पश्चात् पृथ्वीराज चौहान की मृत्यु के पश्चात् भारत में हिन्दू साम्राज्य समाप्त हो गया और उसके स्थान पर मुस्लिम साम्राज्य की स्थापना हो गई। यहां पर स्वयं तुर्कों का नहीं अपितु उनके दासों का शासन स्थापित हो गया। जैसा कि हमें ज्ञात है कि कुतुबुद्दीन ऐबक, इल्तुतमिश बलबन आदि शासक दास थे। भारत की शासन व्यवस्था एवं राजनीति में काफी फेरबदल हुआ। तुर्कों के आक्रमण से राजपूतों का काफी पतन हुआ। अपनी शक्ति प्रायः नष्ट हो गई। तुर्कों के भारत में आगमन से इतिहास में एक नया मोड़ आ गया। हिंदू राज्य का अन्त और इस्लाम राज्य का अभ्युदय भारतीय इतिहास में मूल, महान एवं आश्चर्यजनक घटना थी।

2. **सामाजिक प्रभाव**: उत्तरी भारत में तुर्कों के आगमन से सामाजिक स्थिति में भी काफी

परिवर्तन हुआ। इससे हिन्दुओं को भारी ठेस पहुंची, राजपूतों का झूठा अभिमान नष्ट हो गया। स्त्रियों की दशा बहुत खराब हो गई। पर्दा–प्रणाली जोर पकड़ने लगी। जाति–प्रथा की जड़ें मजबूत होने लगी। भारतवासियों की सभ्यता एवं संस्कृति में भी भारी परिवर्तन हो गया। भारत में इस्लाम का प्रचार होने लगा। भारत प्राचीन हिन्दू कला का स्थान तुर्की कला ने ले लिया। आगे चलकर हिन्दू इस्लामी शैली का समन्वय हुआ। समाज के रीति–रिवाजों में भी काफी परिवर्तन हुआ।

3. **आर्थिक प्रभावः** उत्तरी भारत में तुर्की के आगमन का भारत की आर्थिक स्थिति पर भी गहरा प्रभाव पड़ा। महमूद गजनवी मंदिरों की असीम सम्पत्ति को लूट कर ले गया। इस लूट पाट से यहाँ की आर्थिक स्थिति बहुत कमजोर हो गई। तुर्कों के आक्रमणों का भारत की कृषि व्यापार एवं वाणिज्य पर भी गहरा प्रभाव पड़ा। हिन्दुओं की आर्थिक दशा बहुत कमजोर हो गई। मुसलमान शासकों ने हिन्दुओं पर भारी कर लगा दिये। इसके साथ ही भूमि–कर में भारी वृद्धि की। दिनभर कड़ी मेहनत करने पर भी भरपेट भोजन नहीं मिल पाता था।

15 क्षेत्रीय प्रसार

प्रश्न 1. अलाउद्दीन खिलजी के नेतृत्व में दक्खन और दक्षिणी भारत में तुर्क शक्तियों द्वारा प्राप्त विजयों का ब्यौरा दीजिए। **[Dec-03, Q10(i)]**

उत्तर– अलाउद्दीन की दक्षिण विजयें: 14वीं शताब्दी के प्रथम दशक की समाप्ति से पूर्व ही अलाउद्दीन मंगोल आक्रमणों से सुरक्षित हो गया था। उत्तर भारत में उसकी शक्ति को चुनौती देने वाला कोई नहीं रहा था। उसके कठोर एवं निरंकुश शासन के कारण राज्य में शांति एवं व्यवस्था थी। विद्रोहों की आशंकाएं निर्मूल हो चुकी थीं और सुल्तान के पास एक विशाल, सुनिश्चित, आधुनिक अस्त्र–शस्त्रों से सुसज्जित शक्तिशाली सेना थी। अतः सुल्तान के लिए दक्षिण भारत की विजय के लिए भूमिका तैयार थी।

दक्षिण राज्यों के विरुद्ध अभियान–

1. देवगिरि (1307–08 ई.): अलाउद्दीन ने दक्षिण–विजय का कार्य 'नाईब मलिक काफूर' को सौंपा। 1307 ई. में काफूर ने एक विशाल सेना लेकर देवगिरि पर आक्रमण किया। उन दिनों देवगिरि पर यादव वंशीय रामचन्द्र का शासन था। देवगिरि पर आक्रमण के दो मुख्य कारण थे–(1) रामचन्द्र ने इलिथपुर का तीन वर्ष से कर नहीं चुकाया था। (2) रानी कमला देवी की पुत्री देवल रानी को पकड़कर दिल्ली लाना था।

2. वारंगल विजय (1309 ई.): अलाउद्दीन तेलगांना पर अपने पिछले आक्रमण की विफलता को नहीं भूला था और इस कलंक को धोने के लिए उसने 1 नवम्बर, 1309 ई. को मलिक काफूर को तेलंगाना पर आक्रमण करने को भेजा। मार्ग में रामचन्द्र देव ने काफूर की सेना के लिए रसद की व्यवस्था की और कुछ चुने हुए मराठा सैनिकों को काफूर के मार्गदर्शन के लिए भेजा। काफूर ने तेलंगाना की राजधानी वारंगल को घेर लिया।

3. द्वारसमुद्र की विजय (1310 ई.): देवगिरि और वारंगल (तेलंगाना) की विजय में प्राप्त अतुल धनराशि ने सुल्तान की लालसा कई गुना बढ़ा दी। उसने 1310 ई. में मलिक काफूर को होयसल तथा पांड्य राज्यों के विरुद्ध भेजा। देवगिरि तथा तेलंगाना के शासकों ने भी उसकी सहायता की। विशाल एवं शक्तिशाली शाही सेना को देखकर होयसल नरेश वीर वल्लभ तृतीय ने संधि प्रस्ताव रखा। उसने अलाउद्दीन की अधीनता स्वीकार कर ली। वार्षिक कर देना स्वीकार किया तथा काफूर को हाथी, घोड़े तथा अपनी सम्पूर्ण सम्पत्ति अर्पित कर दी।

4. मदुरा की विजय (1311 ई.): द्वारसमुद्र को विजय कर काफूर ने पाण्ड्य राज्य के लिए प्रस्थान किया। उन दिनों राज्य सिंहासन के लिए वीर पाण्ड्य तथा सुन्दर पाण्ड्य नामक दो

भाइयों में संघर्ष चल रहा था। काफूर ने सुन्दर पाण्ड्य का पक्ष लिया। महीनों की दौड़–धूप के बाद भी वह वीर पाण्ड्य को पकड़ने में असफल रहा और हारकर दिल्ली लौट गया। इस दृष्टि से उनका यह आक्रमण असफल रहा और वीर पाण्ड्य को पराजित करके उस पर अपनी शर्तें नहीं थोप सका। किन्तु धन–प्राप्ति की दृष्टि से यह आक्रमण अत्यधिक सफल रहा। काफूर ने स्थानीय मंदिरों को लूटा, मूर्तियों को तोड़ा और अमीर खुसरो के अनुसार 50 मन रत्न, 7000 घोड़े और 512 हाथी लेकर दिल्ली वापस लौट गया।

5. **देवगिरि पर पुनः आक्रमण**: 1312 ई. में रामचन्द्र देव की मृत्यु हो गई और उसका पुत्र शंकरदेव (सिंहनदेव द्वितीय) देवगिरि का शासक बना। उसने दिल्ली से सम्बन्ध तोड़ लिया। तेलंगाना के राजा प्रताप रुद्रदेव ने सुल्तान से प्रार्थना की कि वह अपने किसी प्रतिनिधि को वार्षिक कर लेने हेतु देवगिरि भेज दे। दिल्ली में अलाउद्दीन की पत्नी मलिका–ए–जहान तथा उसके भाई अल्प खाँ ने काफूर के प्रभाव को कम करने के प्रयत्न करने आरम्भ कर दिए थे। अतः काफूर स्वयं दक्षिण जाने के लिए लालायित था। 1313 ई. में अलाउद्दीन ने उसे पुनः देवगिरि पर आक्रमण करने के लिए भेजा। शंकरदेव ने काफूर का मुकाबला किया, किन्तु वह युद्ध में मारा गया। देवगिरि के अधिकांश भाग को दिल्ली में मिला लिया गया। 1315 ई. में अलाउद्दीन ने काफूर को दिल्ली बुला लिया।

प्रश्न 2. तुगलक शासन के प्रसार पर चर्चा कीजिए।

उत्तर– तुगलक वंश दिल्ली में जिस समय सत्ता में आया (गियासुद्दीन तुगलक ने 1320 ई० में दिल्ली के सिंहासन को प्राप्त किया) उस समय सल्तनत राजनीतिक अस्थिरता से त्रस्त थी। नये शासक द्वारा तुरन्त ध्यान दिये जाने की आवश्यकता थी। दूर–दराज के प्रांतों ने अपनी स्वतन्त्रता की घोषणा कर दी थी। सल्तनत का प्रभावशाली नियन्त्रण केवल केन्द्रीय भू–भाग तक ही सिमट कर रह गया था। प्रशासनिक तंत्र पूर्णतः पंगु हो चुका था। यह स्वाभाविक ही था कि गियासुद्दीन ने अपना ध्यान आर्थिक एवं प्रशासनिक स्थिति को सुधारने की ओर केन्द्रित किया।

दक्षिण भारत: दक्षिण में राजनीतिक स्थिति किसी भी तरह से संतोषजनक न थी। अलाउद्दीन के प्रभुत्व को स्वीकार करने और दक्षिण के शासकों द्वारा वफादारी का वचन नाममात्र के लिए ही था। देवगिरी और तेलंगाना के प्रांतों में शाही प्रभुत्व को पुनर्स्थापित करने के लिए नये सैनिक अभियानों की निश्चय ही आवश्यकता थी।

सन् 1321 ई० में उलुग खाँ (बाद में मौहम्मद तुगलक के नाम से जाना गया) ने एक विशाल सेना के साथ दक्षिण के लिये प्रस्थान किया। मार्ग में बिना किसी बड़ी बाधा के ही वह वारंगल पहुंच गया। दो सैनिक घिरावों के बाद–जो प्रत्येक चार या पाँच माह चले–वहाँ का शासक राय रुद्र अन्ततः समर्पण करने के लिये तैयार हो गया। लेकिन इस बार विद्रोही को क्षमा करने का कोई अवसर नहीं दिया गया। किले पर अधिकार कर लिया गया, लूटा गया और कुछ तोड़–फोड़ के कार्यों को किया गया। राय को गिरफ्तार कर सुरक्षित रूप से दिल्ली

लाया गया। वारंगल का अधिग्रहण कर उसको सल्तनत के प्रत्यक्ष प्रशासन के अधीन कर लिया गया।

इसी नीति का अनुसरण करते हुए उलुग खाँ ने माबार को भी समर्पण करने के लिये बाध्य किया और यहाँ पर भी प्रत्यक्ष शाही प्रशासन स्थापित किया।

पूर्वी भारत: पूर्वी भारत में किये गये सैनिक अभियान दक्षिण में होने वाले युद्धों का परिणाम थे। शाही सेना के वारंगल पर आक्रमण के समय उड़ीसा में स्थिति जाजनगर के शासक भानूदेव द्वितीय ने वारंगल नरेश रुद्र देव की सहायता की थी अतः सन् 1324 ई० के मध्य उलुग खाँ ने वारंगल से प्रस्थान करते हुए जाजनगर पर भी आक्रमण किया। दोनों के मध्य घमासान युद्ध हुआ और अन्ततः विजय उलुग खाँ की हुई। उसने शत्रु के पड़ाव को खूब लूटा और बहुत अधिक धन एकत्रित किया। जाजनगर को जीतकर उसको सल्तनत का एक अंग बना दिया गया।

पूर्वी भारत में बंगाल प्रांत सदैव से ही विद्रोहों का गढ़ रहा था। इस प्रांत के **गवर्नर** स्वयं को स्वतन्त्र करने का कोई भी अवसर नहीं जाने देते थे। लखनौती राज्य के स्वतन्त्र शासक फिरोज शाह की मृत्यु के बाद 1323–24 ई० में सिंहासन के लिये भाइयों के बीच युद्ध प्रारम्भ हो गया। लखनौती के कुछ कुलीन सहायता के लिये गियासुद्दीन के पास आये। गियासुद्दीन ने सहायता करने का वचन दिया और स्वयं बंगाल की ओर प्रस्थान किया। तिरहुत पहुंचने पर सुल्तान वहाँ पर ठहर गया और उसने बहराम खाँ को अन्य अधिकारियों के साथ लखनौती भेजा। विरोधी सेनाओं में परस्पर संघर्ष लखनौती के समीप हुआ। सुल्तान की सेनाओं ने सरलता से बंगाल की सेनाओं को पराजित कर दिया और कुछ दूरी तक उनका पीछा किया।

उत्तर–पश्चिम तथा उत्तर: अलाउद्दीन के मुल्तान अभियान से ही सुल्तान की पश्चिमी सीमाएँ स्थिर बनी रही थीं। सुल्तान दक्षिण एवं गुजरात के मामलों में ज्यादातर व्यस्त रहे। अतः मौहम्मद तुगलक के सत्ता में आ जाने के बाद ही उत्तर–पश्चिम सीमा की ओर ध्यान केन्द्रित किया जा सका। सिंहासनारूढ़ होने के तुरन्त बाद मौहम्मद तुगलक ने कलानौर एवं पेशावर में सैनिक अभियान भेजे। संभवतः यह 1326–27 ई० में तरमाशिरीन खाँ के नेतृत्व में हुए मंगोल आक्रमणों का परिणाम था। इसलिये मौहम्मद तुगलक अपने इन अभियानों द्वारा भविष्य में मंगोलों के होने वाले आक्रमणों से उत्तर–पश्चिम सीमा को सुरक्षित करना चाहता था। सुल्तान कलानौर जाते समय स्वयं लाहौर में ठहरा लेकिन उसने अपनी सेना को कलानौर तथा पेशावर पर आक्रमण करने का आदेश दिया। इस कार्य को बिना किसी विशेष कठिनाई के पूरा कर लिया गया। सुल्तान ने इन नये विजित किये गये क्षेत्रों की प्रशासनिक व्यवस्था को दुरुस्त किया तत्पश्चात् वापस दिल्ली लौट आया।

लगभग 1322 ई० में सुल्तान मौहम्मद तुगलक ने कराचील क्षेत्र को विजित करने की योजना बनायी। इस क्षेत्र की पहचान हिमाचल प्रदेश के कांगड़ा जिले में स्थित आधुनिक

कुल्लू से की जाती है। यह उत्तर तथा उत्तर–पश्चिम सीमा की किलेबन्दी करने की योजना का ही एक भाग था। इस उद्देश्य के लिये उसने खुसरो मलिक के नेतृत्व में एक विशाल सेना भेजी। सेना ने कराचील क्षेत्र के महत्वपूर्ण स्थान जिद्या पर अधिकार करने में सफलता प्राप्त की। सुल्तान का आदेश इस स्थान को विजित करने के पश्चात् वापस लौटने का था। लेकिन खुसरो मलिक ने अपने उत्साह में सुल्तान के आदेश को नहीं माना और वह तिब्बत की ओर आगे बढ़ गया। परन्तु शीघ्र ही वर्षा प्रारम्भ हो गई और सेना बीमारी और प्रकोपों का शिकार हो गई। यह विपत्ति इतनी भयंकर थी कि मात्र तीन जवान इस विपत्ति पूर्ण कहानी का विवरण देने के लिए जीवित वापिस आ सके।

कराचील अभियान से कुछ समय पूर्व सुल्तान मौहम्मद तुगलक ने मध्य एशिया में स्थित खुरासान को अपने अधीन करने के लिए एक अति महत्वाकांक्षी योजना को प्रारम्भ किया। इस उद्देश्य के लिये 370,00 की एक विशाल सेना को भर्ती किया गया और सिपाहियों को एक वर्ष के वेतन का भुगतान पहले ही कर दिया गया। परन्तु अंततः इस योजना को यह कह कर छोड़ दिया गया कि यह अव्यावहारिक है। सेना को भी बर्खास्त कर दिया गया जिसके फलस्वरूप कई विद्रोह भी हुए जो दिल्ली सल्तनत के लिये अत्यधिक हानिकारक साबित हुए।

BLOCK-5

भारतीय राजनीति : सल्तनत कालीन

16 सल्तनत कालीन प्रशासन

प्रश्न 1. दिल्ली सल्तनतकालीन केन्द्रीय प्रशासन एवं प्रांतीय प्रशासन के स्वरूप का विश्लेषण कीजिए। **[Dec-02, Q5(ii)]**

उत्तर– I. केन्द्रीय प्रशासन: सल्तनत के केन्द्रीय प्रशासन का संचालन सुल्तान की अधीनता में विभिन्न अमीरों की देख-रेख में होता था। सुल्तान साम्राज्य का सर्वोच्च अधिकारी तथा राज्य की समस्त शक्तियों का स्रोत था। उसका कथन ही कानून था। **लेनपूल** के अनुसार, "यद्यपि सुल्तान की सलाह के लिए मंत्री होते थे, किंतु फिर भी फ्रांस के लुई चतुर्दश तथा प्रशिया के फ्रेड्रिक महान् की भांति सुल्तान अपना प्रधानमंत्री स्वयं था।"

1. सुल्तान की निरंकुशता: दिल्ली सुल्तान निरंकुश और स्वेच्छाधारी था। व्यवस्थापिका, कार्यपालिका और न्यायपालिका की सभी शक्तियां सुल्तान में केन्द्रित थीं। वह सेना का प्रधान सेनापति था। सभी अधिकारियों की नियुक्ति वही करता था और वह स्वेच्छा से उन्हें उनके पद से हटा सकता था। वह किसी भी व्यक्ति को प्राण-दण्ड दे सकता था। अलाउद्दीन और मुबारकशाह को छोड़कर सभी सुल्तान उलेमा वर्ग के प्रभाव में थे। सुल्तान का मुख्य कर्त्तव्य राज्य में शांति-व्यवस्था बनाए रखना, बाह्य आक्रमणों से राज्य की सुरक्षा करना तथा इस्लाम धर्म का विस्तार करना था।

2. शासन का धार्मिक स्वरूप: दिल्ली सुल्तानों का राज्य कुरान तथा हदीम के नियमों पर आधारित था। इल्तुतमिश, बलबन तथा मुहम्मद-बिन-तुगलक जैसे शक्तिशाली सुल्तानों ने भी इस्लाम की अवहेलना नहीं की। इल्तुतमिश ने बगदाद के खलीफा से और मुहम्मद तुगलक ने मिस्र के शासक से अपने पद की स्वीकृति प्राप्त की। अलाउद्दीन भी इसका अपवाद रहा। *'सुल्तानों'* ने हिन्दुओं पर जजिया लगाया। फिरोज तुगलक ने उलेमा वर्ग को राजनीति में हस्तक्षेप नहीं करने दिया।

3. शासन का सैनिक स्वरूप: दिल्ली सुल्तानों का शासन सैनिक शक्ति पर आधारित था। सेना के दुर्बल होने पर सुल्तान का अस्तित्व खतरे में पड़ जाता था। सुल्तान सेना की सहायता

से ही बाह्य आक्रमण, आन्तरिक विद्रोह, विद्रोही प्रांतीय सूबेदारों, दरबारी अमीरों, हिन्दू सरदारों तथा प्रजा, विशेषकर राजपूतों और खोखरों जैसे सैनिक जातियों पर नियंत्रण रखता था।

4. **उत्तराधिकार का निश्चित नियम न होना**: दिल्ली सुल्तानों में उत्तराधिकार का कोई निश्चित नियम न था। सुल्तान के मरने पर तलवार ही इस बात का निर्णय करती थी। किन्तु सुल्तान अपने मरने से पहले अपने उत्तराधिकारी की घोषणा कर सकता था। सरदार तथा अमीर प्रायः सुल्तान द्वारा मनोनीत उत्तराधिकारी को स्वीकार नहीं करते थे। इल्तुतमिश ने अपनी पुत्री रजिया बेगम को अपना उत्तराधिकारी घोषित किया था, किन्तु अमीरों व सरदारों ने उसके पुत्र रुकुनुद्दीन को अपना सुल्तान बनाया।

5. **दरबार की शानो–शौकत**: अधिकांश दिल्ली सुल्तानों ने अपने दरबार को ईरानी ढंग से सजाया हुआ था। उनके हरम में हजारों स्त्रियां होती थीं। असंख्य गुलाम उनकी सेवा में होते थे। बलबन ने अपने दरबार में शिष्टता के कठोर नियम लागू किए थे। सुल्तान को राज्य की प्रतिष्ठा की शक्ति का प्रतीक माना जाता था। दिल्ली सुल्तानों ने विद्वानों, कवियों, कलाकारों, अमीरों तथा सरदारों को अपने दरबार में संरक्षण दिया था।

6. **सुल्तान का चरित्र**: सुल्तान पद को धारण किए रखना सुल्तान के व्यक्तित्व पर निर्भर करता था। एक योग्य, कूटनीतिज्ञ तथा शक्तिशाली सुल्तान ही विदेशी आक्रमणों से राज्य की रक्षा कर सकता था। अमीरों व सरदारों के विद्रोह एवं षड्यंत्रों से बच सकता था। किन्तु एक दुर्बल तथा अयोग्य सुल्तान अपने लिए अनेक मुसीबतें खड़ी कर लेता था। उसके समय में सूबेदार स्वतंत्र हो जाते थे और राज्य के विघटन की प्रक्रिया प्रारंभ हो जाती थी।

7. **मंत्रिपरिषद्**: सुल्तान के परामर्श के लिए मंत्रिपरिषद् होती थी, जिसका चयन स्वयं सुल्तान करता था। सभी मंत्री सुल्तान के प्रति उत्तरदायी होते थे। प्रधानमंत्री *'वजीर'* कहलाता था और उसके विभाग को *'दीवाने–वजारत'* कहते थे। वजीर सुल्तान का मुख्य सलाहकार तथा वित्त विभाग का अध्यक्ष होता था। वह राजस्व निर्धारित करता था तथा सैनिक अधिकारियों को वेतन बांटता था। सुल्तान काल के महत्त्वपूर्ण विभाग निम्नलिखित थे–

(क) दीवाने–वजारत: इस विभाग का अध्यक्ष वजीर (प्रधानमंत्री) होता था। उसके अधीन एक नायब वजीर तथा नायब वजीर के अधीन एक मुशरिफे मुमालिक होता था।

(ख) दीवाने–अर्ज: वह सैनिक विभाग का अध्यक्ष था। इसका कार्य था–सैनिकों को भर्ती, सेना का गठन, सैनिकों का हुलिया रखना था। दिल्ली सुल्तान भी इस कार्य में रुचि लेते थे।

(ग) दीवाने रसालत: वह विदेशी मामलों से सम्बन्धित कार्य करता था। अन्य देशों में राजदूतों की नियुक्ति करता था और अन्य देशों से आए हुए राजदूतों का स्वागत करता था। वह विदेशों से कूटनीतिज्ञ सम्बन्ध स्थापित करता था।

(घ) दीवाने–इन्शा: यह सूचना विभाग का अध्यक्ष था। शाही रिकॉर्ड रखता था, शाही पत्र–व्यवहार करता था और सुल्तान के आदेश पर पत्र तैयार करता था और स्वीकृति के लिए सुल्तान के पास भेजता था। उसके अधीन अनेक अधिकारी होते थे। अनुदान की व्यवस्था करता था। यह कुछ लोगों तथा विद्वानों को दान भी देता था। वह यह भी देखता था कि मुसलमान इस्लाम धर्म के नियमों का पालन कर रहे हैं या नहीं।

(ङ) दीवाने–काजा: यह न्याय विभाग का मंत्री था और न्याय–सम्बन्धी मामलों को देखता था। यह दरबार लगाता था और लोगों की अपीलें सुनता था। इसमें प्रायः काफी विद्वान व्यक्ति होते थे। प्रायः सद्र–उल–सदूर तथा दीवाने–काजा का पद एक ही व्यक्ति में निहित होता था।
(च) अन्य विभाग: उपर्युक्त छः विभागों के अतिरिक्त अन्य विभाग थे–दीवाने–अमीर–कोही का कृषि विभाग, दीवाने–खैरात का दान–विभाग, दीवाने–रियासत का मंडी विभाग आदि।

II. प्रान्तीय प्रशासन: सुल्तानों ने प्रशासन की सुविधा के लिए अपने राज्य को अनेक प्रांतों में बांट रखा था। प्रांत का मुखिया सूबेदार कहलाता था। वह प्रायः शाही परिवार से सम्बन्ध रखता था। उसे राज्य के आंतरिक मामलों में पूर्ण स्वतंत्रता होती थी। सूबेदार अपनी सेना रखते थे और प्रांत के सर्वोच्च न्यायाधिकारी भी होते थे। सुल्तान के दुर्बल होने पर वे प्रायः स्वतंत्र हो जाते थे। युद्ध के समय वे सुल्तान को सैनिक सहायता देते थे। वे लगान उगाहते थे और उसका हिसाब किताब रखते थे। उन पर अंकुश रखना दिल्ली सुल्तानों की सबसे बड़ी समस्या थी। एक विद्वान के अनुसार, "अमीरा–उमरा के षड्यंत्रों में सहयोगी की कमी से प्रायः प्रांतीय शासन के अच्छे कार्य में बाधा पड़ती थी। फलस्वरूप शांति और व्यवस्था को पूरी तरह से कायम नहीं रखा जा सकता था।"

प्रश्न 2. मध्यस्थ वर्गों को हटाने के लिए अलाउद्दीन खलजी ने क्या प्रयत्न किए?
उत्तर– अलाउद्दीन खलजी ने मध्यस्थ–वर्ग का दमन किया। बर्नी ने अलाउद्दीन के इस कार्य के लिए उत्तरदायी कारणों का विस्तार से वर्णन किया है। संक्षेप में यह कहा जा सकता है कि मध्यस्थ वर्ग हमेशा विद्रोह के लिए तैयार एक असाध्य वर्ग हो गया था। सुल्तान ने उनके विरुद्ध निम्न प्रमुख आरोप लगाए:
क) गलत तरीकों से प्राप्त "अधिक दौलत" ने उन्हें घमण्डी बना दिया। वे राजस्व अधिकारियो के आदेशों का पालन नहीं करते थे और जब उन्हें हिसाब देने के लिए राजस्व कार्यालय में बुलाया जाता, तो वे नहीं जाते।
ख) वे **चराई** कर नहीं देते थे।
ग) मध्यस्थ–वर्ग अपनी भूमि के उस भाग पर कर नहीं देते थे जो कर–मुक्त नहीं थी, बल्कि वे अपने कर का "बोझ" किसानों पर डाल देते थे अर्थात् वे किसानों से राज्य द्वारा निर्धारित कर से अधिक वसूल करके उसमें से अपना कर देते थे।

इन परिस्थितियों में सुल्तान को उनकी आय के साधनों पर प्रहार करना पड़ा। इसके लिए सुल्तान ने जो कदम उठाए वह निम्न थे:
1) राज्य की ओर से राजस्व–दर कुल उपज के आधे के बराबर निश्चित की गई अर्थात् उपज का आधा भाग राज्य, कर के रूप में लेगा। भूमि की नाप **(masahat)** की गई और उसकी प्रत्येक इकाई पर कर निश्चित किया गया। इसके लिए **वफा–ए–बिस्वा** शब्द प्रयोग किया गया। संभवतः पृथक–पृथक प्रत्येक किसान की भूमि पर कर निर्धारित किया गया।
2) किसानों और मध्यस्थों पर कर की दर समान रखी गई इसमें कोई भेद नहीं किया गया, चाहे वे मध्यस्थ हों या "सामान्य किसान"।

3) मध्यस्थों के अनुलाभ (perquisites) समाप्त कर दिए गए।
4) मध्यस्थों से भी गृह कर और **चराई** कर वसूल किया गया।

इन आदेशों का एक उद्देश्य किसानों को मध्यस्थों की अवैधानिक वसूली से बचाना था। बर्नी का कथन भी यही है कि सुल्तान की नीति की उद्देश्य यह था कि "शक्तिशाली" **(अकविया)** का "बोझ" "कमजोर" **(जुआफा)** पर नहीं पड़ना चाहिए। हम यह जानते हैं कि राज्य द्वारा उपज के 50 प्रतिशत की मांग भारत के भू–राजस्व के इतिहास में सर्वाधिक है। एक ओर, जहाँ किसान अब मध्यस्थों के अत्याचार से बच सके, वहीं अब उन्हें पहले की अपेक्षा कर भी अधिक देना पड़ा। चूंकि कर की दर सब लोगों के लिए समान थी, इसलिए यह प्रतिगामी कर था।

प्रश्न 3. इक्ता व्यवस्था पर टिप्पणी कीजिए। तथा इक्ता की विशेषताओं का उल्लेख कीजिए। **[Dec-02, Q4]**

उत्तर– I. इक्ता व्यवस्था: अपने राज्य के दृढ़ीकरण के लिए तुर्की शासकों ने अपने अमीरों को नकद वेतन के स्थान पर राजस्व अधिकार अर्थात् इक्ता का आवंटन किया। इसे भूमि–अनुदान पद्धति कहा जाता है। जिन व्यक्तियों को यह अधिकार प्राप्त हुआ वे उन्हें मुक्ती या वली कहलाते थे।

इक्ता व्यवस्था दिल्ली सुल्तानों की अपनी अलग विशेषता थी। इसका प्रयोग देश में प्रचालित सामन्ती प्रथा को नष्ट करने एवं साम्राज्य के दूरस्थ भागों को केन्द्र से जोड़ने के लिए एक महत्त्वपूर्ण साधन के रूप में किया गया। इस व्यवस्था का प्रारंभ सुल्तान इल्तुतमिश के समय में हुआ। सुल्तान ने अपने दूरस्थ भागों में जिन बड़े सैनिक अधिकारियों की नियुक्ति की, उनको वेतन देने की प्रथा के रूप में यह व्यवस्था शुरू हुई। सुल्तान अपने सैनिक अधिकारियों को वेतन देने के स्थान पर उन्हें एक निश्चित भू–क्षेत्र (इक्ता) प्रदान करता था, जिससे प्राप्त वार्षिक आय से वे अपना वेतन प्राप्त करते थे। छोटे भूमिक्षेत्र के अधिकारियों को इक्तादार तथा प्रांतीय स्तर के अधिकारियों को वली, मुक्ती, अमीर या मलिक कहा जाता था।

II. इक्ता प्रणाली की विशेषताएं–

1. इक्तादार मुक्ती, वली अथवा अमीर अपने क्षेत्र में सुल्तान का एक अधिकारी होता था। उसे वह क्षेत्र इसलिए सौंपा जाता था कि वह उस क्षेत्र की आय से विशेषकर भू–राजस्व से, अपना वेतन और अपने सैनिकों का खर्च निकाल सके। यही कारण था कि उसे अपने वेतन के अनुकूल ही भू–क्षेत्र प्रदान किया जाता था। अपने सैनिकों तथा अपने प्रशासकीय उत्तरदायित्व की पूर्ति करने हेतु किए गए खर्च को निकालने के पश्चात् अपने–अपने क्षेत्र की आय में से बचे हुए शेष धन को केन्द्रीय खजाने में जमा करना पड़ता था।

2. मुक्ती या वली को अपने भू–भाग में सुल्तान की ओर से प्रायः सभी प्रशासकीय अधिकार प्रदान किए गए थे, किन्तु वास्तव में, एक सैनिक अधिकारी था। अपने क्षेत्र में शान्ति व सुरक्षा बनाए रखना, सुल्तान के आदेशानुसार शासन करना और सुल्तान को आय–व्यय का हिसाब–किताब भेजना उसका मुख्य कर्त्तव्य था। इसी कारण, अलाउद्दीन खिलजी तथा प्रथम

दो तुगलक सुल्तानों ने उससे राजस्व के अधिकार छीनकर केन्द्रीय अधिकारियों को सौंप दिए।

3. दिल्ली सुल्तान प्रायः मुक्ती अथवा वली का समय–समय पर स्थानान्तरण करते रहते थे, ताकि वे अधिक शक्तिशाली न हो जाएं। इस प्रकार मुक्ती का पद किसी एक विशेष भू–भाग, इक्ता या प्रांत पर न तो स्थायी था और न ही पैतृक।

किन्तु दिल्ली सुल्तानों की यह इक्तादारी व्यवस्था राजपूत शासकों की सामन्ती प्रथा से पृथक थी। वास्तव में, इस प्रथा का आरंभ सुल्तानों द्वारा अपने बड़े सैनिक अधिकारियों को वेतन देने के स्थान पर भे–क्षेत्र प्रदान कर देने से हुआ। किन्तु आगे चलकर यह साम्राज्य के दूरस्थ प्रदेशों को प्रशासकीय रूप में केनु से जोड़े रखने में और केनु की आय में वृद्धि करने में सहायक हुआ। इस व्यवस्था से दिल्ली सुल्तानों की सैनिक शक्ति में वृद्धि हुई और दिल्ली सल्तनत का विस्तार संभव हो सका।

17 सल्तनत कालीन शासक वर्ग का संघटन

प्रश्न 1. इल्बरी शासकों के काल में शासक वर्ग की संरचना का विश्लेषण कीजिए।

उत्तर– इल्बरी: शासको के काल में शासक वर्ग की संरचना इल्बरी शासकों को सिहांसन पर बैठने तथ सत्ता में बने रहने के लिए अमीरों के समर्थन की आवश्यकता रहती थी इल्तुतमिश ने दिल्ली के अमीरों की सहायता से सिहांसन पर अधिकार किया। सिहांसन प्राप्त करने के प्रयासों में अथवाा सुल्तान बनाने में तुर्की अमीरों की भूमिका महत्वपूर्ण होती थी।

प्रारंभिक तुर्की कुलीन वर्ग शासन करने के अपने विशिष्ट एकाधिकार पर बहुज अधिक बल देते थे। उनके इस एकाधिकार को जब अन्य सामाजिक दल चुनौती देते थे तो यह वर्ग नाराज हो जाता था और वे उसका विरोध करते थे। इल्तुतमिश की मृत्यु के बाद उसके **अमीरों** ने दल **तुर्कान–ए–चिहिलगानी** ("चालीस का दल") के हाथ में काफी शक्ति आ गई। यह वर्ग काफी महत्वपूर्ण था। जब सुल्तानों ने अन्य दलों को सत्ता में भागीदार बनाने का प्रयास किया, तो इस गुट ने तीव्र विरोध किया। आप जानते ही हैं कि जब रजिया ने एबीसीनिया के एक गुलाम याकूत को **अमीर–ए–आखुर** का पद दिया तो तुर्की **अमीरों** ने विरोध किया। जब नासिरूद्दीन महमूद (1246–1266 ई.) ने इस गुट की शक्ति का दमन करने के लिए बलबन (जो चालीस के गुट में था) को महत्वपूर्ण पद से हटाकर इमादउद्दीन रेहान, जो एक धर्म–परिवर्तित मुसलमान था, को उसके स्थान पर बैठाया तो सफलता नहीं मिली। समकालीन इतिहासकार मिन्हाज "शुद्ध नस्ल के तुर्कों" का पक्ष लेते हुए कहता है कि वह "हिन्दुस्तान की प्रजाति के इमादउद्दीन रेहान का अपने ऊपर शासन करना कैसे सहन कर सकते थे।" तुर्की **अमीर** वर्ग के विरोध के सामने असमर्थ सुल्तान ने रेहान को हटाकर बलबन को पुनर्स्थापित कर दिया।

प्रश्न 2. खलजी और तुगलक शासकों के समय में अमीर वर्ग के संघटन एवं संरचना में क्या परिवर्तन आए?

उत्तर– खलजी और तुगलक शासकों के समय में अमीर वर्ग के संघटन एवं संरचना: सन् 1920 ई. में खलजी वंश ने इलबरी वंश को उखाड़ फेंका। खलजियों की सत्ता में आना समकालीन इतिहासकारों के लिए एक बिल्कुल नई बात थी। बर्नी कहता है कि खलजी तुर्कों से भिन्न एक अलग "नस्ल" के थे। सी. ई. बोसवर्थ जैसे आधुनिक इतिहासकार उन्हें तुर्क ही मानते हैं, परन्तु तेरहवीं शताब्दी में उन्हें कोई तुर्क नहीं मानता था। इसलिए उनका सत्ता में आना एक विलक्षण और नवीन घटना के रूप में देखा गया, क्योंकि वह **अमीर** और शासक

वर्ग के महत्वपूर्ण अंग नहीं थे। अलाउद्दीन खलजी ने तुर्की **अमीरों** की शक्ति का अंत करने के लिए अपने कुलीन या **अमीर** वर्ग में नए लोगों को सम्मिलित किया।

अलाउद्दीन खलजी और बलबन के काल में दिल्ली में **कोतवालियान** (**कोतवाल** का बहुवचन) नामक **अमीरों** का एक छोटा सा गुट था। वास्तव में, यह एक परिवार का गुट था, जिसका प्रमुख दिल्ली का **कोतवाल** फखरूद्दीन था। ऐसा प्रतीत होता है कि बलबन की मृत्यु के बाद के काल में इस गुट की भी एक राजनीतिक भूमिका थी।

तुगलक: मुहम्मद तुगलक के काल में भारतीय और अफगान **अमीरों** के प्रवेश के अतिरिक्त अमीर वर्ग में अभूतपूर्व विषमता आ गई। इसमें काफी संख्या में विदेशी तत्व, विशेषकर खुरासानी, सम्मिलित हो गए जिन्हें सुल्तान **अइज्जा** (प्रिय) कहता था। इनमें से बहुत से अमीर **सादह** ("एक सौ के नायक") के रूप में नियुक्त किए गए। बर्नी इस बात के लिए शोक प्रकट करता है कि सुल्तान ने "निम्न कुल में जन्मे" **(जवाहर–ए–लुतरह)** व्यक्तियों को ऊंचे पद प्रदान कर दिए हैं। वह कहता है कि गाने–बजाने वाले, नाई और रसोइयों को उच्च पद दे दिए गए। वह नामों के साथ कुछ उदाहरण देता है जैसे पीरा माली को **दीवान–ए–विजारत** दिया गया।

अमीरों के लिए **खान**, **मलिक** और **अमीर** जैसे पदनामों का प्रयोग किया जाता था। अफगान कुलीनों के लिए बहुधा **खान** पदनाम प्रयोग किया जाता था, **अमीर** का तात्पर्य नायक से था; **मलिक** का उपयोग राजा, शासक या प्रधान के अर्थ में होता था। सम्मान सूचक उपाधियों के अतिरिक्त **अमीरों** को कुछ वैभव तथा सम्मान के प्रतीक चिन्ह भी दिए जाते थे, जिन्हें **मरातिब** कहते थे और जो **अमीरों** के विशेषाधिकार के प्रतीक थे। जैसे–**खिलत** (सम्मान सूचक वस्त्र), सुल्तान द्वारा तलवार या कटार भेंट करना, शोभा यात्रा में घोड़े और हाथी प्रयोग करने का अधिकार, राजचिन्ह–युक्त छतरी, राजचिन्ह धारण करने और नगाड़ा तथा नक्कारा बजाने का अधिकार।

समकालीन इतिहासकारों के विवरणों से हमें इसीलिए **अमीरों** के संदर्भ कुतुबी (कुतुबुद्दीन ऐबक के), शम्सी (शमसुद्दीन इल्तुतमिश के), बलबनी (बलबन के) और अलाई (अलाउद्दीन खलजी के) **अमीरों** के रूप में मिलते हैं। यहाँ यह स्पष्ट करना प्रासंगिक होगा कि चाहे सुल्तान शक्तिशाली हो या कमजोर, **अमीरों** का प्रत्येक गुट उसकी कृपा–दृष्टि प्राप्त करने का भरसक प्रयास करता था क्योंकि सभी विशेषाधिकार और शक्तियों का स्रोत सुल्तान ही था।

18 समस्या, संकट और ह्रास

प्रश्न 1. सल्तनत की राजत्व प्रकृति पर टिप्पणी लिखिए।

उत्तर– सल्तनत में किसी स्पष्ट उत्तराधिकार के नियम का सर्वथा अभाव था। वंशानुगत या पैतृक उत्तराधिकार का सिद्धांत स्वीकार तो किया जाता था, परन्तु हमेशा उसका पालन नहीं किया जाता था। ऐसा भी कोई नियम नहीं था कि केवल एक पुत्र ही सिंहासन का उत्तराधिकारी होगा। एक बार तो एक पुत्री को भी शासन दिया गया (उदाहरण के लिए–रजिया)। परन्तु किसी भी हालत में कोई गुलाम तब तक शासक नहीं बन सकता था, जब तक कि वह अपना मुक्ति–पत्र या स्वतंत्रता न प्राप्त कर ले। वास्तव में, उत्तराधिकार जिस रूप में सल्तनत में प्रचलित था, उसके विषय में कहा जा सकता है कि "जिसकी जितनी लंबी तलवार उसका उतना ही अधिक अधिकार।"

उत्तराधिकार के नियम के अभाव के कारण आरंभ से ही सत्ता पर अधिकार करने के लिए षड़्यंत्र होने लगे। ऐबक की मृत्यु के बाद उसका पुत्र आराम शाह नहीं बल्कि ऐबक का दामाद और गुलाम इल्तुतमिश पदारूढ़ हुआ। इल्तुतमिश की मृत्यु (1236) के बाद भी लम्बे समय तक सत्ता का संघर्ष और संकट चलता रहा। अंततः 1266 ई. में इल्तुतमिश के गुलाम बलबन ने, जो "चालीस के दल" का सदस्य भी था, गद्दी पर अधिकार कर लिया। बलबन ने राजस्व के विचार को एक नया रूप दिया और सुल्तान के पद की प्रतिष्ठा को पुनर्स्थापित करने का प्रयास किया। लेकिन बलबन की मृत्यु के बाद हुए सत्ता के संघर्ष ने एक बार फिर दिखा दिया कि उत्तराधिकार का फैसला "तलवार" ही कर सकी। बलबन द्वारा नामांकित कैखुसरो की जगह कैकुबाद गद्दी पर बैठा दिया गया। बाद में खलजी अमीरों ने उसकी भी हत्या कर दी और खलजी वंश की नींव डाली। सन् 1296 में अलाउद्दीन खलजी ने अपने चाचा जलालुद्दीन खलजी की हत्या करके सत्ता पर अधिकार कर लिया। अलाउद्दीन की मृत्यु के बाद भी गृह युद्ध और सत्ता छीनने का संघर्ष शुरू हो गया। अमीरों के विद्रोहों के कारण मुहम्मद तुगलक का शासन कमजोर हुआ। फिरोज तुगलक की मृत्यु के बाद सत्ता की स्पर्धा ने तुगलक वंश का अंत करके सैय्यद वंश (1414–1451) की स्थापना का मार्ग प्रशस्त किया।

लोदी वंश (1451–1526) की स्थापना के साथ एक नया तत्व–अफगान सामने आया। प्रभुसत्ता या राजतंत्र के विषय में अफगानों के विचार बहुत भिन्न थे। वे अपने ऊपर सुल्तान की सत्ता मानने को तो तैयार थे, परन्तु पूरे राज्य को अपने प्रजातीय दलों या कुल (फरमूली, सरवानी, नियाजी आदि) में बांटना चाहते थे। सिकन्दर लोदी की मृत्यु के बाद (1517 ई.)

साम्राज्य का बंटवारा इब्राहीम और जलाल के बीच हो गया। शाही विशेषाधिकार और सुविधाओं का भोग भी कुल के सदस्य समान रूप में बाँटते थे। उदाहरण के लिए, हाथी रखना सुल्तान का विशेषाधिकार था, परन्तु कहा जाता है कि आजम हुमायूँ सरवानी के पास लगभग 700 हाथी थे।

इसके अतिरिक्त अफगान अपनी प्रजातीय सेना रखने के सिद्धांत में भी विश्वास करते थे। इसने आगे चलकर केन्द्रीय सरकार की सैनिक क्षमता को हानि पहुँचाई। सिकन्दर लोदी ने अफगान अमीरों पर नियंत्रण रखने की चेष्टा की, परन्तु अफगान विचारधारा का झुकाव विकेंद्रीकरण की ओर था। इस विचार ने अंत में राज्य में दरार पैदा कर दी।

प्रश्न 2. सुल्तान और अमीरों के बीच संघर्ष का वर्णन कीजिए।

उत्तर— सल्तनत काल का राजनीतिक इतिहास दर्शाता है कि सल्तनत का संगठन और ह्रास मुख्यतः कुलीनों (अमीरों) की रचनात्मक और विनाशकारी गतिविधियों का परिणाम था। अमीरों की लगातार यह चेष्टा थी कि वे अधिकतम राजनीतिक एवं आर्थिक लाभ प्राप्त कर लें।

इलबरी वंश (1206–90 ई.) के दौरान संघर्ष के तीन प्रमुख मुद्दे थे—उत्तराधिकार, अमीर वर्ग का संघटन और सुल्तान तथा अमीरों के बीच आर्थिक एवं राजनीतिक शक्तियों का विभाजन। जब कुतुबुद्दीन ऐबक सुल्तान बना तो प्रभावशाली अमीरों ने उसकी सत्ता को स्वीकार नहीं किया। इनमें प्रमुख थे कुबाचा (मुल्तान और उच्छ का गवर्नर), यल्दूज (गजनी का गवर्नर) तथा अली मर्दान (बंगाल का गवर्नर)। इल्तुतमिश को भी यह समस्या उत्तराधिकार में मिली। उसने कूटनीतिज्ञता और शक्ति के प्रयोग से इसका समाधान किया। बाद में इल्तुतमिश ने अमीरों को **तुर्कान–ए–चिहिलगानी** ("चालीस का दल") नामक सामूहिक गुट में संगठित किया। यह गुट व्यक्तिगत रूप से उसके प्रति वफादार था। "चालीस के दल" के अमीरों की प्रतिष्ठा और विशेषाधिकारों से ईर्ष्या रखना अमीरों के अन्य दलों के लिए स्वाभाविक ही था। परन्तु इसका अर्थ यह नहीं था कि "चालीस के दल" में आंतरिक मतभेद और कलह नहीं था। केवल एक बात पर इनके विचारों में पूरी एकता थी—इस विशिष्ट गुट में गैर–तुर्की अमीरों के प्रवेश को रोकना। "चालीस का दल" लगातार यह कोशिश करता रहता था कि सुल्तान पर उसका प्रभाव बना रहे। सुल्तान भी इस दल को नाराज करना नहीं चाहता था, लेकिन सुल्तान अन्य दल के अमीरों को उच्च पदों पर नियुक्त करने का अधिकार भी नहीं छोड़ना चाहता था। इस सबके बीच इल्तुतमिश ने एक अत्यन्त कौशलपूर्ण संतुलन बनाए रखा, परन्तु उसकी मृत्यु के बाद यह संतुलन समाप्त हो गया। उदाहरण के लिए, इल्तुतमिश ने अपने जीवनकाल में ही अपनी पुत्री रजिया को अपना उत्तराधिकारी घोषित कर दिया था। परन्तु उसकी मृत्यु के बाद कुछ अमीरों ने रजिया को शासक स्वीकार नहीं किया, क्योंकि उसने "चालीस के दल" के दबाव का मुकाबला करने के लिए गैर–तुर्की अमीरों को संगठित करना शुरू किया।

बलबन के शासन काल (1266–87 ई.) में **तुर्कान–ए–चिहिलगानी** का प्रभाव कम हो गया। सुल्तान बनने से पहले बलबन स्वयं "चालीस के दल" का सदस्य था। इसलिए वह अमीरों की विद्रोही प्रवृत्ति से भली–भांति परिचित था। अतः बलबन ने उनमें से सर्वाधिक शक्तिशाली अमीरों को अपना निशाना बनाया और कई अमीरों की हत्या करा दी। उसने अपने

रिश्ते के भाई को भी नहीं छोड़ा और उसे मरवा दिया। साथ ही उसने अपने प्रति वफादार अमीरों के एक गुट का गठन भी किया, जिन्हें "बलबनी" कहा गया। "चालीस के दल" के अनेकों अनुभवी अमीरों के हटाए जाने से राज्य उनकी सेवाओं से वंचित रह गया। "बलबनी" गुट के अनुभवहीन अमीर इस कमी को पूरा नहीं कर पाए। इसके परिणामस्वरूप इलबरी वंश के शासन का अंत और खलजी वंश की स्थापना हुई।

अलाउद्दीन खलजी के शासन काल (1296–1316 ई.) में अमीरों के समूह की संरचना का विस्तार हुआ। अब अमीरों का कोई एक दल राज्य पर अपने एकाधिकार का दावा नहीं कर सकता था। अब नियुक्ति का मुख्य आधार स्वामीभक्ति और योग्यता था कोई विशेष प्रजाति या मत नहीं। साथ ही, वह अमीरों पर विभिन्न प्रकार से नियंत्रण भी रखता था। इसके अतिरिक्त, अलाउद्दीन द्वारा भू–राजस्व की दर को 50 प्रतिशत तक बढ़ाने से भी अमीरों को संतुष्टि हुई होगी क्योंकि **इक्तों** की आय बढ़ने से उनके वेतन भी बढ़ गए होंगे। सीमाओं के विस्तार के कारण संसाधनों में भी इतनी वृद्धि हो गई कि योग्यता के आधार पर नए व्यक्तियों को स्थान मिल सके। मलिक काफूर नामक अबीसीनियाई गुलाम का उदाहरण सुप्रसिद्ध है। खुरासानी अमीरों, जिन्हें वह **"अइज्जा"** (प्रिय) कहता था, ने भी उसे धोखा दिया। अमीरों द्वारा उत्पन्न की गई समस्याओं का अनुमान इस बात से लगाया जा सकता है कि उसके विरुद्ध लगभग 22 विद्रोह हुए और उसे अपना एक बड़ा क्षेत्र खोना पड़ा।

मुहम्मद तुगलक की मृत्यु के बाद समस्या नियंत्रण से बाहर हो गई। इन परिस्थितियों में फिरोज तुगलक से अमीरों के प्रति सख्ती बरतने की अपेक्षा नहीं की जा सकती थी। उसके काल में अमीरों को बहुत–सी सुविधाएँ दी गई। अमीर अपने **इक्तों** को वंशानुगत बनाने में सफल हुए। सुल्तान की तुष्टिकरण की नीति अमीरों को प्रसन्न रख सकी, परन्तु आगे चलकर यह विनाशकारी सिद्ध हुई। सेना अत्यन्त अयोग्य और अक्षम हो गई, क्योंकि अलाउद्दीन खलजी द्वारा प्रारंभ की गई घोड़े दागने की प्रथा लगभग समाप्त कर दी गई थी। अतः फिरोज तुगलक के बाद उसके उत्तराधिकारी और बाद के शासकों के लिए दिल्ली सल्तनत के पतन के प्रवाह को रोकना असंभव था।

सैय्यद (1414–51 ई.) और लोदी वंश (1451–1526 ई.) के काल में स्थिति कुछ उत्साहवर्धक नहीं दिखाई देती। सैय्यद तो संकट से निबटने की न तो इच्छा ही रखते थे और न ही वह इस योग्य थे। सिकन्दर लोदी ने आते हुए विनाश को रोकने का अंतिम प्रयास किया। लेकिन अफगानों के आंतरिक मतभेद और उनकी असीमित व्यक्तिगत महत्वाकांक्षाओं ने पतन की प्रक्रिया को और तीव्र कर दिया। अंततः दिल्ली सल्तनत पर अंतिम प्रहार बाबर के हाथों हुआ।

BLOCK-6

दिल्ली सल्तनत की अर्थव्यवस्था

19 राज्य और अर्थव्यवस्था

प्रश्न 1. दिल्ली सल्तनत की भू–राजस्व नीति की चर्चा कीजिए। **[June-03, Q4]**

उत्तर– अलाउद्दीन की राजस्व तथा लगान–व्यवस्था का मुख्य उद्देश्य एक शक्तिशाली तथा निरंकुश राज्य की स्थापना करना था। अलाउद्दीन खिलजी का प्रयास था कि राजस्व की मांग बढ़ाकर आय को बढ़ाया जाए। सीधी वसूली करके बिचौलियों को मिलने वाले मुनाफों को समाप्त किया जाए। साथ ही वह इक्तादारों के वर्ग की शक्ति और प्रभाव को नष्ट करना भी अपनी राजस्व–नीति का एक प्रमुख अंग मानता था।

1. नवीन व्यवस्था की स्थापना: अलाउद्दीन ने प्राचीन परम्परा को समाप्त करके एक नवीन व्यवस्था की। उसने बहुत–से लोगों के इनाम, पेंशन आदि को बन्द कर दिया और उनकी भूमि छीन ली। इन लोगों को इनाम, पेंशन, भूमि आदि मुफ्त में मिली हुई थी। वे राज्य की किसी प्रकार की सेवा में नहीं थे।

2. भूमि अनुदानों को समाप्त करना: अलाउद्दीन ने उन सभी व्यक्तियों से भूमि छीन ली, जिन्हें वह मिल्क (राज्य द्वारा दी गई सम्पत्ति, इनाम, इन्दारात पेंशनें) तथा वक्फ (धर्म के आधार पर प्राप्त हुई भूमि) आदि के रूप में मिली हुई थी। इस भूमि को योग्यता एवं राज्य–सेवा के आधार पर पुनः वितरित किया गया तथा उसका स्पष्ट ब्यौरा रखा गया कि किसके पास कौन–सी और कितनी भूमि रहेगी। इस सुधार से राज्य की भूमि (खालसा–भूमि) में वृद्धि हुई। केवल योग्य व्यक्तियों के पास भूमि रही और पुराने सरदारों का प्रभाव निष्प्रभ हो गया।

3. लगान में भारी वृद्धि: सुल्तान ने लगान (खराज) उपज का 1/2 भाग कर दिया, जो पिछले सुल्तानों के समय में लगान उपज का एक–तिहाई (1/3) भाग था। इस प्रकार अलाउद्दीन ने लगान में भारी वृद्धि की थी। इसके अलावा अलाउद्दीन पहला सुल्तान था, जिसने भूमि की पैमाइश करवाकर लगान वसूल करना आरम्भ किया था। इसके लिए एक *'बिस्वा'* को एक इकाई माना गया। इसके अलावा, सुल्तान लगान को अनाज के रूप में लेना बेहतर समझता था।

4. नवीन कर: सुल्तान ने मकान–कर तथा चराई–कर नामक दो नये कर लगाए। चराई–कर

दूध देने वाले पशुओं पर लगाया गया और उन सभी के लिए चरागाह निश्चित कर दिए गए। लोगों से आवासीय मकानों का कर भी लिया जाने लगा। जजिया, सिंचाई–कर तथा आयात–निर्यात कर पूर्ववत् रहे। करों का भारी बोझ था। संभवत राज्य किसानों से उनकी उपज का 75% से 80% तक भाग करों के रूप में वसूल कर लेता था। इसके अतिरिक्त मुसलमान व्यापारियों पर जहाँ वस्तु के मूल्य का 5% कर था, हिन्दुओं पर यह कर 10% था।

5. **लगान व्यवस्था के लिए एक पृथक विभाग की स्थापना**: अपनी लगान व्यवस्था को लागू करने के लिए अलाउद्दीन ने एक पृथक विभाग *दीवान–ए–मुसतखराज* स्थापित किया और हजारों की संख्या में आमिल, मुशरिफ, मुहस्सिल, गुमाश्ता, नवसिन्दा और सरहंग नाम के पदाधिकारियों की नियुक्ति की। घूसखोरी तथा बेईमानी का अन्त करने के लिए उसने लगान अधिकारियों के वेतन में बढ़ोतरी की। जब इससे कोई लाभ नहीं हुआ, तो उसने उन्हें कठोर दण्ड दिए। यद्यपि अलाउद्दीन अपनी कठोर नीति से भ्रष्टाचार को पूर्णतः समाप्त करने में सफल नहीं हुआ, किन्तु उसने इस क्षेत्र में सुधार अवश्य किया और उसकी लगान–व्यवस्था एक सीमा तक सफल रही।

राजस्व व्यवस्था का प्रभाव: अलाउद्दीन खिलजी की नवीन लगान–व्यवस्था का विभिन्न क्षेत्रों पर निम्नलिखित प्रभाव पड़ा–

(1) इस नवीन व्यवस्था के फलस्वरूप राज्य की आय में भारी वृद्धि हुई, जिससे सुल्तान एक विशाल सेना रखने के अपने उद्देश्य में सफल हुआ।

(2) सुल्तान की इस व्यवस्था का दूसरा उद्देश्य विद्रोहों का दमन करना था। अलाउद्दीन अपने इस उद्देश्य की प्राप्ति में सफल रहा। जमींदारों, अमीरों के पास धन के स्रोतों की कमी हो गई। वे अब अपनी रोजी–रोटी की चिन्ता में डूब गए। विद्रोहों की योजना बनाने के लिए उनके पास साधनों की कमी हो गई।

(3) किसानों के लिए यह व्यवस्था घातक सिद्ध हुई। उनके ऊपर करों का भारी बोझ लाद दिया गया। कोई भी किसान अपनी उपज का 75% से 80% तक भाग लगान तथा अन्य करों के रूप में देकर कभी भी सन्तुष्ट नहीं रह सकता था। **डॉ. ताराचन्द** के अनुसार–"यह नीति आत्मघातक थी, क्योंकि उसने (सुल्तान ने) सोने के अण्डे देने वाली मुर्गी को मार डाला। उसने उत्पादन–वृद्धि और कृषि में सुधार के तरीकों के लिए कोई प्रोत्साहन बाकी न छोड़ा।"

प्रारंभ में मौहम्मद तुगलक ने अलाउद्दीन खलजी की भूमि की माप पर आधारित राजस्व संग्रह प्रणाली को गुजरात, मालवा, दक्खन, दक्षिण भारत और बंगाल में लागू किया। बाद में उसने कृषि कर की दर में बहुत वृद्धि कर दी। वर्नी का कहना है कि अतिरिक्त नए कर **(अबवाब)** भी लगाए गए। दूसरे करों, **खराज**, चराई और गृह कर को भी सख्ती से वसूला जाने लगा। इससे स्पष्ट अर्थ निकलता है कि राजस्व की गणना करते वक्त उपज और मूल्यों के जिन आंकड़ों का उपभोग किया गया, वे वास्तविक नहीं थे।

वास्तविक उपज के बजाय बढ़ी हुई उपज का प्रयोग और बाजार में चल रहे मूल्यों से कहीं अधिक मूल्यों के उपभोग से उत्पाद की कीमत तथा राज्य की हिस्सेदारी में वृद्धि अतिरंजनापूर्ण थी। राजस्व मांग में इस वृद्धि से जुताई योग्य भूमि कम होती गई, किसानों का पलायन हुआ। इससे दिल्ली को होने वाली अनाज की आपूर्ति बंद हो गई और लगभग 7 वर्षों तक, 1335

से 1342, अकाल की चोट सहनी पड़ी।

मौहम्मद तुगलक वह पहला सुल्तान था, जिसने इस समस्याओं से जूझते हुए कृषि को बढ़ाने हेतु एक कृषि नीति को निरूपित करने का प्रयास किया। उसने जुताई योग्य भूमि को सुधारने तथा सिंचाई के लिए कुएं खोदने जैसे कार्यों हेतु **सोनधर** नामक कृषि ऋण प्रारंभ किया। बर्नी के अनुसार 1346–47 तक 70 लाख **टंका** (अफीफ के अनुसार 2 करोड़ **टंका**) **सोनधर** के अंतर्गत वितरित किए गए, परंतु किसानों को शायद ही इसका कोई अंश मिला। कृषि को बढ़ाने के लिए **दीवान–ए अमीर–ए कोही** नामक नया मंत्रालय स्थापित किया गया। इसके दो मुख्य कार्यों में खेती योग्य भूमि में विस्तार और खेती के अयोग्य भूमि को सुधारने तथा बोई जाने वाली फसलों में सुधार लाना था।

सुल्तान अपनी कृषि सुधार योजना को लागू करने में इतना दृढ़ निश्चित था कि एक धर्मशास्त्री के यह कहने पर कि नकदी में ऋण देकर अनाज के रूप में ब्याज प्राप्त करना एक पाप था, उसे फांसी दे दी गई।

लेकिन फिर भी बर्नी का मानना है कि ये सब उपाय लगभग पूर्णतः असफल सिद्ध हुए। फिरोज तुगलक (1351–88) ने इस नीति को त्याग दिया। साथ ही कृषि उप करों को भी समाप्त किया और गृह कर और चराई कर वसूलने पर रोक लगा दी। लेकिन उसने **खराज** (भूमि कर) में भिन्न एक दूसरा कर **जजिया** किसानों पर लगाया। उसने हरियाणा में, जहां उसने नहरें खुदवायीं, एक प्रकार का सिंचाई कर प्रारंभ किया।

प्रश्न 2. अलाउद्दीन खिलजी का बाजार नियन्त्रण (परिनियम) क्या था? उनके उद्देश्य और परिणाम बताइए। [June-06, Q4]

उत्तर– अलाउद्दीन ने दिल्ली में एक बड़ी और स्थायी सेना रखी और उसे नकद वेतन दिया। उस विशाल सेना के रख–रखाव का भारी खर्च था। **बर्नी** के अनुसार, "यदि इतनी बड़ी सेना को साधारण वेतन भी दिया जाता, तो राज्य का खजाना पांच या छः वर्ष में ही समाप्त हो जाता।

बाजार व्यवस्था के कारणः अलाउद्दीन द्वारा स्थापित बाजार–व्यवस्था के प्रमुख कारण निम्नलिखित थे–

1. **सैनिकों के वेतन की कमी की आपूर्तिः** अलाउद्दीन के शाही खजाने में धन की कमी न थी। किन्तु देवगिरि से लूटी गई अपार सम्पत्ति, दक्षिण–भारत के राज्यों से प्राप्त होने वाला कर और शराब पीने के सोने–चांदी के बर्तनों को तोड़कर सिक्के बनाने से भी सुल्तान की विशाल सेना के खर्च के भार को शाही खजाना नहीं उठा सकता था। भू–राजस्व को बढ़ाकर उपज का 1/2 भाग कर देने तथा अन्य करों में वृद्धि कर देने से भी सेना के खर्च की समस्या हल नहीं हो सकती थी। अतः सैनिकों के वेतन और वस्तुओं के मूल्यों में कमी करना आवश्यक था।

2. **वस्तुओं के मूल्य पर नियंत्रणः** वस्तुओं के मूल्य निर्धारित करने में अलाउद्दीन का उद्देश्य मानवीय था और वह अपनी प्रजा को सभी वस्तुएं उचित मूल्य पर तथा पर्याप्त मात्रा में उपलब्ध कराना चाहता था, सरासर गलत है। इसमें सुल्तान का एकमात्र उद्देश्य राजनीतिक था। एक विशाल सेना रखना, अपने सैनिकों को एक निश्चित एवं नकद वेतन देकर उनको

जीवन की आवश्यक सुविधाएं उपलब्ध कराना उसका मुख्य उद्देश्य था और बाजार–नियंत्रण इस उद्देश्य की पूर्ति हेतु एक साधन था।

3. **अमीरों के विरुद्ध कार्यवाही**: सुल्तान के बाजार–नियंत्रण का एक उद्देश्य अमीरों का दमन भी था। सुल्तान ने अमीरों से धन छीनने के अनेक उपाय किए और कइयों को तो कंगाल बना दिया। सुल्तान चाहता था कि लोग अपने कम धन तथा थोड़ी आय से अच्छा जीवन–निर्वाह कर सकें। अतः बाजार–नियंत्रण अनिवार्य था, ताकि लोग एक निश्चित मूल्य पर और एक निश्चित मात्रा में वस्तुएं प्राप्त कर सकें।

4. **युद्ध स्थिति से निबटना**: अलाउद्दीन का शासनकाल युद्धों, विजयों, विद्रोहों, सैनिक अभियानों तथा कुछ समय तक अनिश्चितता का काल था। दिल्ली में विशाल सेना रखने के कारण नगर की जनसंख्या बढ़ रही थी और वस्तुओं की मांग में निरन्तर वृद्धि हो रही थी। ऐसी स्थिति में वस्तुओं का संग्रह, चोर–बाजारी तथा भावों में तेजी हो सकती थी। फिर युद्धों के कारण यातायात की कठिनाइयां बढ़ जाती थीं। अतः इस स्थिति से निबटने के लिए बाजार–नियंत्रण तथा अनाज–संग्रह आवश्यक था।

बाजार–नियंत्रण के लिए किए गए उपाय–

1. **मूल्य–निर्धारण**: शाही कोष सैनिकों को ऊंचे वेतन देने की स्थिति में न था और न ही सैनिक कम वेतन पर अपना जीवन–निर्वाह कर सकते थे। इसलिए सुल्तान ने छोटी–से–छोटी वस्तु से लेकर बड़ी–से–बड़ी वस्तु के भाव निर्धारित कर दिए और दरें बहुत कम कर दीं। दैनिक जीवन की कुछ आवश्यक वस्तुओं के मूल्य निम्नलिखित थे–

खाद्यान्न	भाव
गेहूँ	7½ जीतल प्रति मन
जौ	4 जीतल प्रति मन
चना	5 जीतल प्रति मन
चावल	4 जीतल प्रति मन
उरद	5 जीतल प्रति मन
मोठ	3 जीतल प्रति मन
चीनी	7½ जीतल प्रति मन
मक्खन	1 जीतल प्रति 2½ सेर
घी	4 जीतल प्रति 2½ सेर
सरसों का तेल	1 जीतल प्रति 3 सेर
नमक	2 जीतल प्रति मन

2. **वस्तुओं की आपूर्ति की व्यवस्था**: सुल्तान ने जीवन की आवश्यक वस्तुओं की आपूर्ति एवं वितरण की भी समुचित व्यवस्था कर रखी थी। सुल्तान ने आदेश जारी किया था कि दोआब के 200 किलोमीटर के अन्दर–अन्दर कोई भी किसान अपने पास 10 मन से अधिक खाद्यान्न नहीं रख सकता। भूमिकर अनाज के रूप में उगाहा जाने लगा। अन्न–भंडारण के लिए बड़े–बड़े सरकारी गोदाम बनवाए गए। अकाल के समय लोगों को इन्हीं सरकारी गोदामों से निश्चित मूल्य पर अनाज दिया जाता था।

3. राशनिंग व्यवस्था: अलाउद्दीन के बाजार–नियंत्रण की एक अन्य विशेषता राशनिंग व्यवस्था थी। यह व्यवस्था विशेषकर अकाल के दिनों में दिल्ली नगर में लागू होती थी। संग्रह किए गए अनाज से प्रत्येक परिवार को एक निश्चित मात्रा में अनाज दिया जाता था। संभवतः एक परिवार को आधा–मन अनाज राशन की दुकानों से दिलवाया जाता था।

4. बाजार नियंत्रण के अधिकारी: सुल्तान की सुनियोजित बाजार–व्यवस्था की योजना को सफल बनाने हेतु अनेक अधिकारियों तथा कर्मचारियों की नियुक्ति की गई थी। सुल्तान ने मलिक काफूर को शहना मण्डी का अध्यक्ष नियुक्त किया था। उसकी सहायता के लिए पैदल एवं घुड़सवारों की एक सेना थी, जिसे पर्याप्त अधिकार प्रदान किए गए थे। इस सेना का मुख्य कार्य गतिशील व्यापारियों पर नियंत्रण रखना तथा यह देखना था कि क्या व्यापारी नियमित रूप से मण्डी में माल लाते हैं या नहीं।

5. विभिन्न बाजार: प्रत्येक वस्तु के लिए पृथक–पृथक बाजार निश्चित किए गए थे। अनाज के लिए मण्डी, कपड़े के लिए सराय–ए–आदिल, घोड़ों, गुलामों तथा पशुओं के लिए अलग बाजार तथा दैनिक जीवन के उपयोग की अन्य वस्तुओं के लिए एक पृथक बाजार निश्चित किया गया था।

(क) कपड़े का बाजार: सुल्तान ने कपड़े की भी उपयुक्त व्यवस्था की थी। कपड़ा अपेक्षाकृत महंगा था। एक अच्छी चादर 10 जीतल में आती थी। उत्तम किस्म का 20 गज कपड़ा एक टंका का आता था। एक रजाई एक–दो टंके में बनती थी। सिल्क के कपड़े काफी महंगे थे। बढ़िया सिल्क 16 टंके में आती थी।

(ख) अनाज का बाजार: अलाउद्दीन ने न केवल अनाज की कीमतें निश्चित कीं, वरन् किसानों से अनाज प्राप्त किया और सरकारी दुकानें खोलीं, जहां से साधारण अनाज खरीद सकते थे। किसान अपना फालतू अनाज बाजार में लाते थे और सरकारी अधिकारी उसे खरीद कर गोदामों में भर लेते थे।

(ग) पशुओं का बाजार: उन दिनों घोड़ों का भारी महत्त्व था। इसलिए घोड़ों के मूल्य निश्चित किए गए। उत्तम नस्ल के घोड़ों का मूल्य 100 से 130 टंका तक था और साधारण घोड़े का मूल्य 60–70 टंका था। साधारण गाय 3–4 टंका में और भैंस 10–20 टंका में मिलती थी।

(घ) गुलामों का बाजार: पशुओं की तरह गुलामों के मूल्य भी निश्चित थे। एक सुन्दर दासी का मूल्य 20–30 टंका था और एक साधारण दासी 5–12 टंका में खरीदी जा सकती थी। एक साधारण दास का मूल्य 30 टंका तक था।

6. यातायात पर नियंत्रण: सुल्तान ने एक स्थान से दूसरे स्थान पर खाद्यान्न पहुंचाने के लिए बाजारों की व्यवस्था की। बंजारों तथा व्यापारियों को अपना नाम सरकारी कार्यालय में पंजीकृत (Registered) करवाना पड़ता था। सरकारी शाही कोष से इन लोगों की आर्थिक सहायता करती थी और इनके व्यापारिक माल की सुरक्षा के लिए काफिलों के साथ शाही फौज तैनात की जाती थी।

7. मण्डियों के साधनों पर नियंत्रण: मण्डियों की कार्यप्रणाली को देखने के लिए दीवान–ए–रियासत तथा शहाना–ए–मण्डी नामक दो सरकारी अधिकारी नियुक्त थे। वे देखते थे कि कोई व्यक्ति शाही आदेश का उल्लंघन न करे, निर्धारित मूल्य से अधिक भाव पर वस्तुएं

न बेचे और कम न तोले। एक लेखक के अनुसार, "व्यापारियों द्वारा कम तोलने को रोकने के लिए यह आज्ञा दी गई थी कि वजन की कमी का भाग उनके शरीर के मांस से पूरा किया जायेगा।" इस कठोरता के कारण सुल्तान अपनी योजना को कार्यान्वित करने में सफल हुआ।

बाजार–नियंत्रण के गुण और दोषः अलाउद्दीन का बाजार–नियंत्रण उसके समय में एक बड़ी सीमा तक सफल रहा। इसके प्रमुख गुण–दोष अथवा परिणाम (या प्रभाव) निम्नलिखित थे–

गुण–

(1) अलाउद्दीन कम वेतन पर एक विशाल तथा स्थायी सेना रखने में सफल हुआ। इस सेना की सहायता से वह आन्तरिक विद्रोहों का दमन करके राज्य में शांति एवं व्यवस्था बनाए रखने में सफल हुआ। वह मंगोलों के आक्रमणों से अपने राज्य की सुरक्षा कर सका और अपने विजय एवं राज्य विस्तार के अभियानों को सफलतापूर्वक चला सका।

(2) धन के अभाव में जनता की आर्थिक स्थिति दयनीय हो गई और सामन्तों के विशेषाधिकार समाप्त करके उन पर पूर्ण नियंत्रण बनाए रखने में सफल हुआ। कठोर दण्ड के भय से व्यापारी वर्ग आदि ने उसके आदेशों का पूर्णतः पालन किया और सुल्तान अपना निरंकुश सैनिक संगठन स्थापित करने के अपने उद्देश्य में सफल हुआ।

(3) शाही अन्न–भंडारों की व्यवस्था से अकाल की स्थिति का सामना किया जा सका और वस्तुएं सस्ते दामों पर सुलभ कराई जा सकीं। इसमें दिल्ली के नागरिकों को विशेषकर बड़ा लाभ हुआ।

दोष–

(1) इन सुधारों का कृषि पर बहुत बुरा प्रभाव पड़ा। भू–स्वामियों की दशा दास–कृषकों जैसी हो गई। 50% भूमिकर की ऊंची दर ने उनकी कमर तोड़ दी और वे दाने–दाने को तरसने लगे।

(2) करों के भारी बोझ से जनता दुःखी, दरिद्र तथा दयनीय अवस्था में हो गई। मुसलमानों की अपेक्षा करों के अधिक भार के कारण हिन्दुओं की स्थिति अत्यन्त दयनीय हो गई।

(3) कम लाभ और अधिक जोखिम तथा कठोर दंड के कारण व्यापारियों की व्यापार में कोई रुचि न रही और उनकी सारी स्वतंत्रता तथा उपक्रम जाता रहा। व्यापार और वाणिज्य का विकास रुक गया।

(4) कारीगरों को भी भारी हानि हुई। उनको अपनी वस्तुएं सस्ते दामों पर बेचनी पड़ती थीं।

(5) निश्चित मूल्य पर वस्तुएं केवल दिल्ली के नागरिकों को ही उपलब्ध होती थीं। अन्य नागरिक इस लाभ से वंचित थे।

प्रश्न 3. प्रतीक–मुद्रा को जारी करने की विवेचना कीजिए।

उत्तर– दिल्ली सल्तनत की स्थापना के साथ ही मुद्रा अर्थव्यवस्था में बहुत वृद्धि हुई, जो विशेष रूप से 14वीं शताब्दी के पूर्वार्द्ध में बढ़ी। चूंकि, मुद्रा अर्थव्यवस्था में प्रगति का अर्थ सरल शब्दों में, लेन–देन या व्यापार में मुद्रा के अधिक प्रयोग से है (इसे मुद्रीकरण भी कहा जाता है)। दिल्ली सल्तनत की स्थापना के उपरांत बड़ी मात्रा में सोने, चांदी और तांबे के

सिक्कों को जारी करना, इसी भारतीय अर्थव्यवस्था के मुद्रीकरण की एक सहवर्ती प्रक्रिया थी। दिल्ली सल्तनत की स्थापना से पूर्व काल में सिक्कों की, विशेष रूप से शुद्ध चांदी के, कमी रहती थी। प्रारंभिक गौरी विजेताओं ने टकसालों को अत्यन्त कम मात्रा में चांदी–युक्त तांबे के सिक्कों को जारी करते पाया। प्रारंभ में मुद्रित किए जाने वाले सिक्कों की संख्या को बढ़ाने के अतिरिक्त कोई परिवर्तन नहीं किए गए। सिक्कों पर देवी लक्ष्मी या बैल और घुड़सवार इत्यादि की प्रतिकृतियां अंकित रहती थी। केवल इसके ऊपर एक विकृत रूप से नए शासक का नाम नागरी लिपि में उत्कीर्ण किया जाने लगा। इन सिक्कों को **देहलीवाल** कहा जाता था।

अलाउद्दीन खलजी के शासन काल तक चांदी की मुद्राएं प्रमुख थीं। गियासुद्दीन तुगलक के शासन काल से सोने और बिलन की तुलना में चांदी के सिक्कों की संख्या में गिरावट हुई। मौहम्मद तुगलक के अधीन सोने के सिक्के चांदी के सिक्कों पर छा गए और फिरोज तुगलक के अधीन चांदी के सिक्के लगभग लुप्त ही हो गए। 15वीं शताब्दी में बिलन सिक्के प्रचलन में प्रभावी रहे क्योंकि लोदी शासकों (1451–1526) द्वारा अन्य सिक्के जारी नहीं किए गए।

इल्तुतमिश द्वारा प्रारंभ की गई मुद्रा प्रणाली में केवल एक अभिनव प्रयोग मौहम्मद तुगलक द्वारा किया गया था। सुल्तान ने तांबे व पीतल की मिश्र धातु का एक सिक्का जारी कर उसकी संगणना चांदी के **टंके** के बराबर घोषित की। इस सिक्के पर पहली बार फारसी में अभिलेख भी था। इस नई मुद्रा का प्रत्यक्ष मूल्य इसके मूलभूत मूल्य से (इसे बनाने में प्रयोगित धातु की कीमत) से कहीं अधिक था। इसलिए इसे प्रतीकात्मक मुद्रा कहा गया। पड़ोसी एशियाई साम्राज्यों में प्रतीक–मुद्रा को जारी करने के प्रयास हो चुके थे। चीन में कुबलई खाँ (1260–94) ने कागज की प्रतीक–मुद्रा जारी की और यह प्रयोग सफल रहा। फारस (ईरान) में कैखत्तु खाँ (1293) ने भी प्रतीक–मुद्रा चलाने का प्रयास किया था, परंतु वह असफल रहा।

मौहम्मद तुगलक का प्रयोग भी पूर्णतः असफल रहा, शायद इसलिए कि इस नई मुद्रा की आसानी से नकल की जा सकती थी। बर्नी अतिशयोक्तिपूर्ण ढंग से लिखता है कि प्रत्येक "हिन्दू" घर एक टकसाल बन गया (बर्नी का हिन्दू घरों पर यह आरोप शायद इसलिए था क्योंकि सोने–चांदी के कारीगर और सर्राफ अधिकांशतः हिन्दू थे)। तथापि, सुल्तान ने इस असफलता को सौम्यता के साथ स्वीकार किया और प्रतीक मुद्रा को राजकोष द्वारा शुद्ध मुद्रा में बदल दिया गया।

20 कृषि व्यवस्था

प्रश्न 1. दिल्ली सल्तनत में भूमि और मनुष्य के अनुकूल अनुपात का क्या प्रभाव पड़ा?

उत्तर– तेरहवीं–चौदहवीं शताब्दी में भूमि और व्यक्ति का अनुपात बहुत अनुकूल था। दूसरे शब्दों में काफी मात्रा में भूमि उपलब्ध थी, और उस पर कृषि करने वालों की संख्या कम थी। 13वीं–14वीं शताब्दी में काफी कम क्षेत्र बसे हुए थे। गंगा–यमुना के दोआब के अत्यधिक उपजाऊ क्षेत्र में भी काफी बड़े–बड़े जंगल और चरागाह थे। 13वीं शताब्दी में सूफी संत निजामुद्दीन औलिया ने दिल्ली और बदायूँ के बीच यात्रियों को शेरों द्वारा परेशान करने का वर्णन किया है। बर्नी के अनुसार 14वीं शताब्दी में इस क्षेत्र में इतने घने जंगल थे कि बहुत बड़ी संख्या में किसानों ने सुल्तान की सेना से बचने के लिए यहाँ शरण ली। कृषि योग्य भूमि के काफी मात्रा में उपलब्ध होने से दिल्ली सल्तनत में कृषि बहुत विस्तृत थी। बड़ी मात्रा में कृषि योग्य अतिरिक्त भूमि और खाली पड़ी भूमि से यह स्पष्ट है कि पशुओं के लिए काफी चारागाह उपलब्ध थे।

मसालिक–उल अबसार के लेखक के अनुसार भारत में पशुओं की संख्या काफी अधिक और मूल्य बहुत कम था। दोआब में कोई भी गांव ऐसा नहीं था जहां पशुशाला न हो तथा उसमें बड़ी संख्या में पशु न हों।

प्रश्न 2. नहरों द्वारा सिंचाई पर एक टिप्पणी लिखिये।

उत्तर– सल्तनत काल में सिंचाई के लिये नहरें प्रयुक्त होती थीं। नहरें खुदवाने वाला प्रथम सुल्तान गियासुद्दीन तुगलक (1320–25) था। बाद में फिरोज तुगलक (1351–88) द्वारा बड़े पैमाने पर नहरें बनवाने का काम किया गया। फिरोज तुगलक ने यमुना नदी से हिसार पानी ले जाने के लिए दो नहरें बनवाई।

1. दोआब में काली नदी से एक नहर खुदवाई जो दिल्ली के पास यमुना से मिलती थी।
2. एक सतलज और एक घग्घर नदी से निकलवाई।

नहरों द्वारा सिंचाई के कारण पूर्वी पंजाब में कृषि का विस्तार हुआ। गन्ने जैसी नगदी फसलों के उत्पादन पर पर्याप्त ध्यान दिया गया। अन्य फसलों की तुलना में इसे सिंचाई की अधिक आवश्यकता होती थी। भूमि का एक विशाल भाग जो लगभग 80 कोस (200 मील) में फैला था रजबवाह और उलुगखानी नामक दो नहरों से सींचा जाता था। पूर्वी पंजाब में सिंचाई की

सुविधाओं के कारण खरीफ और रबी की दो फसलें पैदा होनें लगी। नहरों से सिंचाई वाले क्षेत्र में लगभग 52 ऐसी बस्तियाँ बस गई।

प्रश्न 3. टिप्पणी लिखिये–पटवारी, ग्राम समुदाय, चौधरी।

उत्तर– **(1) पटवारी**– एक गांव में लगभग 200 से 300पुरूष होते थे। प्रत्येक गांव में हिसाब–किताब रखने के लिए एक पटवारी होता था। उसके बहीखाते से उस प्रत्येक वैध और अवैध भुगतान का पता चल सकता था जो किसान राजस्व अधिकारियों का देते थे। पटवारी, एक सरकारी कर्मचारी न होकर ग्राम का अधिकारी था। इस पद का प्रारम्भ सल्तनत द्वारा नहीं किया गया था।

(2) ग्राम समुदाय– सम्पूर्ण गांव से भूमि कर भुगतान एक संयुक्त इकाई के रूप में होता था। वरना सम्पूर्ण गांव का लेखा–जोखा रखने के लिए एक लिपिक की आवश्यकता न थी। पटवारी का होना और उसके कार्यो की प्रकृति एक ग्रामीण समुदाय की उपस्थिति की ओर सकेंत करती है। व्यवहारिक रूप से भूमि कर के भुगतान के लिए गांव एक इकाई के रूप में माना जाता था। बर्नी की यह शिकायत कि "अमीर का भार गरीब पर पड़ता है" से प्रकट है कि ग्राम समुदाय एक आदर्श संस्था न होकर शोषण का एक यंत्र थी।

(3) चौधरी– चौधरी पद का उदय चौदहवीं शताब्दी में हुआ। इस शब्द का प्रयोग पहली बार चौदहवीं शताब्दी के मध्य में बर्नी द्वारा किय गया। इब्न बतूता के अनुसार "चौधरी एक सौ गावो का प्रमुख था" जिसे वह सदी कहता है। इरफान हबीब के अनुसार संभवतः चौधरी गुर्जर प्रतिहार और चालुक्यों के समय के अधिकारी चौरासी का ही परिवर्तित नाम था पर उसकी सत्ता और शक्ति काफी कम हो चुकी थी।

21 नगरीय अर्थव्यवस्था का उदय तथा व्यापार और वाणिज्य

प्रश्न 1. तेरहवीं–चौहदवीं शताब्दी के शहरों के विकास के लिए उत्तरदायी कारक बताइये।

उत्तर– तेरहवीं–चौहदवीं शताब्दी के शहरों के विकास के लिए उत्तरदायी कारक : एक अपरिचित नए प्रदेश में आने वाले आक्रमणकारियों के लिए स्वाभाविक था कि वे इधर उधर बिखरे रहने की अपेक्षा संयुक्त रूप से रहें। इसलिए प्रारंभिक चरणों में तुर्क आकमणकारी अपने घुड़सवारों के साथ अपने इक्तों के मुख्यालयों में रहने लगे। प्रारंभिक अवस्था में इक्ता मुख्यालयों में मुक्ती उसके घुड़सवार उस पर निर्भर अन्य वर्ग, नौकर–चाकर और इन सभी के परिवार केन्द्रित थे और यह एक बड़े सैनिक शिविर शहर थे। वास्तव में इस काल के अधिकांश शहरों का समकालीन स्त्रोतों में इक्ता मुख्यालयों के रूप में वर्णन किया गया है। उदाहरण के लिए –हांसी, कड़ा, अन्हिलवाड़ा आदि। इन शहरों को बनाए रखने के लिए इन्हें अनाज और आवश्यकता की वस्तुएं उपलब्ध कराना पड़ता था। इन शहरों में खराज/माल (भूमिकर) की वसूली के लिए सैनिक आस–पास के गावों पर धावा बोलते थे अथवा लूट मार करते थे। लेकिन धीरे–धीरे चौदहवीं शताब्दी तक, जैसा कि मोरलैण्ड कहता है, नकद धन के रूप में कर वसूली की व्यवस्था स्थापित हुई। अब किसानों से भूमिकर नकद धन के रूप में मांगा जाता था। अब किसान खेतों पर ही अपना अनाज बेचने के लिए मजबूर हो जाते थे। व्यापारीगण शहरों की आवश्यकताओं की आपूर्ति करते थे जिससे व्यापार का ऐसा सिलसिला चला जिसे हम प्रेरित व्यापार कहते है।

एक भिन्न सांस्कृतिक पृष्ठभूमि से आने वाले इस नये शासन वर्ग की आराम और विलासिता की आवश्यकताय भी भिन्न थीं, वे फारसी कविता और गाने, भिन्न प्रकार के नृत्य, किताबें, पहनने के लिए रेशमी कपडें तथा मेहराबी भवन निर्माण चाहते थे। उस काल के मानदण्डों के अनुसार इस वर्ग के पास अपार संसाधन थे, अतः वे इनसे अपनी रुचि के अनुसार आराम और विलासिता की वस्तुएं प्राप्त करना चाहते थें। इसलिए इस्लामी संस्कृति के केन्द्रों से अप्रवास को प्रोत्साहन मिला। इन अप्रवासियों में, जैसा कि इसामी नें लिखा हैं, केवल सैनिक ही नही बल्कि, शिल्पी, कारीगर, गायक, नृतक, संगीतज्ञ, कवि, हकीम, ज्योतिषी आदि भी थे। अप्रवासी कुशल कारीगरों नें संभवतः नई तकनीकों और तकनीकी का प्रयोंग किया।

प्रश्न 2. तेरहवीं–चौदहवीं शताब्दी में नगरीय उत्पादन में वृद्धि के लिए उत्तरदायी

कारकों का विवरण दीजिए?

उत्तर– दिल्ली सल्तनत की स्थापना ने शहरी शिल्प उत्पादन को दोहरा बढ़ावा दिया। सल्तनत काल में नगरीय उत्पादन वृद्धि के लिए उत्तरदायी कारक निम्नलिखित हैं:–

1. सल्तनत कालीन शासक वर्ग शहरों के केन्द्रित था और अपने अपार संसाधन के रूप में देता था या उत्पादित वस्तुएं खरीदता था। जो धन सेवाओं के भुगतान के रूप में दिया जाता था उसका एक भाग भी गुणक प्रभाव के कारण शिल्प उत्पादन के क्षेत्र में जाता था। जबकि शासक और अमीर वर्ग की मांग अधिक मूल्य की विलासिता की वस्तुओं की थी उस पर निर्भर निम्न वर्ग ने साधारण आवश्यकता के शिल्प उत्पादन के लिए बड़े बाजार को जन्म दिया।

2. नगरीय उत्पादन को बढ़ाने वाला दूसरा प्रमुख कारण आक्रमणकारियों द्वारा भारत लाई गई नई तकनीकें थीं विलासिता के क्षेत्र में रेशम के कपड़ो का उत्पादन बढ़ा ईरान से कालीन बनाने की कला आई। एक अन्य महत्वपूर्ण नगरीय उत्पादन कागज बनाना था। शहरों में रोजगार प्रदान करने वाला सबसे बड़ा क्षेत्र संभवतः भवन निर्माण का था। बर्नी के अनुसार अलाउदीन ने अपनी इमारतों के निर्माण के लिए लगभग 70,000 कारीगर रखे थे।

उत्पादन का संगठन

नई तकनीकी के बावजूद अधिकांश औजार लकड़ी या लोहे के होते थे अतः यह मानने में कोई आपति नहीं होना चाहिए कि औजार काफी सस्ते थे। कुछ कारीगर घूम–घूम कर आवाज लगाते हुए अपनी सेवाएं बेचते थे। इस श्रेणी में धुनिये को रखा जा सकता है। सूत कातने का काम अधिकांशतः महिलाएं घरों में ही करती थीं। कपड़ा बुनने वाले अपने घरों में करघे पर उस सूत से कपड़ा बनाते थे जो वे स्वयं कातते या बाजार से खरीदते थे। वे एक निश्चित मजदूरी लेकर लोगों द्वारा दिए गए सूत से कपड़ा बनाकर भी देते थे। लेकिन अगर कपड़ा बुनने में प्रयोग होने वाला कच्चा माल रेशम, सोने और चांदी के तार जैसा कीमती होता था तो इसे बनाने के लिए उन्हें किसी की निगरानी में कारखानों में जाकर यह कार्य करना होता था। सुल्तान और अमीरों के अपनी आवश्यकता और विलासिता की कीमती वस्तुएं बनाने के लिए स्वयं अपने कारखाने थे। इन कारखानों की उपस्थिति के विषय में हमें निश्चित जानकारी मिलती है। डी.डी. कोसाम्बी के अनुमान के विपरीत इन कारखानों में इनके स्वामियों के निजी प्रयोग के लिए वस्तुएँ बनाई जाती थीं बाजार के लिए नहीं। शहाबुदीन अल उमरी अपनी पुस्तक मसालिक–उल अवसार में लिखता है कि दिल्ली में मौहम्मद तुगलक के कारखानों में लगभग चार हजार रेशम के कारीगर कशीदाकारी का कार्य करते थे। अफीफ के अनुसार, फिरोज तुगलक के कारखानों में कपड़े और कालीन बड़ी मात्रा में बनाए जाते थे यद्यपि हमारे स्त्रोतों में व्यापारियों के कारखानों का उल्लेख नहीं मिलता परन्तु हम यह कह सकते है कि शायद वे भी बाजार के लिए अपने कारखानों के कुछ उत्पादन करते हों।

प्रश्न 3. दिल्ली सुल्तानों के समय में व्यापार व वाणिज्य पर निबन्ध लिखिए?

[Dec-04, Q9]

उत्तर– 13वीं–14वीं शताब्दी में कई बहुत बड़े और बहुत से छोटे–छोटे नगर अस्तित्व में आये और फूले–फले। अपने शिल्प उत्पादन के लिए इन शहरों को कच्चे माल और अस्तित्व

के लिए भोजन की आवश्यकता थी। इसी काल में भू–राजस्व की वसूली नकद धन के रूप में करने की प्रथा भी बढ़ रही थी। अलाउदीन खलजी के समय तक नकद धन में वसूली की प्रथा पूरी तरह स्थापित हो चुकी थी जैसा कि हमने पिछली इकाई में देखा नगरों में स्थित शासक वर्गो ने लगभग सम्पूर्ण कृषि उत्पादन के अधिवेष पर अपना अधिकार जमा लिया था और ग्रामीण मध्यस्थ वर्गो का हिस्सा बहुत घटा दिया था।

उपरोक्त सभी कारक आंतरिक व्यापार के विकास में बहुत सहायक सिद्ध हुए। भूमि कर का नकद भुगतान करने के लिए किसानों को अपनी अतिरिक्त उपज तुरंत बेचनी होती थी। जबकि व्यापारियों को नगरों के रूप में ऐसे बाजार प्राप्त थे जहां वे अनाज और खाद्यान्न बेच सकते थे। भू–राजस्व के भुगतान की आवश्यकता के कारण जिस व्यापार का जन्म हुआ उसे प्रेरित व्यापार कहते है।

आंतरिक व्यापार का विकास दो स्तरों पर हुआ 1) गाँव और शहर के बीच थोक वस्तुओं का कम दूरी का व्यापार, 2) विभिन्न शहरों के बीच अधिक मूल्य की वस्तुओं का अधिक दूरी का व्यापार गाँव और शहर का यह व्यापार शहरों के अविर्भाव और भूमि कर की नकद वसूली का स्वाभाविक परिणाम था। नगरीय केन्द्र अपने खाद्यान्न और शिल्प उत्पादन के लिए माल की पूर्ति के लिए आस–पास के गाँव पर पूर्णतया निर्भर थे जबकि गाँव में किसानों को भूमि कर का नकद भुगतान करने के लिए अपने उत्पादन को बेचकर धन प्राप्त करना जरूरी था। इस तरह के व्यापार की सबसे बड़ी विशेषता वस्तुओं का एक दिशा में प्रवाह था। शहर अपने आस–पास के गाँवों से खाद्यान्न और कच्चा माल प्राप्त करते थे परन्तु उन्हें अपना शिल्प उत्पादन गाँवों की ओर भेजने की कोई आवश्यकता नहीं थीं क्योंकि यह गाँव लगभग पूर्णतया आत्म निर्भर थे। व्यापार के इस एक दिशा में प्रवाह का प्रमुख कारण भूमि कर का नकद भुगतान था और स्वाभाविक रूप से इसने गाँवों से निरंतर निकासी की व्यवस्था को जन्म दिया तथा शहरों को पूरी तरह गाँवों पर निर्भर कर दिया। इस व्यापार की मात्रा तो बहुत अधिक थी परन्तु मूल्य बहुत कम। यह व्यापार मुख्यतः चावल, चना और गन्ना आदि खाद्यान्नों में तथा शिल्प उत्पादन के लिए कच्चे माल–कपास जैसी वस्तुओं का होता था।

विदेशी व्यापार : समुद्री व स्थली

सल्तनत काल में समुद्री और स्थल दोनों ही प्रकार का व्यापार काफी बढ़ा।

समुद्री व्यापार – खलजी काल में दिल्ली सल्तनत में गुजरात के मिलने से दिल्ली सल्तनत और फारस की खाड़ी तथा लाल सागर के बीच व्यापारिक संबंध बढ़े क्योंकि गुजरात फारस की खाड़ी और लाल सागर से व्यापारिक मार्गो द्वारा जुड़ा था। फारस की खाड़ी से गुजरने वाले जहाजों के लिए बसरा और हुर्मुज प्रमुख बंदरगाह थे। लाल सागर में अदन, मोचा और जद्दा के बंदरगाह गुजरात के लिए महत्वपूर्ण थे।

गुजरात से मलक्का को निर्यात का प्रमुख माल रंगीन कपड़े थे जो खम्भात और गुजरात के अन्य शहरों में बनते थे। इन कपड़ों की इन नगरों (मलक्का के) में बहुत मांग थी। बदले मं गुजरात के व्यापारी इन स्थानों में मसाले लेकर आते थे। रंगीन कपड़ों के बदले मसाले का व्यापार पुर्तगालियों के एशिया मे प्रवेश के समय तक जारी रहा।

इटली का यात्री वार्थेमा जो 16वीं सदी के प्रथम दशक में भारत आया लिखता है कि खम्भात

के बंदरगाह में विभिन्न देशों के 300 जहाज (प्रति वर्ष) आते–जाते है। वह यह भी बताता है कि लगभग 400 तुर्की व्यापारी द्‌यु में रहते थे।

इलखानों के दरबार का इतिहासकार वस्साफ लिखता है। कि प्रति वर्ष माबार और खम्भात में ईरान से लगभग 10,000 घोड़े लाये जाते थे। भड़ौच के सिक्कों के भण्डारों में दिल्ली सल्तनत के सिक्कों के साथ मिस्र, सीरिया, यमन, ईरान, जिनोवा, आर्मीनिया और वेनिस के भी सोने चांदी के सिक्के मिले हैं जो विस्तृत समुद्री व्यापार की पुष्टि करते हैं।

बंगाल के बंदरगाहों के भी चीन, मलक्का और सुदूर पूर्व से व्यापारिक संबंध थे। सूती वस्त्र, शक्कर और रेशम बंगाल से निर्यात की मुख्य वस्तुएं थीं। वार्थेमा के अनुसार प्रत्येक वर्ष लगभग 50 जहाज यह वस्तुएं लेकर ईरान और विभिन्न स्थानों को जाते थे। बंगाल में हुर्मुज से नमक और मालदीव से समुद्री सीपें आयात के कपड़े और दूध से बने पदार्थ निर्यात किए जाते थे। धुँआरी मछली भी यहाँ की एक विशेषता थी।

समुद्री का एक अन्य केन्द्र सिंध था। यहाँ का सबसे महत्वपूर्ण बंदरगाह दैबुल था। इस क्षेत्र के व्यापारिक संबंध लाल सागर की अपेक्षा फारस की खाड़ी के बंदरगाहों से अधिक थे। सिंध थे। सिंध से विशेष किस्म के कपड़े और दूध से बने पदार्थ निर्यात किए जाते थे। धुँआरी मछली की यहाँ की एक विशेषता थी।

तटीय व्यापार– तटीय व्यापार का विकसित होना स्वाभाविक ही था। सिंध से लेकर बंगाल तक बीच में गुजरात, मालाबार और कोरोमंडल के तट थे। इससे विभिन्न क्षेत्रों के माल को तटीय शहरों में विनिमय का अवसर मिला जो स्थली अंतर्क्षेत्रीय व्यापार से भिन्न था।

स्थल व्यापार– भूमि मार्गो से व्यापार का प्रमुख केन्द्र मुल्तान था। मुल्तान–क्वेटा मार्ग के द्वारा भारत मध्य एशिया, अफगानिस्तान और ईरान से जुड़ा हुआ था। परन्तु मध्य एशिया और ईरान में बार–बार मंगोल आक्रमणों के कारण अव्यवस्था थी इसलिए व्यापारी इस मार्ग को अधिक पसंद नहीं करते थे।

आयात व निर्यात– आयात की दो प्रमुख विशेषताएं :–

1. घोड़े – घुड़सवार सेनो के लिए घोड़ो की जरूरत हमेशा बनी रहती थी क्योंकि भारत में अच्छी नस्ल के घोड़े नहीं होते थे और मध्य एशिया और अरब के घोड़ो के लिए भारत की जलवायु अनुकूल नहीं थी। ये घोड़े प्रमुखतः जोफर (यमन), किस, हुर्मूज तथा अदन से आयात किए जाते थे।

2. बहुमूल्य धातुएं– सोना और चांदी। विशेषकर चांदी की मांग बहुत अधिक थी क्योंकि भारत में खदानों से बहुत ही कम चांदी प्राप्त होती थी। साथ ही सिक्कों और विलासिता की वस्तुएं बनाने के लिए इसकी मांग बढ़ती रहती थी। जरी, कमख्याब और रेशम के कपड़े चीन, एलैक्जैण्डरिया तथा ईराक से आयात किए जाते थे। यूरोप से आने वाली मूल्यवान और विलासिता की वस्तुएं गुजरात बंदरगाह से होकर आती थीं।

सल्तनत काल में भारत से निर्यात की प्रमुख वस्तुएं अनाज और सूती वस्त्र थे। फारस की खाड़ी के कुछ क्षेत्र अपनी खाद्य आवश्यकताओं के लिए पूर्णतया पर निर्भर थे। दास मध्य एशिया की और नील ईरान को निर्यात किये जाते थे। इसके अतिरिक्त अन्य बहुत सी वस्तुएं निर्यात की जाती थी। गोमेद तथा अन्य बहुमूल्य पत्थर से निर्यात किए जाते थे।

पुर्तगालियों का आगमन– विस्तृत व्यापारिक गतिविधियों के बावजूद विदेशी व्यापार में भारतीय की भागेदारी नगण्य थी केवल गुजराती बनियों का एक वर्ग, दक्षिण के चेट्टी तथा भारत में बसे कुछ मुसलमान व्यापारी इस बड़े व्यापार में भाग लेते थे। व्यापार अरब व्यापारियों के हाथ में था। 1498 में पुर्तगाली आशा अंतरीप से होकर कालीकट पहुँचे। इसने भारतीय समुद्री व्यापार में "शक्ति के तत्व" का एक नया आयाम जोड़ा। अपने श्रेष्ठ तोप युक्त जहाजों की सहायता से पुर्तगालियों ने शीघ्र ही एशिया के व्यापार पर अपना प्रभुत्व स्थापित कर लिया। भारतीय समुद्रों के पश्चिमी भाग में स्थित व्यापारिक केन्द्र भी इस प्रभुत्व के अधीन हो गए। इसने भारतीय व्यापार पर अरब हिस्सेदारी बहुत कम कर दी हालांकि पूर्वी क्षेत्र में विशेषकर मलक्का में भारतीय व्यापारियों के साथ वे अपना अस्तित्व बचा पाये।

पुर्तगालियों ने 1510 में गोवा प्राप्त कर लिया और ह उनका मुख्यालय बना। उन्होंने 1511 में मलक्का, 1515 में हुर्मुज, 1534 में बेसीन और 1537 में द्यु पर अधिकार कर लिया। उनके संरक्षण में शीघ्र ही गोवा निर्यात व्यापार का एक प्रमुख केन्द्र बन गया। पुर्तगाली गोवा के सामरिक महत्व को भली–भाँती जानते थे और समझते थे कि भारत में अपनी स्थिति बनाए रखने के लिए गोवा महत्वपूर्ण है। परन्तु गोवा पर पुर्तगालियों का आधिकार अन्य पश्चिम भारतीय बन्दरगाहों के लिए हानिकारक था। ऑम पॉयर्स उचित ही कहता है कि दक्खन और गुजरात के मुसलमान शासकों के लिए "गोवा एक हानिकारक पड़ोसी था" भारतीय समुद्र पर 100 साल के पुर्तगाली प्रभुत्व के फलस्वरूप अनेक पश्चिमी तट के बन्दरगाहों का पतन हो गया। यह सब पुर्तगालियों की निम्नलिखित आक्रमणकारी नीतियों के कारण हुआ :

1. उन्होंने समुद्री मार्गों पर अधिकार कर लिया,
2. अन्य व्यापारियों द्वारा ले जाये जाने वाले माल और उसकी मात्रा पर भी नियंत्रण रखते थे,
3. उन्होंने कार्थेज (फारसी का किरतार अर्थात् कागज का पत्र) जारी करने की परम्परा प्रारम्भ की। यह एशियाई समुद्र में जहाजों के आने–जाने के लिए एक प्रकार सका आज्ञा पत्र था। इसके न होने पर माल लूट कर जहाज जब्त किया जा सकता था। कार्थेज देने के लिए एक निश्चित धनराशि ली जाती थी।

इन नीतियों ने भारतीयों तथा अरबों के समुद्री व्यापार को बहुत हानि पहुँचाई।

व्यापार से संबंधित वर्ग– सल्तनत कालीन ग्रंथों में दो प्रकार के व्यापारिकों का विवरण मिलता है। कारवानी अथवा नायक और मुल्तानी। जो व्यापारी अनाज का व्यापार करते थे बर्नी कारवानी (एक फारसी शब्द जिसका अर्थ है वे लोग जो बड़ी संख्या में एक साथ चलते हो या कारवाँ) कहते है। उस समय के एक प्रमुख सूफी नासिरूदीन चिराग दिल्ली उन्हें नायक कहते थे। वे उनका वर्णन करते हुए कहते हैं "ये वे लोग हैं जो विभिन्न क्षेत्रों से अनाज लेकर शहर (दिल्ली) आते हैं – कुछ के पास अनाज से लदे 10 हजार बैल होते है और कुछ के पास 20 हजार"। यह लगभग निश्चित रूप से कहा जा सकता है कि यह कारवानी ही बाद के काल के बंजारे थे। मुगल काल के ग्रंथ यह स्पष्ट रूप से बताते है कि यह बंजारे समूहों में रहते थे और इनका प्रमुख नायक कहलाता था।

परिवहन– माल ढोने के लिए पशु और बैलगाड़ी दोनों का प्रयोग होता था। संभवतः पशुओं की पीठ पर लाद कर अधिक माल ढोया जाता था। अफीफ के अनुसार बैलगाड़ी पर बैठ कर लोग यात्रा भी करते थे। माल ढोने वाले पशु परिवहन का बहुत सस्ता माध्यम था। यह पशु धीरे–धीरे रास्ते में चरते हुए बड़े झुण्डों में चलते थे जिससे परिवहन का खर्च कम होता था। इब्न बतूता लिखता है कि पूर्ण साम्राज्य विशेष मार्गो से जुड़ा था जिन पर बराबर दूरी पर स्तंभ तथा मीनारें बनाई जाती थीं

मसालिक – उल अबसार के लेखक शहाबुदीन अल उमरी के विवरण के आधार पर यह कहा जा सकता है कि राज्य द्वारा व्यापार के लिए अनुकूल परिस्थितियाँ पैदा करने का प्रयास किया जाता था। हर पड़ाव पर सराय बनाई जाती थी। बंगाल में इबाज खलजी ने बाढ़ रोकने के लिए लंबे बांध बनाये, नदियों के मार्ग से थोक माल ले जाने के लिए नावों की व्यवस्था की जाती थी जबकि समुद्री व्यापार के लिए जहाजों की व्यवस्था थी।

22 तकनीकी एवं दस्तकारी

प्रश्न 1. दिल्ली सुल्तानों के समय कृषि तकनीकी यंत्रों का वर्णन कीजिए?

[Dec-04, Q7]

उत्तर– दिल्ली सुल्तान के समय कृषि तकनीकी यंत्रों का वर्णन इस प्रकार हैः–

कई सदियों पूर्व द्वारा फावड़ा या कुदाली का स्थान ले लिया गया था। सिंधु–घाटी की सभ्यता के एक कालीबंगा (राजस्थान) से प्राप्त पुरातत्वीय प्रमाण, "लौह–रहित" हल के प्रचलन के लिए सुप्रसिद्ध है, यद्यपि इसमें संशय है कि यह मनुष्यों द्वारा या बैलों द्वारा चलाया जाता था। तथापि, वैदिक युग में बैलों युक्त हल–कृषि एक निर्विवाद सत्य है। लौह–युग, जो गंगा के मैदानों में आर्यो के आवास के साथ पहचाना जाता है, ने हल के विकास में योगदान दिया। जहां पहले हल का सम्पूर्ण फ्रेम लकड़ी का बना होता था, अब लोहे का हल/फाल प्रयोग में लाया जाने लगा। लोहे के हल/फाल से अपेक्षाकृत कठोर भूमि की जुताई में बहुत सहायता मिली।

बोआई– बोआई के लिए छिटका–बोआई प्रणाली अपनाई जाती थी। कंधों पर रखे हुए कपड़े के थैले में से बीजों को बाहर निकाल कर उन्हें हाथों से ही इधर–उधर छिड़क दिया जाता था। भारत में बीजवपित्र (seed drill) के समय–निर्धारण को लेकर विवाद हैः कुछ लोग इसका उद्गम वैदिक–काल में मानते हैं। कुछ भी हो, भारत के पश्चिमी तट के समानान्तर इसके प्रयोग का एकमात्र सकारात्मक प्रमाण पुर्तगाली–बारबोसा (लगभग 1510)–द्वारा सिंचन कृषि के संदर्भ में प्राप्त होता है।

फसल–कटाई, गुहाई और ओसाई– फसल की कटाई हंसिया द्वारा की जाती थी। गुहाई का कार्य बैलों द्वारा किा जाता था जो खलिहान में जई के ऊपर गोल–गोल चक्कर लगाते थे। "पवन–शक्ति" का उपयोग ओसाई के लिए भूसी को अन्न–कणों से अलग करने के लिए किया जाता था।

सिंचाई के साधन– खेतों की सिंचाई हेतु जल प्राप्त करने के कई साधन थे। वर्षा का पानी एक प्राकृतिक स्त्रोत था। यह जल तालाबों और कुण्डों में इकट्ठा हो जाता था जिसे सिंचाई हेतु प्रयोग में लाया जाता था। बाढ़ अथवा आप्लावन द्वारा बने नदी नालों का भी इसी उदेश्य से उपयोग किया जाता था। लेकिन सबसे महत्वपूर्ण नियंत्रित साधन, विशेष तौर पर उत्तर–भारत

में, कुंओं का जल था। सिंचाई के साधनों का उदेश्य कुंओं से जल को बाहर निकालना था। ये कुंए अधिकतर पक्के (ईंट–पत्थरों के) होते थे जिनकी दीवारें ऊंची और उन्हें घेरता हुआ चबूतरा होता था। कच्चे कुंए भी थे लेकिन ये पानी निकालने हेतु टिकाउ या मजबूत नहीं माने जाते थे।

मौटे तौर पर पानी को बाहर निकालने हेतु 5 साधन अथवा तकनीक प्रचलित थीं:

1. सबसे सरल तरीका रस्सी और बाल्टी द्वारा हाथों से, बिना किसी यंत्र की सहायता के, पानी बाहर खींचना था। वास्तव में बाल्टी आकार में छोटी होती थी। जिसके फलस्परूप इस विधि द्वारा बड़े विस्तृत खेतों को पानी नहीं दिया जा सकता था। परन्तु हम छोटे हम छोटे खेतों में फसलों को इस प्रणाली द्वारा सिंचित किए जाने की संभावना से इंकार नहीं कर सकते, विशेषतः सब्जियों के लिए जिन्हें अधिक पानी की जरूरत नहीं रहती।

2. दूसरी विधि चरखी अथवा घिर्री के प्रयोग द्वारा रस्सी–बाल्टी द्वारा हाथों से ही पानी बाहर निकालने की थी। निश्चय ही, चरखी के कारणा मानव–ऊर्जा की आवश्यकता कम हो गयी और अपेक्षाकृत बड़े आकार के थैले या बड़ी बाल्टियां रस्से से बांधी जा सकती थी। इसका उपयोग घरेलू कार्यो के लिए भी विशेषतः महिलाओं द्वारा किया जा सकता था।

3. रस्सी–बाल्टी चरखी प्रणाली की एक उन्नत विधि में मानव शक्ति के स्थान पर बैलों की एक जोड़ी का प्रयोग किया जाने लगा। अब यह विशिष्ट रूप से सिंचाई के लिए प्रयोग मे लिया जाने वाला विशेष यंत्र हो गया। उत्तर भारत के कुछ क्षेत्रों में आज भी यह प्रचलन में है जिसे चरस कहा जाता है। यह एक बहुत बड़ा थैला होता है जिससे यह आभास होता है कि एक बार ऊपर खींचने में अत्यधिक मात्रा में पानी बाहर निकाला जा सकता है। इसके अलावा बैलों के चलने का मार्ग ढलावदार होता था जिसकी लंबाई कुंए की गहराई के अनुरूप होती थी। इस विधि द्वारा प्राप्त जल पीने, बर्तन धोने या कपड़े धोने के लिए प्रयोग में नहीं लिया जाता था। इन पांचों प्रणालियों में से, चरस एक बहुउद्देशीय साधन नहीं था। यह पूर्णरूप से सिंचाई हेतु ही प्रयोग में लाया जाता था, इस तथ्य को आज तक अनुभव नहीं किया गया है।

4. चौथी विधि जो अर्द्ध–यांत्रिक प्रकृति की थी, 'लीवर के प्रथम श्रेणी सिद्धांत' पर आधारित थी। इसमें एक अभिलम्ब बल्ली या पेड़ के तने (इस कार्य हेतु विशेष रूप से बनी) की धरनी से सएक लम्बी रस्सी बांधी जाती थी जिससे यह झूलने वाली स्थिति में रहे। बाल्टी को रस्सी से बांधा जाता था जिसके दूसरे सिरे को कुएं के ऊपर लटकती हुई बल्ली के एक सिरे से बांधा जाता था। इस बल्ली के दूसरे सिरे से एक प्रतिभार लटकाया जाता था जो पानी से भरी बाल्टी से थोड़ा अधिक भारी होता था। इस प्रकार भार और प्रतिभार के दोनों किनारों पर होने से बल्ली के मध्य में आलम्ब उत्पन्न होता था। इस प्रकम में इसे प्रयोग में लाने वाले व्यक्ति को बहुत कम प्रयास करने की आवश्यकता पड़ती है। यह विधि मिस्र में **शदूफ** के नाम से जानी जाती है। संस्कृत में इसे तुला कहते है, परन्तु बिहार और बंगाल में इसे ढेंकली या लाट/लाठा कहा जाता है।

5. पांचवी पानी निकालने की प्रणाली साकिया अथवा 'रहट' थी। ऊपर चार प्रकमों में से किसी में भी पहियें मूलभूत अवयव नहीं थे। इस जल–चक्र को जल–यंत्र कहा जा सकता है क्योंकि इसमें गियर प्रणाली के व्यवस्था थी। गियर प्रणाली के साथ हम तकनीकी रूप से एक

बहुत उन्नत अवस्था में प्रवेश करते हैः इस पर केवल हाल ही में बिजली के ट्यूबवैलों द्वारा श्रेष्ठता स्थापित की गई।

यहां उल्लेखित जल को कुंओं से निकालने की 5 विधियों को दो मुख्य वर्गों में बांटा जा सकता हैः

अ – आवर्तक अथवा असतत जल आपूर्ति प्रणाली, और

ब – निरंतर आपूर्ति व्यवस्था

प्रथम चार विधियों को पहले और पांचवी प्रणाली को दूसरे वर्ग में रखा जा सकता है। इन साधनों को चलाने के स्त्रोत के आधार पर, अर्थात मानव द्वारा संचालित और पशुओं द्वारा संचालित, प्रथम और चौथी विधि को मानव शक्ति वर्ग में और अन्य को पशु शक्ति वर्ग में रखा जा सकता है। चूंकि जल को दीवारों से ऊपर उठाना होता था पांचवी को छोड़ सभी प्रणालियों में दो वस्तुएं समान रूप में थीः रस्सी और बाल्टी/थैले। बाल्टी अथवा थैले का आकार प्रयोग में लाई जा रही 'शक्ति' के अनुपात में होता था।

अन्य कई औजार जैसे, बेलचा, गेंती और खुरपी भी होते थे जो न केवल कृषि क्षेत्र में बल्कि बागवानी में भी काम आते थे।

प्रश्न 2. सल्तनत काल में तुर्को द्वारा वस्त्र–निर्माण के क्षेत्र में बहुत सी तकनीकें प्रयोग में लाई गई? स्पष्ट कीजिए?

उत्तर– सल्तनत काल में तुर्को द्वारा वस्त्र–निर्माण के क्षेत्र में बहुत सी तकनीकें प्रयोग में लाई गई।

ओटाई, धुनाई और कताई– कपास की खेती का संबंध कृषि तकनीकी से है। कपास के गोलों को इकट्ठा करने के पश्चात् इसको बनने योग्य बनाने के लिए तीन मूलभूत चरणों से गुजरना पड़ता हैः

1) ओटाई अथवा बीजों को अलग करना,

2) धुनाई अथवा तंतुओं को ढीला करना,

3) कताई अथवा सूत बनाना।

प्रथम प्रक्रिया दो तरीकों से की जाती है।

(अ) रोलर और बोर्ड विधि, तथा

(ब) चर्खी

इस प्रकार बीजों से अलग बीजों से अलग की हुई रूई को, तंतुओं को अलग व उन्हें मुलायम करने के उद्देश्य से, डण्डों अथवा प्रत्यंचा (bow string) धुना जाता था।

वस्त्र निर्माण के क्षेत्र से सबसे महत्वपूर्ण तकनीकी क्रान्ति 13–14वीं शताब्दी में मुसलमानों द्वारा भारत में लाए चरखों द्वारा संभव हुई। प्राचीन भारत में चरखें श्का कोई अस्तित्व नहीं था। चरखों का प्रथम लिखित संदर्भ हमें इसामी के फुतुह–उस सलातीन (1350 ई.) में प्राप्त होता है। इसके (चरखे) प्रयोग से तकली का महत्व समाप्त नहीं हो गया बल्कि इसने तकली के परिक्रमण में वृद्धि कर दी।

एक आकलन के अनुंसार एक ही समय में एक चरखा एक तकली की तुलना में छः गुना अधिक सूत निर्मित कर सकता है। इसके परिणामस्वरूप अधिक सूत निर्मित होने लगा और लगातार अधिक वस्त्र भी बनने लगे होंगे।

रगांई और छपाई– वनस्पति और खनितज स्त्रोतों से प्राप्त विभिन रंगों को रंगाई हेतु प्रयोग में लाया जाता था। नीला, मजीठ और लाख इत्यादि अधिक प्रचलित थे। नील का प्रयोग रिंजन (bleaching) और रंगाई दोनों के लिए होता था। तेज रंगों के लिए कई पदार्थ जैसे फिटकरी मिलाए जाते थे। भारतीय रंगरेज निमज्जन (immersion) बंधेज जैसी कई विधियों को अपनाते थे। परन्तु ठप्पा–छपाई (छापा) प्राचीन भारत में ज्ञात नहीं थी। भारत में इसको लाने का श्रेय कुछ विद्वान मुसलमानों को देते है।

प्रश्न 3. दिल्ली सुल्तानों के काल मैं सैन्य तकनीकी का वर्णन कीजिए?

[June-06, Q6(ii)]

उत्तर– सैन्य तकनीकी– सैन्य तकनीकी में निम्नलिखित तीन चीजों का इस प्रकार है:–

1) रकाब,
2) नाल, और
3) बारूद।

रकाब – यह एक निर्विवाद तथ्य है कि लोहे के रकाब के बारे में भारत में अज्ञानता के बारे में अज्ञानता थी। शायद इसीलिए रकाब के लिए संस्कृत में कोई शब्द नहीं है। इसके स्थान पर शायद कोतल कश (surcingle) बड़े अंगूठे वाले रकाब (toe-stirrup) और निलम्बन काँटे (suspension hook) का भारत में प्रचलन था। परन्तु रकाब विशेष मुसलमानों की देन था। इस रकाब को सर्वप्रथम 6वीं शताब्दी के आस–पास चीन में प्रयोग में लाया गया और बाद में वहाँ से यह अगली शताब्दी में फारस व अन्य इस्लामिक देशों में पहुंचा। इल्तुतमिश के शासनकाल में युद्ध कला पर संकलत एक फारसी स्त्रोत में रकाब का उल्लेख मिलता है।

नाल – मध्यकालीन भारत के कुछ विद्वानों ने रकाब को तुर्को को मिली सैन्य सफलताओं के लिए एक सहयोगी कारक माना है। कम से कम उनके आक्रमणों की प्रारंभिक अवस्थाओं में नाल को इसके एक दुर्बल सहयोगी के रूप में लिया गया है।

लोहे की नाल का आगमन बाद में हुआ। यह विचित्र है कि घुड़सवारी के साज–सामानों में से नाल ही एक मात्र ऐसा सामान है जिसका अन्य की भांति घोड़े को नियंत्रित करने में प्रत्यक्ष रूप से कार्य नहीं होता है। घोड़े का खुर लगातार बढ़ने वाला मानव नाखुनों के सदृश्य एक श्रृंगी संरचना होता है। जिसके टूटने, छिलने और चिरने का खतरा बना रहता है। अपने मूल प्राकृतिक आवास में घोड़े के पैर और खुर स्वयं व्यवस्थित रहते थे अतः उनको काटने की आवश्यकता नहीं थी। परन्तु घरेलू और सधे हुए घोड़ो को उनको काम में लाते वक्त विशेष रूप से नम अक्षान्तरों में नाल चढ़ाई जाती थी। जख्मी पैर युक्त घोड़ा लंगडाएगा और उसके सवार के लिए किसी उपयोग का नहीं रहेगा। नाल लगाने के दो लाभ हैं : प्रथम इससे नरम जमीन पर पैर की अच्छी पकड़ प्राप्त होती है। और द्वितीय खुरदरे कठोर धरातल पर खुर

सुरक्षित रह सकते है। इस संदर्भ में घुड़सवारों की विश्व व्याप्त सूक्ति समझ आती है : "नाल नहीं घोड़ा नहीं"। अश्व सेना में एक पंगु घोड़ा किसी घोड़े के न होने से ज्यादा बेकार माना जाता है।

बारूद और अग्नि–शस्त्र : कई दशकों पूर्व, कुछ विद्वानों, भारतीय व यूरोपीय दोनों, यह सिद्ध करना चाहते थे कि बारूद और अग्नि, शस्त्रों का प्राचीन भारत में प्रचलन था। संस्कृत स्त्रोतों में से शुक्रनीति को मुख्य रूप से उन्होंने अपने अध्ययन हेतु केन्द्र–बिन्दु माना। तथापि अन्य विद्वानों ने उनके निष्कर्षों को, शुक्रनीति के सावधानीपूर्ण अध्ययन के बाद, ठुकरा दिया। पुनश्यः यह सिद्ध करने के असफल प्रयास हुए कि गजनी शासक सुल्तान महमूद के आक्रमणों के बाद भारत आने वाले मुसलमान अग्नि–शस्त्रों का प्रयोग करते थे।

बारूद में शोरा, गंधक और चारकोल होता है, और इसका आविष्कार चीन में हुआ। कालान्तर में यह इस्लामिक देशों में पहुंच गया। बाहर से आए तुर्कों द्वारा बारूद, शायद 13वीं शताब्दी के अंत में या 14वीं शताब्दी के प्रारंभ में, भारत लाया गया। अग्नि शस्त्रों का सर्वप्रथम उपयोग 15वीं शताब्दी के उत्तरार्द्ध में भारत के गुजरात, मालवा और दक्खन जैसे प्रदेशों में हुआ। किसी भी स्थिति में, नियमित आधार पर यूरोपीय अग्नि–शस्त्रों का प्रयोग पुर्तगालियों द्वारा किया गया जब वे 1498 ई. में कालीकट आये. और उत्तर भारत में प्रारंभिक 16वीं शताब्दी में बाबर द्वारा।

BLOCK-7

क्षेत्रीय शक्तियाँ : 13वीं सदी से 15वीं सदी तक

23 *मध्य एवं पूर्वी भारत*

प्रश्न 1. 13वीं से 15वीं शताब्दी का मालवा राज्य की व्याख्या कीजिए?

उत्तर – 13वीं से 15वीं शताब्दी का मालवा राज्य – इल्तुतमिश ने तेरहवीं सदी के आरभं में मालवा पर हमला किया था। सन् 1310 में अलाउद्दीन खलजी के एक अधिकारी ने उसे कमोबेश अपने अधिकार में कर लिया और फिर दिल्ली सल्तनत का पतन होने तक मालवा मुस्लिम सूबेदारों के शासन में बना रहा।

सन् 1398 में तैमूर के हमले के थोड़े ही समय बाद गौर के सूबेदार शिहाबुदीन मुहम्मद ने सुल्तान शिहाबुदीन गौरी का नाम अपनाया और वह नया सुल्तान बन बैठा। किंतु वह अपनी नई स्थिति का उपभोग कुल चार साल तक ही कर पाया। यह विचार भी व्यक्त किया गया है। कि उस के सबसे बड़े पुत्र ने उसे जहर देकर मार डाला। इस तरह स्थापित स्वतंत्र राज्य सन् 1401 से 1531 तक चल सका और बाद में गुजरात ने उसे अपने कब्जे में ले लिया। चार साल बाद हुमायूँ ने यह देश अस्थायी तौर पर अपने अधीन कर लिया। लेकिन मुगल साम्राज्य का हिस्सा वह पूरी तरह से अकबर के शासनकाल के आरंभिक वर्षो (1561–64) में ही बन पाया। मालवा के मुस्लिम राज्य कमे राजनीतिक वृतांतों में स्थायी दिलचस्पी के तत्व बहुत थोड़े है जिनमें सबसे महत्वपूर्ण है मांडू की शानदार इमारतें।

धार यसा धारानगरी मालवा की परमान–कालीन राजधानी थी। मालवा पर प्रसिद्ध विद्वान् और विद्याप्रेमी शासक भोज के शासनकाल में धार एक प्रसिद्ध नगर था। लेकिन होशगशाह की पदवी धारण करने वाले मालवा के एक मुस्लिम सुल्तान ने अपना दरबार मांडू स्थानांतरित कर लिया। यहाँ उसने अनेक उल्लेखनीय स्मारक बनवाए। इसी बीच गुजरात के साथ लड़े गए एक युद्ध में वह पराजित हुआ ओर साल भर तक गुजरात में बंदी भी बना रहा है। लेकिन उसे फिर गद्दी पर बैठा दिया गया। गुजरात के शासकों के अनुग्रह से प्राप्त इस सत्ता पर वह सन् 1432 तक बना रहा। बाद में उसका पुत्र और गोरी वंश का तीसरा अंतिम शासक सुल्तान महमूद उसकी जगह गद्दी पर बैठ गया।

खलजी वंश – सन् 1436 में सुल्तान महमूद को उसके वजीर खलजी तुर्क महमूद खाँ ने जहर देकर मार डाला ओर तख्त पर कब्जा करके खलजी वंश की नींव डाली जो करीब एक शताब्दी तक चलता रहा। वह मालवा के समकालीन सुल्तानों में सबसे अधिक विख्यात हुआ और उसने अपना अधिकांश जीवन गुजरात के सुल्तानों, राजस्थान के विभिन्न राजाओं ओर बहमनी सुल्तानों जैसे अपने पड़ोसियों से युद्ध करते रहने में बिताया। फरिश्ता ने महमूद द्वारा अवैध ओर अनियमित तरीके से गद्दी हासिल करने को नजरअंदाज करके उसके न्याय को प्रशंसनीय बताते हुए उसका सामान्य चरित्र अच्छा बताया है।

अगले सुल्तान गयासुद्दीन (1469–1501 ई.) के पुत्र ने उसे जहर दे दिया। नया सुल्तान जब सत्ता में आया तो दुष्ट साबित हुआ। किंतु वह 1512 ई. में बुखार से मर गया और उसकी जगह पर इस वंश का अंतिम सुल्तान उसका पुत्र महमूद द्वितीय गद्दी पर आसीन हो गया। कुछ समय बाद उसे गुजरात के सुल्तान बहादुरशाह ने पराजित करके मार डाला। शाही परिवार के अन्य पुरूषों को देश–निकाला दे दिया गया और उनमें एक सदस्य शेष रह गया जो सौभाग्यवश उस समय हुमायूँ के दरबार में था। 1531ई. मे मालवा को गुजरात में शामिल कर दिया गया।

प्रश्न 2. 13वीं से 15वीं शताब्दी के जौनपुर राज्य की क्षेत्रीय शक्तियों का विवरण दीजिए? [June-06, Q7]

उत्तर– इस राज्य की सर्वाधिक महत्वपूर्ण राजनीतिक घटनाओं में दिल्ली की लोदी सल्तनत से उसके आपसी संबंधी मामला है। अपनी सांस्कतिक विरासत के लिए मशहूर नगर जौनपुर की नींव फिरोजशाह तुगलुक ने डाली थी। सन् 1394 में मुहम्मद तुगलुक द्वितीय ने अपने दरबार के ख्वाजा जहान नाम से प्रसिद्ध प्रभावशाली खुसरे को मलिक–उश –शर्क (अर्थात पूर्व का स्वामी) बनाया और जौनपुर को उसका मुख्यालय बनाया गया। इन दिनों दिल्ली सल्तनत का नियंत्रण इतना कमजोर पड़ गया था कि राज्यों में हा सूबेदार व्यावहारिक रूप से स्वंतत्र हो गया था। सन् 1398 ई. में तैमूर की मारकाट ने जिस समय दिल्ली सरकार को मटियामेट कर दिया उस समय ख्वाजा जहान के दत्तक पुत्र ने मौके का फायदा उठाया ओर सन् 1399 ई. में मुबारक शाह शर्क के नाम से अपने को स्वंतत्र घोषित कर लिया। नए बने सुल्तान का उतराधिकार जल्दी ही 1400 ई. में उसके छोटे भाई इब्राहीम को मिल गया और उसने चालीस साल तक इस समृद्ध राज्य का शासन अच्छी तरह से चलाया। इब्राहीम के पुत्र महमूद की गणना भी सफल शासको में की जाती है। स्वंतत्र सुल्तानों में अंतिम शासक हुसैन शाह को सन् 1476 में या उसके आस–पास बहलोल लोदी ने पराजित किया और उसे भगाकर बंगाल में अपने ही नामधारी व्यक्ति के पास पनाह लेने को मजबूर कर दिया। सिंकदर लोदी के शासनकाल के आरंम्भ में इस बात की कोशिश की गई कि उसके बड़े भाई बारबकशाह को संपूर्ण प्रभुतासंपन्न के रूप में जौनपुर दे दिया जाए लेकिन यह प्रयास नाकाम रहा। इसी मामले को लेकर लड़ाई भी हो गई जिसमें काम–यावी दिल्ली के हाथ लगी।

इब्राहीम लोदी के राज्यारोहण के समय यह प्रयोग पुनः दुहराया गया और यह फिर असफल रहा। इब्राहीम के भाई जलाल खाँ को जौनपुर का सुल्तान बनाया गया पर उसे शीघ्र ही हराकर मार डाला गया। उस समय से इस 'पूर्वी' राज्य ने फिर कभी स्वंतत्र अस्तित्व का दिखावा नहीं

किया।

जौनपुर वंश के सभी शासकों ने फारसी–अरबी साहित्य को संरक्षण प्रदान किया। विविध हिंदू स्थापत्य शैलियों के समावेश से विशेष शैली में जौनपुर में बनी मस्जिदों का समूह समकालीन प्रमुख स्मारक है। ये इमारतें प्रायः भारी–भरकम है, उनमें मीनारें नहीं है और उनकी विशेषता ढलवाँ दीवारों के साथ राजसी दरवाजों का निर्माण है। इन इमारतों का निर्माणकाल इब्राहीम, महमूद और हुसैनशाह के काल का ठहरता है।

प्रश्न 3. 15वीं शताब्दी के बंगाल की क्षेत्रीय शक्तियों का उल्लेख कीजिए?

उत्तर – बंगाल दिल्ली से काफी दूरी पर स्थित था और अपनी भौगालिक–राजनैतिक परिस्थितियों के कारण इस पर दिल्ली के सुल्तानों को अपना कड़ा नियंत्रण रख पाना काफी मुश्किल था। राज्य के गवर्नरों ने इस दूरी का पूरा–पूरा लाभ उठाया। जैसे ही केन्द्रीय सत्ता कमजोर होती या शासकगण किसी अन्यत्र स्थान पर व्यस्त होते तब इस क्षेत्र के कुलीन वर्ग के लोग अर्ध–स्वतंत्र शासकों के रूप में कार्य करने लगते।

पहले भी सन् 1225 ई. में इल्तुतमिश ने स्वयं अपनी सत्ता को स्थापित करने के लिए बंगाल के विरूद्ध सैनिक अभियान का संचालन किया था और बलबन को बंगाल के गर्वनर तुगरिल बेग के विद्रोह को कुचलने में लगभग तीन वर्ष का समय लगा। बंगाल पर दिल्ली सल्तनत के प्रभुत्व को बनाए रखने के लिए बलबन ने अपने पुत्र बुगरा खां को सन् 1281 ई. में बंगाल का गवर्नर नियुक्त किया। बुगरा खां ने बलबन की मृत्यु के पश्चात् (1287) स्वयं को दिल्ली सल्तनत के सिंहासन का दावेदार प्रस्तुत करने के स्थान पर बंगाल का शासक बने रहने का निर्णय किया। बाद में, हमें यह वृतांत मिलता है कि सन् 1301ई. में गियासुद्दीन तुगलक ने लखनौती की और सैनिक अभियान के लिये प्रस्थान किया। लेकिन मौहम्मद तुगलक के समय में बंगाल के प्रति अधिक प्रभावशाली नीति का अनुसरण किया गया। मौहम्मद तुगलक ने अपने वफादार समर्थको को लखनौती, सोनारगांव एवं सतगांव का गवर्नर नियुक्त किया। इससे शक्तिशाली गुटों के मध्य संतुलन स्थापित करने में सफलता प्राप्त हुई।

इलियास शाह (1342–57) बंगाल का शक्तिशाली शासक बन गया। उसने लखनौती ओर सोनारगांव पर अधिकार कर लिया ओर इसी के साथ–साथ उसने बनारस की ओर कूच किया। सुल्तान फिरोज तुगलक ने स्वयं बंगाल की ओर सैनिक अभियान के लिये प्रस्थान किया और इस समस्या का निदान करने में उसे लगभग एक वर्ष (1353–54) का समय लगा। एक बार फिर सन् 1359 में सुल्तान फिरोज तुगलक को सिकन्दर शाह की (1357–89) शक्ति को दबाने के लिए उसके विरूद्ध सैनिक अभियान पर जाना पड़ा फिरोज तुगलक की मुत्यु(सन् 1388 ई.) के बाद दिल्ली के सुल्तान इतने कमजोर हो गए कि वे बंगाल के अड़ियल शासको को अपने अधीन न रख सके।

सिकन्दर शाह का पुत्र गियसासुद्दीन आजम शाह (1389–1409) एक लोकप्रिय शासक था। उसे कमाटा तथा अहोम के राजाओं के संयुक्त आक्रमण का सामना करना पड़ा और करातोया नदी के पार के क्षेत्र को देना पड़ा। 1406 ई. में चीनी शासको के दूतों के आने से चीन के साथ कूटनीतिक संबंध स्थापित हुए।

1409 में गियासुद्दीन शाह की हत्या के बाद बंगाल को आंतरिक अराजकता तथा संघर्षो के दोहरे संकट का सामना करना पड़ा (1409–1418 और 1435–42) लेकिन इलियास शाह के एक वंशज नसीरूद्दीन अबुल मुजफ्फर महमूद के सत्ता मे आ जाने के साथ सभी मामले उचित स्थिति में आ गए। उसके पुत्र रूक्नुद्दीन बरबक (1459–74) ने प्रसारवादी नीति का अनुसरण किया। इसके फलस्वरूप उसकी सीमाएं गंगा के उत्तर में बरनर तक तथा दक्षिण में जैस्सोर–खुलना तक फैल गई। प्रसार के कार्य में अबीसीनिया के गुलाम सैनिकों ने निर्णायक भूमिका अदा की, लेकिन बरबक के द्वारा उनको संरक्षण दिए जाने की नीति घातक सिद्ध हुई। 1794 में अबीसीनिया के सेनापति सैफुद्दीन फिरोज ने बंगाल की सत्ता पर अधिकार कर लिया। लेकिन वह अपनी स्थिति को सुदृढ़ करने में असफल करने में असफल रहा और सन् 1493 ई. में अलाउद्दीन हुसैन शाह (1493–1519) ने सत्ता पर अधिकार कर लिया उसने न केवल अबसीनिया के गुलामों पर नियंत्रण स्थापित करने में सफलता प्राप्त की अपितु एक गहन प्रसारवादी नीति का अनुसरण किया। उसके शासन काल में बंगाल की सीमाएं उत्तर–पश्चिम में स्थित सरन तक, दक्षिण–पूर्व में सिलहट तथा चटगांव तक उत्तर–पूर्व में हाजो ओर दक्षिण–पश्चिम में मन्दरान तक फैल गई। सन् 1495 ई. में उसे सुल्तान सिकन्दर लोदी के शक्तिशाली आक्रमण को शरण दी थी। बाद में आक्रमण न करने की संधि पर हस्ताक्षर किए गया और हुसैन शाह ने इस तरह के भगोड़ो को शरण न देने का वचन दिया।

प्रश्न 4. 15वीं शताब्दी के असम राज्य की चर्चा कीजिए? [Dec-03, Q10(iii)]

उत्तर – 13वीं सदी ई. से 15वीं सदी ई. तक आसाम के अंदर चूटिया, अहोम (या ताय अहोम) कोच, दिमासा, त्रिपुरी, मणिपुरी, खासी एवं जैनतिया जैसी कबीलाई राजनीतिक प्रणालियां विद्यमान थीं। अंततः चूटिया ओर अहोम कबीलों का शक्तिशाली कबीलों के रूप में उदय हुआ। इसके अतिरिक्त आसाम में कमाटा (कामरूप) राज्य भी विद्यमान था।

मौहम्मद गौरी के एक सेनापति बख्तियार खलजी ने 1206 ई. में कामरूप पर आक्रमण किया। लेकिन उसके लिए यह अभियान एक त्रासदी साबित हुआ। उसकी सेना पूर्णरूपेण नष्ट हो गई। 1225 में मलिक यूजबेक ने कामरूप पर आक्रमण कि ओर बाद में उसका भी वही हाल हुआ जो बख्तियार खलजी का हुआ था। उसकी सेनाएं शीघ्र ही शक्ति–विहीन हो गई, मलिक यूजबेक गंभीर रूप से घायल हो गया और 1227 में उसकी मृत्यु हो गई। सिंहध्वज के शासन काल (1300–1305) ने 1303 में ब्रह्मपुत्र को पार करते हुए मैमनसिंह एवं सिलहट पर अधिकार कर लिया। कामरूप राज्य सदैव अहोम साम्राज्यवादी योजनाओं का शिकार होता रहा।

14वीं सदी के कमाटा राज्य की एक महत्वपूर्ण विशेषता उन भुयान सरदारों का महान विद्रोह था, जिन्होंने अस्थिर परिस्थितियों का लाभ उठाया। धर्म नारायण तथा दुर्लभ नारायण के बीच उत्तराधिकार के लिए युद्ध हुआ। प्रारंभ में भुयान सरदारों का विद्रोह असफल रहा, क्योंकि दुर्लभ नारायण (1330–50) तथा अरिमत्ता (1365–85) की शक्ति इनसे कहीं अधिक थी लेकिन अरिमत्ता की मृत्यु (1385) के बाद उसके उत्तराधिकारी भुयान सरदारों के प्रहारो का सामना कर सकने में बड़े कमजोर साबित हुए और 15वीं शताब्दी के मध्य में राय पृथु के

वंश को भुयान सरदारों के ख्यान वंश द्वारा उखाड़ दिया गया ओर नीलध्वज (1440–1460) ने इस नए वंश की स्थापना की। नीलाम्बर (1480–1498) ख्यान वंश का सबसे शक्तिशाली शासक हुआ ओर उसने अपने राज्य की सीमाओं को करातायो से बारनदी तक बढ़ा दिया। अबीसीनियाई गुलामों ने बंगाल (गौड़) में अराजकता की जो स्थिति पैदा की, नीलाम्बर ने उसका लाभ उठाते हुए, बंगाल के उत्तर पूर्वी भाग पर अधिकार करने में सफलता प्राप्त की। बाद में, अलाउद्दीन हुसैन शाह (1493–1519) ने नीलाम्बर की शक्ति को कुचल दिया और इसी के साथ ख्यान वशं के शासन का अंत हो गया।

अहोमों का संबंध दक्षिण–पूर्वी एशिया के ताय कबीले की उपशाखा माओ–शान से था। सन् 1208 ई. में अहोम ऊपरी बर्मा में स्थित मोगौंग नामक तथा यूनान को छोड़कर 1223 ई में ऊपरी असम दिखोऊ घाटी (आधुनिक सिबसागर मण्डल) में अंतिम तौर पर बस गए। उन्होंने चरायदेव (बाद में, 1397 ई. में चारगुआ को राजधानी बनाया) को अपने राज्य की राजधानी बनाया। माओ–शान कबीले का सुकाफा प्रथम अहोम राजा (1228–68) था और उसने चूटियों, मोरान, बोरहियों, नागों, कचारियों, तथा कमाटा (कामरूप) को अपने अधीन करा लिया। उसके पुत्र सत्यूफा (1268–1281) ने कचारियों को पराजित कर अपने प्रभुत्व क्षेत्र को दक्षिण की ओर ब्रह्मपुत्र के किनारे कालंग (आधुनिक उत्तरी कछार उपमंडल) तक बढ़ा दिया। सुखांगफा (1268–1332) के अधीन अहोम शासक संपूर्ण ब्रह्मपुत्र घाटी की सर्वोच्च शक्ति बन गए। सुखांगफा की मृत्यु के बाद एक रिक्तता पैदा हो गई थी। और इसके फलस्परूप अहोम राज्य तीन बार राजा के बिना (सन् 1364–69, 1376– 1380 ई. तथा 1389–1397 ई.) रहा। किसी तरह से सुदंगफा के शासन काल में (1397–1407) स्थिति में स्थायित्व पैदा हो गया। इसके शासन काल में नारा तथा कमाटा के शासको के साथ संघर्ष हुए। इसके फलस्वरूप अहोम राज्य की सीमाएं उत्तर में पटकाय तथा उत्तर–पूर्व में करातोया नदी तक पहुंच गई। सुदंगफा के शासन काल में स्थापित सीमाएं संपूर्ण 15वीं सदी में बनी रही।

24 उत्तरी एवं पश्चिमी भारत

प्रश्न 1. कश्मीर के एक स्वतंत्र राज्य के रूप में उदित होने से भूगोल की भूमिका की विवेचना कीजिए?

उत्तर– भौगालिक तौर पर कश्मीर घाटी के दक्षिण तथा दक्षिण–पश्चिम में पीर पंजाल की पर्वत श्रृंखलायें तथा दक्षिण–पूर्व तथ उत्तर –पश्चिम क्षेत्र शक्तिशाली मध्य तथा उत्तर–पश्चिमी हिमालय पर्वत की श्रृंखलाओं से ढका है। कश्मीर घाटी के अंतर्गत एक ओर झेलम नदी एवं इसकी सहायक नदियों का मैदानी क्षेत्र आता है। तो दूसरी ओर पठारी क्षेत्र है। नदी के किनारे का मैदानी क्षेत्र उपजाऊ है तथा भूमि कछारी है और यहाँ काफी मात्रा में खेती होती है, लेकिन ऊँचे पठार कम उपजाऊ है और अगर खेती की भी जाती है। तो फसल अच्छी नहीं होती है। कश्मीर घाटी के पर्वतों से घिरे होने के कारण दर्रो (जोजिला, बनिहल, बुदिल, पीर पंजाल तथा तोशामैदान) का बहुत अधिक महत्व है और राजनीतिक, आर्थिक तथा सामाजिक प्रक्रियाओं पर उनका व्यापक प्रभाव हुआ है।

13वीं सदी ई. का कश्मीर एक स्वतंत्र राज्य था लेकिन वहाँ का हिन्दू राजा जगदेव (1198–1212) एक कमजोर शासक था। उसके शासन के दौरान एक असंतुष्ट सामंतीय समुदाय दमरा ने विद्रोह किया परंतु इस विद्रोह का दबा दिया गया। लेकिन उसके राजादेव (1212–35 ई.) संग्रामदेव (1235–52) तथा रामदेव (1252–56) जैसे उत्तराधिकारी अपनी शक्ति को बनाए न रख सके। रामदेव की मृत्यु के बाद दमरा सामंत सिंहदेवं (1286–1301ई.) को शासन पर अधिकार करने का अवसर मिल गया। लेकिन उसके वंश का शासन भी अधिक दिनों तक न चला। तुर्को के भारत आने के बाद लगभग दो सदियों तक कश्मीर उनके प्रभाव से मुक्त रहा। यद्यपि इससे पहले महमूद गजनवी ने 1015 ई. तथा 1021 ई. में दो बार कश्मीर पर आक्रमण करने का प्रयास किया लेकिन हिमालय तथा हिन्दुकुश की दुर्गम पहाड़ियों ने उसकी इच्छाओं को पूरा न होने दिया। कश्मीर में कभी भी आक्रमणकारी प्रवेश नहीं कर सकते थे– इस मान्यता को 1320 ई. में उस समय तोड़ दिया गया जबकि सेनापति नहीं कर सकते थे। इस मान्यता को 1320 में उस समय तोड़ दिया गया जबकि सेनापति दुलाचा ने कश्मीर पर आक्रमण कर उसे पराजित करने में सफलता प्राप्त की और अथाह संपति को लूटा। लेकिन भयंकर तूफान के कारण बनिहाल दर्रे पर उसकी मृत्यु हो गई।

मंगोलों द्वारा कश्मीर में भयंकर तबाही के कारण कश्मीर की जनता में असंतोष बढ़ा इस स्थिति का लाभ लद्दाख के भौटा राजकुमार रिंचन ने उठाया और 1320 ई. में उसने

सिंहासन पर अधिकार कर लिया। उसने शीघ्र ही इस्लाम को स्वीकार कर लिया और उसने सुल्तान सद्रूद्दीन की उपाधि धारण की। उसकी हत्या के बाद कश्मीर राज्य में लम्बे समय तक अराजकता की स्थिति बनी रही। बाद में शहाबुद्दीन (1356–74) ने सल्तनत को मजबूत आधार प्रदान करने का प्रयास किया। जिस समय 1398 ई. में तैमूर लंग ने भारत पर आक्रमण किया, उसने फौलाद बहादुर तथा जैनुद्दीन को कश्मीर के सुल्तान सिंकन्दर के पास दूत बनाकर भेजा और उन्होंने सुल्तान से विशाल धन–राशि की मांग की। इससे एक बार फिर कश्मीर में अराजकता फैल गई। 1420 ई. में जैन–उल आबेदीन कश्मीर के सिंहासन पर बैठा उसने सन् 1470 तक 50 वर्षो के लिए कश्मीर में कुशलतापूर्वक शासन किया। उसने राज्य की सीमाओं को पश्चिमी तिब्बत तक बढ़ा दिया और लद्दाख तथा शैल पर अधिकार कर लिया। 16वीं सदी के प्रारंभ मं सैय्यद शासकों ने कश्मीर राज्य की सत्ता को प्राप्त कर लिया।

तबकात–ए अकबरी के अनुसार हैदर शाह (1470–72) की मृत्यु के बाद उत्तराधिकार के लिए प्रारंभ हुए संघर्ष में बहलोल लोदी के आदेश पर पंजाब के गवर्नर तातार खाँ ने सुल्तान हसन के चाचा बहराम खाँ का पक्ष लिया। सुल्तान हसन ने बहराम खाँ का वध करने में सफलता प्राप्त की। तातार खाँ के द्वारा बहराम खँ की सहायता करने से सुल्तान हसन नाराज हो गया। उसने मलिक ताजि भट्ट को पंजाब पर आक्रमण करने के लिए भेजा। ताजि भट्ट ने न केवल तातार खाँ को पराजित किया बल्कि उसने सियालकोट पर अधिकार कर लिया। सुल्तान हसन की मृत्यु (1484) के बाद सैय्यद हसन के पुत्र सैय्यद मौहम्मद के आदेश पर तातार खाँ ने कश्मीर पर एक बार फिर आक्रमण किया। जम्मू एवं कश्मीर की संयुक्त सूनाओं के सामने तातार खाँ को पराजय का मुंह देखना पड़ा।

प्रश्न 2. गुजरात के मालवा, राजपूताना और बहमनी तथा खानदेश के साथ क्या संबंध थे। स्पष्ट कीजिए?

उत्तर – गुजरात पर दिल्ली के सुल्तानों की सर्वोच्चता 14वीं शताब्दी में रही। लेकिन फिरोजशाह के समय से स्थिति में परिवर्तन आने लगा। 1380 ई. में तैमूर के आक्रमण के परिणाम स्वरूप हुई अस्त–व्यस्त स्थिति के गुजरात को स्वतंत्र होने के लिये प्रोत्साहित किया। 1407 में गुजरात के तत्कालीन गर्वनर जफरशाह ने गुजरात में स्वतंत्र राज्य स्थापित किया। अपनी स्वतंत्र स्थापना के समय से ही गुजरात राज्य का अपने पड़ोसियों – मालवा, राजपूताना, खानदेश तथा बहमनी राज्यों के साथ संघर्ष हुआ।

मालवा के साथ संबंध– मालवा के शासक गुजरात राज्य के परंपरागत शत्रु थे। 1408 ई. में मुजफ्फर शाह ने मालवा पर आक्रमण किया और मालवा के शासक होशंग शाह को बंदी बना लिया। यद्यपि होशंग शाह ने गुजरात की अधीनस्थता को स्वीकार कर लिया था किंतु वह गुजरात की बढ़ती शक्ति के प्रति ईर्ष्यालु था। गुजरात की शक्ति को कम समझकर मालवा के शासक ने गुजरात राज्य के शत्रुओं के साथ मित्रता कर ली। लेकिन गुजरात के शासक अहमद शाह ने होशंग शाह की शक्ति को कुचल दिया। बाद में कुतबुद्दीन अहमद शाह II के शासनकाल में (1451–59) मालवा के महमूद खलजी ने गुजरात पर आक्रमण किया,

लेकिन उसके इस आक्रमण को गुजरात ने असफल कर दिया। बाद में, मेवाड़ के शासक राण कुम्भा को पराजित करने के लिए महमूद खलजी ने कुतबुद्दीन अहमद शाह II के साथ गठबंधन बना लिया। लेकिन महमूद खलजी का यह कार्य शुद्ध तौर कूटनीतिक था और उसने ऐसे किसी भी सम्भावित अवसर को नहीं छोड़ा जिसके द्वारा वह गुजरात की प्रतिष्ठा को आघात कर सकता था।

राजपूताना के साथ संबंध– जिस अन्य शक्ति के साथ गुजरात लगातार संघर्षरत रहत, वह राजपूताना था। जिस प्रथम राजपूत राज्य को गुजरात का भाग बनाया गया वह इदर था। अहमद शाह ने शीघ्र ही डूँगरपुर पर (1433 ई.) अधिकार कर लिया। बाद में कुतबुद्दीन (1451–59) और महमूद बेगड़ा (1459–1511) को मेवाड़ के शासक राण कुम्भा का सामना करना पड़ा।

चम्पानेर के राजपूत राज्य का भी गुजरात के साथ संघर्ष होता रहता था। लेकिन सन् 1483–84 ई. में महमूद बेगड़ार ने अंतिम तौर पर इस राज्य को गुजरात राज्य में मिला लिया और इसका नाम महमूदाबाद रख दिया गया तथा यह गुजरात राज्य की दूसरी राजधानी हो गया। महमूद बेगड़ा के समय में अन्य छोटी राजपूत रियासतों जैसे– जूनागढ़, सोरठ, कच्छ तथा द्वारका पर अधिकार कर लिया गया और मुजफ्फर शाह के शासनकाल के दौरान गुजरात राज्य की सीमाएं दूर–दराज के स्थलों जैसे कि काठियावाड़ प्रायद्वीप तक पहुंच गई।

बहमनी तथा खानदेश के साथ संबंध– बहमनी शासक फिरोजशाह के गुजरात शासकों के साथ मधुर संबंध बने रहे। लेकिन उसकी मृत्यु के बाद अहमद बहमनी के सत्ताहीन (1422–1436) होने के साथ इस स्थिति में गुणात्मक परिवर्तन हुआ। उसने खानदेश के साथ वैवाहिक संबंध स्थापित किये। 1429 ई. में बहमनी तथा खानदेश ने झालवाड़ के शसक राय कान्हा को शरण दी। इस कार्य ने गुजरात के शासक अहमदशाह गुजराती को भड़काया और उसको उनके विरूद्ध बल प्रयोग करना पड़ा। उसने उनको पराजित कर दिया और माहिम पर अधिकार कर लिया। लेकिन बेगड़ा के समय में पुनः सौहार्दपूर्ण संबंधो को स्थापित किया गया। जिस समय मालवा के शासक महमूद खलजी ने बहमनी राज्य पर आक्रमण किया, तब महमूद बेगड़ा इसका पीछा करने के लिए दो बार आया।

महमूद बेगड़ा ने खानदेश शासकों के साथ भी मित्रतापूर्ण संबंध बनाए रखे, लेकिन आदिल खं ने नजराना देना बंद कर दिया और अहमदनगर तथा बरार के साथ मिल गया। इसी कारण बेगड़ा ने खानदेश पर आक्रमण और अंततः आदिल खां को महमूद बेगड़ा की अधीनस्थता को स्वीकार करने के लिए बाध्य किया गया। लेकिन बेगड़ा ने खानदेश या दौलताबाद पर अधिकार नहीं किया बल्कि उसने यहाँ के शासकों को केवल नजराना अदा करने के लिए बाध्य किया।

25 उत्तर भारत में राज्य, प्रशासन और अर्थव्यवस्था

प्रश्न 1. उत्तर भारत में क्षेत्रीय राज्यों की चरित्रगत विशेषताएं लिखिए।

उत्तर – सल्तनत काल में हिंदुओं और मुसलमानों के बीच जो बैर–भाव था, वह 13वीं, 15वीं शताब्दी के दौरान और बढ़ा और उनके आपसी झगड़ों तथा संघर्षों में वृद्धि हुई। पर श्वाजबर्ग ने इस बात का खंडन करते हुए सही कहा है कि इस काल में हिंदू और जौनपुर मुसलमान शासकों के बीच संघर्ष की अपेक्षा मुसलमान और मुसलमान राजाओं तथा हिंदू और हिंदू राजाओं के बीच प्रायः अधिक गहरे संघर्ष हुए। उदाहरण के लिए, मालवा और जौनपुर के मुसलमान शासक गुजरात के परम्परागत दुश्मन थे; कमाटा और अहोम के राजाओं के बीच आए दिन युद्ध हुआ करते थे; उड़ीसा के शासकों को हमेशा विजयनगर के शासकों का आक्रमण सहना पड़ा और राजपूताना के विभिन्न आपस में लड़ा करते थे। उन्होंने अपार संकट की स्थिति में भी एकता की भावना प्रदर्शित नहीं की। वस्तुतः राजनीतिक संधियों में धर्म की अपेक्षा समय और परिस्थिति की अधिक भूमिका रही। 1450–51 में महमूद शाह गुजराती के खिलाफ मालवा के महमूद खिलजी प्रथम ने चम्पानेर के राजा गंगा दारस की सहायता की थी। बाद में, मेवाड़ के राणा कुंभा की शक्ति को देखते हुए महमूद खिलजी ने राणा के खिलाफ गुजराती शासक कुतुबुद्दीन की सहायता की।

13वीं–15वीं शताब्दी की राजनीतिक व्यवस्था का एक खास गुण यह था कि इस काल की राजनीतिक व्यवस्था का फैलाव ऊर्ध्व' था, न कि 'क्षैतिज'। अर्थात् इन क्षेत्रीय राज्यों का भू–क्षेत्र सल्तनत के मुकाबले काफी कम था, पर यहां राजनीतिक व्यवस्था ग्रामीण इलाकों तक गहराई से की हुई थी।

क्षेत्रीय शासकों के अधीनस्थ भू–क्षेत्र के अधिकांश हिस्सों में उनकी पकड़ कमजोर थी; जहां उनका लगभग पूर्ण नियंत्रण होता था, वहां भी उन्हें प्रायः कठिनाइयों का सामना करना पड़ता था।

प्रश्न 2. उत्तराधिकारी राज्यों के रूप में उत्तर भारतीय राज्यों पर एक निबन्ध लिखिए।

उत्तर – कुछ क्षेत्रीय शक्तियों का उदय सल्तनत के खंडहर पर हुआ था, अतः यह माना जाने लगा कि इसकी राजनीतिक संरचना भी सल्तनत के ही ढांचे पर निर्मित थी।

सल्तनत के समान क्षेत्रीय हिंदू या मुस्लिम राज्यों में भी उत्तराधिकार का कोई निश्चित नियम

नहीं था। अतः षड़यंत्र और गुप्त संधियों का बड़ा जोर रहता था और इसमें कभी–कभी महिलाएं भी महत्वपूर्ण भूमिका अदा करती थीं। मालवा में ज्येष्ठाधिकार की अपेक्षा मनोयन का सिद्धांत प्रभावी हुआ। जौनपुर में 'शक्ति' का बोलबाला रहा। 1458 में हुसैन शाह शर्की ने अपने बड़े भाई मोहम्मद शाह शर्की को मारकर गद्दी हासिल कर ली। इसी प्रकार गुजरात में अपने राज्यारोहण के पूर्व अहमद शाह को अपने चाचा मौदूद सुल्तान (फिरोज खां) की चुनौती का सामना करना पड़ा था। बंगाल में इस मामले में सरदारों की भूमिका प्रमुख रही और शासकों को राज्यधिकार प्राप्त करवाने में वे सक्रिय रहे। शमसुद्दीन अहमद शाह की हत्या उसके गुलामों शादी खां और नासिर खां (1435) द्वारा कर दी गई। इसके जवाब में विरोधियों ने उनकी हत्या कर दी (1442)। 1487 तक अबीसीनियाई (हब्शी) सरदारों की शक्ति अपने शिखर पर पहुंच गई। इस समय अबीसीनियाई सरदार मलिक अंदिल ने जलालुद्दीन फतह शाह को मारकर गद्दी हथिया ली।

राजपूताना में भी ज्येष्ठाधिकार का शत–प्रतिशत पालन नहीं किया जाता था। इस संदर्भ में गुहिलों और सिसोदियों के मामले को लिया जा सकता है। राणा लाखा की मृत्यु के बाद चुंडा (राणा का ज्येष्ठ पुत्र) को गद्दी प्राप्त नहीं हुई, बल्कि उसके अल्पवयस्क पुत्र राणा मोकल को शासक बनाया गया। इसी प्रकार उदय ने अपने राणा कुंभा को मारकर गद्दी हासिल की। रायमल भी आसानी से राजा न बन सका।

कश्मीर में भी उत्तराधिकार का कोई निश्चित नियम न बनाया जा सका। 1323 में अपने मालिक की मृत्यु के बाद शाह मीर ने गद्दी हथिया ली। उसके ज्येष्ठ पुत्र जमशेद के राज्यारोहण (1342) के लिए भी लंबा उत्तराधिकार युद्ध चला। जैन–उल आबेदीन ने खुद 1420 में अपने बड़े भाई अली शाह को मारकर सत्ता हासिल की।

अहोम राजाओं की नियुक्ति में प्रभावशाली सामंतो की परिषद–बर गोहैन और बुराह गौहेन की प्रमुख भूमिका होती थी। वस्तुतः इन परिषदों की अनुशंसा के बगैर कोई राजा गद्दी पर बैठने की सोच नहीं सकता था। केवल उड़ीसा राज्य में गंगा शासकों के शासनकाल में उत्तराधिकार के नियम का सम्मान किया गया। पर बाद में जब सत्ता का हस्तांतरण गजपति शासकों के हाथों में हुआ तब इस नीति की अवमानना हुई।

राजा सर्वोच्च शक्ति था और वह सभी मामलों में अंतिम निर्णायक था। पर इस्लाम में सुल्तान की सत्ता को कोई बैधता प्राप्त नहीं थी और खलीफा मुसलमानों का राजनीतिक प्रधान होता था। दिल्ली के सुल्तान अपनी सत्ता को 'वैध' बनाने के लिए खलीफा के नाम का खुतबा पढ़ा करते थे और सिक्के में उसका नाम खुदवाया करते थे। क्षेत्रीय राज्यों के लिए भी अपने आपको वैध करार करना जरूरी था।

कटट्र मुसलमानों को अपने पक्ष में करने के लिए मालवा, गुजरात, बंगाल और जौनपुर के शासकों ने हमेशा उलेमा और सूफियों का समर्थन प्राप्त करने की कोशिश की और इसके बदले में उन्हें, अच्छे पद और राजस्व मुक्त भू–अनुदान (मदद–ए–माश) प्रदान किए गए। वे अवसर मुस्लिम संतों की खानकाहों में 'मत्था टेकने' जाया करते थे। इवाज खिलजी, मुगीसुद्दीन, रूक्नुद्दीन कैकॉस, शमसुद्दीन फिरोज आदि बंगाल के शासकों ने खलीफा से वैधता की मंजूरी हासिल की और सभी ने अब्बासिद खलीफा का नाम सिक्के पर खुदवाया। इब्राहिम शर्की के संरक्षण में अनेक प्रमुख मुस्लिम संतों–मखदूम असदउद्दीन आफताब–ए– हिंद,

मखदूम सद्रउद्दीन चिराग–ए–हिंद, पांडुआ के सैयद अलाउल हक आदि ने ख्याति पाई। मालवा शासक होशंग शाह ने उलेमा और अन्य विद्वानों को मालवा में बसाने के हर प्रयत्न को प्रोत्साहित किया। होशंग शाह के मन में मखदूम काजी बुरहानुद्दीन के प्रति अपार श्रद्धा थी और वह उसका शिष्ट (मुरीद) भी बन गया था। बुरहानुद्दीन के पुत्र शाह आलम को भी गुजराती शासकों कुतुबुद्दीन बेगड़ा से सम्मान ओर संरक्षण प्राप्त हुआ। कश्मीर के राजा भी सूफियों का सम्मान किया करते थे। राजपूताना में राजाओं ने अपने राजनीतिक कार्यों को वैध करार देने के लिए ब्राह्मणों को अपने पक्ष में मिलाकर रखा और इसके बदले में ब्रह्मणों को मुक्तहस्त से राजस्व मुक्त भू–अनुदान दिए। उड़ीसा में भगवान जगन्नाथ को वास्तविक राजा माना जाता था। इस कारण से ब्राह्मणों का राजनीतिक प्रभाव तेजी से बढ़ा।

प्रश्न 3. उत्तर भारत में राजस्व प्रशासन की प्रकृति पर टिप्पणी लिखिए।

उत्तर– उत्तर भारत के राज्य की आय का प्रमुख स्त्रोत भू–राजस्व था। कश्मीर, मालवा, गुजरात, जौनपुर और बंगाल में भू–राजस्व को खराज के नाम से जाना जाता था। इन क्षेत्रीय राज्यों में राज्य कर का प्रतिशत क्या था, इसके बारे में निश्चित जानकारी उपलब्ध नहीं है। किसी आकस्मिक घटना की स्थिति में कर में छूट दी जाती थी। जैन–उल आबेदीन के शासनकाल में राज्य में अकाल पड़ने पर राजस्व को घटाकर 1/4 और कहीं–कहीं 1/7 कर दिया गया था।

14वीं शताब्दी के अनुसार बंगाल में भू–राजस्व कुल उपज का आधा होता था। पर इसी समय का एक चीनी यात्री वांग–ते युआन लिखता है कि राज्य का हिस्सा कुल उपज का 1/5 वां भाग था। बंगाल में आम तौर पर उपज के आधार पर ही करारोपण होता था, जमीन को मापने पर जोर नहीं दिया जाता था। किसान प्रत्येक वर्ष आठ किस्सों में लगान सीधा राज्य को देता था। बंगाल में मजमुआदारों (राजस्व को ठेके पर लेने वाले) का एक वर्ग था, जो किसानों से कर वसूल कर एक नियरा राशि राज्य दे देते थे। भू–राजस्व वसूलने के लिए उनके पास अपना दल था। सभी धार्मिक क्षेत्र भू–राजस्व अन्य प्रत्येक प्रकार के कर से मुक्त थे।

उड़ीसा में भू–राजस्व का छठवां हिस्सा था। सम्पूर्ण राज्य बीसी और खंड नामक प्रखंडों में विभक्त था। प्रत्येक प्रभाग बीसी और खंडाधिपति के अधीन था। उनकी सहायता के लिए खंडायत और बोइमुल (बाद में इसे लेखाकार का पर दे दिया गया) रखे जाते थे। इन अधिकारों के अलावा, उच्च सैनिक अधिकारियों की नियुक्ति भी की जाती थी। इनमें महानायक, भूपति और भूयान आदि प्रमुख थे। ये वंशानुगत सरदार होते थे। नागरिक और धार्मिक क्षेत्र की देखभाल के लिए भी अधिकारी नियुक्त किए गए थे, जैसे पुरोहित राजगुरू आदि। इन्हें वेतन के रूप में राजस्व मुक्त भूमि मिलती थी। उड़ीसा और गुजरात में एक रोचक बता यह था कि यहां धार्मिक अनुदान वंशानुगत होते थे; उन्हें भूमिछिद्रपिधान्याय के नाम से जाना जाता था। अनुदान प्राप्तकर्ता को गांव के साथ वहां के शिल्पकार, मजदूर आदि भी प्राप्त हो जाते थे।

प्रश्न 4. उत्तर भारत के राज्यों की राजनीतिक व्यवस्था में राजस्व और अर्थव्यवस्था के निर्धारण में सामंतों तथा भूमि–धर कुलीन तंत्र की भूमिका का उल्लेख कीजिए?

उत्तर– 13–15वीं शताब्दी की क्षेत्रीय राजनीतिक व्यवस्था में सामंतों की अहम् भूमिका रही है। इस सामंत वर्ग में हिंदू और मुसलमान दोनों शामिल थे। वे खान–ए आजम, खान–ए मुअज्जम, महापत्राधिपत्र आदि जैसी पदवियों से अपने को विभूषित करते थे। इन सामंतो को उनके वेतन के बदले में 'इक्ता' (वेतन के बदले राजस्व का एक हिस्सा) दिया जाता था; इसके बदले में वे उस इलाके की कानून वरूवस्था संभालते थे, राजस्व वसूल करते थे और समय आने पर राजा को सैनिक भी मुहैया करवाते थे। सैद्धांतिक तौर पर यह पद वंशानुगत नहीं होता था और यह पद राजा अपनी इच्छा के अनुसार किसी भी सरदार को दे सकता था; पर धीरे–धीरे यह पद वंशानुगत होता गया। केवल राजपूताना इसका अपवाद था, अतः राजा को उन पर आश्रित रहना पड़ता था।

क्षेत्रीय राज्यों में भी ऐसे वर्ग सक्रिय थे। भौगोलिक और राजनीतिक आधार पर उन्हें दो कोटियों में विभक्त किया जा सकता है–

(क) सीमांत क्षेत्र में रहने वाला भूमिधर कूलीन वर्ग। इस कोटि में 'सरदार' और 'राजा' आते हैं –तथाकथित बिचौलिये जमींदार।

(ख) मुख्य भू–क्षेत्र में रहने वालो भूमिधर वर्ग–तथाकथित प्राथमिक जमींदार।

पहली काटि में दुराग्रही और हठी तत्वों का बोलबाल था। वे कभी किसी एक राजा का पक्ष लेते थे, तो कभी किसी दूसरे राजा का; वे अपनी बदलते रहते थे।

मुख्य भू–क्षेत्र में रहने वाले भूमिधर कुलीन वर्ग पर दबाव अपेक्षाकृत अधिक रहता था और उनकी गतिविधियों पर कड़ी निगरानी भी रखी जाती थी। क्षेत्रीय राज्यों की एक चरित्रगत विशेषता यह है कि यहां अप्रवासी थे; उनका कोई स्थानीय आधार नही था। उनका प्रमुख उद्देश्य एक ऐसे निष्ठावान ग्रामीण कुलीन वर्ग का निर्माण करना था। जिसकी सहायता से पुरान कुलीन वर्ग की शक्ति को संतुलित किया जा सके। क्षेत्रीय शक्तियों का यही प्रमुख उद्देश्य होता था और इसी मे उनकी सफलता निहित होती थी। मुसलमानों के आक्रमण और राजपूत रजवाड़ों के आपसी युद्ध के कारण राजपूत काफी संख्या में मालवा ओर गुजरात की ओर स्थानांतरित हो गए।

क्षेत्रीय राज्यों की अर्थव्यवस्था का मुख्य आधार खेती था। बंगाल, असम, कश्मीर ओर उड़ीसा प्रधानतः धान उत्पादन के क्षेत्र में जबकि राजपूताना, मालवा गुजरात और जौनपुर में गेहूं प्रमुख फसल थी, मालवा की भूमि काफी उर्वर थी, जिसमें अच्छे किस्म का धान, गेहूं प्रमुख फसल थी, मालवा की भूमि काफी उर्वर थी, जिसमें अच्छे किस्म का धान,गेहूं , चना, मटर, दाल, कपास, अच्छे किस्म के पान के पत्ते, आम आदि उपजाए जाते थे। ये खाद्य–सामग्रियां दिल्ली सल्तनत को भेजी जाती थीं।

कश्मीर, बंगाल, असम, गुजरात ओर उड़ीसा की मध्यकालीन अर्थव्यवस्था की महत्वपूर्ण भूमिका थी। कश्मीर और पंजाब के बीच पीर पंजार पहाड़ी क्षेत्र के रास्ते व्यापार होता था। कश्मीर जो जिला दर्रे के रास्ते लेह से भी जुड़ा हुआ था। यहां पंजा से नमक और लद्दाख तथा यारकंद से शाल आयात किया जाता था। कश्मीर शाल कस्तूरी, स्फटिक, रेशम, केसर और

मेवे निर्यात करता था। जैन–उल आबेद्दीन ने कश्मीर में रेशम उद्योग को बढ़ावा देने का विशेष प्रयत्न किया और इस क्रम में बेहतर तकनीक ओर डिजाइन को प्रोत्साहन दिया। रेशम में कागज उद्योग की भी शुरूआत की। निर्यातक वस्तुओं में कपड़े, चावल, गेहूं, रेशम, चीनी आदि का प्रमुख स्थान था। इब्न बतूता हवाला देता है कि 14वीं शताब्दी के दौरान बंगाल में हिजड़ों और दासों का व्यापार भी प्रचलित था। सेन शासकों के अधीन व्यापार में गिरावट आई। सल्तनत शासन की स्थापना के बाद सतगांव, सोनारगांव और चटगांव जैसे महत्वपूर्ण बंदरगाह अस्तित्व में आए। इसके अतिरिक्त लखनौती, सोनारगांव, फतेहाबाद, मुहम्मदाबाद आदि शहर अस्तित्व में आए, जहां सिक्कों की ढलाई होती थी। इस प्रकार मुस्लिम शासन के दौरान बंगाल में शहरीकरण की प्रक्रिया शुरू हुई। समुद्र पर अरब और फारस क व्यापारियों का बोलबाला था और बंगाली व्यापारी ज्यादातर बिचौलिए का काम करते थे। गुजरात में व्यापारिक गतिविधियों में हिंदू ओर मुसलमान दोनों शामिल थे। गुजरात की अर्थव्यवस्था का मुख्य स्त्रोत व्यापार से आने वाला राजस्व था। अहोम अर्थव्यवस्था में वस्तु–विनिमय का प्रचलन था।

26 दक्खन और दक्षिण भारत में क्षेत्रीय शक्तियाँ

प्रश्न 1. दक्षिण भारत के चार प्रमुख राज्य के उदय पर प्रकाश्या डालिए?

उत्तर – चोल और चालुक्य राज्य के पतन के बाद दक्षिण में अनेक छोटे–छोटे राजतंत्रों और राज्यों का उदय हुआ। इनमें प्रमुख चार राज्य निम्नलिखित थे:– यादव, काकतीय, पांड्य और होयसल।

(1) यादव और काकतीय – तेरहवीं शताब्दी में यादव और काकतीय राज्यों ने एक बड़े क्षेत्र में अपना प्रभुत्व स्थापित कर लिया। यह क्षेत्र आधुनिक आंध्र प्रदेश और लगभग सम्पूर्ण दक्खन तक फैला हुआ था।

यादव – लगभग नवीं शताब्दी ई. से हगें यादव वंश के इतिहास के विषय में जानकारी उपलब्ध है। लगभग 300 वर्षो तक यह वंश राष्टकूट और चालुक्य राज्यों के सामन्त के रूप में शासन करता रहा। चालुक्यों के पतन के बाद वे एक बड़े क्षेत्र में स्वतंत्र शासक के रूप में अस्तित्व में आए।

इस वंश के भील्लमा V ने जो चालुक्य शासक सोमेश्वर IV का सामंत था, 1187 ई. मं स्वतंत्र स्थिति प्राप्त की और यादव वंश की नींव डाली। सिंहन के शासन काल (1210–46) में यादव राज्य की सीमाओं में दक्षिणी गुजरात, पश्चिमी मध्य प्रदेश और बरार, महाराष्ट्र के कुछ भाग, कर्नाटक, आधुनिक हैदराबाद के पश्चिमी भाग और मैसूर के उत्तरी क्षेत्र सम्मिलित थे। कृष्ण (1246–60ई.) तथा रामचन्द्र (1271–1311) यादव वंश के अन्य महत्वपूर्ण राजा थे। 1311–12 में राजा रामचंद्र की मृत्यु के बाद चादव वंश का अन्त हो गया।

काकतीय – काकतीय कल्यानी के चालुक्यों के सामन्त थे। लगभग 1162 ई. में काकतीय रूद्रदेव (प्रताप रूद्रदेव I), ने चालुक्य शासक तैलपा III को पराजित करके काकतीय वंश की नींव डाली। लगभग 1185 ई. में वेलननती राजाओं को पराजित करके उसने करनल जिला प्राप्त किया। गणपति (1199–1262), रूद्रम्बे (1262 –1295) तथा प्रताप रूद्र II (1295–1326) इस वंश के अन्य महत्वपूर्ण शासक थे। उनका शासन आन्ध्र के अधिकांश क्षेत्र गोदावरी, कांची,कुरनूल तथा कुडप्पा जिलों तक था। उलुग खां (मौहम्मद

तुगलक) ने 1332 में लगभग सम्पूर्ण तेलंगाना को रौंद डाला और इस प्रकार काकतीय वंश का अंत हो गया।

(2) पांड्य और होयसल – यह दोनों राज्य दक्खन के आगे के क्षेत्र–सम्पूर्ण प्रायद्वीपीय दक्षिण– पर नियंत्रण बनाए हुए थे।

होयसल वंश – होयसल वंश का शासन आधुनिक कर्नाटक और तमिल क्षेत्र के अधिकांश भागों में फैला हुआ था। इस वंश का प्रथम स्वतंत्र शासक बल्लाल II (1173–1220) ई. था। 12वीं शताब्दी के अंत में स्वतंत्र राज्य के रूप में होयसल राज्य अस्तित्व में आया। 14वीं शताब्दी के प्रारंभ में इस राज्य का अंत हुआ। नरसिंह II (1234–63 ई.) नरसिंह III (1291–1342 ई.) जैसे प्रमुख होयसल शासकों ने पांड्य और यादव शासकों के विरूद्ध संघर्ष किए।

पांड्य वंश – पांड्य शासन में आधुनिक तमिलनाडू के कुछ भाग और आधुनिक केरल का लगभग सम्पूर्ण भाग शामिल था। तेरहवीं शताब्दी के प्रारंभ में स्वतंत्र राज्य के रूप में पांड्य राज्य अस्तित्व में आया। चौदहवीं शताब्दी के आरंभ में इस राज्य का अन्त हुआ। इस वंश का प्रथम स्वतंत्र शासक मरवर्मन सुंदर पांड्य I (1216–1238 ई.) था। मरवर्मन सुंदर पांड्य II (1238–51 ई.) जटावर्मन सुंदर पांड्य I (1251–68), मरवर्मन कुलशेखर पांड्य (1268–1310 ई.) तथा जटावर्मन वीर पांड्य II इस वंश के अन्य महत्वपूर्ण शासक थे।

चार राज्यो के मध्य संघर्ष – इस सम्पूर्ण काल में यह चारों राज्य एक दूसरे के विरूद्ध किसी न किसी युद्ध में उलझे रहते थे। इन गुद्धो की विवेचना इस प्रकार है:–

1. काकतीय, होयसल और पांड्य राज्यों के बीच चोल राज्य के अवशेषों पर नियंत्रण के लिए लगातार संघर्ष रहता था।
2. यादव और काकतीय वंश के बीच भी लगातार युद्ध चलता रहता था परन्तु कोई भी दूसरे को निर्णायक रूप से पराजित नहीं कर पाया।
3. इसी प्रकार के संघर्ष यादव, होयसल, काकतीय तथा पांड्य राज्यों के बीच में भी थे।
4. इन राज्यों के आपसी संघर्षो के अतिरिक्त कई अन्य युद्ध भी हुए। दक्षिण भारत के चार अत्यधिक महत्वपूर्ण आक्रमण यादव और पांड्य शासकों ने किए। यादव वंश के संस्थापक भील्लमा V ने मालवा और गुजरात पर आक्रमण किए। सिंहन और रामचन्द्र जैसे यादव शासकों ने भी मालवा (1215 ई.) और गुजरात पर आक्रमण किए परन्तु कोई निश्चित सफलता नहीं मिली।
5. पांड्य शासक मरवर्मन कुलशेखर ने लंका के विरूद्ध आक्रमण किया (1283 – 1302 ई.)। लंका के राजा पराक्रमबहा III (1302–1310) ने पांड्य राजा के समक्ष समर्पण कर दिया। इसके पश्चात् दोनों के बीच शांति बनी रही।

प्रश्न 2. दक्षिण भारत की प्रशासन व अर्थव्यवस्था की विवेचना कीजिए।

उत्तर – अधिकांश प्रशासनिक संस्थायें और आर्थिक गतिविधियाँ इस काल में भी पूर्ववत जारी रहीं। अधिकतर महत्वपूर्ण परिवर्तन बहमनी राज्य और विजयनगर साम्राज्य की स्थापना के पश्चात् ही दिखाई पड़ते हैं।

प्रशासन– इन राज्यों की प्रमुख राजनीतिक संस्था राजतंत्र थी। इसके साथ ही सामन्ती व्यवस्था भी सामान्यतया प्रचलित थी। दक्खन के क्षेत्र में (यादव व काकतीय राज्यों में) प्रान्तीय प्रमुखों के रूप में सफल सैनिक अधिकारियों को नियुक्त किया जाता था जिन्हें नायक कहा जाता था। यह नायक छोटे स्तर के सामन्तों पर नियंत्रण रखने, भू–राजस्व वसूल करने और कानून व्यवस्था बनाए रखने का कार्य करते थे। एक स्त्रोत के अनुसार राजा समान्तों और सामन्तों और नायकों को केवल छोटे गांव अनुदान में देते थे। बड़े गांवो की आय सेना के रख–रखाव के लिए अलग रखी जाती थी। काकतीय राजा नायकों की बढ़ती शक्ति के प्रति हमेशा सशंकित रहते थे। वे नायकों को अधिक समय तक एक स्थान पर नहीं रहने देते थे ताकि वे स्थानीय स्तर पर अधिक शक्तिशाली न हों सकें। विजयनगर साम्राज्य की अत्यधिक महत्वपूर्ण नायनकार व्यवस्था संभवतः इसी समय प्रारंभ हुई थी।
राज्य के विभिन्न विभागों की देख–रेख के लिए कई मंत्री नियुक्त किए गए थे। प्रशासन की सबसे छोटी इकाई गांव थे। गांवों की प्रशासनिक व्यवस्था का उत्तरदायित्व एक ग्राम प्रमुख के नेतृत्व में ग्राम पंचायत पर था। गांवों के समूह भी एक प्रशासनिक इाकई में संघठित किए जाते थे।

अर्थव्यवस्था – इस काल में भी कृषि उत्पादनों से प्राप्त कर राज्य की आय का मुख्य साधन था। राज्य द्वारा लगातार अधिक से अधिक भूमि को कृषि के अधीन लाने का प्रयास किया जाता था। सिंचाई के लिए तालाब (जिन्हें काकतीय राज्य में समुद्रम कहा जाता था) और बांध बनाए जाते थे। राज्य द्वारा निर्धारित भू–राजस्व की दर के विषय जानकारी उपलब्ध नहीं है। दौलताबाद में दिल्ली सल्तनत का नियंत्रण स्थापित हो जाने के बाद भू–राजस्व व्यवस्था में कई नई व्यवस्थाएं लागू की गई चरागाहों, खानों और जंगलों पर राज्य का स्वामित्व था और राज्य इनसे कर वसूल करता था। चुंगी से आय और व्यापार से प्राप्त कर राज्य की आय के अन्य साधन थे (इन्हें काकतीय राज्य में सुन्कम कहा जाता था)। काकतीय राज्य में गाड़ी (बन्दी), दास (बनीसा) और घोड़े रखने पर एक अलग कर वसूल किया जाता था। पांड्य राज्य मोती वाली सीपों के लिए प्रसिद्ध था। मार्कोपोलो ने भी इसके विषय में लिखा है। समुद्र से मोती निकालने वाले अपने लाभ का दस प्रतिशत राज्य को देते थे। अरब व्यापारियों तथा बाद के यूरोपीय व्यापारियों के आगमन के बाद दक्षिण भारत की व्यापारिक गतिविधियों में तेजी आई। इन व्यापारिक गतिविधियों से प्राप्त आय के कारण दक्षिण भारत की समृद्धि काफी बढ़ गई। व्यापारी संघ (गिल्ड) महत्वपूर्ण भूमिका निभाते थे। वे राज्य की कर नीति तथा अन्य आर्थिक नीतियां निर्धारित करने में मदद करते थे। सम्पूर्ण दक्षिण भारत में सर्वाधिक महत्वपूर्ण व्यापारिक समुदाय चेट्टी था।

27 विजयनगर साम्राज्य

प्रश्न 1. विजयनगर साम्राज्य की स्थापना और सुदृढ़ीकरण की प्रक्रिया का परीक्षण कीजिए। **[June-03, Q7]**

उत्तर – दक्षिण भारत के राजनीतिक घटनाक्रम के निर्धारण में भौगोलिक समाकृतियों की महत्वपूर्ण भूमिका रहा है। स्थानीय शक्तियों के मध्य संघर्ष के मुख्य केन्द्र थे कृष्णा–गोदावरी डेल्टा, कावेरी घाटी, तुंगभद्रा दोआब और कोंकण भू–भाग जो अपनी उर्वरता एवं दूर फैले गहरे सागरों तक पहुंचने के लिए जाना जाता था। 8वीं–13वीं शताब्दी के मध्य संघर्ष राष्ट्कूटों और पल्लवों के मध्य था, जबकि बाद में टकराव विजयनगर और बहमनी राज्यों के बीच था। किन्तु बाद में यह गठबंधन टूट गया जिसका लाभ विजयनगर साम्राज्य को मिला।

प्रारंभिक काल 1336–1509– इस काल में विजयनगर, बहमनी, कोण्डाविडु (ऊपरी कृष्णा–गोदावरी डेल्टा विस्तार) के रेड्डियों, राजाकोण्डा, (कृष्णा–गोदावरी डेल्टा के निचले विस्तारों) के वेलामाओं, तेलुगु–चोडाओं (कृष्णा– गोदावरी क्षेत्र के मध्य) और उड़ीसा के गजपतियों के मध्य कृष्णा–गोदावरी डेल्टा, तुंगभद्रा दोआब और मराठवाड़ा (विशेषतः कोंकण) के नियंत्रण को लेकर संघर्ष होते रहे।

1422–46 को दौरान रायचूर दोआब के अधिग्रहण को लेकर विजयनगर और बहमनी शासकों के मध्य संघर्ष छिड़ा जिसमें विजयनगर की हार हुई।

1465–1509 के मध्य एक बार फिर रायचर दो आब संघर्षो का केन्द्र बना। प्रारंभ में विजयनगर को अपने पश्चिमी बंदरगाहों, यथा : गोवा, चौल और दभोल बहमनी शासकों को समर्पित करने पड़े। परन्तु, 1490 के आसपास यूसुफ खां नेतृत्व में बीजापुर की स्थापना के बाद बहमनी राज्य में आंतरिक विघटन की प्रक्रिया प्रारंभ हुई। इस स्थिति का लाभ उठाते हुए विजयनगर ने तुंग भद्रा क्षेत्र (अदोनी एवं कुरनूल) पर कब्जा करने में सफलता पाई। इससे पहले पश्चिमी बंदरगाहों के हाथ से निकल जाने से अरबों के साथ अश्व–व्यापार अव्यवस्थित हो चुका था, जो विजयनगर की घुड़सवार सेना के लिए महत्वपूर्ण था। तथापि, होनावर, भतकल, बकानूर एवं बंदरगाहों को हासिल करने के बाद अश्व–व्यापार पुनः प्रारंभ हुआ। इसके फलस्वरूप घोड़ों की निरंतर आपूर्ति से विजयनगर सेना की कार्यक्षमता को बल मिला।

कृष्णदेव राय 1509–29– यह काल विजयनगर के महानतम शासक कृष्णदेव राय (1509–29) की उपलब्धियों का है। इस अवधि में बहमनी शक्ति का पतन हुआ, जिसके

फलस्वरूप 5 राज्यों का उद्भव हुआः अहमदनगर में निजामशाही; बीजापुर में आदिल शाही; बरार में इमद शाही, गोलकोण्डा में कुतब शाही; और बीदर में बरीद शाही। बहमनी सल्तनत के विघटन की ओर अग्रसर होने के कारण कृष्णदेव राय को बीजापुर के आदि शाहियों से कोविलकोण्डा और रायचूर तथा बहमानी शासको से गुलबर्गा एवं बीदर प्राप्त करने में सफलता मिली। कृष्णदेव राय ने गजपतियों से उदयगीर, कोण्डाविडु (कृष्णा नदी के दक्षिण में), नालगोण्डा (आन्ध्रप्रदेश), तेलँगाना, राजामुन्द्री एवं वारंगल पुनः प्राप्त किए।

अस्थिरता का युग 1529–42– कृष्णदेव राय की मृत्यु के साथ ही आंतरिक संघर्ष एवं बाहरी आक्रमण प्रारंभ हुए। आंतरिक स्थिति का लाभ उठाते हुए बीजापुर के इस्माइल आदिल खां ने रायचूर और मुद्गल पर कब्जा कर लिया। गजपतियों और गोलकुण्डा राजाओं ने भी कोण्डाविडु को प्राप्त करने के लिए असफल प्रयास किए। इस गड़बड़ी का फायदा उठाते हुए कृष्णदेव राय के भाई अच्युत राय (1529–42) ने विजयनगर सिंहासन हथियाने में सफलता पाई। परन्तु उसकी मृत्यु के बाद पुनः उत्तराधिकार को लेकर अच्युत राय के पुत्र और उसके भतीजे सदाशिव के बीच संघर्ष छिड़ा। सदाशिव ने 1542 में सिंहासन प्राप्त किया। लेकिन वास्तविक शक्ति कृष्णदेव राय के दामाद राम राय के हाथों में ही रही।

पुर्तगाली– राम राय के पुर्तगालियों के साथ मित्रतापूर्ण संबंध नहीं थे। 1542 में मार्टिन अल्फांसो डिसूजा गोवा का राज्यपाल बना तथा उसने भतकल में लूटपाट की। बाद में, राम राय को अल्फांसो डिसूजा के उत्तराधिकारी जोआओ दे केस्ट्रो के साथ 1547 में एक संधि करने में सफलता मिली, जिससे राम राय ने अश्व–व्यापार के एकाधिकार प्राप्त किए। राम राय ने पुर्तगालियों के प्रभाव क्षेत्र, कोरोमण्डल स्थित सेन थोम में उनके प्रभाव को नियंत्रित करने की कोशिश की।

सुदूर दक्षिण के साथ विजयनगर के संबंध– 1512 तक, विजयनगर शासकों ने लगभग संपूर्ण दक्षिणी प्रायद्वीप को अपने अधिकार में ले लिया। राजागंबीर–राज्यन् (तोंडईमंउलम्) नामक छोटे–से हिन्दू राज्य, कालीकट के जमोरिन और क्विलोन (केरल) के शासकों ने विजयनगर का आधिपत्य स्वीकार किया। 1496 तक लगभग संपूर्ण सुदूर दक्षिण केप कोमोरिन तक के क्षेत्र जिसमें स्थानीय चोल, चेरा शासक के क्षेत्र आते थे, तंजौर, पुडुकोट्टाई तथा मदुरा के मानाभूषा भी आते थे, विजयनगर के अधीनस्थ हो गए। किन्तु पाण्ड्य शासक (टयूटीकोरिन तथा कयत्तर का सरदार) को गौण राजा के रूप में शासन करने दिया गया। तमिल प्रदेश के आधिपत्य का एक रोचक पहलू यह था कि जीत के बाद तेलुगु सैनिक उस दूरस्थ विरल जनसंख्या वाले प्रदेश में स्थायी तौर पर बस गए। इन प्रवासियों ने वहाँ की काली मिट्टी का भरपूर फायदा उठाया एवं कालांतर में रेड्डियों के एक महत्वपूर्ण खेतिहर वर्ग का आविर्भाव हुआ। साथ ही, तमिल प्रदेश में नायकों का बिचौलियों के रूप में उद्भव भी तमिल क्षेत्र में प्रसार का ही परिणाम था।

दक्खन के मुस्लिम राज्य– 1538 तक बहमनी राज्य 5 प्रदेशों में विभाजित हुआ–बीजापुर,

गोलकुण्डा, अहमदनगर, बीदर और बरार। 1542–42 में बीजापुर और गोलकुण्डा के मध्य आपसी समझ से बीजापुर को विजयनगर के विरुद्ध खुली छूट मिल गई, जबकि अहमदनगर ने बीदर की कीमत पर विस्तार की योजना बनाई। इस समझौते के साथ इब्राहीम आदिल शाह ने विजयनगर पर आक्रमण किया किंतु उसका दो टूक जवाब मिला। लेकिन यह समझ भी लंबे तक जारी न रह सकी। अहमदनगर ने बीदर के कल्याणी के दुर्ग को हासिल करने में राम राय की सहायता प्राप्त की। राम राय के दक्खन राज्यों के साथ संबंध बहुत जटिल थे, बीदर के विरुद्ध उसने अहमदनगर की सहायता की परंतु जब अहमदनगर ने गुलबर्गा (जो कि बीजापुरी क्षेत्र था) पर आक्रमण किया, राम राय ने बीजापुर शासक का पक्ष लिया। राम राय ने विजयनगर और दक्खनी राज्यों के मध्य एक सामूहिक सुरक्षा योजना बनाने में सफलता प्राप्त की। यह स्वीकार किया गया कि किसी एक के विरुद्ध आक्रमण की स्थिति में आक्रमणकारी के विरुद्ध अन्य सभी सशस्त्र संघर्ष करने को बाध्य होगें।

प्रश्न 2. विजयनगर के स्थानीय प्रशासन का उल्लेख कीजिए। [June-05, Q7]

उत्तर – संपूर्ण दक्षिण भारत के इतिहास में अनेक राजबंधो और पतन के दौरान एक राजनीतिक संस्था–जो बिलकुल ही दुष्प्रभावित नहीं हुई–वह थी स्थानीय शासन। चौल–चालुक्य युग की शासन–व्यवस्था के संदर्भ में, हम 'सभा' और 'नाडु' विजयनगर काल में भी प्रचलित रही। इस काल में किसी–किसी प्रदेश में 'सभा' को 'महासभा' अन्यत्र 'ऊर' और 'महाजन' भी कहा जाता था। प्रत्येक गाँव को अनेक वार्डो या मुहल्लों में बाँटा जाता था। इस 'सभा' के विचार–विमर्श में गाँव या क्षेत्र विशेष के प्रमुख लोग हिस्सा लेते थे। विजयनगर–कालीन अभिलेखों में इन स्थानीय स्वश्यासन–संबंधी संस्थाओं का खूब उल्लेख मिलता है। विजयनगर के स्थानीय प्रशासन व्यवस्था का उल्लेख इस प्रकार है।

नायंकार व्यवस्था – विजय नगर–कालीन राजतंत्र और प्रांतीय व्यवस्था के प्रसंग में नायंकार–व्यवस्था का उल्लेख आवश्यक है। चोल युग और विजय नगर युक के राजतंत्र के बीच सबसे बड़ा अंतर यही नायंकार–व्यवस्था है। इस व्यवस्था की उत्पात्ति, इसके वास्तविक स्वरूप और व्याखा के सबंध में इतिहासकारों में बड़ा विवाद है। कुछ इतिहासकारों का कहना है कि विजयनगर–कालीन सेनानायकों को 'नायक' कहा जाता था। कुछ अन्य इतिहासकारों को विचार है कि ये नायक वस्तुतः भू–सामंत थे जिन्हें राजा वेतन के बदले अथवा उनकी अधीनस्थ सेना के रख–रखाव के लिए विशेष भू–खंड दे देता था, जो 'अमरम' कहलाते थे। 'अमरम' भूमि का उपभोग करने के कारण इन्हें 'अमर–नायक' भी कहा जाता था।

यद्यपि हमने 'नायंकार व्यवस्था' का प्रांतीय शासन व्यवस्था के संदर्भ में उल्लेख किया है परंतु नायक की स्थिति, प्रांतीय गवर्नर की तुलना में निम्न दृष्टियों से भिन्न होती थी:

1. प्रांतीय गवर्नर प्रांत में राजा का प्रतिनिधि होता था और वह राजा के नाम से शासन करता था, जब कि नायक केवल एक सैनिक–सामंत होता था और उसे केवल अपने सैनिक एवं वित्तीय दायित्वों की पूर्ति के लिए कुछ जिले या प्रदेश प्रदान कर दिए जाते थे।
2. गवर्नर की तुलना में नायक को अपने प्रदेश में कहीं अधिक स्वतंत्रता प्राप्त थी। राजा

सामान्यतः 'नायंकार' प्रदेशों के आतंरिक मामलों में हस्तक्षेप नहीं करता था। और किसी विशेष परिस्थितियों अथवा शासन के मामले में पूर्णतया अक्षम होने पर ही नायक को हटाया जा सकता था।

3. नायकों को एक 'अमरम' प्रदेश से दूसरे 'अमरम' प्रदेश में स्थानांतरित करने के प्रमाण हमें नहीं मिलते जब कि गवर्नर को प्रशासकीय आवश्यकता के अनुरूप स्थानांतरित या पदच्युता भी किया जा सकता था।

4. गवर्नर की तुलना में नायक के उत्तरदायित्व भी कहीं अधिक थे। जंगलों को साफ कराना, कृषि योग्य भूमि का विस्तार करना, कृषि एवं आम समृद्धि की रक्षा करना आदि उसके कुछ प्रमुख दायित्व थे।

5. गवर्नरों को प्रायः 'दंडनायक' कहा जाता था। और अधिकांशतः वे ब्रह्मण हुआ करते थे। परंतु बाह्मण नायक होने के दृष्टांत हमें बहुत थोड़े मिलते है।

6. प्रांतीय गवर्नरों द्वारा अपने पदों को आनुवंशिक बना लेने का हमें कोई दृष्टांत नहीं मिलता, परंतु नायकों के पद धीरे–धीरे आनुवंशिक हो गए थे।

नायकों को अपने पद की आवश्यकताओं को ध्यान में रखते हुए केंद्र में दो प्रकार के संपर्क अधिकारी (राजधानी में) रखने पड़ते थे। इनमें से एक अधिकारी साम्राज्य की राजधानी (अर्थात विजयनगर) में स्थित नायक की सेना का सेनापति होता था और दूसरा विजयनगर में नियुक्त उसका प्रशासनिक एजेंट होता था जिसे 'स्थानपति' कहा जाता था।

'नायंकार व्यवस्था' विजयनगर साम्राज्य के विनाश का कारण बनी। इसी कारण विजयनगर साम्राज्य के परवर्ती दिनों में नायकों की उच्छृं खलता को रोकने के लिए 'महामंडलेश्वर' या विशेष कमिश्नरों की नियुक्ति की गई और इन्हें सारे दक्षिण भारत में नियुक्त किया गया। यह कार्य कृष्णदेव राय की मृत्यु के बाद अच्दुतदेव राय के शासनकाल में उस समय किया गया, जब कृष्णदेव राय की मृत्यु का लाभ उठाकर प्रांतीय नायक अपने को स्वंतत्र घोषित करने की कोशिश करने लगे।

प्रश्न 3. विजयनगर की अर्थव्यवस्था की विवेचना कीजिए? [Dec-03, Q6]

उत्तर – वजय नगर की अर्थव्यवस्था की विवेचना इस प्रकार की जा सकती है।

भू–धारण पद्धति सिंचाई एवं कृषि : मध्यकालीन भारत के अन्य प्रदेशों की भाँति विजयनगर साम्राज्य में अधिकांश जनसंख्या कृषि पर आश्रित थी। परंतु विजयनगर युग में ग्रामों की संख्या काफी बढ़ गई और चोल युग की तुलना में विजयनगर युग में कृषिजन्य अर्थव्यवस्था में भारी मात्रा में परिवर्तन हुए। उदाहणार्थ भूधारण पद्धति में व्यापक परिवर्तन आए। इनमें पहला प्रमुख परिवर्तन यह था कि चोल–युग का 'नाडु' घटकर ग्राम के रूप में आ एक छोटी इकाई मात्र कर गया। दूसरा प्रमुख परिवर्तन यह हुआ कि दक्षिण भारत के अधिकांश ग्रामीण भागों में तेलुगु और दूसरे बाहरी लोगों का भू–स्वामित्व पर विस्तार हुआ और कृषि–उत्पादन के विकास में सहयोग देने या कृषि उत्पादन की वृद्धि में योगदान प्रदान करने वाले व्यक्तियों को अतिरिक्त उत्पादन में हिस्सा दिया गया। कृषि अर्थव्यवस्था के विकास में मंदिरों की भूमिका में भी वृद्धि हुई।

विजयनगर–कालीन 'भू–धारण (land tenure) पद्धति' बड़ी व्यापक थी जिन ग्रामों की भूमि

राज्य के सीधे नियंत्रण में थी, ऐसे ग्रामों को 'भंडारवाद ग्राम' कहा जाता था। इन ग्रामों के किसान राज्य को कर देते थे। इसके अतिरिक्त राज्य विशेष धार्मिक सेवाओं के लिए भी भूमि को ब्राह्मणों, मठों और मंदिरों को दान में दे देता था। इस प्रकार की भू–धारण पद्धति ब्रह्मदेय, देवदेय और मठापुर कहलाती थी। इस प्रकार की भूमि कर मुक्त भी होती थी। परंतु विजयनगर काल में सबसे महत्वपूर्ण भू–धारण पद्धति 'नायंकार' व्यवस्था थी। इस अवस्था के अंतर्गत विजयनगर नरेश सैनिक एवं असैनिक अधिकारियों को उनकी विशेष सेवाओं के बदले भू–क्षेत्र विशेष प्रदान कर देते थे। ग्राम में कुछ विशेष सेवाओं के बदले (जिन्हें लगानमुक्त भूमि दी जाती थी) ऐसी भू–धारण पद्धति को 'उंबलि' कहा जाता था। युद्ध में शौर्य प्रदर्शित करने वालों या युद्ध में अनुचित रूप से मृत लोगों के परिवार को दी गई भूमि रत्त (खत्त) कोड़गे कहलाती थी। विजयनगर युम में ब्राह्मण, मंदिर ओर बड़े भू–स्वामी, जो स्वयं खेती नहीं कर सकते थे, वे खेती के लिए किसानों को पट्टे पर भूमि दे दिया करते थे। ऐसी पट्टे पर ली गई भूमि को कुट्टगि कहा जाता था। कुट्टगि वस्तुतः नकद या जिस के रूप के उपज का अंश था, जिसे किसान भू–स्वामी को प्रदान करता था। यदि पट्टीदार पट्टे की निश्चित शर्तो को पूरा करता रहता था, तो उसे भूमि से हटाया नहीं जा सकता था। परंतु पट्टीदार, भू–स्वामी की इच्छानुसार ही फसलें उगा सकता था। भू–स्वामी एवं पट्टीदार के मध्य उपज की हिस्सेदारी को 'वारम' व्यवस्था कहते थे। विजयनगर युग में दूरवासी भू–स्वामित्व (absentee land-lordism) में पर्याप्त वृद्धि हुई। राज्य भूमि पर व्यक्तिगत भूमि स्वामित्व का सम्मान करता था। यदि राज्य व्यक्तिगत भूमि को ब्राह्मणों या मंदिरों को दान में देना चाहता था, तो राज्य भू–स्वामी को उसका मूल्य अदा करता था। अभिलेखों में विभिन्न प्रदेशों में भूमि की कीमत, भूमि को दहेज में देने और गिरवीं आदि रखने के उल्लेख भी प्राप्त होते है। परंतु इस काल में बड़े–बड़े भू–स्वामियों का भू–स्वामित्व बढ़ रहा था। और ये बड़े–बड़े भू–स्वामी सामंत और सरकारी अधिकारी रैयत का प्रायः शोषण करते थे।

खेतों की नियमित पैमाइश की जाती थी और उनके सीमांकन के लिए पत्थर लगाए जाते थे।

सामान्यतः भूमि के दो वर्गीकरण थे: (1) सिंचाई की सुविधायुक्त भूमि और (2) सिंचाई की सुविधाविहीन या शुष्क–भूमि। प्रथम श्रेणी की भूमि से दो या तीन फसलें तक उगाई जाती थीं। अनाज में चावल, दालें, चना, जौ और तिलहन व्यापत रूप से उगाए जाते थे। सिंचाई की सुविधा वाले क्षेत्रों में अन्न भी उगाया जाता था। नील और कपास की भी व्यापक रूप से खेती की जाती थी। पश्चिमी तटवर्ती क्षेत्रों में व्यापक रूप से मसाले उगाए जाते थे। पश्चिमी तटवर्ती क्षेत्रों मं काली मिर्च और अदरक का उत्पादन होता था, जिनका विश्व के विभिन्न भागों में नियति किया जाता था। कर्नाटक के क्षेत्र में इलायची का खूब उत्पादन होता था विजयनगर युग में उपवनों का भी खूब विकास हुआ। नारियल का तो सारे तटवर्ती क्षेत्रों में उत्पादन होता था। निष्कर्ष रूप में यह कहा जा सकता है कि इस युग में सिंचाई तथ कृषि–व्यवस्था काफी सुधारात्मक ढंग का सकेंत देती है।

विदेशी व्यापार– विदेशी व्यापार संबंधी जानकारी हमें कृष्णदेव राय के अमुक्तामाल्यदा, डोमेन्गो पाएस और ननिज द्वारा प्राप्त होती है। उनमें अश्व–व्यापार का रोचक वर्णन मिलता

है। भारतीयों की भूमिका विदेशी व्यापार में न्यूनतम थी। बारबोसा के अनुसार, भारतीय समुद्री व्यापार पर मुस्लिम सौदागरों का पूर्ण नियंत्रण था। शासकों द्वारा उनके साथ अच्छा बर्ताव किया जाता था। उसके अनुसार लाल सागर से लौटने पर सम्राट उन्हें स्थानीय लेन–देन में सहायता हेतु एक नायर अंगरक्षक, चेट्टी लेखाकार और एक दलाल प्रदान करता था। उनकी प्रतिष्ठा इतनी थी कि कायल में, मुक्ता मात्स्यकी (मोती ढूंढने संबंधी कार्य) पर सम्राट के एकाधिकारको भी एक मुस्लिम सौदागर को दे दिया गया।

आंतरिक व्यापार और नगरीय जीवन– समकालीन विदेशी वृतांत प्रदर्शित करते हैं। कि विजयनगर शासकों के काल में स्थानीय लंबी दूरी के व्यापार में वृद्धि हुई। नगरों के मध्य यात्रियों के लिए रास्ते और उनसे संबंधित सुविधाएं श्रेष्ठ थीं। कम दूरी तक खाद्यान्नों परिवहन हेतु गाड़ियों का प्रयोग किया जाता था। नदी तटीय नौपरिवहन विशेषतः तट पर अप्रवाही जल–व्यवस्था का भी संदर्भ मिलता है। लंबी दूरी के परिवहन हेतु भारवाही पशुओं का इस्तेमाल होता था। कुछ स्थानों में लंबे मार्गों के परिवहन में सुरक्षा हेतु सशस्त्र रक्षकों का उपयोग किया जाता था। प्रभावशाली स्थानीय व्यक्तियों ने व्यापार की महत्ता समझते हुए नगर–आधारित व्यापार और पूरक व्यापार को नियमित और नियतकालिक मेलों में प्रोत्साहन दिया। उत्सव के समय मंदिरों की ओर जाने वाले मुख्य मार्गों पर नियमित और नियतकालिक मेलों का आयोजन होता था। इन इन मेलों का आयोजन समीप के कस्बों के व्यापार–संघों द्वारा किया जाता था और इनकी देखभाल व्यापार–संघ के अध्यक्ष द्वारा की जाती थी जिसे पट्टनस्वामी कहते थे। स्थानीय प्रभावशाली लोगों जैसे गौड़ा या नाडु के मुखिया के आदेशों पर नगरीय व्यापार कको बढ़ावा देने हेतु मेलों का आयोजन होता था। 14वीं से 16वीं शताब्दियों के मध्य के साहित्यिक और अभिलेखीय प्रमाण 80 प्रमुख व्यापारिक केन्द्रों के अस्तित्व को प्रकट करते है।

प्रश्न 4. विजयनगर के पतन के क्या कारण रहे। बताइए?

उत्तर – विजयनगर साम्राज्य के पतन के प्रमुख कारण इस प्रकार थे–

1. **विभिन्न राजवंशों का शासन**– विजयनगर साम्राज्य का अस्तित्व 1336ई. से 1564 ई. तक बना रहा। इस 228 वर्षों के काल में विजयनगर पर चार वंशों का शासन रहा। फलस्वरूप इसे एक संगठित राष्ट्रीय राज्य का रूप न दिया जा सका और न ही इसे राजसत्ता का ठोस आधार प्राप्त हुआ। फलतः इसके पतन का यह एक प्रमुख कारण था।

2. **निरंकुश राज्य**– विजयनगर के शासक निरंकुश थे और राज्य की सम्पूर्ण शक्ति उन्हीं में केन्द्रित थी। उनका कथन ही कानून थ। वे अपने को प्रजा से ऊँचा समझते थे। फलतः राष्ट्रीय संकट के समय उनकी प्रजा ने उन्हें अपना पूरा सहयोग न दिया।

3. **दुर्बल केन्द्र**– विजयनगर की केन्द्रीय सरकार बड़ी दुर्बल थी और सैन्य–शक्ति के लिए अपनी प्रांतीय सरकारों पर निर्भ थी। इसके विपरीत प्रांतीय सरकारों के पास असीमित अधिकार थे। अतः दुर्बल केंन्द्र राज्य के स्थायित्व के लिए घातक सिद्ध हुआ।

4. **विजयनगर का वैभव**– विजयनगर अपने समय में अपने वैभव की चरम–सीमा पर पहुंच गया था। धन–वैभव से खलने वाले इस राज्य के निवासी विलासप्रिय हो गए और अपने

पड़ोसी शत्रु बहमनी राज्य का सामना न कर सके। दूसरे, विजयनगर का वैभव तथा उसकी अपार सम्पति बहमनी राज्य की आँखों में सदा खटकती रही और उसे पाने के लिए वे सतत् प्रयास करते रहे।

5. **प्रतिरक्षा की अपेक्षा**– धार्मिक भवनाओं में अनुप्राणित विजयनगर शासकों ने राज्य की प्रतिरक्षा की उपेक्षा करते हुए अपनी शक्ति, धन एवं समय को अपने राज्यों के मंदिरों, धार्मिक भवनों तथा सुन्दर कलाकृतियों से सुसज्जित करने में लगा दिया। उन्होंने सीमा–सुरक्षा, युद्ध–सामग्री तथा सैनिक प्रशिक्षण की ओर ध्यान नहीं दिया। अतः आक्रांताओं ने उनकी इस दुर्बलता का पूरा लाभ उठाया और अवसर पाते ही विजयनगर की शक्ति का अन्त करने में सफल हुए।

6. **कृष्णदेव राय के अयोग्य उत्तराधिकारी**– कृष्णदेव राय विजयनगर राज्य का एक प्रतापी, योग्य तथा सफल शासक था। उसके समय में विजयनगर राज्य अपने वैभव के शिखर पर पहुंच गया था। जिसने अपने समस्त शत्रुओं को पराजित किया, राज्य की सीमाओं को बढ़ाया, राज्य–प्रबन्ध को सुव्यवस्थित किया और राज्य की आर्थिक स्थिति को सुदृढ़ किया। किन्तु उसके दुर्बल उत्तराधिकारियों, अच्युत तथा सदाशिव राय के हाथों विशाल एवं शक्तिशाली विजयनगर साम्राज्य का पतन हो गया।

7. **बहमनी राज्य के साथ निरन्तर संघर्ष**– विजयनगर राज्य का अपने शक्तिशाली पड़ोसी बहमनी राज्य से निरन्तर युद्ध चलता रहा, जिसमें दोनों राज्यों की शक्ति एवं साधनों का न केवल ह्रास हुआ, वरन् यह युद्ध दोनों पक्षों के लिए विनाशकारी सिद्ध हुआ। इससे विजयनगर अपने विघटन को प्राप्त हुआ।

8. **हिन्दू सैनिकों में धर्माधता का अभाव**– हिन्दू सैनिक उस धार्मिक जोश से अनुप्राणित नहीं थे। उस समय मुस्लिम सैनिक गैर–मुसलमानों पर विजय प्राप्त करना अपना धार्मिक और नैतिक कर्त्तव्य समझते थे। उनका कहना था कि युद्ध में विजय प्राप्त करने से 'जन्नत' (स्वर्ग) के दरवाजे खुल जाते हैं। किन्तु हिन्दू सैनिक किसी ऐसी भावना से प्रेरित नहीं थे।

9. **कमजोर सामाजिक व्यवसथा**– एक हिन्दू राज्य होने के कारण विजयनगर राज्य जाति–पाति के भेदभाव का शिकार था। हिन्दू समाज में समानता, आपसी भ्रातृभाव तथा सामाजिक एकता का अभाव था, जबकि मुस्लिम समाज की ये विशेषताएं थीं। फिर हिन्दू समाज में देश–रक्षा का भारत केवल क्षत्रियों पर था, और शेष जातियां देश–रक्षा के प्रति सर्वदा उदासीन थीं, जबकि समस्त मुस्लिम जनता अपने शत्रु को नीचा दिखाने के लिए इकट्ठी हो जाती थीं।

10. **मुसलमानों का संघ**– सदाशिव और उसके महत्त्वाकांक्षी मंत्री रामराय ने दक्षिण के मुस्लिम राज्यों को आपस में लड़ाने की नीति अपनाई। इस नीति के अन्तर्गत उन्होंने 1543 ई. में बीजापुर के विरूद्ध गोलकुण्डा तथा अहमदनगर को और फिर अहमदनगर के विरूद्ध बीजापुर तथा गोलकुण्डा को भड़काया। कुछ समय तक तो उनकी यह नीति सफल रही, किन्तु बाद में दक्षिण के मुस्लिम सुल्तानों ने विजयनगर के विरूद्ध एक संयुक्त संघ बना लिया और 23 जनवरी, 1565 को तालीकोट के युद्ध में विजयनगर को करारी हार दी। रामराय पकड़ा गया और उसका वध कर दिया गया। इस प्रकार विजयनगर का विशाल साम्राज्य खण्डित हो गया।

28 बहमनी राज्य

प्रश्न 1. महमूद गांवा द्वारा सैना संगठन में कौन–कौन से मुख्य परिवर्तन किए गए।

उत्तर – सेना का सेनापति अमीर–उल उमरा होता था। सेना में मुख्यतः सिपाही और घुड़सवार हाते थे। हाथियों का प्रयोग भी प्रचलित था। शासक–गण बड़ी संख्या में अंगरक्षकों को रखते थे, जो खासाखेल कहलाते थे। ऐसा बताया जाता है कि मौहम्मद I के पास 4000 अंगरक्षक थे। इसके अतिरिक्त, सिलहदार होते थे जो राजा के व्यक्तिगत शस्त्रागार के प्रभारी का कार्य करते थे। आवश्यकता पड़ने पर बरबरदानों को सेना की लामबंदी के लिए कहा जाता था। बहमनी सेना की प्रमुख विशेषता बारूद का प्रयोग था जो सेना के लिए लाभदायक सिद्ध हुआ।

इटली के यात्री, निकोलो कोंती जिसने 15वीं शताब्दी में भारत की यात्रा की थी, लिखा है कि उनकी सेना भालों, तलवारों, विभिन्न हथियारों, ढालों, धनुषों और बाणों का प्रयोग करती थी। वह आगे कहता है कि वे "प्राक्षेपिक और गोलाबारी की मशीनों और साथ ही घेराबंदी के हथियारों का प्रयोग करते थे।" 1500–17 के दौरान भारत–यात्रा करने आये दुआर्ते बारबोसा ने भी ऐसे ही विचार प्रकट किए हैं कि वे गदाओं, फरसों, धनुषों और बाणों का प्रयोग करते थे। वह आगे लिखता है : "वे (मुस्लिम) ऊंची काठी पर बने आसनों पर सवार काठी से बंधे हुए लड़तें हैं हिन्दू अधिकतर पैदल लड़ते थे, जबकि कुछ घोड़ों की पीठ पर। महमूद गावां ने सैन्य प्रशासन को कारगर बनाया। पूर्व में तरफदारों को किलों के किलेदार नियुक्त करने का पूर्ण अधिकार था। गावां ने एक किले को एक तरफदार के न्यायाधिकार के अंतर्गत रखकर, बाकी अन्य सभी एक ही प्रांत के किलों को केन्द्रीय नियंत्रण में ले लिया। भ्रष्टाचार पर अंकुश हेतु, उसने एक नियम बनाया कि प्रत्येक अधिकारी को उसके द्वारा संचालित प्रत्येक 500 सिपाहियों के हिसाब से एक निश्चित रकम दी जाए। जब इस अधिकारी को नगद वेतन की जगह एक क्षेत्र से राजस्व वसूलने का अधिकार दिया जाता था तो उसे राजस्व वसूलने में होने वाला खर्चा नकद धन के रूप में लग से दिया जाता था। यदि वह नियत संख्या में सिपाहियों को रखने में असफल होता था तो उसे उसी अनुपात में रकम राजकोष में वापस करनी होती थी।

प्रश्न 2. विजयनगर और बहमनी साम्राज्यों के बीच द्वंद्व के कारणों की विवेचना कीजिए।

उत्तर– दोनों राज्यों के बीच संघर्ष– बहमनी तथा विजयनगर राज्यों के बीच निरन्तर होने वाले आपसी संघर्षो ने दक्षिण–भारत के इतिहास को प्रभावित किया। इन दोनों राज्यों के बीच

प्रथम संघर्ष 1366 ई. में हुआ। इस संघर्ष में विजयनगर को भारी क्षति उठानी पड़ी इस संघर्ष में मुहम्मद शाह प्रथम ने विजयनगर राज्य के अनेक स्त्री, बच्चों तथा पुरूषों का वध किया। इसमें जन–धन की अपार हानि हुई 1398 ई. में हुए एक भीषण संघर्ष के लिए हरिहर द्वितीय ने एक विशाल सेना लेकर बहमनी राज्य पर धावा बोल दिया, किन्तु इसमें भी विजयनगर को पराजय का मुंह देखना पड़ा और उसे अपार धन खोना पड़ा। 1565 ई. में तालीकोट का युद्ध विजयनगर राज्य के लिए विनाशकारी सिद्ध हुआ। इस पराजय के साथ विजयनगर राज्य का तेजी से विघटन आरंभ हुआ।

संघर्ष के प्रमुख कारण– दोनों राज्यों के बीच संघर्ष के प्रमुख कारण निम्नलिखित थे।

1. इन आपसी युद्धों का एक प्रमुख कारण दोनों राज्यों द्वारा रायचूर दोआब के उपजाऊ क्षेत्र, जो कृष्णा और तुंगभद्रा नदियों के मध्य स्थित था, को अपने अधिकार में लेना था। यह क्षेत्र अन्नागार था। यह संघर्ष बुक्का बहमनी राज्य पर आक्रमण करना अनिवार्य था।

2. इस संघर्ष का द्वितीय महत्वपूर्ण कारण गोलकुण्डा क्षेत्र की खानों, जिनका बड़ा आर्थिक महत्व था, को लेकर था। विजयनगर राज्य के शासक इन खानों पर अधिकार जमाना चाहते थे। ऐसी स्थिति में उनके द्वारा बहमनी राज्य पर आक्रमण करना अनिवार्य था।

3. संघर्ष का तीसरा कारण विजयनगर के शासकों द्वारा रेवाति द्वीप पर अधिकार करना था। यह प्रदेश अपने उत्तम किस्म के घोड़ो के लिए प्रसिद्ध था। इस क्षेत्र पर अधिकार करके वे अपनी सेना के लिए अच्छे घोड़े प्राप्त करना चाहते थे।

4. इन दोनों राज्यों के शासक बड़े महत्त्वाकांक्षी तथा विस्तारवादी थे। अतः इन दिनों राज्यों के बीच प्रायः संघर्ष होना स्वाभाविक था। इस संघर्ष में कभी विजयनगर का पलड़ा भारी रहता था, तो कभी बहमनी राज्य का।

5. 16वीं शती के उत्तरार्ध तक विजयनगर राज्य की शक्ति अपने चरमोत्कर्ष तक पहुंच गई थी। उसने अपने सैनिक शक्ति के बल पर अहमदनगर, बीदर, गोलकुण्डा आदि मुस्लिम राज्यों को नतमस्तक कर दिया था। अतः इन मुस्लिम राज्यों को अपने अस्तित्व का खतरा उत्पन्न हो गया था। फलतः उन्होंने अपनी सुरक्षा के लिए अपनी पिछली शत्रुता को भुलाकर विजयनगर के विरूद्ध एक शक्तिशाली संघ बना लिया।

6. दोनों राज्यों में धर्म, जाति तथा संस्कृति सम्बन्धी पर्याप्त भेद थे। इस आधार पर इन दोनों राज्यों के बीच शत्रुता होना स्वाभाविक ही था। जब विजयनगर राज्य सैनिक एवं आर्थिक दृष्टि से सम्पन्न हो गया, तो बहमनी राज्य उससे ईर्ष्या करने लगा।

7. कुछ विद्वान् इस संघर्ष के लिए रामराय को उत्तरदायी ठहराते है। उनके मतानुसार रामराय ने कूटनीति द्वारा मुस्लिम राज्यों को आपस में लड़ाने का प्रयत्न किया। उसने बहमनी राज्यों के साथा दुर्व्यवहार किया। फलतः मुस्लिम राज्य एक सूत्र में बंधने के लिए मजबूर हो गए।

8. 1522 ई. के युद्ध में विजयनगर के शासकों ने अनेक मस्जिदों को तोड़ा तथा मुस्लिम स्त्रियों का अपमान करके बहमनी शासकों की धार्मिक तथा जातीय भावनाओं को ठेस पहुंचाई। इस अपमान को न सहकर मुस्लिम राज्यों ने संघर्ष करने का निश्चय किया। अन्ततः इस संघर्ष में विजयनगर को पराजय का सामना करना पड़ा।

प्रश्न 3. महमूद गावां की राजनीतिक उपलब्धियों की चर्चा करो?

उत्तर– प्रशासनिक परिषद् के सदस्य एवं सुल्तान हुमायूँ के शासनकाल में प्रधानमंत्री के रूप में महमूद गावाँ बहमनी साम्राज्य की राजनीतिक समस्याओं को भलीभाँति समझ चुका था। साम्राज्य के उतर में मालवा, उत्तर–पूर्व में उड़ीसा, दक्षिण–पश्चिम में तैलंगाना और दक्षिण में विजयनगर साम्राज्य इन सबसे बहमनी साम्राज्य को सदैव युद्धरत रहना पड़ा था। महमूद गावां का सबसे बड़ा योगदान यह है कि बहमनी साम्राज्य की समस्त राजनीतिक समस्याओं का निराकरण कर उसने बहमनी साम्राज्य को उत्कर्ष की पराकाष्ठा पर पहुँचा दिया। सबसे पहले उसे मालवा के मोर्चे पर युद्ध का सामना करना पड़ा। मालवा खेली पर पहले ही अधिकार कर चुका था। वह मालवा का सैनिक एवं कूटनीतिक दोनों प्रकार से दमन करना चाहता था। अतः उसने जौनपुर, बंगाल और गुजरात के सुल्तानों से मालवा के विरूद्ध सहायता माँगी, जिससे मालवा को चारों और से घेरा जा सके।

इसके बाद ही 1470 ई. में उड़ीसा में कपिलेश्वर गजपति की मृत्यु के बाद मंगल राय एवं हंबीर के मध्य उत्तराधिकार का युद्ध प्रांरभ हो गया। इसमें हंबीर ने उत्तराधिकार प्राप्त करने के लिए बहमनी सुल्तान से सहायता की याचना की। इसपर महमूद गावां ने मलिक हसन बहरी को हंबीर की सहायता के लिए भेजा यद्यपि कुछ समय के लिए हंबीर सत्तारूढ़ तो हो गया। तथापि मंगल राय शीघ्र ही पुरूषोत्तम गजपति के नाम से सिंहासनारूढ़ हो गया। उड़ीसा से वापस लौटती बहमनी सेनाओं ने राजमुंद्री पर अधिकार कर लिया। इससे पूर्व महमूद गावां ने पश्चिमी समुद्र तट पर खेलना और संगमेश्वर के सथानीय सरदारों का दमन किया, जो अरब महासागर में चलने वाले यात्री और व्यापारिक जहाजों को लूटा करते थे। 1471 ई. में उसने संगमेश्वर को अपनी अधीनता स्वीकार करने को बाध्य किया। 1472 ई. में उसने गोवा के विरूद्ध अभियान किया जिसे विजयनगर का संरक्षित राज्य कहा जाता था। इससे पूर्व वह पश्चिमी समुद्रतट पर संगमेश्वर, हुबली और खेलना का दमन कर चुका था। अतः गोआ को बड़ी सरलता से जीत लिया गया।

उसके अगले चार वर्ष उड़ीसा के साथ संघर्ष में बीते। 1474–75 ई. में कोंडविदु के अधिकारियों के दुर्व्यवहार के कारण, वहां की जनता ने विद्रोह कर बहमनी गवर्नर की हत्या कर डाली थी और विद्रोही जनता ने उड़ीसा की सेना सहायता मांगी। इसपर कोंडविदु विद्रोहियों एवं उड़ीसा एवं उड़ीसा के पुरूषोत्तम गजपति की सेनाएं गोदावरी तक आगे बढ़ आई। इस बार बहमनी सुल्तान मुहम्मद तृतीय ने स्वयं बहमनी सेनाओं का नेतृत्व किया और उड़ीसा सेनाओं को पराजित किया। परंतु शीघ्र ही1477–78 ई. में बहमनी एवं गजपति सेनाओं के मध्य पुनः उस समय संघर्ष हुआ, जब एक बहमनी उड़िया अधिकारी भीमराज ने विद्रोह करके कोंडपल्ली पर अधिकार कर लिया और पुरूषोत्तम गजपति को बहमनी प्रदेशों पर आक्रमण के लिए आंमत्रित किया। इस बार बहमनी सुल्तान ने गजपति प्रदेशों पर आक्रमण पर पुरूषोत्तम गजपति को आत्मसमर्पण करने के लिए बाध्य कर दिया।

सन् 1480–81 में कोंडविदु में नियुक्त बहमनी सेना सैनिक विद्रोह करके विजयनगर के सालुव नरसिंह से जा मिली। बहमनी सुल्तान ने कोंडविदु के विद्रोह का तो दमन कर दिया, पर यह विजयनगर को सबक सिखाना चाहता था। उसने महमूद गावां को लेकर नेल्लार और कांची तक विजयनगर के साम्राज्य पर आक्रमण किया। यह बहमनी सेनाओं का दक्षिणवर्ती अभियान था और इसके साथ ही बहमनी साम्राज्य के सारे शत्रुओं को पराजित और अपमानित

किया जा चुका था। विजयनगर साम्राज्य के विरूद्ध उपर्युक्त अभियान महमूद गावां के जीवन का अंतिम सैनिक अभियान था और उसके साथ ही यही उसके अंत का कारण भी बना।

प्रश्न 4. महमूद गावां की प्रशासकीय एवं सांस्कृतिक योगदान कहां तक रहा। बताइए?

उत्तर – महमूद गावां का प्रशासकीय एवं सांस्कृतिक योगदान– महमूद गावां ने बहमनी साम्राज्य की समस्त राजनीतिक समस्याओं का निदान कर दिया था और साम्राज्य का अधिकतम विस्तार उसके काल में हुआ। अब बहमनी साम्राज्य उत्तर में खानदेश से लेकर दक्षिण में तुंगभद्रा तक और दक्षिण–पश्चिम में गोवा से लेकर उत्तर–पूर्व में उड़ीसा तक फैल गया था किंतु अब तक बहमनी साम्राज्य केवल चार अतराफों या प्रांतों में ही विभाजित था। अतः महमूद गावां ने नवविजित प्रदेशों सहित भूतपूर्व चार प्रांतों को अब आठ प्रांतों में विभाजित किया, 'बरार' के पुराने तराफ को अब गाविल और माहुर 'गुलवर्गा' को बीजापुर एवं गुलबर्गा, को दौलताबाद एवं जुन्नार तथा तेलंगाना के पुराने तराफ नवविजित प्रदेशों को शामिल कर अब राजामुंद्री और वारंगल के रूप में विभाजित किया गया। इसके साथ ही प्रत्येक प्रांतीय तराफदार (गवर्नर) के अधिकार क्षेत्र से कुछ प्रदेशों को लेकर उसे खालसा भूमि में परिवर्तित किया गया, जिससे प्रांतीय गवर्नरों के अधिकारों पर नियंत्रण रखा जा सके। इसके अतिरिक्त प्रांतीय गवर्नरों के सैनिक में भी कटौती की गई।

महमूद गावां बड़ा साहित्यिक एवं सांस्कृतिक सुरूचि–संपन्न व्यक्ति था। वह विद्वानों का महान् संरक्षक था। उसने बीदर में एक महाविद्यालय की भी स्थापना की। उसने अपनी रानीतिक गतिविधियों को केवल बहमनी साम्राज्य तक ही सीमित नहीं रखा, वरन् भारत और उसके बाहर ईरान, ईराक और मिस्त्र और टर्की के सुल्तानों के साथ पत्र व्यवहार किया। समकालीन सुल्तानों एवं मंत्रियों तथा महमूद गावां द्वारा स्वयं लिखे गए पत्रों से उसकी महानता परिलक्षित होती है।

प्रश्न 5. महमूद गावां की अर्थव्यवस्था पर टिप्पणी करो।

उत्तर – महमूद ने भूमि की नियमित नाप के और गांवों व कस्बों की सीमाओं के निर्धारण के आदेश दिये। इस प्रकार, इस क्षेत्र में उसे राजा टोडरमल का पूर्वगामी माना जा सकता है। इन उपायों से राजकोष को बहुत लाभ हुआ। प्रथम, साम्राज्य की आय निश्चित और अग्रिम रूप से ज्ञात हो गयी, द्वितीय इसने अमीरों के भ्रष्टाचार को भी कुछ सीमा तक कम कर दिया, जिससे राज्य की आय में वृद्धि हुई।

बहमनी राज्य में, वाणिज्य और व्यापार उन्नत अवस्था में था। एक रूसी यात्री निकितीन, जो 1469–74 के दौरान दक्खन में रहा बीदर में वाणिज्यक गतिविधियों के बारे में पर्याप्त सूचना देता है। उसके अनुसार प्रधानतः घोड़ो, वस्त्रों, रेशम और मिर्च का व्यापार होता था। उसका आगे कहना है कि शिखबालुदिन पेरातिर और अलादिनान्द के एक बाजार में बड़ी संख्या में लोग एकत्रित होते थे वहाँ व्यापार दस दिनों तक जारी रहता था। वह बहमनी राज्य के सामुद्रिक–बंदरगाह मुस्तफाबाद–दभोल का एक वाणिज्य–केन्द्र के रूप में जिक्र करता है। दभोल न केवल भारतीय बल्कि अफ्रीकी बंदरगाहों से भी भली– भांति जुड़ा हुआ था। घोड़ों को अरब, खुरासान और तुर्किस्तान से आयातित किया जाता था। वाणिज्य और व्यापार मुख्यतया हिंदू व्यापारिक के हाथ में था। कस्तूरी और फर (लोम) का आयात चीन से होता था।

BLOCK-8

समाज और संस्कृति : 13वीं से 15वीं सदी

29 सामाजिक–धार्मिक आन्दोलन : भक्ति आन्दोलन

प्रश्न 1. मध्यकालीन भारतीय समाज पर भक्ति आन्दोलन के प्रभाव की विवेचना कीजिए।

उत्तर – भक्ति आन्दोलन की विवेचना– मध्यकालीन भक्ति आन्दोलन एक व्यापक तथा जनसाधारण प्रिय आन्दोलन था। इसमें अनेक महान सन्तों तथा सुधारकों ने अपना अमूल्य योगदान दिया। इससे देश के जीवन के अनेक पहलुओं को प्रभावित किया। यह प्रभाव बड़ा व्यापक एवं सघन था।

(क) राजनीतिक प्रभाव–

1. इसने देश में धर्म एवं राजनीति को पृथक् करने तथ धार्मिक सहनशील राजनीति को बढ़ावा दिया। इसने दक्षिण भारत के अनेक सुल्तानों तथा राज्यों के उत्तर में सम्राट शेरशाह सूरी, अकबर, जहाँगीर तथा शाहजहाँ को पर्याप्त सीमा तक प्रभावित किया।

2. **सिक्ख तथा मराठा शक्ति का उदय**– भक्ति आन्दोलन के कारण ही सिक्ख तथा मराठा शक्ति का उदय हुआ। गुरू नानकदेव जी तथा उनके पश्चात् आने वाले सिक्ख गुरूओं ने सिक्खों में एक नई चेतना शक्ति एवं प्राण फूंक दिए। इसके फलस्वरूप 18वीं सदी में सिक्ख पंजाब की राजनीति पर छा गए और उन्होंने पंजाब प्रांत में अपने अनेक छोटे–छोटे राज्य स्थापित कर लिए। इसी प्रभाव के फलस्वरूप महाराष्ट्र में मराठा शक्ति का उदय हुआ और शिवाजी ने परमाणुओं के रूप में बिखरी हुई शक्ति को एक राष्ट के रूप में संगठित किया और दक्षिण भारत में एक शक्तिशाली हिन्दू राष्ट्र की स्थापना करने में सफल हुए।

(ख) सामाजिक प्रभाव–

1. जाति प्रथा पर प्रहार– भक्त संतों ने जाति–प्रथा, ऊँच–नीच तथा छुआछूत पर करारी चोट की। इससे देश की विभिन्न जातियों में भेदभाव के बंधन शिथिल पड़ गए और छुआछूत की भावना कम हो गई।

2. हिन्दुओं तथा मुसलमानों में मेल–मिलाप– भक्ति आन्दोलन के फलस्वरूप हिन्दुओं और मुसलमानों में आपसी वैमनस्य, ईर्ष्या, घृणा, द्वेष, अविश्वास तथा सन्देह की भावना कम होने लगी। वे एक–दूसरे को समझने लगे और उनमें आपसी मेल–जोल बढ़ा।

3. व्यापक दृष्टिकोण– भक्ति आन्दोलन ने संकीर्णता की भावना को दूर कर लोगों के दृष्टिकोण को व्यापक तथा उदार बनाने में सहायता की। लोग अब प्रत्येक बात को तर्क तथा बुद्धि की कसौटी पर कसने लगे। ब्राह्मणों को प्रत्येक वचन उनके लिए 'वेद–वाक्य' न रहा। अंधविश्वास तथा धर्माधता की दीवारें गिरने लगी। देश की दोनों प्रमुख जातियों हिन्दुओं तथा मुसलमानों का दृष्टिकोण उदार तथा व्यापक होने लगा।

4. निम्न जातियों का उद्धार– भक्ति आन्दोलन के नेताओं ने समाज में एक नया वातावरण पैदा किया। जाति–पांति के बन्धन शिथिल होने लगी। ऊँच–नीच तथा धनी–निर्धन का भेदभाव कम हुआ और उनमें आपसी घृणा समाप्त होने लगी। इससे निम्न जातियों का उद्धार हुआ तथा देश की मुख्य धारा में मिलने का एक अवसर प्राप्त हुआ ओर उनके जीवन में आशा की एक नई किरण का संचार हुआ। इसके अतिरिक्त भक्त संतों ने सामाजिक कुरीतियों पर भी प्रहार किया और समाज को स्वच्छ बनाने का प्रयत्न किया।

(ग) धार्मिक प्रभाव–

1. हिन्दू धर्म में सुधार– भक्ति आन्दोलन के फलस्वरूप हिन्दू धर्म में सुधारों की प्रक्रिया प्रारंभ हुई। जाति–पाति, आडम्बर, रूढ़ियों, रीति–रिवाजों तथा जटिल कर्मकाण्डों तथा रक्तिम यज्ञों का अभिशाप समाप्त होने लगा। इस प्रकार हिन्दू धर्म की रक्षा हुई तथा उसमें नई प्राण–शक्ति एवं चेतना का संचार होने लगा।

2. इस्लाम के प्रसार पर रोक– भक्ति आन्दोलन के कारण हिन्दू धर्म–सुधारकों ने एकेश्वरवाद, भ्रातृभाव, समानता आदि का प्रचार किया। मूर्तिपूजा तथा छूआछूत का खण्डन हुआ। परिणामस्वरूप हिन्दू धर्म का वास्तविक तथा सरल स्वरूप पुनः जनता के सामने आने लगा और हिन्दू समाज के निम्न वर्ग में अपने धर्म को त्यागकर इस्लाम ग्रहण करने की प्रवृति रूक–सी गई।

3. सिक्ख धर्म का उदय– भक्ति आन्दोलन के कारण उत्तर भारत विशेषकर पंजाब प्रांत में एक नये धर्म का उदय हुआ। गुरू नानकदेव जी ने सिक्ख धर्म की स्थापना की। उनके बाद हुए नौ सिक्ख गुरूओं ने इस धर्म का प्रचार–प्रसार किया और आज यह धर्म देश का एक प्रमुख धर्म बन गया है।

(घ) सांस्कृतिक प्रभाव–

1. सांस्कृतिक विकास– भक्ति आन्दोलनों के नेताओं ने अपनी शिक्षा का प्रचार जनसाधरण की भाषा में किया। इसके परिणामस्वरूप बंगाली, मराठी, पंजाबी, हिन्दी आदि अनेक देशी भाषाओं का विकास हुआ। जयदेव का 'गीत गोबिन्द' सूरदास का 'सूरसागर' जायसी का

'पद्मावत' सिक्खों का 'आदि ग्रन्थ साहिब' तुलसीदास जी का 'रामचरित– मानस' कबीर तथा रहीम के 'दोहे' तथा रसखान की 'सखिया' आदि हृदयग्राही तथा सद्साहित्य रचा गया। यह भारतीय साहित्य की कोई कम सेवा न थी।

2. **हिन्दू–मुस्लिम कलाओं में समन्वय**– राजनीति, धार्मिक तथा सामाजिक भेदभाव, कटुता तथा वैमनस्य के कम होने पर हिन्दू और मुस्लिम कलाओं में समन्वय का एक नया युग प्रारंभ हुआ। इसमें वास्तुकला, चित्रकला तथा संगीत में आये। ईरानी कलाओं का सम्मिश्रण तथा संगम हुआ और एक नई भारतीय कला का जन्म हुआ। इसका निखरा हुआ रूप मुगलकालीन भारतीय कलाकृतियों में देखने को मिलता है।

(ङ) आर्थिक प्रभाव–

इस आन्दोलन के भारतीय सामाजिक जीवन पर कुछ आर्थिक प्रभाव भी पड़े। संत भक्तों ने यह महसूस किया कि अधिकाशं सामाजिक बुराइयों की जड़ आर्थिक विषमता है। संत कबीर तथा गुरू नानकदेव जीने धनी वर्ग के उन लोगों को फटकारा, जो गरीबों का शोषण करके धनसंग्रह करते हैं। गुरू नानकदेव जी ने इस बात पर बल दिया कि लोगों को अपनी मेहनत तथा कमाई पर ही संतोष करना चाहिए।

प्रश्न 2. भक्ति आंदोलन का उदय के कारणो का उल्लेख कीजिए और भक्ति आंदोलन की प्रमुख विशेषताओं की विवेचना कीजिए।

उत्तर – उत्तर–भारत में 14वीं–17वीं शताब्दी के बीच अनेक राजनीतिक, सामाजिक–आर्थिक कारणों से भक्तिआंदोलन का जन्म हुआ। इस आंदोलन से काफी संख्या में प्रभावित हुए।

भक्ति आंदोलन के उदय के राजनीतिक कारण– तुर्को के आक्रमण के पहले उत्तर भारत के सामाजिक–धार्मिक क्षेत्र पर राजपूत–ब्राहमण गठबंधन का वर्चस्व था, जो किसी भी प्रकार के गैर ब्राहमण आंदोलन के सख्त खिलाफ थे। तुर्को के आक्रमण के बाद इस गठबंधन का वर्चस्व समाप्त हो गया। तुर्को के आक्रमण के साथ इस्लाम का भी आगमन हुआ और इससे ब्राहमणों की शक्ति और प्रतिष्ठा को धक्का पहुंचा। इस प्रकार निरीश्वरवादी आंदोलनों के उदय का रास्ता साफ हो गया, इन आंदोलनों ने जाति–विरोधी सिद्धांत अपनाए। ब्राहमण हमेशा जनता को यह विश्वास दिलाने की कोशिश करते रहते थे कि मंदिर में रखी प्रतिमाएं और मूर्तियां मात्र ईश्वर की प्रतीक नहीं है, बल्कि साक्षात ईश्वर है और इन्हें केवल वे (ब्राहमण) ही प्रसन्न कर सकते हैं। तुर्को ने ब्राहमणों से उनके मंदिर का धन छीन लिया और उन्हें प्राप्त होने वाला राज्य संरक्षण समाप्त हो गया। इस प्रकार ब्राहमणों को आर्थिक और वैचारिक दोनों स्तरों पर हानि उठानी पड़ी। राजपूत–ब्राहमण गठबन्धन की क्षीण होती शक्ति के कारण पहला निरीश्वरवादी पंथ पंथनाथ के रूप में उभरा।

सामाजिक–आर्थिक कारण – मध्यकालीन भारत का भक्ति आंदोलन सामंती शोषण के खिलाफ आम जनता के मनोभावों का प्रतिनिधित्व करता है। इस बात की पुष्टि के क्रम में

कबीर, नानक, चैतन्य, तुलसी आदि की उन कविताओं का उद्धृत किया जाता है जिसमें सामंत–विरोधी स्वर काफी तीव्र है। इसी परिप्रेक्ष्य में भारतीय मध्यकालीन भक्ति आंदोलन की तुलना यूरोप के प्रोटेस्टेंट से की जाती है। पर भक्ति संतों की कविताओं में कहीं भी इस बात का संकेत नहीं मिलता है कि उन्होंने सामंती व्यवस्था के खिलाफ किसानों के वर्ग हित का समर्थन किया था। वैष्णव भक्ति संत कट्टर भक्ति ब्राहमणवादी परम्परा से इसी मायने में अलग थे कि वे भक्ति और धार्मिक समता की बात करते थे। सामान्य तौर पर वे कट्टर ब्राहमण धर्म के अनेक आधारभूत सिद्धांतों को स्वीकार करते थे। अपेक्षाकृत अधिक प्रगतिशील एकेश्वरवादी संतों ने ब्राहमण धर्म की कटु आलोचना की, पर उन्होंने कभी भी राज्य और शासक वर्ग को उखाड़ फेंकने की बात नही की। इसलिए भारतीय भक्ति आंदोलन की तुलना यूरोपीय प्रोटेस्टेंट सुधार आन्दोलन से नहीं की जा सकती है। जिसने समाज को इस कदर बदल डाला कि सामन्तवाद के पतन ओर पूंजीवाद के उदय के लिए एक माहौल तैयार हो गया।

आर्थिक और सामाजिक परिवर्तन– कबीर, नानक, धन्ना, पीपा आदि संतों के एकेश्वरवादी आंदोलन की व्यापक लोकप्रियता को व्याख्यायित करने के लिए उत्तर भारत में तुर्कों के आगमन के बाद आये सामाजिक–आर्थिक बदलावों को परखना होगा। तुर्कों का शासक वर्ग राजपूतों की तरह गांवों में नहीं शहरों में रहता था। कृषीय अधिशेष का अधिकांश हिस्सा का शासक वर्ग के खजाने में पहुंच जाता था। इस वर्ग ने उपभोक्ता वस्तुओं, विलासिता के सामान और अन्य जरूरत के सामानों की मांग बहुत बढ़ा दी। इस कारण से शिल्प की नयी तकनीकों का बड़े पैमाने पर विकास हुआ। फलस्वरूप 13वीं–14वीं शताब्दियों में शहरी कारीगरों की संख्या में तेजी से वृद्धि हुई।

समृद्ध होता हुआ शहरी वर्ग एकेश्वरवादी आंदोलन की ओर आकर्षित हुआ, क्योंकि यह धार्मिक समता की बात करता था, जबकि ब्राहमणवादी व्यवस्था में उनका स्थान काफी नीचे था। इसी कारण से पंजाब के खत्री जैसे व्यापारिक समुदाय इस आंदोलन की ओर तेजी से खिंचे। शहरों के विकास, शहरी शिल्प के उत्पादन और बाजार के विकास से इस वर्ग को काफी फायदा हुआ था। समाज के अनेक वर्गों के समर्थन के कारण ही एकेश्वरवादी आंदोलन इतना लोकप्रिय हो सका। समाज के इन्हीं विभिन्न वर्गों ने उत्तर भारत में हो रहे इस आंदोलन को सामाजिक आधार प्रदान किया। पंजाब में यह आंदोलन शहरी वर्गों तक ही सीमित नहीं रहा, बल्कि इसने जाट किसानों को भी प्रभावित किया और इसका आधार विस्तृत हुआ। गुरू नानक के आंदोलन को जाट किसानों का समर्थन मिलने के बाद सिक्ख धर्म एक जन–धर्म के रूप में विकसित हुआ।

भक्ति आन्दोलन की मुख्य विशेषतायें निम्न प्रकार हैं–

1. भक्ति आन्दोलन के सन्तों का उपदेश था कि इष्टवेद की भक्ति में भजन और गीत गाकर अपनी प्रेम भावना को विकसित करना चाहिये।

2. ईश्वर प्रेम में डूबे व्यक्ति को स्वयं को पूर्ण रूप से अपने आराध्य के प्रति समर्पित कर देना चाहिये।

3. जो व्यक्ति ईश्वर से प्रेम करता है, जो जाति व्यवस्था की कठोरता में न पड़कर सबको समान समझना चाहिए। इसके अतिरिक्त, उसे व्यर्थ के धार्मिक कर्मकाण्डों, रीति–रिवाजों और अनुष्ठानों की परवाह नहीं करनी चाहिये।

4. ईश्वर किसी विशेष भाषा में व्यक्त की जाने वाली भक्ति से प्रसन्न नहीं होता, बल्कि वह हृदय की भाषा से प्रसन्न होता है।

5. भक्ति आन्दोलन के सन्त संन्यास मार्ग पर बल नहीं देते थे, बल्कि उनका विश्वास था कि यदि व्यक्ति के आचार–विचार शुद्ध हों, तो वह गृहस्थ में रहकर भी भक्ति कर सकता है।

प्रश्न 3. भक्ति आंदोलन पर चर्चा कीजिए? तथा सूफी मत की क्या भूमिका रही? [Dec-03, Q9]

उत्तर – ऐतिहासिक दृष्टि से भक्ति–आंदोलन के विकास को दो चरणो में विभाजित किया जा सकता हैं। पहले चरण के अंतर्गत दक्षिण भारत में भक्ति के आरंभिक प्रादुर्भाव से लेकर 13वीं शताब्दी तक के काल को रखा जा सकता है और दूसरे चरण में 13वीं शताब्दी से 16वीं शताब्दी तक के काल को रख सकते हैं। उत्तरी भारत में यह आंदोलन इसी समय इस्लाम के संपर्क में आया और इसकी चुनौतियों को स्वीकार करता हुआ इससे प्रभावित, उत्तेजित और आंदोलित हुआ। गौतम बुद्ध जैसे क्रांतिकारी और सजग चिंतक ने मुक्ति के लिए नैतिक आचरण को न केवल अपनाया अपितु उसे व्यावहारिक रूप भी दिया। उन्होंने सामाजिक और धार्मिक स्तर पर जाति–भेद और ब्राह्मणों की सत्ता का विरोध करने के साथ ही नवीन क्रांतिकारी धारा को भी जन्म दिया।

बौद्धिक स्तर पर बुद्ध के चिंतन की जड़ें हिलाने वालो में शंकराचार्य का स्थान अग्रगण्य ठहरता है। दार्शनिक ज्ञानमार्गियों में सबसे अधिक ख्याति शंकराचार्य को ही प्राप्त हुई। बौद्धों का प्रभाव घटाने तथा वेदों–ब्राह्मणों की महत्ता को स्थापित करने के लिए शंकराचार्य ने अपने दार्शनिक चिंतन में अद्वैतवाद के सिद्धांत पर जोर दिया। अद्वैतवाद का आधार है कि ब्रह्म सत्य है जगत् मिथ्या है, आत्मा परमात्मा ही है, वह उससे भिन्न या पृथक नहीं है। सांसारिक माया के कारण मानव आत्मा परमात्मा की एकता को पहचानने की भूल करता है। ध्यान रखन की बात यह भी है कि शंकर ने ज्ञान के साथ–साथ निर्गुण ब्रह्म की उपासना का भी प्रचार किया। साथ–ही–साथ ईश्वर को शिव का स्वरूप देकर जनसाधारण के लिए शैव–उपासना और पंडितों के लिए ज्ञान–मार्ग के द्वारा एकेश्वरवाद का मार्ग प्रशस्त किया।

काल	संस्थापक	मत
12वीं शताब्दी	रामानुजाचार्य	विशिष्टाद्वैतवाद
13वीं शताब्दी	मध्वाचार्य	द्वैतवाद
13वीं शताब्दी	विष्णुस्वामी	शुद्धाद्वैतवाद
13वीं शताब्दी	निम्बार्काचार्य	द्वैताद्वैतवाद

इन चारों वैष्णव संप्रदायों ने शंकर के अद्वैत और ज्ञान–मार्ग का विरोध किया। थोड़े–बहुत अंतर के होते हुए भी इन सबकी प्रवृति सगुण भक्ति की ओर खिंचती चली गई। इन सभी ने

ब्रह्म और जीव की पूर्ण एकता को अस्वीकार किया तथा इस धारणा का प्रचार–प्रसार किया कि सांसारिक जन्म के बाद जीव का ब्रह्म से एकीकरण समाप्त हो जाता है। वैष्णवों की सगुण–भक्ति का साधारण जनता पर बहुत प्रभाव पड़ा। भारत में दर्शन सदैव ही धर्म के साथ–साथ चलता रहा है। धर्म की गूढ़ता सामान्य लोगों की समझ से अकसर बाहर रहती है। ऐसी स्थिति में रहस्य और भक्ति की भावना द्वारा उसका व्यावहारिक रूप सामने आता है और पनपता है।

एक ईश्वर में विश्वास, अवतारवाद की अस्वीकृति, निर्गुण भक्ति और मूर्तिपूजा तथा जाति व्यवस्था पर उनके आक्रमण में इस्लाम मत के बीज तत्व मिल जाते है। लेकिन इस्लाम के तत्वों को उन्होंने हू–ब–हू नहीं अपना लिया, और कट्टरपंथी इस्लाम के कई मतों पर प्रहार किया। पर वैष्णव भक्ति आंदोलन पर इस्लाम का प्रभाव नहीं स्वीकार किया जा सकता है, क्योंकि न तो उन्होंने मूर्तिपूजा को नकारा और न ही जाति व्यवस्था और अवतारवाद का तिरस्कार किया। वे सगुण भक्ति में विश्वास रखते थे। एकेश्वरवाद भक्ति आंदोलन और इस्लाम के बीच एक प्रकार का आदान–प्रदान भी हुआ। और इस आदान–प्रदान के क्रम में सूफी मत का जन्म हुआ। सूफी "पीर" की बात करते हैं, "प्यारे" (ईश्वर) के साथ एकाकार होने का सिद्धांत सामने रखते हैं। इसी प्रकार निरंकारी संत भी गुरू और ईश्वर के प्रति पूर्ण समर्पण की बात करते है। यह माना जाता है कि चिश्ती सूफी संतो के साथ कबीर के संबंध थे, पर इसका कोई ऐतिहासिक प्रमाण नहीं मिला है। जनम–सखियों में नामक से सूफियों की मुलाकात का उल्लेख मिलता है। हालांकि ऐतिहासिक तौर पर सूफी और एकेश्वरवाद आंदोलन की धारा बिल्कुल अलग–थलग हैं, पर उनमें कुछ आधारभूत समानताएं हैं, मसलन वे हिन्दू और मुस्लिम रूढ़िवादिता को एक स्वर से नकारते हैं। उनके बीच का आदन–प्रदान अप्रत्यक्ष था पर इस अप्रत्यक्ष आदान–प्रदान ने भी दोनों को बढ़ावा दिया।

30 सामाजिक–धार्मिक आन्दोलन : सूफी आन्दोलन

प्रश्न 1 . इस्लाम में सूफीमत का उदय एवं संगठन की चर्चा कीजिए?

उत्तर – इस्लाम में सूफीमत का विकास किसी धर्म में होने वाले रहस्यवादी आंदोलन (Mystic Movement) की सफलता तथा लोकप्रियता का महत्वपूर्ण और दिलचस्प इतिहास है। जहाँ तक रहस्यवाद का सवाल है, आरबेरी (Arberry) के शब्दों में "यह वह भावना है जो हमेशा से प्रकृति के रहस्यों को जानने के लिए मानव को प्रेरित करती रही है।"

सूफी वही कहलाता है जो तसव्वुफ का अनुयायी और सारे धर्मो से प्रेम–करने वाला होता है। फिर भी सूफी शब्द को लेकर विद्वानों में बड़ा विवाद रहा है। विद्वानों ने अनेक दृष्टिकोणों से सूफी शब्द को व्युत्पन्न करने का प्रयास किय हैं प्रारंभ में तो सूफी लोग (आठवीं और नवीं शताब्दी में) अरब में दिखलाई पड़े और काफी समय तक उनकी पहचान उनके ऊनी लिबासों से की जाती रही। 'सफ' का अर्थ है ऊन या बकरी या भेड़ के बाल का ऊनी कपड़ा, अतः जो सफ के बने वस्त्र पहनता था वही सूफी कहलाया। कुछ विद्वान 'सफा' से सूफी शब्द की उत्पति मानते है। 'सफा' का अर्थ है–'पवित्रता' या 'विशुद्धता' अर्थात जो लोग आचार–विचार से पवित्र थे वे सूफी कहलाए। विद्वानों के एक वर्ग का मत यह भी है कि मदीना में मुहम्मद साहब द्वारा बनवाई मस्जिद के बाहर बनवाई मस्जिद के बाहर सफा अर्थात मक्के की एक पहाड़ी पर जिन व्यक्तियों ने शरण ली तथा खुदा की आराधना में लीन रहे वे सूफी कहलाए। जो भी हो, यह सच है कि 'साधक' के लिए सूफी शब्द का प्रयोग ईसा की नवीं शताब्दी से प्रचलित होने का प्रमाण मिलता है। ये सूफिया सूफीमनिश होते थे अर्थात् किसी भी धर्म या व्यक्ति से बैर न रखने वाले होते थे।

मुसलिम तथा गैर–मुसलिम विद्वानों के मतों का अध्ययन करने पर इस निष्कर्ष पर पहुँचा जा सकता हैं कि सूफीमत का बीजारोपण मुसलिम मानस में हुआ और जो बाह्य प्रभावों के कारण विधि–विधानों एवं बाह्य आडंबरों के विरूद्ध एक प्रचंड आवाज थी। मूहम्मद साहब की मृत्यु के बाद राजनीतिक, सामाजिक एवं बौद्धिक परिस्थितियों ने तत्कालीन वातावरण पर ऐसा प्रभाव डाला कि मानव, रहस्य–तत्व के चिंतन की और उन्मुख हो गया। इन परिस्थितियों के मूल कारण उम्मया शासक वर्ग के गृह–युद्ध, निरंकुशता एवं उलेमा वर्ग की कटु जातीयता आदि में खोजे जा सकते है। आपसी भगड़े, वैमनस्य तथा शासक वर्ग की विलासिता ने ऐसी स्थिति पैदा कर दी कि मानव को विवश होकर ईश्वर की ओर जाना पड़ा।

सूफीवाद मूलतः दार्शनिक व्यवस्था पर टिका था। इस दार्शनिक व्यवस्था के कारण ही सूफीवाद ने इस्लाम की कट्टरता को तिलांजलि देकर रहस्यवाद की आंतरिक गहराई से समझोता कर लिया। जिस प्रकार धार्मिक विचारकों ने कुरान तथा इजमा के आधार पर अपने सिद्धांतो की व्यवस्था दी है उसी प्रकार सूफियों ने भी अपना रास्ता तथा सुन्नत के भीतर से ही निकाला है। परंतु उनके मार्ग व दिशा (तरीकात) हमेशा शरीअत से मेल नहीं खाते।

वास्तव में सूफी दार्शनिक अपने लक्ष्य के प्रति अत्यधिक सजग थे। उन्हें ध्यान था कि वे किसी नए धर्म को स्थापित नहीं कर रहे अपितु एक नवीन आंदोलन की भूमिका तैयार कर रहे हैं। जिसके अंतर्गत उन्हें इस्लामी ढाँचे को साथ मिलाकर इस प्रकार की आस्था को ही प्रतिष्ठित करना है। अपने लक्ष्य के औचित्य को सिद्ध करते हुए उन्होंने कुरान की नए ढंग से व्याख्या की तथा उसमें ऐसे अनेक आधारों को पाया जिनसे उनके रहस्यपरक विश्वास को पूरा बल मिला। वास्तव में, रहस्यवाद के बीज कुरान में ही विद्यमान थे। मूहम्मद साहब के जीवन के अध्ययन से यह ज्ञात होता है कि वे संसार से रिक्त होकर प्रायः गहन चिंतन में निमग्न हो जाया करते थे।

इब्नुलअरबी प्रथम व्यक्ति था जिसने सूफीजगत में महत्वपूर्ण बहदत–उल–वुजूद (Wahadat-ul-wujud) का सिद्धांत प्रतिपादित किया। इस सिद्धांत का सांराश यह रहा है कि भगवान् सर्वव्यापक है और सबमें उसी की झलक है। उससे कुछ भी अलग नहीं है। सभी मनुष्य समान है। इस प्रकार इब्नुलअरबी ने अपनी वाक्–शक्ति और लेखनी द्वारा इस मत के विकास में जो महत्वपूर्ण योग दिया हैं वह सूफी मत के इतिहास में सदैव चिरस्मरणीय रहेगा।

सूफियों द्वारा प्रतिपादित रहस्यवाद एवं प्रेम–तत्व आदि की चर्चा करते हुए हम पाते हैं कि सूफीमत का इस्लाम से अनेक मुद्दों पर गहरा मतभेद हैं। लेकिन दिलचस्प बात यह है कि प्रायः सभी सूफी मुसलमान थे और साथ ही वे अपने सिद्धांतों का विवेचन करते समय इसलाम को अपनी आँखों से ओझल नहीं देते थे। जहाँ कहीं ऐसा लगता कि उनके कथन अथवा आचरण इस्लाम का मेल नहीं खाता है वहाँ वे कुरान या हदीस का सहारा लेते हैं। यद्यपि अपने स्वतंत्र विचारों का इजहार करते समय उन्हें कष्ट तथा यातनाएँ उठानी पड़ती हैं तथापि वे अपने कार्य में पीछे नहीं हटते हैं। सनातनपंथी की कट्टरता और कानून की पाबंदी से समझौता करना प्रायः आसान नहीं था क्योंकि सूफी अक्षरवाद (नित्य स्वरूप) पर उतना जोर नहीं देते थे जितना कि आध्यात्मिक और रहस्ववादी व्याख्या पर। कुछ भी हो सभी विरोधों और बिरोधाभासों के होते हुए भी सूफीमत इस्लाम–धर्म की ओर उन्मुख रहा है इस्लाम ने सूफीमत को उदारता से स्वीकार किया है और वह उसकी महत्वपूर्ण प्रेम–दृष्टि को पर्याप्त आदर देता है।

प्रश्न 2. इस्लाम में सूफीमत का विकास पर प्रकाश डालिए?

उत्तर – अलग–अलग देशों में सूफीमत का विकास हुआ भारत में 13वीं शताब्दी के आरंभ में सूफी सिलसिलों ने अपनी गतिविधियां शुरू की। इसके मौलिक तथा नैतिक सिद्धांत, उपदेश और आदेश, मंत्र, प्रार्थना और उपवास, जिक्र, शेख या पीर एवं शिष्य की परंपरा तथा खानकाहों की विशेष दिनचर्या निश्चित हो चुकी थी। यद्यपि सूफी आंदोलन का भारत में प्रवेश उसकी पूर्ण व्यवस्थापरक स्थिति के स्थापित हो जाने के बाद हुआ था तथापि इस मत ने

कट्टर इस्लाम से ज्यसादा भारतीय जनता का कल्याण भी किया।

तेरहवीं और चौदहवीं शताब्दी में सूफी खानकाहों का जोर भारत के कई भागों में फैल रहा था। मुल्तान, पंजाब, बंगाल, दक्षिणभारत, कश्मीर तथा देश के पूर्वी भागों में सामाजिक और आर्थिक प्रभाव बढ़ रहा था। अफगानिस्तान के रास्ते अनेक सूफी सिलसिलों से संबंध रखने वाले लोग भारत में आए। ये लोग स्वेच्छा से ही भारत आए थे, किसी संस्था के आदेश पर नहीं। ईश्वर–प्रेम तथा मानव–सेवा उनका ध्येय तथा जीवन पवित्र था। उनके पवित्र आचरण ने भरत की जनता को शीघ्र ही अपनी ओर आकृष्ट कर लिया।

'आइने अकबरी' में अबुल फजल ने चौदह सूफी सिलसिलों का उल्लेख किया है। इनमें चिश्ती, सुहरावर्दी, कादरी और नक्शबंदी अत्यंत प्रतिद्ध रहे है। सैयद मुहम्मद हाफिज के अनुसार चिश्ती भारत का सर्वप्रथम प्राचीन सूफी सिलसिला है। ख्वाजा मुइनुद्दीप चिश्ती सन् 1192 ई. में शिहाबुद्दीन गोरी की सेना के साथ भारत में आए थे और बाद में उन्होंने ही 'चिश्तिया परंपरा' की नींव रखी। उन्होंने यहां आकर अनेक स्थानों का भ्रमण करने के बाद अजमेर को अपना स्थायी निवास स्थान बनाया।

दिल्ली में बख्तियार काकी के अनेक मुरीद थे किंतु फरीद ने जितनी गहन भक्ति से गुरूसेवा की थी वैसी सेवा और कोई न कर सका। बख्तियार काकी ने उन्हें अपना उत्तराधिकारी नियुक्त किया। बाबा फरीद के कारण चिश्तिया सिलसिले को भारत में व्यापाक लोकप्रियता प्राप्त हुई।

यह सच बात है कि फरीद को अपने जीवनकाल में आध्यात्मिक और मानसिक शांति प्राप्त हुई थी तथा उन्होंने असंख्य पथभ्रष्ट और पद–दलित मनुष्यों को सत्य और आस्था का प्रकाश दिया था। उनका सबसे महत्वपूर्ण योगदान रचनाओं से है जो 'गुरू ग्रंथ साहिब' में सम्मिलित होकर विश्व के कोने–कोने में उनका संदेश प्रसारित कर रही हैं। फरीद की वाणी में समाज तथा राजनीति के कटु यथार्थ की ध्वनि सुनाई देती है। मूलतः उन्होंने मनुष्य की आध्यात्मिक उन्नति का स्वर ही बुलंद किया है।

चिश्ती–सिलसिलें के वंश–वृक्ष को देखने से पता चलता है कि बाबा फरीद के दो प्रमुख शिष्यों में हजरत निजामुद्दीन के नेतृत्व तथा हजरत अलाउद्दीन साबिर का नाम महत्वपूर्ण है। हिंदू–मुसलमानों की एकता एवं समाज–सुधार में उनका महत्वपूर्ण योगदान था। आत्म– निंदा पर ध्यान देना, अपराधी को क्षमा करना ताि सांप्रदायिकता को तिलांजलि देना उनके गुण थे। निजामुद्दीन औलिया में अन्य महान सूफी साधकों की तरह ही इस्लामी शरीअत की कट्टरता नहीं है। वे मनुष्य मात्र की एकता के सच्चे प्रतीक रहे हैं।

'सुहरावर्दी सिलसिले' के प्रथम नेता सिंध में आकर बस गए तथा मुल्तान उनका केन्द्र भारत में सुहरावर्दी सिलसिले को सुदृढ़ तथा लोकप्रिय बनाने का मुख्य श्रेय बहाउद्दीन जकारिया को है जिनके नेतृत्व में इस 'सिलसिले' ने प्रभावशाली कार्य किया और शीघ्र ही ख्याति प्राप्त कर ली। भारत में आगे चलकर इस सिलसिले के भीतर अनेक संत हुए जिन्होंने तबरीजी, सैयद सुर्खपोश, बुरहान आदि काफी प्रतिद्ध हुए। हैदराबाद और बीजापुर के राज्य भी इस सिलसिले के अभाव से अछूते न रहे। फखरूद्दीन के राजा और प्रजा दोनों को दीक्षित किया था। यद्यपि पंद्रहवीं शताब्दी तक सुहरावर्दी सिलसिले का काफी विकास हुआ था तथापि लोकप्रियता में

चिश्तिया सिलसिला ही आगे बना रहा।

प्रश्न 3. चिश्ती सिलसिला पर एक टिप्पणी लिखिए।

उत्तर – चिश्ती सिलसिला– मध्यकालीन भारत में जिस तरह भक्ति आन्दोलन हिन्दु–मुस्लिम एकता, सामाजिक समानता तथा भाईचारे का संदेश दे रहा था। उसी तरह इस्लामी रहस्यवाद से जुड़ा सूफी सम्प्रदाय भी साम्प्रदायिक एकता हिन्दु–मुस्लिम आदि पर जोर दे रहा था। सूफी आन्दोलन से कई सम्प्रदाय जुड़े हुए थे, जैसे–हुसैन बिन मंसूर अल हज्जाज, अब्दुल करीम, शेख शहाबुद्दीन सुहरावर्दी, ख्वाजा मुइनुद्दीन चिश्ती, निजामुद्दीन औलिया, शेख सलीम चिश्ती, मलिक मुहम्मद जायसी, कुतबन इत्यादि के सिलसिलों के नाम विशेष रूप से उल्लेखनीय है। यह सभी सिलसिला बड़े विद्वान तथा महान व्यक्ति थे। इन्हें फारसी, अरबी तक अनेक भाषाओं का अच्छा ज्ञान था। मुइनुद्दीन चिश्ती की दरगाह अजमेर (राजस्थान) में है। उन्होंने भारत के अनेक भागों की पैदल यात्रा की। शेख सलीम चिश्ती उनके शिष्य थे। उनके आशीर्वाद से ही मुगल सम्राट अकबर के पुत्र सलीम (बाद का जहाँगीर) का जन्म हुआ था। अकबर ने उसके सम्मान में फतेहपुर सीकरी में एक महल बनवाया।

आज भी हजारों मुसलमान अजमेर की दरगाह पर हिन्दु तथा मुसलमान हर वर्ष उसे मेले में भारत, पाकिस्तान, बंगलादेश तथा अन्य देशों से आते है। निजामुद्दीन औलिया की दरगाह दिल्ली में है, उनके भी हिन्दू और मुसलमान दोनों सम्प्रदाय के लोग शिष्य थे। मलिक मुहम्मद जायसी हिन्दी (अवधी भाषा) के उच्च कोटि की रचना थी।

सूफी सम्प्रदाय में चिश्ती के अनुयायी बहुत ही उदार थे वे खुदा की एकता, शुद्ध जीवन तथा मानव मूल्यों पर बहूत जोर देते थे। वे सभी धर्मो एकता में यकीन रखते थे। चिश्ती सन्त घूम–घूमकर मानव प्रेम तथा एकता पर बल देते थे।

31 दिल्ली सल्तनत की कला एवं वास्तुकला

प्रश्न 1. दिल्ली सल्तनत की वस्तुकला की सविस्तार चर्चा कीजिए।

उत्तर – भारत में मुस्लिम सत्ता स्थापित होने से पूर्व हिन्दू एवं बौद्धों ने स्थापत्य कला के क्षेत्र में पर्याप्त उन्नति कर रखी थीं। बड़े–बड़े राजप्रासाद, भवन, मंदिर, दुर्ग विश्वविद्यालय देश के हर भाग में निर्मित थे। सुल्तान शासक भारतीय स्थापत्य कला के विकास को देखकर चकित व प्रभावित हुए और उन्होंने अपने भवन बनाने के लिए हिन्दू कलाकारों की सेवाएं प्राप्त कीं। महमूद गजनवी भव्य भवनों के निर्माण हेतु अनेक भारतीय कलाकारों को अपने देश गजनवी में ले गया था। हैवल सुल्तानकाल की भवन–निर्माण कला में 'शरीर व आत्मा' दोनों दृष्टियों से भारतीय कला के दर्शन पाते है सर जॉन मार्शल सुल्तानकाल की भवन–निर्माण कला में भारतीय एवं मुस्लिम दोनों कलाओं का सम्मिश्रण पाते है।

वास्तुकला के मुख्य स्त्रोत भवनों के विद्यमानों अवशेष है। यद्यपि यह अपने समय की वास्तुकला की प्रचलित तकनीकी और शैलियों को समझने में सहायता प्रदान करते है लेकिन वास्तुकला से संबंधित अन्य दूसरे पक्षों जैस–वास्तुकला की भूमिका, नक्शे एवं भवनों के अनुमानित खर्च और हिसाब को समझने में कम मददगार सिद्ध हुए है।

दिल्ली के सुल्तानों के भवन– दिल्ली सुल्तानों के समय में बने भवनों का संक्षिप्त विवरण इस प्रकार है–

1. दास वंश के शासकों के भवन (1206–90 ई.)– दास वंश के सुल्तान भवन–निर्माण कला में रूचि रखते थे। कुतुबुद्दीन ऐबक ने दिल्ली में कुतुबमीनार व कुतुबी मस्जिद का निर्माण कराया ओर अजमेर में एक मस्जिद बनवाई। इसके अतिरिक्त इल्तुमिश का मकबरा और बदायूं की मस्जिद इस समय के प्रतिद्ध भवन है।

2. खिलजी वंश के भवन (1290–1320 ई.)– अलाउद्दीन ने अनेक मस्जिदों, दुर्ग, मीनार तथा सरोवर आदि बनवाए। इनमें इलाही किला कुतुबी, इलाही मीनार का निर्माण कराया। इसके अलावा उसने सीरी का किला, हौज खास, तथा हजार स्तम्भों का किला बनवाया।

3. तुगलक शासकों के भवन (1320–1414 ई.) गयासुद्दीन तुगलक ने दिल्ली के समीप तुगलकाबाद नगर बसाया। इसमें बनी इमारतें बड़ी सादा हैं। मुहम्मद तुगलक ने आदिलशाह का किला तथा जहांपनाह नगर बनवाए। फिरोज तुगलक ने दिल्ली के निकट फिरोजाबाद

नगर बसाया। इसके अतिरिक्त उसने हिस्सार फिरोजा (आधुनिक हिसार), फतेहाबाद तथा जौनपुर नगर बसाया। उसने चार मस्जिदें, तीन महल, एक सौ मकबरें, दो सौ सरायें, एक सौ पुल, दस स्नानगृह, दस स्तम्भ तथा अनेक अस्पताल बनाए।

4. सैयद तथा लोदी शासकों के भवन (1414–1526 ई.) भारत पर तैमूर के आक्रमणों के फलस्वरूप देश की आर्थिक स्थिति बिगड़ गई थी। फलतः सैयद एवं लोदी वंश के सुल्तानों ने भवन–निर्माण कला की ओर कोई विशेष ध्यान न दिया। इस काल में मुबारकशाह तथा मुहम्मदशाह के मकबरों का निर्माण हुआ। लोदी सुल्तानों ने सिकन्दर लोदी का मकबरा, बनवाया। इसके अतिरिक्त बड़े खाँ व छोटे खाँ के मकबरे, बड़ा गुम्बद दादी का मकबरा, पोलों का गुम्बद तथा मोठ मस्जिद का निर्माण हुआ।

5. प्रांतीय शासकों द्वारा बनवाए गए भवन– तुगलक वंश पश्चात् देश में कोई केन्द्रीय सत्ता न रही और देश छोटे–छोटे प्रांतों में बंट गया। इन प्रांतों में नेक भवनों का निर्माण हुआ, जिनका वर्णन इस प्रकार है–

बंगाल में अद्दीना मस्जिद, छोटा सोना मस्जिद, बड़ा मस्जिद; गुजरात में जामा मस्जिद, मालवा में जामा मस्जिद, हिंडोला महल और जहाज महल; जौनपुर में अटाला देवी मस्जिद आदि इमारतों का निर्माण हुआ।

प्रश्न 2. सल्तनत काल की चित्रकला का उल्लेख कीजिए। [Dec-06, Q9]

उत्तर – 19वीं सदी के बाद के वर्षो में सर्वप्रथम मुहम्मद अब्दुल्ला चगताई ने यह विचार प्रस्तुत किया कि दिल्ली–सल्तनत के काल में चित्रकला का अस्तित्व रहा था। उन्होंने अपने विचार का सर्मथन भारतीय–पर्शियन साहित्यिक ग्रन्थों में चित्रकला के सम्बन्ध में दिये गये विभिन्न उल्लेखों के आधार पर किया। परन्तु उनका यह विचार अन्य विद्वानों द्वारा मान्यता प्राप्त न कर सका। जिसके कारण 20वीं सदी के मध्य तक यह धारणा बनी रही कि इस काल में चित्रकला की ओर पूर्ण उदासीनता थी क्योंकि वह इस्लाम के द्वारा वर्जित थी। 1947 ई. में हरमन गोइट्ज ने 'दी जर्नल ऑफ दी इण्डियन सोसाइटी ऑफ ओरिएण्टल आर्ट' में अपना एक लेख छपवाकर यह विचार व्यक्त किया कि दिल्ली– सल्तनत के काल में चित्रकला का अस्तित्व था। इसके पश्चात् अन्य कई विद्वानों ने इस विचार के पक्ष में विचार प्रकट किये। मुख्यता उन्होंने अपने मत का गतर्थन तत्कालीन साहित्य में चित्रकला के सम्बन्ध में दिये गये उल्लेखों के आधार पर ही किया। इसके अतिरिक्त, कुछ ग्रन्थों में प्राप्त लघु–चित्रों और कुछ लघु भिति–चित्रों को भी इस काल का बताकर उन्होंने अपने मत का समर्थन किया है। इस कारण अब यह धारणा बनती जा रही है कि इस कला में चित्रकला नष्ट नहीं हुई थी अपितु कुछ प्रांतीय शासकों और, सम्भवतया, कुछ दिल्ली–सुल्तानों का संरक्षण प्राप्त करके जीवित रही थी।

14वीं सदी में इतिहासकार इसामी ने अपनी पुस्तक "फुतूह–उस–सलातीन" में ताजुद्दीन रजा के विचार की पुष्टि की। अलाउद्दीन खलजी के समकालीन विद्वान अमीर खुसरो के विभिन्न ग्रन्थों मे भिति–चित्रों का उल्लेख किया गया है। खुसरों द्वारा लिखी गयी पुस्तक 'सुनुह सिपिहर' में सुन्दर चित्रित वस्त्रों का वर्णन मिलता है। फारसी और हिन्दी के अन्य विविध ग्रन्थों में भी इसी प्रकार के वर्णन प्राप्त होते हैं जियाउद्दीन बरनी द्वारा लिखी गयी। पुस्तक

'तारीख–ए–फीरोजशाही' में यह वर्णन है कि सुल्तान जलालुद्दीन खलजी ने सुल्तान कैकुबाद द्वारा आरम्भ किये महल के निर्माण को पूरा कराया और उसे भिति–चित्रों से सजाया।

दिल्ली सल्तनत के काल में लघु–चित्र बनाने और पाण्डुलिपियों पर चित्र बनाने की भी प्रथा थी। अमीर खुसरों द्वारा रचित खम्सा की पाण्डुलिपि के कुछ पृष्ठ प्राप्त हुए हैं जिन पर चित्र बने हुए हैं। मालवा, जौनपुर, बंगाल और गुजरात में भी ऐसे चित्र बनाये जाने की प्रथा थी, ऐसे भी प्रमाण प्राप्त हुए है। माँडू से प्राप्त ऐसी पाण्डुलिपियों में 'नियामतनामा' और 'मिफताह–उल–फुजाला' प्रमुख हैं जिनमें सुन्दर मानवीय लघु–चित्र बने हुए हैं। जौनपुर में यह चित्रकला प्रचलित थी इसका प्रमाण विभिन्न स्थानों पर प्राप्त हुई और सुरक्षित रखी गई बंगाल में भी दो चित्रकला–शैलियाँ प्रचलित थीं, उसकी प्रमाण भी विभिन्न पाण्डुलिपियों के माध्यम से प्राप्त हुए हैं। विभिन्न स्थानों पर प्राप्त ये पाण्डुलिपियाँ अलग–अलग समय की हैं और उनमें विभिन्नता भी है। इससे यह अनुमान किया गया है। कि विभिन्न स्थानों पर चित्रकला के इन क्षेत्रों में विभिन्न शैलियाँ प्रचलित थीं और एक लम्बे समय तक, सम्भवतया, सम्पूर्ण दिल्ली–सल्तनत के युग में इस प्रकार की चित्रकला जीवित रही थी।

प्रश्न 3. सल्तनत काल की संगीत के क्षेत्र में उपलब्धियों की व्याख्या कीजिए।

[Dec-04, Q10(2)]

उत्तर – इस्लाम धर्म द्वारा संगीत–कला वर्जित है। इस कारण दिल्ली–सल्तनत के कुछ प्रारम्भिक सुल्तानों ने इस कला की और ध्यान नहीं दिया। परन्तु में बलबन जलालुद्दीन खलजी, अलाउद्दीन खलजी और मुहम्मद तुगलक जैसे सुल्तानों ने इसे संरक्षण प्रदान किय। बलबन के सम्बन्ध में एम.डब्ल्यू. मिर्जा लिखते है: "बलबन संगीत–कला का एक बड़ा संरक्षक था। उसने भारतीय संगीत–कला की बहुत प्रशंसा की और उसे अन्य देशों की संगीत–कला से श्रेष्ठ स्वीकार किया।" बलबन का पुत्र बुगराखाँ भी संगीत–कला का प्रेमी था। जलालुद्दीन खलजी ने इस कला को संरक्षण प्रदान किया। उसने दरबार में संगीतज्ञों का एक समूह तैयार किया था। उसने भारतीय कव्वाली में भी एक नवीन शैली को जोड़ा। तुगलक–वंश का संस्थापक गियासुद्दीन तुगलक संगीत–कला का विरोधी था। उसने साम्राज्य में उसका निषेध कर दिया। परन्तु उसके पुत्र और उत्तराधिकारी मुहम्मद तुगलक ने संगीत–कला में रूचि ली और उसकी उन्नति के लिए उसे संरक्षण प्रदान किया। अपने शासनकाल में उसने अनेक संगीत–गोष्ठियाँ आयोजित कीं जिनमें हिन्दू और मुसलमान सभी संगीतज्ञ सम्मिलित हुए थे।

इस युग में विभिन्न प्रान्तीय स्वतन्त्र शासकों ने भी संगीत–कला को संरक्षण प्राप्त किय। जौनपुर के प्रायः सभी शासकों ने संगीत को संरक्षण दिया। उनके संरक्षण में एक मुसलमान विद्वान ने 1375 ई. में संगीत–कला के एक अच्छे ग्रन्थ गुनयाल–उल–मुलयास की रचना की। वहाँ का शासक, हुसैनशाह शर्की स्वयं एक अच्छा संगीतज्ञ था और उसने एक नवीन राग खयाल को भारतीय संगीत–कला में सम्मिलित किया। इसके अतिरिक्त, उसके संरक्षण में कई संगीत–विद्वानों ने मिलकर संगीत–शिरोमणि नामक एक श्रेष्ठ संगीत–ग्रन्थ की रचना की। गुजरात और मालवा के शासकों ने भी संगीत–कला को संरक्षण प्रदान किया था।

इस काल में संगीत–कला पर कई अन्य अच्छे ग्रन्थ भी लिखे गये। सारंगदेव ने भी एक महान्

ग्रन्थ संगीत–रत्नाकर की रचना की। उसने भारत के तत्कालीन संगीत के सभी रागों का उल्लेख इस ग्रन्थ में किया और उनको पन्द्रह मुख्य श्रेणियों में विभाजित किया। उसके अनुसार अन्य सभी रागों की उत्पति इन्हीं पन्द्रह रागों में से किसी न किसी एक से हुई।
एक अन्य श्रेष्ठ ग्रन्थ रागतरंगिनी की रचना लेकिन कवि ने की। उसने अपने ग्रन्थ में भारतीय संगीत की मुख्य बारह शैलियों– भैरवी, टोडी, गौरी, कर्नट, केदार, यामन, सारंग, मेघ, राग, धनसारी, पूर्वी तुखारी और दियाक का वर्णन किया। ग्वालियर के राजा मानसिंह ने भी मान–कुतबल नामक संगीत–ग्रन्थ को लिखा जिसमें उसने उत्तर–भारत में उस समय में प्रचलित सभी राग–शैलियों का उल्लेख किया।
इस प्रकार हम पाते हैं कि दिल्ली–सल्तनत के काल में संगीत–कला की उन्नति होती रही। एक विद्वान ने यहाँ तक कहा है कि "इस काल में धर्म–निरपेक्ष और आध्यात्मिक दोनों ही प्रकार का संगीत श्रेष्ठ स्थिति को प्राप्त कर सका था।"
इसमें भी कोई सन्देह नहीं किया जा सकता कि संगीत–कला के साथ–साथ इस काल में नृत्य–कला की उन्नति भी होती रही थी।

प्रश्न 4. दिल्ली सल्तानों के अधीन साहित्य की प्रगति का संक्षिप्त वर्णन कीजिए।
उत्तर – सुल्तानकाल में फारसी तथा संस्कृत भाषा के अतिरिक्त हिन्दी, उर्दू तथा कई अन्य भारतीय भाषाओं में अनेक ग्रन्थ लिखे गए। इस काल में धार्मिक, ऐतिहासिक तथा कुछ अन्य विषयों पर साहित्यिक रचनाएं लिखी गई। काव्य, गद्य, नाटक आदि साहित्य की सभी विधाओं पर पुस्तकें लिखी गई। इस काल में फारसी साहित्य पर धार्मिक कट्टरता का प्रभाव था, जबकि संस्कृत साहित्य में प्राचीन ग्रन्थों पर टीकाएं लिखी गई। इस युग में हिन्दी, उर्दू, राजस्थानी, गुजराती, पंजाबी आदि प्रादेशिक भाषाओं के साहित्यकी प्रधानता रही। इनमें अधिकांश रचनाएं भक्ति आन्दोलन के सन्तों द्वारा लिखी गई थी।

I. फारसी साहित्य–
1. फारसी कविता– फारसी में पद्य–साहित्य में अमर खुसरो, अमीर हसन देहलवी और बदरूरुद्दीन का नाम आदर से लिया जा सकता है। अमीर खुसरो फारसी भाषा का एक महान् कवि था और वह बलबन के समय से लेकर गयासुद्दीन तुगलक के समय तक विभिन्न दिल्ली सुल्तानों का दरबारी कवि रहा। उसकी कविता में बड़ा माधुर्य था, अतः उसे 'तुतिय–हिन्द' कहा जाता था। अमीर खुसरों ने एक गायक तथा हिन्दी भाषा के विद्वान के रूप में भी ख्याति प्राप्त की थी।
2. फारसी गद्य– सुल्तानकाल में फारसी के गद्य लेखकों में मौलाना मुअयतुद्दीन उमरानी, आई–उल–मुल्क मुल्तानी, अहमद थानेसरी, साहिबुद्दीन दौलताबादी तथा जहीन देहलवी के नाम बहुत प्रसिद्ध है।
3. ऐतिहासिक फारसी साहित्य – हसन निजामी, मिनहाज उसराज, अमीर खुसरो, जियाउद्दीन बर्नी, शम्से–सिराज अफीफ व गुलाब व गुलाब, याहिया–बिन–अहमद इस काल के प्रसिद्ध इतिहासकार थे। इस काल में ताजुल मसीर, तबतके नासिरी, तारीखे अलाई, तारीचों फिरोजशाही प्रथम तथा द्वितीय भाग तथा तारीखे मुबारकशाही नामक ऐतिहासिक

ग्रन्थों की रचना हुई

II. संस्कृत साहित्य– इस काल में संस्कृत भाषा में काव्य, नाटक, दर्शन, टीकाएं आदि–साहित्य की विभिन्न विधाओं पर लिखा गया। रामानुज ने ब्रह्मसूत्रों की आलोचनाएं लिखीं। पार्थसारथी मिश्र ने कर्म मीमांसा पर दीपिका शास्त्र नामक ग्रन्थ लिखा।

अल्बरुनी ने अने संस्कृत ग्रन्थों का फारसी भाषा में अनुवाद किया। इसी प्रकार फिरोज तुगलक के समय मौलाना खालिद खानी ने संस्कृत के कुछ ग्रन्थों का फारसी में अनुवाद किया। सिकन्दर लोदी के संस्कृत के चिकित्सा ग्रन्थों का फारसी भाषा में अनुवाद किया। सिकन्दर लोदी के संस्कृत के चिकित्सा ग्रन्थों का फारसी भाषा में अनुवाद कराया।

III. प्रादेशिक भाषाओं का साहित्य– सुल्तानकाल में निम्नलिखित प्रादेशिक भाषाओं का विकास हुआ।

32 क्षेत्रीय राज्यों में कला एवं वास्तुकला

प्रश्न 1. क्षेत्रीय राज्यो की वास्तुकला का सविस्तार विवरण करो। [June-03, Q9]

उत्तर – विभिन्न राज्यों में वास्तुकला की क्षेत्रीय शैलियों का विकास दिल्ली सल्तनत से संबंध विच्छेद करने के बाद हुआ। यह शैली दिल्ली की हिन्द–इस्लामिक शैली से न केवल भिन्न थी बल्कि इसकी अपनी मौलिक विशेषताएं थी। वे क्षेत्र जहाँ शिल्पकला की शक्तिशाली परम्परा प्रचलित थी वहाँ इस्लामी वास्तुकला की क्षेत्रीय शैलियों में अत्यधिक आकर्षक भवनों का निर्माण हुआ। दूसरी ओर जहाँ इतनी शक्तिशाली परम्परा विकसित नहीं थी, वहाँ क्षेत्रीय भवन कला अपेक्षाकृत निम्न कोटि की है। कई जगहों पर नये प्रकार की वास्तुकला का विकास हुआ जो स्थानीय तथा साम्राज्यवादी परम्पराओं से भिन्न है।

यह एक रोचक तथ्य है कि सबसे पहले भारतीय उपमहाद्वीप के पूर्वी भाग, में वास्तुकला की क्षेत्रीय शैली का विकास हुआ। इस क्षेत्र में वास्तुकला की दो प्रमुख धाराओं का विकास मुख्यतः बंगाल एवं जौनपुर में हुआ जहां क्षेत्रीय राज्यों का भी उदय हुआ।

अ– बंगाल : तुर्कों द्वारा दिल्ली पर कब्जा किये जाने के बाद पाँच वर्षों में ही बंगाल पर भी तुर्की शासन स्थापित हो गया। परन्तु वास्तुकला के क्षेत्र में 14वीं शताब्दी के केवल शुरू में ही भवन निर्माण की एक स्वतंत्र एवं विशिष्ट शैली का विकास हुआ जो लगभग अगले 250 वर्षो तक प्रचलित रही।

बंगाल की भवन निर्माण संबंधी कला को तीन चरणो में बांटा जा सता है। इनमें से प्रथम दो को प्राथमिक स्तर तथा तीसरे को एक विशिष्ट शैली तक पहुंचाने वाला स्तर कह सकते है।

1. प्रथम चरण 1200–1340 ई. तक है। इस दौरान गौड़ इसकी राजधानी थी। बाद के वर्षो में इसे पांडुआ स्थानांतरित कर दिया गया।
2. द्वितीय चरण 1340से 1576 ई. तक माना जाता है।
3. तीसरे चरण का काल 1442 से 1576 ई. तक माना जा सकता है जबकि मुगलों ने इस पर अधिकार कर लिया। इस काल में राजधानी पुनः गौड़ वापस ले जायी गयी।

प्रथम चरण की भवन निर्माण संबंधी कला के उदाहरण बहुत ही सीमित हैं। जहाँ कहीं भी दो या तीन संरचनाएं बची हुई है उनके भवनावशेष भी बुरी अवस्था में हैं। लेकिन इतना तो स्पष्ट है कि इस अवधि में बनाये गये भवन प्रमुखतः प्रचलित हिन्दू शैली का परिवर्तित रूप है।

इसी प्रकार, दूसरे चरण का भी केवल एक उदाहरण मिलता है जो कि पांडुआ स्थित अदीना मस्जिद है। लेकिन आकार में पांडुआ की अदीना मस्जिद (1364) बंगाल में बनाई गई सभी इस्लामी संरचनाओं से भिन्न है। यह वास्तुकला की शैली में दी गई विशेषताओं को शामिल करती है :

जौनपुर : शर्की राज्य की स्थापना फिरोज शाह तुगलक के एक अमीर मलिक सरबर द्वारा 1394 ई. में की गई। तैमूर के आक्रमण एवं दिल्ली के पतन के बाद, जौनपुर लेखकों एवं विद्वानों का केन्द्र बन गया। जौनपुर की वास्तुकला में मस्जिद प्रमुख है। शर्की शासन काल में निर्मित सभी महत्वपूर्ण भवन राज्य की राजधानी जौनपुर में स्थित हैं।

जौनपुर की शर्की वास्तुकला पर तुगलक शैली का स्पष्ट प्रभाव देखने को मिलता है, गुम्बदाकार संरचना एवं मीनारें, तथा मेहराब एवं स्तम्भ उसकी दो प्रमुख विशेषताएँ हैं। सबसे बड़ी विशेषता मस्जिद के अग्रभाग की रूपरेखा है। प्रमुख द्वार अत्यंत विशाल है जिसके दोनों ओर दीवारें शुण्डाकार (tapering) मीनार है जो सरकन (registers) में विभाजित है। इसका सबसे अच्छा उदहारण अटाला मस्जिद (1408 ई.) और जामा मस्जिद है। द्वार की सजावट जौनपुर की शैली की महत्वपूर्ण विशेषता है जो किसी अन्य हिन्द–इस्लामी वास्तुकला में देखने को नहीं मिलती।

पश्चिम भारत– 14वीं सदी में पश्चिम भारत में जिस क्षेत्रीय वास्तुकला का विकास हुआ वह मुख्यतः गुजरात तक ही सीमित थी। यह क्षेत्रीय शैली लगभग दो सौ पचास वर्षों तक पुष्पित एवं पल्लवित होती रही। दिल्ली की खलजी सल्तनत के सूबेदारों ने गुजरात में हिन्द–इस्लामी वास्तुकला की स्थापना में महत्वपूर्ण भूमिका निभाई।

1. पहले चरण में, जो 14वीं के सदी के पूर्वार्द्ध तक रहा, हिन्दू मन्दिरों को तोड़कर मुस्लिम भवनों में परिवर्तित किया गया।

2. द्वितीय चरण 15वीं सदी के उत्तरार्द्ध तक माना जाता है जिसमें वास्तुकला में कुछ परिपक्वता एवं विशिष्ट शैली देखने को मिलती है।

3. अन्ततः 15वीं सदी के उत्तरार्द्ध में गुजरात की विशिष्ट शैली का अभ्युदय हुआ। अपने भव्य रूप में अधिकांश विशिष्ट उदाहरण गुजरात की इसी शैली से संबंधित है।

मध्य भारत:– मध्य भारत में जिस हिन्दू इस्लामी वास्तुकला का विकास हुआ वह मालवा क्षेत्र तक ही सीमित थी जो कि 15वीं सदी तक एक स्वतंत्र राज्य के रूप में स्थापित हो गया था।

और माण्डू : मालवा के महत्वपूर्ण वास्तुकला के नमूने मुख्यतः धार और माण्डू शहरों में पाये जाते है। इसके अतिरिक्त चन्देरी में भी कुछ भवन हैं। धार और माण्डू के सुल्तान ने वास्तुकला की एक समृद्ध बिरासत को छोड़ा है जिसे मस्जिदों, मकबरों और राजमहलों के रूप में देखा जा सकता है। इसकी कुछ विशेषताएँ निम्नवत् हैं :

1. मालवा वास्तुकला की सबसे नवीन तकनीक मेहराब की संरचना का सरदल या धरनी व स्तम्भ (lintel) शैली का सम्मिश्रण है किसी दूसरी वास्तुकला में मेहराब एवं स्तम्भ को इतने कलात्मक ढंग से नहीं प्रयुक्त किया गया है।

2. मालवा की इमारतों की अन्य महत्वपूर्ण विशेषता धरातल से इमारत के प्रवेश द्वार तक बनी

भव्य व, चौड़ी सीढ़ियाँ हैं। अधिकांश इमारतों के एक ऊँचे चबूतरे पर बने होने के कारण इस प्रकार की सीढ़ियाँ इन इमारतों का एक आवश्यक अंग बन गई थीं।

3. मालवा की वास्तुकला की प्रमुख विशेषता संरचनात्मक नहीं बल्कि सजावट की कलात्मकता है। इन भवनों में रंगों की भूमिका महत्वपूर्ण स्थान रखती है। रंगों के प्रयोग दो तरीके से किये गये हैं। (1) रंगीन पत्थरों और संगमरमर का प्रयोग और (2) दूधिया टाइल्स का प्रयोग।

दक्खन– बहमनी शासन काल में 14वीं सदी के बाद दक्खन में हिन्दू–इस्लामी वास्तुकला का विकास हुआ वह शुरू से ही अपनी विशेषता के लिए विख्यात रहा है।

व्यावहारिक आधार पर दक्खन की वास्तुकला निम्नलिखित का एक सम्मिश्रण हैं:

अ– दिल्ली की और विशेषकर तुगलक शैली की वास्तुकला जो दिल्ली में प्रचलित थी।

ब– एक बिल्कुल बाहरी स्त्रोत से आयोजित शैली जो ईरान से लाई गई थी।

दक्खन की वास्तुकला का विकास, जो सरकार व शासन के केन्द्र के बदलने के साथ–साथ बदलता रहा है, को तीन चरणों में विभाजित किय जा सकता है। प्रथम चरण की शुरुआत 1347 में राजधानी गुलबर्गा में हुई द्वितीय चरण 1425 में शुरू हुआ जबकि सत्ता का स्थानांतरण बीदर शहर में हो चुका था। अंत में 1512 ई. में राजधानी गोलकुण्डा में पहुँचने के साथ तीसरा चरण प्रारंभ होता है जो 1687–मुगल शासन की विजय के वर्ष तक चलता है।

(क) गुलबर्गा – 1347 में अलाउद्दीन बहमन के नेतृत्व में गुलबर्ग एक स्वतंत्र राज्य बना। इसी के साथ दक्खन में वास्तुकला का विकास हुआ। शुरू की वास्तुकला में दक्खन वास्तुकला की किसी विशेषता को ढूँढ पाना मुश्किल है। अधिकांश वास्तुकला की संरचना उत्तर भारत की तुगलक की किसी का अनुकरण है। गुलबर्गा किले के अंदर जो जामा मस्जिद (1367) है वह भिन्न एवं विशिष्ट है। इसका डिजाइन 14वीं सदी के महान शिल्पकार रफी ने तैयार किया। वह उत्तरी ईरान मुख्य विशेषता मस्तिजद के बीच खुले स्थान के सिद्धांत को बदलना था।

(ख) बीदर: बहमनी राज्य की राजधानी को बीदर में बदलने का श्रेय 1425 ई. में अहमद शाह (1422–36) को जाता है। जल्दी ही नई राजधानी में भवनों के निर्माण में बाढ़ सी आ गयी। शहर में बड़े–बड़े हॉल युक्त महल, हम्माम तथा मदरसों के साथ–साथ मकबरों का भी निर्माण हुआ। राजधानी के इस परिवर्तन से वास्तुकला पर दिल्ली का प्रभाव नगण्य हो गया। यहां के भवनों पर ईरानी प्रभाव देखने को मिलता है। लेकिन ईरानी शैली को भी स्थानीय परिस्थितियों के अनुकूल बदला गया। लेकिन हिन्द–इस्लामी परम्परा का पूर्ण परित्याग नहीं किया गया। बीदर शैली की कुछ महत्वपूर्ण विशेषताएँ इस प्रकार है।

1. चूँकि ईरानी वास्तुकला में रंगों का महत्वपूर्ण स्थान है, अतः बीदर के भवनों में बहुरंगी टाइल्स और भित्ति चित्र देखने को मिलते हैं। इमारतों की बाहरी सतह पर लगाये गये रंगीन चमकीले टाइल्स ईरान से समुद्र मार्ग द्वारा लाये गये थे।

2. बीदर के भवनों में गुम्बद के आकार में महत्वपूर्ण परिवर्तन हुए हैं। ये निचले भाग में कुछ संकीर्ण हैं जो कुछ मुगल परम्परा के प्रसिद्ध बल्बाकार गुम्बद के पहले का चरण माने जा सकते हैं। इन गुम्बदों के बेलन (drums) लम्बे हैं ताकि उन्हें स्पष्ट रूप से देखा जा सकता

है।

16वीं सदी के शुरू में बहमनी सल्तनत का पतन हुआ, जिसके साथ–साथ दक्खन शैली के प्रथम चरण का भी अन्त हो गया।

विजयनगर– विजयनगर का इतिहास बिल्कुल भिन्न है। इसका जन्म दक्खन और दक्षिण में दिल्ली सल्तनत के आक्रमण के फलस्वरूप हुआ। विजयनगर के प्रसिद्ध नगर जो इस साम्राज्य की राजधानी थी की स्थान 1336 ई. में हुई। यह तुंगभद्रा के किनारे स्थित है। विजयनगर जो नष्टप्राय हो चुका है, एक महत्वपूर्ण ऐतिहासिक एवं वास्तुकला का क्षेत्र है क्योंकि यह आधुनिक काल से पूर्व का एक मात्र हिन्दू शहर है जिसके अवशेष धरातल से ऊपर मिलते हैं। विजयनगर शैली की वास्तुकला का विकास पूरे दक्षिण में हुआ लेकिन इसके सर्वश्रेष्ठ एवं विशिष्ट उदाहरण विजयनगर के अवशेषों में ही देखने को मिलते हैं। विजयनगर शहर का विस्तार अपने उत्कर्ष के काल में 26 वर्ग किलोमीटर तक फैला हुआ था। इसकी चारदीवारी पत्थरों से बनी है। राजमहल और मंदिरों के अतिरिक्त विस्तृत लजाशय, धार्मिक इमारतों के अतिरिक्त अन्य भवनों का निर्माण हुआ। जैसे हाथी के अस्तबल, कमल महल आदि प्रमुख है विजयनगर शैली के कुछ मौलिक तत्व इस प्रकार हैः

1. भवन निर्माण तथा सजावट दोनों में स्तम्भों का प्रयोग बहुत अधिक देखने को मिलता है।
2. स्तम्भों की रचना के लिए विभिन्न तरीके प्रयोग किये गये हैं। परन्तु सबसे महत्वपूर्ण और आम पद्धति में स्तम्भ के दण्ड महत्वपूर्ण स्थान रखते है। इस दण्ड के शीर्ष पर एक प्रकार के अलौकिक पशु की मूर्ति बनी है जो घोड़े या हिप्पोग्रीफ मिलता–जुलता है।
3. छजली पर विशाल उल्टी घुमावदार ओरी (eaves) इसकी एक अन्य प्रमुख है। यह विशेषता दक्खन से ली गयी है तथा इससे मण्डप भव्य रूप में दिखता है
4. विजयनगर वास्तुकला में स्तम्भें का विशिष्ट स्थान है लगभग इन सभी में शीर्षो पर सजावटी कोष्ठक हैं। सामान्यतः ये कोष्ठक लम्बमान हैं जिसे स्थानीय भाषा में बोदिगई कहते हैं। विजयनगर शैली में यह लम्बमान घूमे हुए हैं जिसका अन्त उल्टे कमल में होता है। इस लम्बमान की उपस्थिति के आधार पर यह निश्चित रूप से कहा जा सकता है। कि शैली विजयनगर की है अथवा नहीं।

प्रश्न 2. क्षेत्रीय राज्यों की चित्रकला का उल्लेखनीय वर्णन करो। [June-06, Q10(iii)]

उत्तर– दिल्ली सल्तनत में चित्रकला के ह्रास के बावजूद भारतीय चित्रकला की पुरानी परम्परा मध्य काल में क्षेत्रीय राज्यों में फली–फूली। क्षेत्रीय राज्यों में सुंदर चित्रों के रूप में इसके प्रमाण काफी संख्या में उपलब्ध हैं। चित्रकला की यह परम्परा क्षेत्रीय वर्गीकरण से परे हैं इसका विभिन्न शैलियों के विकास की दृष्टि से समझा जा सकता है। शैलियों के विकास की दृष्टि से इसे विभिन्न उपभागों में बांटकर इसका निम्न प्रकार से अध्ययन किया गया है।

पश्चिम भारतीय शैली

(क) जैन चित्रकला : उपलब्ध पांडुलिपियों से यह पता चलता है कि पश्चिम भारतीय शैली का उद्भव और विकास 12वीं सदी के प्रारंभ में हुआ। ये गुजरात एवं राजस्थान के जैन

भण्डारों (ग्रन्थालयों) में पायी जाती है। लेकिन ध्यान देने योग्य बात यह है कि सभी पांडुलिपियाँ न तो जैनियों की हैं और न ही धार्मिक प्रवृति की है न ही इन्हें अलग क्षेत्रीय श्रेणी में रखा जा सकता है। इसे पश्चिम भारतीय शैली इसलिए कहा जाता है क्योंकि ये अधिकांशतया गुजरात, राजस्थान तथा मालवा से प्राप्त हुई हैं। जैन भी केवल पश्चिम भारत तक सीमित नहीं थे। हमें कुछ अत्यंत महत्वपूर्ण पांडुलिपियाँ जौनपुर और ईदर जैसे दूरस्थ स्थानों से भी मिलती हैं।

14वीं सदी के अन्त तक पश्चिम भारतीय शैली का पूर्ण विकास हो गया। 14वीं सदी के मध्य में कागज की पांडुलिपि का लगातार प्रयोग किया गया लेकिन ताड़ के पत्ते को भी पूरे रूप में नहीं छोड़ा गया। इस शैली के कुछ प्रमुख लक्षण इस प्रकार है।

1. चित्रकला का विकास पांडुलिपियों पर हुआ है जो एक ही सतह पर बनी है और कभी–कभी एक सुस्पष्ट लेकिन ज्यादातर टूटी हुई लकीर से बनाई गई हैं। चित्रों पृष्ठभूमि अधिकांशतः लाल या नीली है।

2. कागज की सतह की सजावट जवाहरात की तरह चमकीली की गई है जिसमें मूल्यवान रंगों का प्रयोग किया गया जैसे सोना, चांदी, लाजवर्दी, किरमिजी इत्यादि।

3. वास्तुकला के केवल अत्यावश्यक तत्वों का प्रयोग किया गया है। जिसमें छोटी धार्मिक आकृतियों, जानवर तथा घरेलू फर्नीचर आदि को ज्यामितीय स्वरूप में छोटे खानों में सजाया–संवारा गया है।

4. बड़ी आंखें, उभरा हुआ धड़, बैठी हुई स्थिति में पैरों की कष्टकारक अवस्था इत्यादि इस चित्रकला की विशेषता है। देखने में पुरूष एवं औरत में भेद करन कठिन है।

(ख) हिन्दू चित्रकला : हिन्दू चित्रकला में जैन परम्परा की महत्वपूर्ण विशेषताएं शामिल हैं जैसे बाहर निकली हुई या उभरी आँखें, शरीर के विकृत रूप, सपाट रेगों का प्रयोग आदि जो 15वीं सदी की हिन्दू पांडुलिपियों तथा बौद्ध पांडुलिपियों के दो उदाहरणों में भी देखने को मिलता है। अतः इनके लिए एक संकीर्ण नामकरण अनुचित है। विकल्प के अभाव में हम इस गलत नाम का ही प्रयोग यह सोचकर कर रहे हैं कि जैन चित्रों के बनाने वाले भी हिन्दू ही थे। उत्तर भारत में मुस्लिम शासन के प्रारंभिक काल से ताड़ के पत्तों पर किसी हिन्दू पांडुलिपि का उद्धरण नहीं मिलता, लेकिन नेपाल में इस प्रकार की पांडुलिपियों का मिलना इस बात की ओर इंगित करता है कि भारत में भी ऐसी पांडुलिपियों तैयार की गई होंगी।

चौरपंचशिका शैली– वह पांडुलिपि है जो कश्मीरी कवि बिल्हण की कृति है। यह एक राजकुमारी की प्रेमी द्वारा उसे समय लिखी गई जब वह राजकुमारी से प्रेम के अपराध में मृत्यु दंड की प्रतिक्षा कर रहा था। चौरपंचशिका की उत्पति के संदर्भ में संदिग्धता बनी हुई है लेकिन यह माना जाता हैं कि 15वीं एवं 16वीं शताब्दी में किस्सागोई एवं सजावट के रूप में इस चित्रकला का विकास हुआ। चित्रकला की ये पांडुलिपियाँ जैन परंपरा की तरह नहीं हैं किन्तु इनकी उत्पति के विषय में विवाद है। ऐसा प्रतीत होता है कि चौरपंचशिका पांडुलिपियों का विकास मानव सिर के परिवर्तित रूप में चित्रण एवं आंखों के उभरेपन में कमी वाले चित्रों के बनने के बाद हुआ हैं।

चौरपंचशिका शैली की प्रमुख विशेषताएँ निम्नलिखित हैं:

1. सभी चित्र आयताकार है जिसकी दूसरी ओर लिखाई की गई हैं। ये वस्तुतः पश्चिम भारतीय पोथी पद्धति की ही विरासत है।

2. पश्चिम भारतीय शैली की उभरी हुई आंखों की जगह एक विशिष्ट कोण से बना चेहरा तथा एक बड़ी आंख उसका स्थान ले लेती है।

3. चित्र एक ही सतह पर है जिनमें चमकीले प्राथमिक रंगों की पृष्ठभूमि का प्रयोग किया गया हैं।

चौरपंचशिका शैली में सुंदरता का अपना स्थान है जिसमें कलाकारों की ललित कल्पनाशक्ति तथा नाटकीय ढंग से रंगों का प्रयोग अत्यंत मनमोहक है। कई बार व्यक्तियों को किसी क्रिया में चित्रित किया गया है। भारतीय चित्रकला में यह एक दुर्लभ उपलब्धि है। इनकी विशिष्टता की तुलना भारतीय चित्रकला में केवल कुछ ही से की जा सकती है।

प्रांतीय राजवंश

(क) सुलेखन :

i) जौनपुर: जौनपुर में सुलेख का विकास 15वीं सदी के उत्तरार्द्ध तथा 16वीं सदी की शुरूआत में हुआ। इस शैली की कुरान की पांडुलिपियों में निम्नलिखित विशेषताएं परिलक्षित होती है:

1. बिहारी लिपि,
2. जवाहरात के रंग जो मूल विषय के लेखन के हांसियों में प्रयोग हुए हैं,
3. इसके डिजाइनों में अरबेस्क में बेलें और चाप स्कंध देखने को मिलता हैं।

ii) अहमदाबाद शैली : अहमदाबाद शैली का विकास महमूद बेगड़ा के समय हुआ। यह गुजरात में करीब 50 वर्षो तक प्रचलित रही (लगभग 1425–75 ई.)। इस शैली में कुरान की लिखावट के लिए जिस लिपि का प्रयोग किया, वह सुलूद (Suluth) के नाम से जानी जाती है। यह लिपि मध्य पूर्व के क्षेत्र में अध्यायों के शीर्षक और अभिलेखों के लिए प्रयोग की जाती थी ।

(ख) पांडुलिपि का चित्रांकन: पांडुलिपियों में चित्रों द्वारा सजावट की कला का विकास 13वीं–15वीं शताब्दी के बीच ईरान में राजकी संरक्षण में हुआ।

इस प्रकार के ईरानी प्रभाव की सबसे महत्वपूर्ण पांडुलिपियों का कला 1420–50 तक माना जाता है। इनकी उत्पति का स्थान बंगाल है न कि दिल्ली। 1500 ई. के लगभग यह और अधिक स्पष्ट हो जाता है। मांडू की कुछ पांडुलिपियों, जिनकी अवधि 1490–1510 ई. है, पर ईरानी शैली का स्पष्ट प्रभाव देखने को मिलता है मालवा के खलजी सुल्तान संभवतः ईरान से कलाकारों और पांडुलिपियों को मंगवाया करते थे तथा इस शैली का अनुकरण किया जाता था।

इस शैली की मुख्य विशेषतायें निम्नलिखित हैं:

1– पृष्ठ पर क्षैतिज आकार या वर्गाकार चित्र,

2– विषय–वस्तु के कॉलम पृष्ठ के नीचे की ओर हैं

3– चित्रकला की यह परम्परा चित्रकार के लिए व्यापक क्षेत्र प्रदान करती है चित्रों के बीच खाली स्थान एक सामंजस्य करते हैं।

दक्खनी चित्रकला– दक्खन में अहमदनगर, बीजापुर तथा गोलकुण्डा में 15वीं सदी के अंत में तथा 16वीं सदी के शुरू में एक विशिष्ट शैली का विकास हुआ। यह वास्तव में मुगल चित्रकला से पहले की शैली है और कहा जाता है कि प्रारंभ में इसने मुगल चित्रकला को प्रोत्साहित किया। पीले, गुलाबी, हरे, भूरे, बैंगनी तथा नीले रंगों के कलात्मक सामंजस्य का प्रयोग तथा दक्खनी वस्त्रों आदि की उपस्थिति इस शैली की उपस्थिति के द्योतक हैं।

दक्खन की चित्रकला ईरानी परम्परा सहित कई स्त्रोतों पर आधारित है:

1. इस शैली में सामान्यतः चेहरों का तीन चौथाई भाग रंगा जाता है।
2. नीचे के भाग टहनियों या फूलों की पंखुड़ियों से सजाये जाते है।
3. एक अन्य विशेषता भवनों को सपाट, पर्देनुमा पट्टिकाओं के रूप में बनाना है।
4. अन्य विशिष्ट ईरानी प्रभाव स्वर्णिम आकाश का होना है।
5. कुछ चित्रों पर चीनी प्रभाव भी देखने को मिलते है जिनमें गुलाबी तथा हरे फूलों के पौधे, कमल तथा गुलदाउदी इत्यादि हैं।

33 भाषा और साहित्य

प्रश्न 1. अमीर खुसरों का फारसी साहित्य के विकास में क्या योगदान रहा।

उत्तर – यहाँ पर हम फारसी भाषा एवं साहित्य के प्रारंभिक काल, उसमें अमीर खुसरों तथा अन्य कवियों के फारसी साहित्य में योगदान दिया। फारसी में लिखी गई ऐतिहासिक तथा सूफी कृतियाँ तथा संस्कृत से फारसी में अनुवादित कृतियों के विषय में भी यहाँ बताया गया है।

भारत में गजनवी शासन के दौरान पंजाब में एक नई भाषा– फारसी का प्रचलन हुआ। 10वीं शताब्दी के बाद ईरान और मध्य एशिया में फारसी साहित्य के क्षेत्र में अपूर्व विकास हुआ। फारसी के कुछ महान कवियों जैसे– फिरदौसी और सादी ने पअनी कृतियों का रचना इसी दौरान की। लाहौर–जो तेरहवीं शताब्दी से पूर्व भारत में तुर्कों की राजनीतिक सत्ता का केंद्र था– ने ईरान और मध्य एशिया के मुस्लिम राज्यों से कई फारसी कवियों को आकर्षित किया। बहुत कम फारसी साहित्य के प्रारंभिक लेखकों की रचनाएं सुरक्षित हैं। इनमें से एक मसूद साद सलमान जिनकी रचनाओं में लाहौर से भावात्मक लगाव का आभास होता है। लेकिन मोटे तौर पर सल्तनत की स्थापना से पूर्व का फारसी साहित्य अलौकिक प्रकृति का था जिसमें ईरान में प्रचलित साहित्यिक विधाओं और अंलकार विधाओं को अपनाया गया था।

भारत में फारसी साहित्य के विकास की दृष्टि से खलजियों का शासनकाल एक गौरवशाली युग था। प्रसिद्ध समकालीन इतिहासकार जियाउद्दीन बर्नी के शब्दों में श्रेष्ठता और योग्यता की दृष्टि से ऐसे विद्वान थे जिन्हें समरकन्द, तबरीज और इस्फहान में ढूंढना मुश्किल था और अपनी बौद्धिक उपलब्धियों के लिहाज से वे राजी और गजाली के समतुल्य थे। प्रत्येक पत्थर के नीचे साहित्यिक श्रेष्ठता का एक बहुमूल्य हीरा छिपा था। इस युग के फारसी विद्वानों और कवियों में से सबसे प्रभावशाली अबुल हसन थे, जो अपने उपनाम, अमीर खुसरों, से प्रसिद्ध हुए। बाद में, मुगलकाल में अकबर के समकालीन इतिहासकार बदायूनी ने अमीर खुसरो, के फारसी साहित्य में योगदान की प्रशंसा की। उसने लिखा "कवियों के राजा की शोभा–यात्रा के पश्चात् उसके पूर्ववर्तियों की कविताएं सूर्य के उदय पर तारों के समान धुंधली पड़ गई।"

अमीर खुसरों (1253–1325) फारसी कविता के उन चंद भारतीय लेखकों में से एक थे जिनकी रचनाओं को विदेशों में भी बढ़ा और सराहा गया। उनकी कविताएं भारत के फारसी साहित्य में एक नई प्रवृति को इंगित करती है–भारतीय साहित्य के साथ बढ़ती घनिष्ठता की प्रवृति और भारत के फारसी लेखन पर भारतीय साहित्य का प्रभाव।

अमीर खुसरो प्रचुरता से लिखने वाले और बहुमुखी प्रतिभा के लेखक थे और उन्होंने 10 लाख छंदों एवं विभिन्न विषयों पर 99 कृतियों की रचना की। उनके काव्य में विधाओं की

बहुत भिन्नता थी–गीतिकाव्य, सम्बोध–गीति, महाकात्य और शोकगीत। उनकी काव्य रचना भावनात्मक रूप से मुख्यतः भारतीय थी लेकिन शैली की दृष्टि से वे फारसी प्रतिमानों का अनुकरण करते थे। इस प्रकार उन्होंने फारसी की एक नई शैली विकसित की जिसे सबाकीहिंदी अथवा भारतीय शैली से जाना जाता है। अमीर खुसरों द्वारा रचित कुछ कृतियाँ अब उपलब्ध नहीं हैं। उनकी 5 श्रेष्ठ साहित्य कृतियाँ इस प्रकार–मतला–उल अनवार, शिरीन खुसरों, लैला मजनू, आइना–ए सिकन्दरी और हश्त बिहिश्त। इन सभी कृतियों को उसने अलाउद्दीन खलजी को समर्पित किया। उसके पाँच दीवानों (गजल– संग्रह) में से तुहफत–उस सिगार, वस्त–उल हयात, घुर्रत–उल कमाल, बकिया नकिया और निहायत–उल कमाल प्रमुख हैं। इन रचनाओं में उसकी प्रगीतात्मक योग्यता की झलक मिलती है। अमीर खुसरो ने ऐतिहासिक मसनदियों (आख्यान काव्यों) की भी रचना की, जिनकी साहित्यिक और ऐतिहासिक दृष्टि से बहुत उपयोगिता है। तुगलक नामा में गियासुद्दीन तुगलक के एक शक्तिशाली सुल्तान के रूप में उभरने का वर्णन है। अमीर खुसरो द्वारा लिखित अन्य ऐतिहासिक रचना खजाएन–उल फुतुह है जिसमें वह अलाउद्दीन खलजी की दक्षिण विजयों का व्यौरा देता है। तथापि, यह ध्यान रहे कि एक दरबारी कवि के रूप में अमीर खुसरो का घटनाओं के प्रति दृष्टिकोण सामान्यतया सरकारी होता था।

प्रश्न 2. हिन्दी साहित्य के उदय और विकास की विवेचना कीजिए?

[Dec-06, Q10(iii)]

उत्तर – हिंदी भाषा का उदय शौरसेनी ओर अर्ध–मागधी भाषाओं से माना जाता है। व्यापक अर्थ में हिंदी संपूर्ण हिंदी प्रदेश में बोली जोने वाली भाषा थी, जिसके कम से कम सत्रह क्षेत्रीय रूप थे।

हिंदी साहित्य के आदि या प्रारंभिक युग को आचार्य रामचंद्र शुक्ल ने 'वीरगाथा का' नाम दिया है। इसे बीरगाथा काल नाम देने का प्रमुख कारण यह था कि समकालीन हिंदी साहित्य में कवियों और लेखकों ने अपने शाही संरक्षकों के शौर्य और वीरता को प्रतीक माना और अपने लेखन में इन चारण वतियों ने वीरगाथाओं को प्रधानता दी।

आदि काल का प्रारंभ आठवीं शताब्दी से चौदहवीं तक माना जाता है–अर्थात् आठवीं सदी से लेकर कबीर आदि भक्त कवियों द्वारा भक्ति काल की स्थापना तक यह युग छह–सात शताब्दियों तक फैला हुआ है। 'आदिकाल' के अधिकांश वीरगाथात्मक चारण कवि थे। जिन्होंने अपने शाही संरक्षकों और सामंतो की प्रशस्ति का अतिरंजित एवं अतिशयोक्तिपूर्ण भाषा में यशोगान किया है। समकालीन हिंदी कवि अपने चरित–नायकों के शौर्य करने के साथ–साथ उनके प्रणय–प्रसंगो का भी उनकी शौर्यपूर्ण उपलब्धियों के रूप में वर्णन करते थे। इस प्रकार वीरगाथात्मक साहित्य में वीरगाथा और श्रृंगारिक वर्णन एक–दूसरे क अभिन्न अंग थे और आदिकालीन हिंदी साहित्य की आधारभूमि मुख्यतः सामंतवादी थी।

इस काल के अधिकांश स्तुतिपरक लेखक, राजपूत राजाओं और उनके सामंतों द्वारा संरक्षित लेखक 'चारण या भाट' थे। ये चारण कवि अपने चरित–नायकों या आश्रदाताओं के शौर्य युद्ध–कौशल, धर्मप्रियता आदि का बड़ी रसमयी सशक्त भाषा में वर्णन करते थे। इस काल के साहित्य की सबसे बड़ी सामंतवादी विशेषता यह है कि ये कवि अपने चरित–नायक की श्रेष्ठता

और उसके प्रतिपक्षी राजा की हीनता का वर्णन करने में अपनी श्रेष्ठता समझते थे।

यह 'रासो' साहित्य समकालीन सामंतवादी पृष्ठभूमि का कितना अच्छा प्रतिबिंब है, इस बारे में कुछ दृष्टांत उल्लेखनीय हैं। इन ग्रंथो के चरित–नायकों के जीवन में युद्ध और प्रेम दोनों का समान महत्व था। उनहें अपने विपक्षियों के साथ दंभपूर्ण युद्धों में जितना अधिक रत दिखाया गया है उतना ही सुंदरियों के साथ विवाह के प्रति उत्सुक भी बताया गया है।

आदिकालीन साहित्य में राजनीतिक परिस्थितियों के साथ–साथ समकालीन जीवन–मूल्यों का बहुत अच्छा समन्वय हुआ है। इस काल में अहिंसा के संस्थान पर हिंसा और शांति के स्थान पर युद्ध को सर्वोपरि माना गया। वीरता के समकालीन आदर्श को निम्न पंक्तियों में स्पष्टतः व्यक्त किया गया है।

बारह बरस लै कूकर जिये, और तेरह लौ जिये सियार।
बरस अठारह छत्री जिये, आगे जीवन को धिक्कार।।

समकालीन महिलाओं से भी बीरांगना होने की अपेक्षा की जाती थी। वीरांगना संबंधी आदर्श यह था कि महिलाएँ अपने पुरूषो को युद्ध में भेजने के लिए प्रेरणा–स्त्रोत बनें और पति के युद्ध में मारे जाने को अपना गौरव मानें। इस संबंध में एक बहुत ही प्रसिद्ध उदाहरण इस प्रकार है :

भल्ला हुआ जु मारिया बहिण म्हारो कंत।

अर्थात् हे सखी, बहुत अच्छी जो युद्ध में मेरा पति मारा गया, अगर कहीं वह युद्ध से भागकर घर आ जाता तो मुझे सखियों के सम्मुख लज्जित होना पड़ता। इस काल में स्त्रियों की स्थिति में भयंकर पतन हुआ और नारी की भी युद्धों के लिए एक उत्तरदायी कारण माना जाता था। इस संदर्भ में समकालीन साहित्य की निम्न पंक्ति बहुत प्रतिद्ध है:

जेहि की बिटिया सुंदर देखी,
तेहि पर जाइ धरे हथियार।

इस प्रकार स्त्री अर्थात् श्रृंगार रस और युद्ध अर्थात् वीर रस जैसे दो विरोधी तत्व समकालीन जीवन–मूल्यों के सही प्रतीक हैं।

पूर्व–मध्यकालीन राजनीतिक प्रवृतियों के विवेचन का आधार 'रासो साहित्य' है। इसमें चरितनायक–प्रधान बारह ग्रंथ शामिल हैं, जिन्हें इतिवृत (chronicles) की श्रेणी में रखा जा सकता है। इन रासो ग्रंथों की प्रामाणिकता तथा काल–निर्णय के संबंध में बड़ा विवाद है। परंतु हिंदी साहित्य के अधिकांश इतिहासकारों का विचार है कि ये सारे ग्रंथ आदिकालीन रचनाएँ ही है। इनकी रचना नवीं और तेरहवीं शताब्दी के मध्य हुई।

'रासो साहित्य' के अतिरिक्त आदिकालीन हिंदी साहित्य को साहित्यिक एवं विषय–वस्तु की दृष्टि से पाँच अन्य वर्गों में भी विभाजित किया गया है। 1. सिद्ध साहित्य 2. जैन साहित्य 3. नाथ साहित्य 4. लौकिक साहित्य 5. गद्य साहित्य।

34 जीवन शैली और संस्कृति

प्रश्न 1. सल्तनतकालीन शासक वर्ग पर टिप्पणी लिखिए? **[Dec-02, Q3]**

उत्तर – भारत वर्ग के आर्थिक विकास में एक नई अवस्था की शुरूआत एक लंबे काल के राजनीतिक बिखराव के खात्में और एक केन्द्रीयकृत शक्ति के सफलतापूर्वक सजृन के साथ हुई, जिसको एक व्यापक क्षेत्र के संसाधनों लगातार दोहन द्वारा बनाए रखा गया।

नए शासक वर्ग की सैद्धांतिक बनावट – नए शासक वर्ग का प्रधान सुल्तान था उसे राज्य का पर्याय माना जाता था। अपने शासन की शुरुआत से ही तुर्की सुल्तान खुद राजनीतिक तौर पर स्वतंत्र परंतु सांस्कृतिक रूप से इस्लामी दुनिया का हिस्सा मानते थे।

नए शासक वर्ग की जीवन शैली की तुलना समस्त इस्लामी दुनिया के उच्चतम स्तर के रासी रहन–सहन से की जा सकती है। इसे जान–बूझकर अपने और आम लोगों के बीच एक दूरी बनाए रखने के लिए खास तौर से अपनाया गया, जिनके अधिशेष का यह दोहन करते थे।

उपभोग का राजसी तरीका– दिल्ली के सुल्तान महलों के मालिक बनना चाहते थे। लगभग सभी शासकों ने अपने लिए एक नया महल बनवाया। बाद के शासकों जैसे फिरोजशाह तुगलक ने ज्यादा महलों की आवश्यकता महसूस की और उनकी संख्या बढ़ा दी। इब्न बतूता नामक एक यात्री ने मौहम्मद तुगलक के शासनकाल में सुल्तान के महल की भव्यता काएक विशिष्ट विवरण दिया है। इब्न बतूता ने लिखा कि अगर कोई व्यक्ति सुल्तान से मिलना चाहता था। तो उसे तीन ऊँचे दरवाजों से होकर गुजरना पड़ता था।

हरम – लगभग हर सुल्तान काएक "हरम" था, यह एक विशेष स्थान था जहाँ महिलाओं का आवास था। सुल्तान की मां, उसकी रानियां और समस्त नौकरानियां और गुलाम यहां रहते थे। महिलाओं को उनकी हैसियत के अनुसार जगह मिलती थी। घरेलू कारखाने उनकी जरूरतों की पूर्ति करते थे।

बड़ा परिवार, साथ में उनके रख – रखाव के लिए आम खर्चा सुल्तानों की आड़म्बर–प्रिय जीवन शैली का हिस्सा था। परंतु उपभोग का यह स्पष्ट नमूना घरेलू उत्पादकों की मदद करता था और देश के भीतर रोजगार पैदा करता था। शासक और उससे जुड़ा अभिजात वर्ग आर्थिक और सामाजिक सभी प्रकार की सुविधाओं का उपभोग करता था। यही कुलीनतंत्र शासन की धुरी था। सल्तनत काल में, वह दो भागों में विभाजित थे– प्रशासन से जुड़े अमीर

और धार्मिक उलेमा वर्ग

प्रश्न 2. सल्तनत कालीन आम जनता की जीवन शैली पर एक टिप्पणी लिखिए?

[Dec-02, Q8]

उत्तर – सल्तनत कालीन आम जनता की जीवन शैली का विवेचन इस प्रकार है। हिन्दू समाज के ढाँचे में इस काल में कोई परिवर्तन नहीं हुआ।

घरेलू जीवन– परिवार भारतीय ग्रामीण समाज का "केन्द्र" था। "हिन्दू" समाज का पारिवारिक आचार–व्यवहार जो मुसलमान लाए थे, उससे भिन्न था, फिर भी इनमें कुछ लक्षण मिलते–जुलते थे। दोनों समाज पुरूष प्रधान थे–पुत्री के बजाय पुत्र को श्रेष्ठ मानना।

कर्मकांड और धार्मिक अनुष्ठान– हिन्दू और मुस्लिम, दोनों परिवारों में बच्चे के जन्म से ही समारोह शुरू हो जाते थे। परिवार जितना ज्यादा इज्जतदार होता, कर्मकांड उतने ही विस्तृत होते। हिन्दुओं में उपनयन संस्कार बच्चों का विद्या के क्षेत्र में प्रवेश को सूचित करता है और मुसलमानों में 4 साल 4 महीने 4दिनों के बाद बिस्मिल्लाह खानी (मकतब में बच्चे को भेजना) समारोह का आयोजन होता था। मुसलमानों में खतना समारोह (आम तौर पर 7वें वर्ष में) खूब धूमधाम से मनाया जाता था, जबकि हिन्दुओं में उपनयन (द्विजा समारोह) का आयोजन होता था। परंतु अपने सामाजिक समूहों "हैसियत"(काफू) को महत्व दिया जाता था। अभी भी शूद्र का कर्म था उच्च जातियों की सेवा करना। शूद्रों द्वारा वेदों की स्तुति पर पाबंदी अभी भी लागू थी, हालांकि अब वह पुराणों की स्तुति को सुन सकते थे। स्मृति लेखक अभी भी शूद्रों द्वारा उच्च जातियों के साथ भोजन करने और आनुठानिक भोजों में शामिल होने पर पाबंदी लगाए हुए थे और चांडालों तथा अन्य अछूतों के साथ घुलने– मिलने पर भी कठोर पाबंदी लगाई गई थी।

प्रतिदिन पूजा और अनुष्ठानों की आम धार्मिक पद्धति का निर्वाह होता था। विवाह के पुराने रूप चल रहे थे। काली काल में उच्च जातियों के बीच अंतरजातीय विवाहों पर पांबदी थी। इसने जाति–विभेद को और कठोर बनाया।

प्रश्न 3. दिल्ली सल्तनत काल में महिलाओं की दशा का विवरण दीजिए?

उत्तर – महिलाओं की दशा– इस काल मे उच्च जाति की हिन्दू महिला की जीवन शैली में कोई परिवर्तन नहीं हुआ। महिलाएं जीवन के हर क्षेत्र में पुरूषों के अधीन थीं बेटी, पत्नी, और अपने पति की मृत्यु के उपरांत भी (अपने सबसे बड़े पुत्र के अधीन) बेटी के जन्म को नीची नजरों से देखा जाता था, चुंकि पिता की प्रतिष्ठा–हानि का प्रतीक समझा जाता था। उनका मुख्य कर्तव्य सन्तान पैदा करना था, खास तौर से लड़का उन्हें कठोरतापूर्वक अन्तःपुर में रहना पड़ता था। प्राचीन कानून लड़कियों के जल्दी विवाह और पत्नी का पति ओर उसके कुल (वंश) के प्रति कर्तव्य पर लगातार जोर देता था।

सती प्रथा समाज के उच्च वर्ग तक ही सीमित थी। विधवाओं की हीन स्थिति शायद सती को बढ़ावा देने वाला सबसे महत्वपूर्ण कारक रहा होगा। राजपूतों के बीच जौहर प्रथा का भी प्रचलन था। निश्चित पराजय की स्थिति में उनकी स्त्रियां आग में कूद जाती थीं। विधवा न सिर्फ इस संपत्ति की अभिभावक थी, बल्कि उसे इसे बेचने का भी पूरा अधिकार था।

प्रश्न पत्र

ई.एच.आई.–3: भारत 8वीं सदी से 15वीं सदी ई. तक
दिसम्बर, 2001

नोट : किन्हीं **पाँच** प्रश्नों के उत्तर लगभग 600 शब्दों (प्रत्येक) में दीजिए। सभी प्रश्नों के अंक समान हैं।

---

1. उत्तर भारत में 750 ई. से 1200 ई. के मध्य समाज और अर्थव्यवस्था का आलोचनात्मक मूल्यांकन कीजिए। 20

2. दक्षिण भारत में 900 ई. से 1300 ई. के मध्य की व्यापारिक श्रेणियों के संघटन और कार्यशैली का विवरण दीजिए। 20

3. सल्तनतकाल में एकता व्यवस्था के विकास और कार्य प्रणाली की आलोचनात्मक व्याख्या कीजिए। 20

4. अलाउद्दीन खलजी के काल में दिल्ली सल्तनत के क्षेत्रीय विस्तार का विवरण दीजिए। 20

5. तेरहवीं और चौदहवीं शताब्दियों में दिल्ली सुल्तानों की कृषि सम्बन्धी नीतियों का परीक्षण कीजिए। 20

6. विजयनगर साम्राज्य में राजनीति की प्रकृति क्या थी? विवरण दीजिए। 20

7. दिल्ली सुल्तानों ने मंगोल समस्या का सामना किस प्रकार किया? मूल्यांकन कीजिए। 20

8. चौदहवीं–पंद्रहवीं शताब्दियों में उत्तर भारत में क्षेत्रीय राज्यों के उद्‌भव और विकास की चर्चा कीजिए। 20

9. सामाजिक सुधारकों के रूप में *कबीर* और *नानक* के योगदान का मूल्यांकन कीजिए। 20

10. निम्न में से किन्हीं दो पर प्रत्येक पर लगभग 300 शब्दों में टिप्पणी लिखिए: 10+10

(क) दिल्ली सुल्तानों की मुद्रा प्रणाली
(ख) *नाडू* और *वालानाडू*
(ग) भारतीय–इस्लामी भवन निर्माण कला
(घ) चिस्ती सिलसिला

ई.एच.आई.–3: भारत 8वीं सदी से 15वीं सदी ई. तक

जून, 2002

नोट : किन्हीं **पाँच** प्रश्नों के उत्तर लगभग 600 शब्दों (प्रत्येक) में दीजिए। सभी प्रश्नों के अंक समान हैं।

1. आरंभिक मध्ययुगीन कृषि अर्थव्यवस्था की प्रमुख विशेषताएँ बताइए। 20

2. आरंभिक मध्यकाल में शहरीकरण की प्रक्रिया में तीर्थस्थलों और राजकीय राजधानियों की भूमिका का परीक्षण कीजिए। 20

3. मंगोलों के खतरे से निपटने के लिए दिल्ली के सुल्तानों द्वारा अपनाए गए उपायों का आलोचनात्मक परीक्षण कीजिए। 20

4. सल्तनत स्थापत्य की प्रमुख विशेषताएँ बताइए। 20

5. निम्नलिखित में से किन्हीं दो पर 300–300 शब्दों में संक्षिप्त टिप्पणियाँ लिखिए: 10+10

(i) शिल्प उत्पादन (900–1300 ई.)
(ii) दक्षिण भारत में व्यापारी श्रेणियाँ
(iii) हिन्दी साहित्य का विकास

6. सल्तनत काल के दौरान केन्द्रीय प्रशासन की प्रमुख विशेषताएँ बताइए। 20

7. सल्तनत काल में भक्ति आन्दोलन के उदय के कारकों पर विचार कीजिए। 20

8. विभिन्न दिल्ली सुल्तानों द्वारा किए गए कृषीय उपायों पर विचार कीजिए। 20

9. विजयनगर साम्राज्य की नयनकार और अयगाल व्यवस्थाओं की प्रमुख विशेषताएँ बताइए। 20

10. निम्नलिखित में से किन्हीं दो पर लगभग 300–300 शब्दों में संक्षिप्त टिप्पणियाँ लिखिए: 10+10

(i) उत्तर गुप्त काल में शिक्षा
(ii) दिल्ली सुल्तानों की मुद्रा व्यवस्था
(iii) अलाउद्दीन खिलजी और मुहम्मद तुगलक की दक्खन नीतियाँ
(iv) चिश्ती सिलसिला

ई.एच.आई.–3: भारत 8वीं सदी से 15वीं सदी ई. तक
दिसम्बर, 2002

नोट : किन्हीं **पाँच** प्रश्नों के उत्तर लगभग 600 शब्दों (प्रत्येक) में दीजिए। सभी प्रश्नों के अंक समान हैं।

---

1. 7वीं –13वीं शताब्दी ई. के प्रारम्भिक मध्यकालीन व्यापार के स्वरूप का आलोचनात्मक परीक्षण कीजिए। 20

Refer to Chapter-4, Q.No.-1

2. 8वीं – 13वीं शताब्दियों ई. में क्षेत्रीय राजनैतिक व्यवस्था के उदय और प्रकृति की विवेचना कीजिए। 20

Refer to Chapter-8, Q.No.-1&2

3. दिल्ली सल्तनतकालीन शासक वर्ग की संरचना का मूल्यांकन कीजिए। 20

Refer to Chapter-34, Q.No.-1

4. इक्ता व्यवस्था की प्रमुख विशेषताओं की विवेचना कीजिए। दिल्ली सल्तनतन काल में इक्तेदारों के अधिकार तथा प्राधिकारों का वर्णन कीजिए। 20

Refer to Chapter-16, Q.No.-3

5. निम्नलिखित में से किन्हीं दो पर लगभग 300 शब्दों (प्रत्येक) में टिप्पणियाँ लिखिए : 10+10

(i) वंशीय शक्ति का निर्माण

उत्तर– वंशीय शक्ति निर्माण एवं सुदृढ़ीकरण का विकास एक समान रूप से न हुआ। राजकुल या वंशीय शक्ति के निर्माण की प्रक्रिया का एक संकेत उन नये क्षेत्रों को बसाना था–जिसका प्रमाण बहुत सी बस्तियों के प्रसार के रूप में मिलता है। नये क्षेत्रों का बसाना संगठित सैन्य शक्ति के साधनों द्वारा विजित किये गये नये क्षेत्रों के परिणामस्वरूप हो सका। नादौल के चौहान राज्य को सप्ताशत के नाम से जाना जाता था।

इसी तरह की कार्यवाहियों को गुहिलों तथा चाहमानों के दृष्टांत में भी पाया जाता है। सातवीं सदी ई. की प्रारंभिक गुहिला बस्तियां राजस्थान के अनेक भागों में पायी गई। कुछ बाद के गुहिलों के नागद–अहर अभिलेखों के अनुसार उनका प्रारंभ गुजरात से हुआ था। भाट कवियों की परंपरा के अनुसार गुहिलों ने अपने दक्षिण राज्यों की स्थापना भीलों के प्रारंभिक राज्यों के स्थान पर की थी।

चौहानों का प्रवाह भी अहिच्छत्रपुर के जंगल देश (शाकम्भरी) की ओर हुआ। जैसा कि इसके नाम से ही स्पष्ट है कि यह एक उजाड़ क्षेत्र था। उनके इस ओर विस्तार के कारण यहाँ भी

बस्तियां बस गई। दसवीं सदी ई. के एक लेख के अनुसार शाकम्भरी चाहमान वंश के वाकपति प्रथम के पुत्र लक्ष्मण ने अपने कुछ समर्थकों के साथ अभियान शुरू किया और मेदों के विरूद्ध युद्ध किया। ये मेदनदूला के आस–पास के क्षेत्रों में अपनी लूट–खसोट से वहां की जनता को आतंकित किए हुए थे। लक्ष्मण ने इस क्षेत्र के ब्राह्मण स्वामियों को प्रसन्न कर दिया। इसी कारण से उन्होंने उसको नगरों का रक्षक नियुक्त कर दिया। लक्ष्मण ने शनैः शनैः सेना की एक टुकड़ी का गठन कर लिया और मेदों का उनके ही क्षेत्र में दमन कर दिया। मेदों ने यह भी वायदा किया कि वे उन गांवों से दूर रहेंगे जो लक्ष्मण को निश्चित कर का भुगतान करते हैं। वह 2000 घोड़ों का स्वामी बन गया और उसने सरलता से अपने प्रभुत्व का विस्तार किया और नादौल में एक विशाल भवन का निर्माण किया।

एक राजवंश को हटाकर उसके स्थान पर दूसरे राजवंश की सत्ता स्थापित की जा सकती थी और ऐसा जातौर के चाहमानों के दृष्टांत से स्पष्ट भी होता है। जालौर के चाहमान नादौल के चाहमानों की ही एक शाखा थे। नादौल चाहमान अलहण का पुत्र किर्तिपाल उस भूमि के भाग में असंतुष्ट था जो उसको विभाजन के बाद प्राप्त हुआ था। लेकिन यह महत्वाकांक्षी पुरूष था और उस समय मेवाड़ की स्थिति ऐसी थी जिससे कि वह उस पर आक्रमण कर अपनी महत्वाकांक्षाओं की पूर्ति कर सकता था। परन्तु उसको मेवाड़ पर किए गए आक्रमण में सफलता प्राप्त न हुई तब उसने उस क्षेत्र पर आक्रमण किय जहां पर परमारों का शासन था। उसने जालौर पर अधिकार कर उसे अपने नये राज्य की राजधानी बना लिया। इस तरह से चाहमानों की भड़ौच शाखा उस समय अस्तित्व में आयी जबकि चाहमान सरदार भारतरावद्ध द्वितीय ने भंड़ौंच के गुर्जरों के क्षेत्र पर अधिकार कर राज्य की स्थापना की। इस प्रकार राजवंशीय शक्ति के निर्माण का विकास उन बहुत से रास्तों एवं प्रक्रियाओं के माध्यम से हुआ जो अलग–अलग बंटे हुए नहीं थे और एक दूसरे के साथ संबंध रखते थे।

(ii) सल्तनतकालीन फारसी स्त्रोत

Refer to Dec-04, Q.No.-5(2)

(iii) दिल्ली सल्तनतकालीन केन्द्रीय शासन व्यवस्था

Refer to Chapter-16, Q.No.-1

(iv) अलाउद्दीन खलजी की बाजार नियंत्रण नीति

Refer to Chapter-19, Q.No.-2

6. भक्ति–आंदोलन के उद्‌भव के लिए उत्तरदायी कारकों का परीक्षण कीजिए। भक्ति– आंदोलन की प्रमुख विशेषताओं की विवेचना कीजिए। 20

Refer to Chapter-29, Q.No.-2

7. दिल्ली सुल्तानों की मंगोल–नीति का संक्षेप में वर्णन कीजिए। 20

Refer to Chapter-13, Q.No.-2

8. सल्तनतकालीन शासक वर्ग और आम जनता की जीवन–शैली पर एक टिप्पणी लिखिए। 20

Refer to Chapter-34, Q.No.-1&2

9. दिल्ली सल्तनत के पतन के लिए उत्तरदायी कारकों का आलोचनात्मक परीक्षण कीजिए। 20

उत्तर– 1. निरंकुश राज्य– दिल्ली सुल्तानों का शासन निरंकुशता, तलवार तथा सुल्तान के व्यक्तित्व पर आधारित था। राज्य की सम्पूर्ण वैधानिक, न्यायिक तथा सैनिक शक्तियों का स्त्रोत स्वयं सुल्तान था। शक्तियों के केन्द्रीकरण के कारण इल्तुतमिश, बलबन तथा अलाउद्दीन खिलजी जैसे योग्य तथा शक्तिशाली शासक राज्य–विस्तार, सुल्तान–पद की प्रतिष्ठा, प्रशासनिक व्यवस्था तथा विद्रोहों का दमन करने में सफल हुए। इसके विपरीत कमजोर तथा अयोग्य सुल्तानों के काल में विद्रोह हुए। सूबेदार प्रांतों के स्वतंत्र शासक बन बैठे। सारी अर्थव्यवस्था चौपट हो गई और सर्वत्र अराजकता फैल गई। अन्ततः फिरोज के निकम्मे उत्तराधिकारियों तथा सैयदों एवं लोदियों की गलत नीतियों से दिल्ली सल्तनत का पतन हो गया।

2.राष्ट्रीयता की भावना का अभाव– दिल्ली सल्तनत के सभी सुल्तान मूल रूप में विदेशी मुसलमान थे और धर्मांधता एवं पक्षपात के शिकार थे। भारत में रहते हुए भी उनका चरित्र विदेशी रहा और वे साम्राज्य की बहुसंख्यक हिन्दू जनता को अपने विश्वास में न ला सके, उनके हृदय को न जीत सके, उनके जख्मों पर शांति का लेप न कर सके और नही उनकी निष्ठा प्राप्त कर सके। उन्होंने हिन्दुओं को कभी सम्मान नहीं दिया। उन्हें उच्च पद प्रदान नहीं किए। अतः उनके काल में राष्ट्रीयता की भावना का अभाव रहा। बलबन, अलाउद्दीन खिलजी तथा फिरोज तुगलक ने हिन्दुओं के प्रति कठोर तथा क्रूर नीति अपनाई। यही कारण था कि उनके सशक्त हाथों की सत्ता पर से पकड़ ढीली होते ही विद्रोह हुए, अराजकता फैली, अनेक राज्य केन्द्र से स्वतंत्र हो गए और दिल्ली सल्तनत पतन को प्राप्त हुई।

3. स्थायी सेना का अभाव– बलबन, अलाउद्दीन खिलजी तथा मुहम्मद तुगलक आदि कुछ शासकों को छोड़कर दिल्ली सुल्तानों के पास कोई स्थायी तथा शक्तिशाली सेना न थी। अतः दुर्बल तथा अयोग्य सुल्तानों के काल में बाह्य आक्रमण तथा आन्तरिक विद्रोह हुए।

4. उत्तराधिकारी के नियम का न होना– तुर्क तथा अफगान शासकों में उत्तराधिकार का कोई निश्चित तथा सर्वमान्य नियम नहीं था। इस्लामी प्रभुत्व सिद्धान्त के अनुसार कोई भी शक्तिशाली और योग्य व्यक्ति जन्म और स्थिति के भेदभाव के बिना सुल्तान बनने का अधिकारी था। यही कारण था, कि प्रत्येक शक्तिशाली मुसलमान सुल्तान बनने की महत्वाकांक्षा रखता था, चाहे शाही परिवार से उसका कोई भी सम्बन्ध न हो।

5. दास–प्रथा का पतन– मुसलमानों में दास–प्रथा प्रचलित थी। ऐबक, इल्तुतमिश तथा बलबन सभी दास थे। फिरोज तुगलक के पास 180000 दास थे आम आदमियों की अपेक्षा इन दासों के साथ अच्छा व्यवहार किया जाता था। यही कारण था कि आगे चलकर दास विलासी तथा प्रमादी बन गए और वे योग्य व्यक्ति न रहे। मलिक काफूर तथा मलिक खुसरव इसका अपवाद थे, किन्तु ये स्वामिभक्त न थे। मलिक काफूर पर अलाउद्दीन को विष देकर मरवा देने का आरोप था। उसने सिंहासन के दावेदार राजकुमारों को भी अन्धा करवा

दिया था। यदि उसका वध न करवा दिया गया होता, तो वह अलाउद्दीन के वंश को भी मिटा देता। इसी प्रकार मलिक खुसराव ने अपने सुल्तान मुबारकशाह को मारकर सिंहासन प्राप्त किया था। अतः दास–प्रथा सुल्तान युग के पतन तथा राजवंशों के बारम्बार परिवर्तन के लिए उत्तरदायी थी।

6. **मुसलमानों का नैतिक पतन**– 11वीं तथा 12वीं शती में तुर्कों की विजय का प्रमुख कारण उनका साहस, वीरता तथा महत्वाकांक्षा थी। किन्तु शासन का नशा, विपुल धन–सम्पति, विलास तथा ऐश्वर्यमय जीवन ने उन्हें निर्बल तथा पतित बना दिया और वे स्वाभिमानी तथा वीर विदेशी मुगलों के हाथों पराजित हुए और अपनी सत्ता खो बैठे।

7. **देशभक्त हिन्दू सामन्तों का विद्रोह**– हिन्दू सामन्त अपनी खोई हुई स्वतंत्रता एवं प्रभुसत्ता को पुनः प्राप्त करने के लिए निरन्तर विद्रोह एवं संघर्ष करते रहे। गुजरात, अजमेर और सांभर के राजपूतों ने ऐबक के विरुद्ध बार–बार विद्रोह किए। इल्तुतमिश के समय में हिन्दुओं ने कई वर्षो तक अपनी स्वाधीनता के लिए संघर्ष किया। बलबन बड़ी मुश्किल से हिन्दू और राजपूत सामंतों से अपनी रक्षा कर सका। अलाउद्दीन खिलजी कठोर नीति से अपनाकर ही उन्हें अपने नियंत्रण में रख सका, किन्तु उसके मरते ही देशभक्तों ने विदेशी जुए कए को उतार फेंकने का प्रयत्न किया। डॉ. श्रीवास्तव के शब्दों में "सुल्तानो को लगभग निरन्तर हिन्दू देश–भक्तों के विरुद्ध युद्ध करने पड़े। इस कारण उन्हें अपनी सेनाएं सदैव तैयार रखनी पड़ती थी।"

8. **जनहित कार्यो की उपेक्षा**– दिल्ली सुल्तान सदा आन्तरिक एवं बाह्य खतरों से जूझते रहे। उनका काल अराजकता, विद्रोहों तथा युद्धों का काल रहा। लोक–निर्माण तथा कल्याण–कार्यो में न तो उनकी कोई रुचि थी और न ही उनके पास इसके लिए धन और समय था। अतः वे अपनी प्रजा की निष्ठा एवं सहानुभूति प्राप्त न कर सके।

9. **जागीरदारी प्रथा**– अलाउद्दीन खिलजी तथा कुछ अन्य दिल्ली के सुल्तानों ने जागीरदारी प्रथा को समाप्त कर दिया था। किन्तु तुगलक शासकों ने पुनः इसे आरम्भ कर दिया। समय पाकर जागीरदार बड़े शक्तिशाली हो गए और दिल्ली शासन से स्वतंत्र हो गए।

10. **विस्तृत साम्राज्य**– अलाउद्दीन खिलजी ने लगभग समस्त उत्तरी भारत को अपने साम्राज्य में मिला लिया था और दक्षिण के अधिकांश राज्यों से अपनी अधीनता स्वीकार करवा ली थी। मुहम्मद तुगलक ने उत्तर भारत के अतिरिक्त दक्षिण भारत के एक विस्तृत भू–भाग को दिल्ली साम्राज्य में विलीन कर लिया। किन्तु इतने बड़े साम्राज्य पर नियंत्रण बनाए रखना कठिन कार्य था। फलतः प्रांतों के अनेक सूबेदार दिल्ली से स्वतंत्र हो गए।

11. **आर्थिक नीति**– आन्तरिक विद्रोहों, मंगोलों के लगातार आक्रमणों से मुहम्मद–बिन–तुगलक की हवाई योजनाओं, फिरोज तुगलक की उदारता एवं दानशीलता तथा सुल्तानों के विलासितापूर्ण जीवन के फलस्वरूप राजकोष रिक्त हो गया। कमजोर आर्थिक स्थिति के कारण कई बार तो शाही सैनिकों को वेतन देना भी कठिन हो जाता था। धन के अभाव में सुल्तान न तो जनता के मन को जीत सके और न ही अपने विशाल साम्राज्य पर अपना अधिकार बनाए रख सके।

12. **शक्ति के बल पर आधारित सरकार**– दिल्ली सुल्तानों की सरकारें जनता के सहयोग तथा सहमति पर आधारित न होकर तलवार के बल पर आधारित थीं। जनता के असहयोग

तथा राजवंशों के बार–बार परिवर्तनों के कारण दिल्ली सल्तनत का पतन होता गया।

13. तुगलक सुल्तानों का उत्तरदायित्व– तुगलक सुल्तानों ने अपनी गलत नीतियों, हवाई योजनाओं, धर्मांधता एवं पक्षपात की नीति, जागीरदारी प्रथा, दास–प्रथा, दोषपूर्ण सैनिक संगठन, विलासिता, नारी के प्रति चारित्रिक दुर्बलता, मंगोलों के प्रति तुष्टिकरण की नीति आदि से विस्तृत साम्राज्य को पतन के गर्त में धकेल दिया।

14– लोदी सुल्तानों का उत्तरदायित्व– सिकन्दर लोदी को छोड़कर शेष सभी लोदी सुल्तान अयोग्य और असफल सिद्ध हुए। बहलोल लोदी के समय दिल्ली साम्राज्य सिमटकर दिल्ली के आस–पास तक ही सीमित रह गया था। सिकन्दर लोदी वीर तथा योग्य होते हुए भी धर्मांधता का शिकार था। इब्राहीम लोदी के अपने अशिष्ट व्यवहार ने राज्य–भक्त अफगान सरदारों तथा अमीरों को ही अपना शत्रु बना लिया था। पानीपत के मैदान में अपने सरदारों का समर्थन न मिलने के कारण ही उसे भंयकर पराजय का मुंह देखना पड़ा था।

15. तैमूर का आक्रमण– जब दिल्ली साम्राज्य अपनी आन्तरिक शक्ति खो चुका था और अपने अस्तित्व के लिए संघर्ष कर रहा था, उस समय तैमूर के भारत–आक्रमण ने दिल्ली सल्तनत की बची–खुची प्रतिष्ठा, अर्थव्यवस्था को भारी आघात पहुंचाया। सल्तनत की आन्तरिक दुर्बलता का उजागर कर दिया और देशभक्त शक्तियों को विद्रोह करने के लिए प्रेरित किया। इस आक्रमण के पश्चात् दिल्ली पुनः अपने पूर्व वैभव को प्राप्त न कर सकी और दिल्ली सल्तनत का महल धराशायी हो गया।

16. बाबर का आक्रमण– जर्जरित दिल्ली सल्तनत बाबर क भीषण प्रहार को आत्मघात न कर सकी। पानीपत के ऐतिहासिक मैदान में बाबर के हाथों इब्राहीम लोदी की पराजय से दिल्ली सुल्तानों का दीपक सदा–सदा के लिए बुझ गया और दिल्ली सल्तनत के खण्डहरों पर मुगल वंश की स्थापना हुई। लेनपूल के अनुसार "पानीपत का युद्ध दिल्ली के अफगानों के लिए कब्र बन गया। इससे उनका साम्राज्य नष्ट हो गया; उनकी शक्ति का सर्वथा विनाश हो गया।"

10. निम्नलिखित में से किन्हीं दो पर लगभग 300 शब्दों (प्रत्येक) में संक्षिप्त टिप्पणियाँ लिखिएः 10+10

(i) मणिग्रामम् और अध्यावोल

Refer to Chapter-4, Q.No.-2

(ii) सामंत

Refer to Chapter-9, Q.No.-5

(iii) 13वीं – 15वीं शताब्दी ई. का असम राज्य

Refer to Chapter-23, Q.No.-4

(iv) चिश्ती सिलसिला

Refer to Chapter-30, Q.No.-3

ई.एच.आई.–3: भारत 8वीं सदी से 15वीं सदी ई. तक
जून, 2003

नोट : किन्हीं **पाँच** प्रश्नों के उत्तर लगभग 600 शब्दों (प्रत्येक) में दीजिए। सभी प्रश्नों के अंक समान हैं।

1. नगरीय केन्द्र की परिभाषा कीजिए। प्रारम्भिक मध्य काल में शहरों की उत्पति तथा विकास के लिए उत्तरदायी कारकों की विवेचना कीजिए। 20

Refer to Chapter-2, Q.No.-1

2. 8 से 13 शताब्दियों के मध्य नई सामाजिक संरचना के उदय का विश्लेषण कीजिए। 20

Refer to Chapter-5, Q.No.-3

3– प्रारम्भिक मध्य काल में पश्चिम तथा मध्य भारत की राजनीति की प्रकृति तथा संरचना पर विचार–विमर्श कीजिए। 20

उत्तर– प्रारंभिक मध्यकालीन पश्चिम भारत के राजनीतिक भूगोल और गुजरात, राजस्थान तथा मालवा में सदैव राजवंशों की संवृद्धि के द्वारा विभिन्न क्षेत्रों में राजनीतिक सत्ता के निर्माण से स्पष्ट है कि शासक वंश तथा एक विशिष्ट क्षेत्र के बीच सदैव एक समान संबंध नहीं होते थे। राजवंशो की अपने प्रारंभिक सत्ता केन्द्र से बाहर की ओर गतिशीलता के कारण कई नवीन शासक परिवारों की स्थापना हुई। इस तरह राजवंशों में मेवाड़ के गुहिलों को उदृत किया जा सकता है।

राजनीतिक अस्थिरता– सैन्य शक्ति की गतिशीलता ने न केवल कई शासक परिवारो को सत्ताच्युत किया बल्कि शक्ति के नवीन केन्द्रों एवं ढांचे को पैदा किया। इस संदर्भ में परमारों की मुख्य शाखा वागद का उदाहरण दिया जा सकता है। वागद शाखा का अस्तित्व नौवीं सदी ई. के प्रथम दशक से विद्यमान था। उपेन्द्र परमार की मृत्यु के बाद उसके पुत्र ने बांसवार एवं डूगरपुर क्षेत्र में मालवा के एक सामंत के रूप में शासन किया। 12वीं सदी ई. के प्रारंभ में वागदों ने मालवा राज्य को खो दिया। चामुण्डराज के उत्तराधिकार के बाद इस वागद शाखा के विषय में कोई जानकारी प्राप्त नहीं होती है। ऐसा प्रतीत होता है कि कुछ समय बाद इस नवीन गुहिल राज्य पर महाराजधिराज की उपाधि धारण करने वाले एक अन्य राजा ने अधिकार कर लिया। ऐसा लगता है कि इस राजा ने स्वयं को अपने–चालुक्य राजा की सहायता से स्थापित किया था।

नौकरशाही का ढांचा– यह विश्वास करना असंभव है कि चालुक्यों परमारों तथा चाहमान जैसे प्रारंभिक मध्यकालीन राजनीतिक शक्तियाँ अपनी राजनीतिक प्रणालियों में एक शक्तिशाली

नौकरशाही के ढांचे के बिना स्थायी सरकारों को दे सकती थी। हमें ऐसे कई अधिकारियों के नामों की जानकारी होती है जो राजकाज के कार्यों में राजाओं की मदद करते थे।

लेखापद्धति सरकार के करण (विभाग) नामक नाम का बोध करता है। इसको चालुक्य सरकार के लिए भी लागू किया जा सकता है। क्योंकि गुजरात के इतिहास में उपलब्ध व्यापक प्रमाणों से चौलुक्यों के काल के काफी आँकड़े प्राप्त होते हैं। चालुक्यों के ऐतिहासिक प्रमाणों में करण शब्द का बार–बार उल्लेख हुआ है। श्रीकरण (मुख्य सचिव) का उल्लेख लोकप्रिय शब्द के रूप में उनके अभिलेखों में बार–बार उल्लेख आया है। उनके प्रमाणों में व्यापाकरण या लेखा–जोखा विभाग, व्यापारकरण या व्यापार के सामान्य निरीक्षण से संबंधित विभाग, निर्यात तथा आयात से कर को एकत्रित करने वाले विभाग और मन्दायिका–करण या कर को एकत्रित करने वाला मुख्य सचिवालय जैसे विभाग का विवरण मिलता है। इस तरह के विभाग और मंत्रियों के अधीन होते थे। और इन मंत्रियों को महामात्य कहा जाता था। महामंत्री या महाप्रधान का अर्थ मुख्य मंत्री या प्रधानमंत्री से था और इसका बहुत अधिक महत्व था।

केन्द्रीय अधिकारी कहे जाने वालों की सूची में दूतक नाम का अधिकारी भी शामिल था और इस अधिकारी का कार्य शासकों द्वारा दिए गये अनुदानों को स्थानीय अधिकारियों को प्रेषित करना था। स्थानीय अधिकारी इन अधिकार–पत्रों को तैयार करते थे और इनको संबंधित लोगों को देते थे। महाप्रतिहार और भण्डारिका (गोदामों का अधिकारी) के नाम भी सरकारी अधिकारियों की सूची में थे।

वशांत्मक राज्य एवं सामंतीय राजनीति– गुप्तकाल से ही राजनीतिक प्रणालियों की अंतरः संबंधता एक विशेषता थी और यह राज्य समाज के समस्तरीय प्रसार का परिणाम थी। जाति पर आधारित शासक वंशों सहित भिन्न–भिन्न राजनीतिक व्यवस्थाओं में ऐसे तत्वों का सम्मिश्रण था जो प्रारंभिक मध्कालीन सभी प्रकार के राजनीतिक एंाचों में निहित थे। पश्चिम तथा मध्य भारत के इस समय के राजनीतिक संगठन इसके अपवाद न थे।

यह राजनीतिक सत्ता के परिवेश में वंशीय शक्ति का सुदृढ़ीकरण न था। बल्कि यह भू–स्वामित्व का गहन सवाल था। कई लोग ऐसा सोचते हैं कि शासक परिवार के सदस्य मात्र भूमि पर अधिकार करना चाहते थे। परन्तु इस समस्या का मूल स्वरूप एवं लक्ष्य कुछ अन्य थे। गुर्जर प्रतिहार वंश के एक अन्य सरदार मथनदेव ने स्वभागवप्त (स्वयं का भाग) के रूप में अपने अनुदान को प्राप्त करने के लिए दावा प्रस्तुत किया।

जिस तरह से चाहमानों एवं गुर्जर–प्रतिहारों में भूमि अनुदान को वंशीय आधार पर बहुत अधिक दिया जाता था, परमारों के बीच भूमि अनुदान को वंशीय आधार पर करने की परम्परा इस तरह से काफी कम थी। लेकिन परमार प्रमाणों में चाहमानों की अपेक्षा ग्राम समूहों को अधिक उद्धृत किया गया है। वंशीय प्रभावों की व्यापकता या फिर अपवाद के बावजूद राजवंशीय राज्य कहे जाने वाले राज्यों का मूल आधार प्रधानतः भूमि के स्वामित्व के प्रकृति ही था।

सामान्यतः यह कहा जाता है कि सामन्तीय व्यवसथ सम्पूर्ण भारत में एक समान न थी। लेकिन इन सबके बावजूद इस सामन्तीय व्यवस्था में इस काल में सभी तरह के भू–स्वामी कुलीनों का वर्चस्व कायम था।

परमार शासकों के अधीन सामन्तीय सरदारों, अधिकारियों तथा राजकुमारों की निम्नलिखित श्रेणियां थीं :

1. कुछ अधिकारियों को अपनी बहुमूल्य सेवा के लिए राजा के द्वारा भमि को उपहार स्वरूप प्रदान किया जाता।

2. जिन्होंने अपने उत्कर्ष के दौरान स्वतंत्र क्षेत्रों की स्थापना की और मुख्य शाखा की सर्वोच्चता को स्वीकार किया। इस वर्ग में वगद के तथा किरादू के परमार आते थे।

3. ऐसे सामान्त जिन्होंने परमारों के कठिन दिनों में केन्द्रीय सत्ता के विरुद्ध शक्ति के बल पर स्वयं को स्वतंत्र राज्य या जागीर का स्वामी घोषित कर लिया था। इस तरह की श्रेणी में महाकुमार जैसे परमार शामिल थे। ये सहायक उपाधियों को धारण करते लेकिन इन्होंने व्यवहारिक तौर पर स्वयं को स्वतंत्र बनाये रखा।

4. ऐसे सामन्त जिनको परमारों के द्वारा पराजित कर दिया गया था परन्तु उन्होंने परमारों की अधीनता को स्वीकार कर लिया और उनको सामन्त का दर्जा प्रदान किया गया था।

परमार शासकों के अन्तर्गत लगभग सभी सामन्तीय राज्यों में ठाकुर सामन्त सरदारों की सेवा करते थे। सामन्त करों का निर्धारण करते, गाँवों का विभाजन और कुछ निश्चित लोगों को कर से मुक्त सकते थे। भूमि अनुदानों की यह परम्परा और इसके साथ जुड़े आर्थिक एवं प्रशासनिक अधिकारियों को सहायक सामन्तीय व्यवस्था कहा जाता है। समय के साथ–साथ सामन्तीय व्यवस्था की अभिव्यक्ति पदों के रूप में हुई और इस ने राजनीतिक पदानुक्रम के निर्माण की विशेषता को प्राप्त किया और इस व्यवस्था का प्रतिनिधित्व रणका, रौतका, ठाकुर, सामन्त, महासामन्त आदि जैसे पदों के द्वारा किया जाता था।

सामन्तों की अपने राजा के प्रति वित्तीय एवं सैनिक जिम्मेदारियां थी। सामान्यतः सामन्तों की सत्ता कुछ निश्चित शर्तो के पूरा करने पर निर्भर करती थी। सामन्तीय राजकुमार का सबसे महत्वपूर्ण कार्य दुश्मन के विरुद्ध कार्य दुश्मन अपने आश्रयदाता की सहायता करना था। कभी–कभी सामन्त नजराना प्राप्त करने के लिये नये–नये क्षेत्रों को विजित कर लेते थे। और राजकुमार इन क्षेत्रों को सामन्तों के नियंत्रण में कर देते थे। एक ऐसो अभिलेख प्राप्त हुआ है जिससे यह मालूम पड़ता है कि नये राजा के सिंहासनारूढ़ होने पर सामन्त के प्रति वफादारी की शपथ लेता था और राजा इसके बदले सामन्त के अधिकार को मान्यता प्रदान करता। सामन्तों को अपने स्वामी को नकद या सामान के रूप में नजराना भी देना होता था।

राजनीतिक परिस्थितियों की अस्थिरता सामन्तीय व्यवस्थ का ही एक हिस्सा थी। सामन्तीय अनुबंधों की शक्ति अक्सर राजा के व्यक्तित्व पर निर्भर करती थी। जब कभी राजा लोग दूर–दराज के क्षेत्रों के लिये युद्ध अभियान पर जाते थे। तब उनको ऐस विश्वसनीय योग्य सेनापति की आवश्यकता होती थी जिसको क्षेत्रीय प्रशासन का भी अनुभव हो और यह योग्यता सामन्ती सरदारों में होती थी। राजा एवं सहायक के बीच के व्यक्तिगत संबंध इस पर निर्भर करते थे कि सहायक एक या दो पीढ़ियों तक क्षेत्रों पर नियंत्रण रखने के लिए काफी शक्तिशाली होना चाहिये था। लेकिन समय के चलते ये संबंध कमजोर पड़ जाते थे और सामन्त सरदार स्वतंत्र होने के लिये पर्याप्त कोशिश करते थे। अक्सर सामन्तों के कोई भी स्थायी अनुबंध न थे और अगर कोई शक्तिशाली आक्रन्ता उनको विशेष अधिकार देने को तैयार हो जाता तब वे अपनी निष्ठा को इस नये स्वामी के साथ रूपान्तरित करने के लिये

तत्पर हो जाते थे।

4. सल्तनत कालीन राजस्व व्यवस्था की प्रमुख विशेषताओं का आलोचनात्मक परीक्षण कीजिए। 20

Refer to Chapter-19, Q.No.-1

5. निम्नलिखित में से किन्हीं दो पर लगभग 300 शब्दों (प्रत्येक) में टिप्पणियाँ लिखिए : 10+10

(i) प्रारम्भिक मध्य काल मे शिक्षा तथा अधिगम

Refer to Chapter-9

(ii) नाडु और उनकी प्रमुख विशेषताएँ

Refer to Chapter-12, Q.No.-1

(iii) मध्य एशिया में मंगोल शक्ति का उदय

Refer to Chapter-13, Q.No.-3

(iv) दिल्ली सल्तनत के पतन के लिए उत्तरदायी कारक

Refer to Dec-02, Q.No.-9

6. दिल्ली सुल्तानों की दक्खन नीति का वर्णन कीजिए। 20

Refer to Chapter-15, Q.No.-1

7. विजयनगर राय की राजनीति, समाज और अर्थव्यवस्था का आलोचनात्मक परीक्षण कीजिए। 20

Refer to Chapter-27, Q.No.-1&3

8. दिल्ली सुल्तानों के काल में फारसी भाषा और साहित्य के विकास की विवेचना कीजिए। 20

Refer to Chapter-33, Q.No.-1

9. दिल्ली सल्तनत के पतन के पश्चात् वास्तुकला की विभिन्न क्षेत्रीय शैलियों के विकास का वर्णन कीजिए। 20

Refer to Chapter-32, Q.No.-1

10. निम्नलिखित में से किन्हीं दो पर लगभग 300 शब्दों (प्रत्येक) में टिप्पणियाँ लिखिए : 10+10

(i) ब्रह्मदेय अनुदान

उत्तर – ब्रह्मदेय: ब्राह्मणों की भूमि अनुदान में मिले खेत या पूरे गाँव को ब्रह्मदेय अनुदान कहा जाता है जिससे वे भू–स्वामी या भू–नियंत्रक हो जाते हैं। इसका मतलब खाली जमीन को खेती में लाना था। मौजूद खेतों में ब्राह्मणों द्वारा प्रभावित नई अर्थव्यवस्था में लाना था। इन ब्राह्मणों ने विभिन्न सामाजिक–आर्थिक वर्गों को नौकरी के जरिये और वर्ण–व्यवस्था के अंतर्गत जातीय समूह के जरिये नई अर्थव्यवस्था में लाने में महत्वपूर्ण भूमिका अदा की। उदाहरण के तौर पर शूद्रों को कृषक वर्ग में लाने के लिए तत्कालीन ब्राह्मणवादी सामाजिक व्यवस्था में तार्किक रूप देने की कोशिश की।

ब्रह्मदेय के रूप में भूमि अनुदान के प्रचलन की शुरुआत शासक वंशों द्वारा की गई और उसके बाद छोटे राजा और सामंत आदि भी इसका अनुसरण करने लगे। ब्रह्मदेय अनुदानों ने कृषि के विस्तार में सहायता क्यों की?

(1) उन्हें बहुत से करों और देयों से पूरी तरह या कम से कम प्रारंभिक अवस्था में छूट मिली हुई थी (उदाहरण के लिए 12 वर्ष)।

(2) उन्हें बहुत तरह के विशेषाधिकार (परिहार) मिलते थे।

(ii) विजय स्तम्भ

उत्तर – वीर–स्तम्भ: हाल ही के कुछ वर्षों में, कुछ अत्यधिक प्रेरक और उत्साहवर्धक लेखन में मृत्यु की धारणा पर इसके कर्मकाण्डों, धार्मिक विश्वासों तथा रिवाजों, कला रूपों और सबसे बढ़कर सामाजिक–आर्थिक विकास के साथ संबंधों पर प्रकाश डाला गया है। इनके परिणामस्वरूप उपमहाद्वीप के धार्मिक तथा कला–इतिहास के एक अंधकारमय क्षेत्र में एक विशिष्ट शैली के साहित्य का प्रादुर्भाव हुआ। यह अध्ययन वीर–स्तम्भों पर केन्द्रित है जो भारतीय उपमहाद्वीप के बहुत से भागों में पाए जाते हैं। इन स्मृति चिह्नों का 1500 वर्षों से भी अधिक लंबा और लगभग निरंतर इतिहास रहा है, जो ब्राह्मण तथा गैर–ब्राह्मण, दोनों धर्मों में मिलता है। ये स्थानीय रूप से ***विराग, नाटूगल, पालिया, गोवर्धना–स्तम्भ, कीर्ति–स्तम्भ, छाया–स्तम्भ*** या केवल ***छतरियां, स्तम्भ*** देवली इत्यादि। इन ***पट्टिकाओं*** या स्तम्भों को कई श्रेणियों में इनके संरक्षकों की धर्म–विधियों या पंथिक पद्धतियों और साथ ही धार्मिक एवं सामाजिक रिवाजों के आधार पर विभाजित किया गया है। ***छाया–स्तम्भ*** सबसे प्रारंभिक पुरातत्वीय प्रमाण में माना जाता है, और ऐसा लगता है कि इसकी जड़ें बौद्ध धर्म की सामाजिक पद्धति से है। केवल जैन अनुयायियों के मृत्यु संबंधी कर्मकाण्डों और पद्धतियों का प्रतिनिधित्व ***निसिधी*** करती है। ***विरागल*** या कम से कम इस शब्द का प्रचलन यदि दक्षिण भारत की परम्परागत भौगोलिक सीमाओं को नहीं तो धार्मिक सीमाओं को लांघता है। ***कीर्ति–स्तम्भ, पालिया, छतरी, देहली और स्तम्भ*** हिमालय और विंध्यांचल के मध्य अधिकतर गुजरात और राजस्थान में पाए जाते हैं। वीर–स्तम्भों की शैली में परिवर्तन स्मरण किए जाने वाले वीरों की प्रतिष्ठा में परिवर्तन को प्रतिबिंबित करता है।

यह सामरिक (सैनिक) कर्तव्यों के एक विकेंद्रीकृत राजनीतिक व्यवस्था में विभेदीकरण को प्रकट करता है। चूंकि ये स्मृति चिह्न छठी शताब्दी के बाद के काल से प्रचुर संख्या में पाए गए हैं–इस कारण एक तरफ भूमि–अनुदानों के विस्तार और दूसरी ओर इन स्मारक–स्तम्भों के

मध्य किसी प्रकार के सहसंबंधों और सामंजस्य का अध्ययन करना उचित होगा। यह निम्न मान्यताओं के संदर्भ में और भी आवश्यक है:

क) भूमि–अनुदानों की संवृद्धि कृषि के विस्तार से जुड़ी हुई है,
ख) स्मारक–स्तम्भ और भूमि–अनुदान दोनों ही साम्प्रदायिक एकीकरण की दिशा में उपयोगी तंत्र थे–पंधारपुर (महाराष्ट्र) में विथोबा के सम्प्रदाय में वीर–स्तम्भ को एक उपासना देवी के रूप में परिवर्तित करना, और
ग) दोनों ही संवृत्तियां राज्य–निर्माण की प्रक्रिया में भी उपयोगी रही हैं।

(iii) सल्तनत कालीन मुद्रा व्यवस्था

उत्तर– दिल्ली सल्तनत की स्थापना के साथ ही मुद्रा, अर्थव्यवस्था में बहुत वृद्धि हुई, जो विशेष रूप से 14वीं शताब्दी के पूर्वार्द्ध में बढ़ी। चूँकि, मुद्रा अर्थव्यवस्था में प्रगति का अर्थ में, लेन–देन या व्यापार में मुद्रा के अधिक प्रयोग से है (इसे मुद्रीकरण भी कहा जाता है) दिल्ली सल्तनत की स्थापना के उपरान्त बड़ी मात्रा में सोने, चांदी और तांबे के सिक्कों को जारी करना, इसी भारतीय अर्थव्यवस्था के मुद्रीकरण की एक सहवर्ती प्रक्रिया थी।
दिल्ली सल्तनत की स्थापना, से पूर्व काल में सिक्कों की, विशेष रूप से शुद्ध चांदी के, कमी रहती थी। प्रारंभिक गौरी विजेताओं ने टकसालों को अत्यन्त कम मात्राा में चांदी–युक्त तांबे के सिक्कों को जारी करते पाया। प्रारंभ में मुद्रित किए जाने वाले सिक्कों की संख्या को बढ़ाने के अतिरिक्त कोई परिवर्तन नहीं किए गए। सिक्कों पर देवी लक्ष्मी या बैल और घुड़सवार इत्यादि की प्रतिकृतिया अंकित रहती थी। केवल इसके ऊपर एक विकृत रूप से नए शासक का नाम नागरी लिपि में उत्कीर्ण किया जाने लगा। इन सिक्कों को देहलीवाल कहा जाता था।
अलाउद्दीन खलजी के शासन काल तक चांदी की मुद्राएं प्रमुख थीं। गियासुद्दीन तुगलक के शासन काल से सोने और बिलन की तुलना में चांदी के सिक्कों की संख्या में गिरावट हुई। मौहम्मद तुगलक के अधीन सोने के सिक्के चांदी के सिक्कों पर छा गए और फिरोज तुगलक के अधीन चांदी के सिक्के लगभग लुप्त ही हो गए। 15वीं शताब्दी में बिलन सिक्के प्रचलन में प्रभावी रहे क्योंकि लोदी शासकों (1451–1526) द्वारा अन्य सिक्के जारी नहीं किए गए।

(iv) सल्तनत काल में संगीत का विकास

Refer to Chapter-31, Q.No.-3

ई.एच.आई.–3: भारत 8वीं सदी से 15वीं सदी ई. तक
दिसम्बर, 2003

नोट : किन्हीं **पाँच** प्रश्नों के उत्तर लगभग 600 शब्दों (प्रत्येक) में दीजिए। सभी प्रश्नों के अंक समान हैं।

---

1. 7वीं–12वीं शताब्दियों में व्यापार तथा वाणिज्य के विकास का विश्लेषण कीजिए। 20

Refer to Chapter-3, Q.No.-1&2

2. 8वीं–13वीं शताब्दियों में भारतीय राजनीति की प्रकृति का विश्लेषण कीजिए। 20

Refer to Chapter-8, Q.No.-1

3. तुर्की आक्रमण से पूर्व उत्तर भारत की राजनैतिक स्थिति का परीक्षण कीजिए। तुर्की विजय की सफलता के लिए उत्तरदायी कारकों की विवेचना कीजिए। 20

Refer to Chapter-8, Q.No.-3

4. दिल्ली सुल्तानों की केन्द्रीय शासन व्यवस्था का संक्षेप में वर्णन कीजिए। 20

Refer to Chapter-16, Q.No.-1

5. निम्नलिखित में से किन्हीं दो पर लगभग 300 शब्दों में संक्षिप्त टिप्पणियाँ लिखिए : 10+10

(i) 7वीं –12वीं शताब्दियों में शिक्षा

Refer to Chapter-7, Q.No.-2

(ii) वीर स्तम्भ

Refer to June-03, Q.No.-10(ii)

(iii) वंशीय शक्ति का निर्माण

उत्तर – वंशीय शक्ति का निर्माण : वंशीय शक्ति का निर्माण एवं सुदृढ़ीकरण का विकास एक समान रूप से न हुआ। राजकुल या वंशीय शक्ति का निर्माण की प्रक्रिया का एक संकेत उन नये क्षेत्रों को बसाना था– जिसका प्रमाण बहुत सी बस्तियों के प्रसार के रूप में मिलता है। नये क्षेत्रों का बसाना संगठित सैन्य शक्ति के साधनों द्वारा विजित किये गये नये क्षेत्रों के परिणामस्वरूप हो सका। नादौल के चौहान राज्य को सप्ताशत के नाम से जाना जाता था। उदाहरण के लिए, मंदौर प्रतिहार कक्कूका जिस स्थान पर जा बसे वह भयंकर था क्योंकि उस

स्थान पर आभिरों का निवास था। पश्चिम तथा मध्य भारत में सबरों, मिलों एवं पुलिन्दों जैसी कबिलाई आबादी के दमन से इस तरह के उदाहरण दिये जा सकते है।

इसी तरह की कार्यवाहियों को गुहिलों तथा चाहमानों के दृष्टांत में भी पाया जाता है। सातवीं सदी ई. की प्रारंभिक गुहिला बस्तियां राजस्थान के अनेक भागों में पायी गई। कुछ बाद के गुहिलों के नागद–अहर अभिलेखों के अनुसार उनका प्रारंभ गुजरात से हुआ था। भाट कवियों की परंपरा के अनुसार गुहिलों ने अपने दक्षिण राजयों की स्थापना भीलों के प्रारंभिक कबिलाई राज्यों के स्थान पर की थी।

चौहानों का प्रवाह भी अहिच्छत्रपुर के जंगल देश (शाकम्भारी) की ओर हुआ। जैसा कि इसके नाम से ही स्पष्ट है कि यह एक उजाड़ क्षेत्र था। उकने इस और विस्तार के कारण यहाँ भी बस्तियां बस गई। दसवीं सदी ई. के एक लेख के अनुसार शाकम्भरी चाहमान वंश के वाकपति प्रथम के पुत्र लक्ष्मण ने अपने कुछ समर्थकों के साथ अभियान शुरू किय और मेदों के विरुद्ध युद्ध किय। ये मेदनदूला के आस–पास के क्षेत्रों में अपनी लू–खसोट से वहां की जनता को आतंकित हिए हुए थे। लक्ष्मण ने इस क्षेत्र के ब्राह्मण स्वामियों को प्रसन्न कर दिया। इसी कारण से उन्होंने उसको नगरों का रक्षक नियुक्त कर दिया। लक्ष्मण ने शनैः शनैः सेना की एक टुकड़ी का गठन कर लिया और मेदों का उनके ही क्षेत्र में दमन कर दिया। मेदों ने यह भी वायदा किया कि वे उन गांवों से दूर रहेंगे जो लक्ष्मण को निश्चित कर का भुगतान करते है। वह 2000 घोड़ों का स्वामी बन गया और उसने सरलता से अपने प्रभुत्व का विस्तार किया और नादौल में एक विशाल भवन का निर्माण किया।

एक राजवंश को हटाकर उसके स्थान पर दूसरे राजवंश की सत्ता की जा सकती थी और ऐसा जातौर के चाहमानों के दृष्टांत से स्पष्ट भी होता है। जालौर के चाहमान नादौल के चाहमानों की ही एक शाखा थी। नादौल चाहमान अलहण का पुत्र किर्तिपाल उस भूमि से असंतुष्ट था। लेकिन यह महत्वाकांक्षी पुरुष था और उस समय मेवाड़ की स्थिति ऐसी थी जिससे वह उस पर आक्रमण कर अपनी महत्वाकांक्षाओं की पूर्ति कर सकता था। परन्तु उसको मेवाड़ पर किए गए आक्रमण में सफलता प्राप्त न हुई तब उसने उस क्षेत्र पर आक्रमणा किया जहां पर परमारों का शासन था। उसने जालौर पर अधिकार कर उसे अपने नये राज्य की राजधानी बना लिया। इस तरह से चाहमानों की भड़ौच शाखा उस समय अस्तित्व में आयी जबकि चाहमान सरदार भारतरावद्ध द्वितीय ने भंड़ौंच के गुर्जरों के क्षेत्र पर अधिकार कर राज्य की स्थापना की।

इस प्रकार राजवंशीय के निर्माण का विकास उन बहुत से रास्तों एवं प्रक्रियाओं के माध्यम से हुआ जो अलग–अलग बंटे हुए नहीं थे और एक दूसरे के साथ संबंध रखते थे।

(iv) सिंचाई की विभिन्न तकनीकें

Refer to Chapter-22, Q.No.-1

6. विजयनगर की अर्थव्यवस्था की प्रकृति पर एक व्याख्यात्मक टिप्पणी लिखिए। 20

Refer to Chapter-27, Q.No.-3

7. बहमनी शक्ति के उदय में सादह–अमीरों की भूमिका पर विचार विमर्श कीजिए।

13वीं –15वीं शताब्दियों के मध्य बहमनी शक्ति के सुदृढ़ीकरण का संक्षेप में वर्णन कीजिए। 20

Refer to June-06, Q.No.-9

8. दिल्ली सुल्तानों के समय स्थापत्य कला के विकास का परीक्षण कीजिए। 20

उत्तर– सल्तनत–युग में विभिन्न ललित–कलाओं में से मुख्यतया स्थापत्य–कला का विकास हुआ। इस्लाम चित्रकला का निषेध करता है, इसक कारण उसका कोई विशेष विकास सम्भव न हुआ। गान–विद्या और नृत्य–कला भी इस्लाम में वर्जित है परंतु फिर भी सुल्तानों, अमीरों और प्रान्तीय शासकों के व्यक्तिगत शैक के कारण ये प्रचलित रहीं। परंतु इस समय में मुख्य कला स्थापत्य अथवा भवन–निर्माण रही।

सुविधा की दृष्टि से उस समय की स्थापत्य–कला को तीन वर्गो में बाँटा जा सकता है। प्रथम, दिल्ली अथवा शाही स्थापत्य–कला जिसका विकास दिल्ली के सुल्तानों के संरक्षण में हुआ और जिसमें वे सभी इमारतें सम्मिलित की गयी हैं जिनका निर्माण सुल्तानों ने विभिन्न स्थानों पर कराया। द्वितीय, प्रान्तीय स्थापत्य–कला जिसका विकास प्रान्तीय सुल्तानों अथवा शासकों के संरक्षण में हुआ। अधिकांशतया ये शासक मुसलमान थे। शाही स्थापत्य–कला ने प्रान्तीय स्थापत्य–कलाओं को प्रभावित किया था परन्तु उनकी कुछ अपनी पृथक विशेषताएँ भी थीं।

परन्तु कला का यह वर्गीकरण केवल सुविधा की दृष्टि से ही किया जा सकता हैं अन्यथा भारत में इस युग में एक ऐसी स्थापत्य–कला का विकास हुआ जिसे 'भारतीय–इस्लामी' कला अथवा से प्रभावित भारतीय स्थापत्य–कला के नाम से पुकारा जा सकता है। यह कला न पूर्णतया इस्लामी कला थी और न हिन्दू कला, परन्तु मिलका भारतीय कला ही कहला सकती है। सर्वप्रथम, भारत और ईरान के सम्बन्ध बहुत पहले से हैं और भारतीय कला का ज्ञान ईरानियों को था। ईरान ने भारतीय कला के विचारों को पर्याप्त मात्रा में ग्रहण किया था परन्तु उन्होंने उन विचारों को ईरानी स्वरूप दिया और एक श्रेष्ठ ईरानी–कला का निर्माण किया।

इस भारतीय–इस्लामी स्थापत्य–कला के निर्माण के कुछ अन्य कारण भी थे। तुर्क–अफगान शासक अपनी इमारतों को मध्य–एशिया अथवा ईरान की इमारतों का स्वरूप प्रदान करना चाहते थे। परन्तु भारत में आकर उन्होंने यहीं के कलाकारों से अपनी इमारतें बनवायीं विभिन्न हिन्दू इमारतों को नष्ट करके उनके अवशेषों का प्रयोग अपनी इमारतों में किया और खुले आँगनों वाले मन्दिरों को मस्जिदों के लिए उपयुक्त समझकर उनमें साधारण, परिवर्तन के पश्चात् उन्हें मस्जिदों में बदल दिया। इसके अतिरिक्त जिस प्रकार सजावट हिन्दुओं के लिए प्रमुख थी, उसी प्रकार मुसलमानों के लिए भी आवश्यक थी यद्यपि उसका तरीका भिन्न था। हिन्दुओं ने अपनी इमारतों को विभिन्न देवी–देवताओं की मूर्तियों से अलंकृत करने का प्रयत्न किया। जबकि मुसलमानों ने रेखाओं को समानान्तर, वर्ग, त्रिकोण, विपक्ष आदि में काटकर अथवा कुरान की आयातों को लिखकर या चमकदार और विभिन्न रंगों के पत्थर का प्रयोग करके अलंकृत करने का प्रयत्न किया। परन्तु दोनों ही वर्गो की भावना सजावट की थी। उपर्युक्त विभिन्न कारणों से हिन्दू–कला ने इस युग की कला को बड़ी मात्रा में प्रभावित किया और उस मिश्रित कला का जन्म हुआ जिसे भारतीय–इस्लामी स्थापत्य–कला पुकारा गया। कुतुबमीनार की मूल योजना इस्लामी है। आरम्भ में इसका प्रयोग 'अजान' (नमाज के लिए

बुलाना) के लिए किया जाता था परन्तु बाद में इस कीर्ति–स्तम्भ के रूप माना गया। कुतुबद्दीन के समय में इसकी केवल एक मंजिल बन सकी थी। इल्तुतमिश ने इसे 225 फुट ऊँची चार–मंजिली कर दिया। फीरोज तुगलक के समय में बिजली गिर जाने के कारण इसकी चौथी मंजिल नष्ट हो गयी। जिसके कारण फीरोज ने इसमें दो छोटी मंजिलें बनवा दी। इस कारण इसमें पाँच मंजिलें हो गयीं। और इसकी ऊँचाई 234 फीट हो गयी। बलबन ने रायपिथौरा के किले केनिकट अपना स्वयं का मकबरा और 'लाल–महल' बनवाया था। उसका स्वयं का मकबरा जो अब ध्वस्त स्थिति है, इस्लामी कला का एक श्रेष्ठ नमूना है। अलाउद्दीन खलजी एक महान् निर्माता था और उसके पास आर्थिक साधन भी थे। उसकी इमारतें पूर्णतया विचारधारा के अनुकूल बनायी गयी थीं और कला की दृष्टि से श्रेष्ठतम मानी गयी है।

फीरोज तुगलक ने बहुत इमारतें बनवायीं परन्तु वे अत्यन्त साधारण और दुर्बल थीं। उसने विभिन्न इमारतों के अतिरिक्त दिल्ली के निकट फीरोजाबाद उसमें फीरोजशाह कोटला का नगर और किला, दिल्ली में हौजखास के निकट एक विद्यालय और अपना स्वयं का मकबरा बनावाया। उसके पुत्र खानेजहाँ जूनाशाह ने 'खानेजहाँ–तिलगानी' का मकबरा उसके निकट 'काली मस्जिद' जहाँपनाह में 'खिरकी–मस्जिद' बनवायी थी।

9. भारत में भक्ति आन्दोलन के उदय के लिए उत्तरदायी कारकों का विश्लेषण कीजिए। भक्ति आन्दोलन की प्रमुख विशेषताओं का संक्षिप्त वर्णन कीजिए। 20

Refer to Chapter-29, Q.No.-2

10. निम्नलिखित में से किन्हीं दो पर लगभग 300 शब्दों में संक्षिप्त टिप्पणियाँ लिखिए : 10+10

(i) दिल्ली सुल्तान एवं दक्खन

Refer to Chapter-15, Q.No.-1

(ii) इक्ता व्यवस्था

Refer to Chapter-16, Q.No.-3

(iii) मध्यकालीन असम

Refer to Chapter-23, Q.No.-4

(iv) 12वीं – 15वीं शताब्दियों में संगीत का विकास

Refer to Chapter-31, Q.No.-3

ई.एच.आई.–3: भारत 8वीं सदी से 15वीं सदी ई. तक
दिसम्बर, 2004

नोट : किन्हीं **पाँच** प्रश्नों के उत्तर लगभग 600 शब्दों (प्रत्येक) में दीजिए। सभी प्रश्नों के अंक समान हैं।

---

1. श्रेणियों की परिभाषा कीजिए। दक्षिण भारत की व्यापारिक श्रेणियों का विवरण दीजिए। 20

Refer to Chapter-4, Q.No.-2

2. मंदिर स्थापत्य –कला की प्रमुख शैलियों की विवेचना कीजिए। 20

Refer to Chapter-7, Q.No.-1

3. उत्तर भारत में वंशीय शक्ति के उद्भव एंव विकास का विश्लेषण कीजिए। 20

Refer to Chapter-9, Q.No.-1

4. भारत में तुर्की सत्ता की स्थापना और सुदृढ़ीकरण की चर्चा कीजिए। 20

उत्तर– दिल्ली सल्तनत के इतिहास में सन् 1206–1290 ई. तक का समय निर्माणात्मक एवं चुनौतियों से भरपुर रहा। इस काल की विशेषता यह थी कि जहाँ एक और गौर वंश के शासक वर्ग में आंतरिक बहु–केन्द्रित था, वहीं तुर्को को नवउदित राजपूत विद्रोहीं के विरुद्ध संघर्ष करना पड़ा।

सन् 1206 ई. में मौहम्मद गौरी की अचानक मृत्यु के पश्चात् उसके तीन महत्वपूर्ण सेनापतियों ताजुद्दीन यल्दूज, नासिरूद्दीन कुबाचा एवं कुतुबुद्दीन ऐबक के बीच सर्वोच्चता के लिए संघर्ष शुरू हो गया। यल्दूज के पास अफगानिस्तान और सिंध के बीच के मार्ग पर स्थित कर्मन तथा संकूरन के क्षेत्र थे। कुबाचा का उच्छ पर महत्वपूर्ण नियंत्रण था। जबकि ऐबक को पहले से ही मौहम्मद गौरी द्वारा "वायसराय" के रूप में नियुक्त किया जा चुका था और वह भारत स्थित तुर्क सेना का सेनापति भी था। तकनीकी तौर पर वह अभी भी एक गुलाम ही था, किन्तु उसके स्वामी मौहम्मद गौरी की मृत्यु के तुरन्त बाद उसको "सुल्तान" की उपाधि प्रदान की गई। औपचारिक तौर पर दिल्ली सल्तनत की स्थापना एक स्वतंत्र के रूप में इस घटना से ही की जाती है। आगामी घटनाक्रम ने इसे वास्तविक स्वरूप प्रदान किया।

ऐबक के उत्तराधिकारी के रूप में उसके इल्तुतमिश ने गद्दी संभाली और वह अपनी राजधानी वापस दिल्ली ले आया। तुर्को द्वारा विजित क्षेत्र उनके नियंत्रण से बाहर हो गए थे और अधीनस्थ कि गए राजपूत सरदारों ने नजराना देना बंद कर दिया था तथा उनकी प्रभुसत्ता मानने से इन्कार कर दिया। इल्तुतमिश के शासन काल की एक चौथाई शताब्दी (सन् 1210 ई.–1236 ई.) के दौरान उन क्षेत्रों के प्रभुत्व का स्थापित करने पर बल दिया गया, जिसको वे खो चुके थे। सन् 1215 ई. में यल्दूज को तराइन में पराजित कर दिया और सन्

217 ई. में इल्तुतमिश ने कुबचा से लाहौर प्राप्त कर लिया और इसे अपने एक गवर्नर के अधीन कर दिया।

सन् 1225 ई. के बाद इल्तुतमिश पूर्व की ओर अग्रसर हुआ। यदा–कदा सैनिक सफलताओं के अतिरिक्त, बंगाल में लखनौती तथा बिहार के शासक सल्तनत के प्रभुत्व की अवहेलना करते रहे। इल्तुतमिश की उपलब्धियों का आकलन करते हुए एक आधुनिक इतिहासकार ने लिखा है कि:

"प्रशासनिक तंत्र की प्राथमिक रूपरेखा प्रदान करने के कारण सल्तनत उसकी ऋणी थी उसने निरंकुश राजतंत्र की नींव रखी और बाद में इस राजतंत्र की बदौलत खलजियों के अधीन इसका उपयोग सैनिक साम्राज्य के तंत्र के रूप में हुआ। जहाँ ऐबक ने दिल्ली सल्तनत और इसके संप्रभु स्तर की नींव रखीं, वहीं इल्तुतमिश निश्चित रूप से इसका प्रथम राजा था।

इन परिस्थितियों में सल्तनत के अस्तित्व पर ही प्रश्न–चिन्ह लग गया। राजनीतिक अस्थिरता उस समय और अधिक तीव्र हो गई जब छोटे–छोटे राजपूत सरदारों एवं स्थानीय सरदारों ने केन्द्र की अवज्ञा करनी शुरू कर दी। इसके अतिरिक्त, मंगोल आक्रमणकारी अभी भी पंजाब के अंदर तथा आसपास के क्षेत्र में लगातार सक्रिय थे।1265 ई. में बलबन के सिहांसनारोहण के साथ ही सल्तनत को एक "लौह–इच्छाशक्ति वाला" शासक प्राप्त हो गया। बलबन ने स्वयं के लिए दो उद्देश्य निर्धारित किए :

(i) दरबारी उत्सवों की शान–शौकत द्वारा ताज की प्रतिष्ठा को स्थापित करना। सासानिद परम्पराओं का पालन करना, जिससे शासक का स्थान आम जनता से भिन्न हो और सुल्तान उनके लिए भय का प्रतीक बन जाए।

(ii) तुर्को की शक्ति को और सुदृढ़ करना, विद्रोहीं का दृढ़ता के साथ करना और प्रशासनिक प्रशासनिक तंत्र को चुस्त करना।

बलबन की मृत्यु के बाद सिंहासन के लिए बार फिर संघर्ष शुरू हो गया। बलबन ने अपने बड़े पुत्र मौहम्मद के पुत्र कै खुसरो को अपना उत्तराधिकारी नामजद किया था, लेकिन कुलीनों ने बुगरा खाँ के पुत्र कैकूबाद को सिंहासन पर बैठाने में मदद की। दो वर्षो से भी अधिक समय तक सिंहासन के लिए संघर्ष चलता रहा। अंततः जलालुद्दीन खलजी, जो उस समय कुलीन वर्ग में प्रमुख था, ने सिंहासन प्राप्त करने में सफलता प्राप्त की। उसकी इस कार्यवाही का कड़ा विरोध हुआ, क्योंकि उस समय यह समझा जाता था कि खलजी तुर्क नहीं है, बल्कि वह एक अन्य जाति से संबंधित है। सन् 1206–1209 ई. के बीच खलजी महत्वपूर्ण पदों पर आसीन रहे। उदाहरण के लिए, बख्तियार खलजी बंगाल का मुक्ती था। यहाँ तक की जलालुद्दीन खलजी स्वयं पश्चिमी पंजाब में सुनाम का मुक्ती था। जलालुद्दीन खलजी ने अपने राज्य को सुदृढ़ता प्रदान करना शुरू किया, किन्तु सन् 1296 ई. में उसके भतीजे अलाउद्दीन खलजी ने उसका बध कर सिंहासन पर अधिकार कर लिया।

5. निम्नलिखित में से किन्हीं दो पर लगभग 300 शब्दों (प्रत्येक) में संक्षिप्त टिप्पणियाँ लिखिए। 10+10

(1) प्रारम्भिक मध्य–काल में शिक्षा

Refer to Chapter-7, Q.No.-2

(2) फारसी स्रोत

उत्तर– फारसी स्त्रोत– फारसी भाषा में लिखित स्त्रोत प्रशासनिक और लेखा नियमावली, संख्यिकी–तालिकाओं प्रशासनिक विवरणों (फरमान, निशान, परवाना आदि), पत्र–लेखन (पत्र, इंशा–साहित्य) ऐतिहासिक और भौगोलिक लेखन, शब्दकोश (समकालीन) आदि के रूप में मिलते है।

इनमें सबसे प्रमुख बाबर के संस्मरण बाबरनामा है। यह मूल रूप में चगताई तुर्की भाषा में लिखा गया था। इसमें बाबर के जन्म 1483 से 1529 तक की घटनाओं की जानकारी मिलती है।

अब्दुल कादिर बदायूंनी की रचना मुंतखब–उततवारिख अकबर के शासन की एकमात्र ऐसी रचना है जो अकबर को समर्पित नहीं है। इसमें बदायूंनी ने अकबर की विधर्मिता और "नवीनता " के लिए उसकी जमकर आलोचना की है। प्रथम खंड में सुबुक्तगीन से लेकर हुमायूं तक का इतिहास शामिल है। अकबरनामा में जिन महत्वपूर्ण तथ्यों को शामिल नहीं किया गया हैं उनमें कुछ मुंतखब (महजर आदि) में मिलते है।

अबुल फजल का अकबरनामा अकबर के शासन काल के दौरान लिखा गया अमर ग्रंथ है। आईन–ए अकबरी साम्राज्य के विभिन्न विभागों शाही टकसाल, खाद्य पदार्थ और वस्तुओं की कीमतों, सुलेखन, और चित्रकला, शास्त्रागार, शाही अस्तबलों, आदि का विवरण है। इसमें विभिन्न राजस्व और प्रशासनिक पदाधिकारियों के कार्यो के विषय में भी जानकारी मिलती है। इसमें विभिन्न प्रकार की सांस्कृतिक और दार्शनिक बातों की भी चर्चा है। हमें विभिन्न वस्तुओं की कीमतों के बार में भी जानकारी मिलती है। आईन में अकबर क साम्राज्य के समय के सूबों, सरकारों और परगनो के विवरण, भूमि की माप, राजस्व की दरों, अनुमानित राजस्व आय तथा सैनिकों की संख्या आदि की विस्तृत तालिकाएं मिलती है।

जहांगीर द्वारा लिखित तुजुक–ए जहांगीरी में जहांगीर के शासनकाल के प्रथम 19 वर्ष के संस्मरण हैं, इससे जहांगीर के शासनकाल की जानकारी मिल जाती हैं। मौतमद खां का इकबालनामा–ए जहांगीरी (1632 के बाद) जहाँगीर के काल का अन्य महत्वपूर्ण ग्रंथ है। औरंगजेब के शासनकाल के प्रथम दस वर्षो का इतिहास हमें मौहम्मद काजिम द्वारा संकलित सरकारी ऐतिहासिक ग्रंथ आलमगीरनामा (1668) से प्राप्त होता है। इसके बाद औरंगजेब न सरकारी इतिहास लेखन की परंपरा बंद करवा दी। परन्तु अन्य समकालीन स्त्रोतों से इस काल की काफी सूचनाएं प्राप्त हो जाती है। औरंगजेब के शासनकाल में लिखी जाने वाली महत्वपूर्ण रचनाएं हैं खाफी खां की मुंतखब–उल लुबाब, ईश्वर दास नागर कृत फुतुहात–ए आलमगीरी (प्रथम से चौतीसवें शासन वर्ष तक), साकी मुस्तैद खां की मासिर–ए आलमगीरी (1710–11) भीमसेन की नुस्खा–ए दिलकुशा (1708–9)।

(3) मध्य एशिया में मंगोल शक्ति का उदय

Refer to Chapter-13, Q.No.-1

(4) दिल्ली सल्तनत–कालीन केन्द्रीय शासन व्यवस्था

Refer to Chapter-16, Q.No.-1

6. दिल्ली सुल्तानों की इक्ता व्यवस्था पर एक निबंध लिखिए। 20
Refer to Chapter-16, Q.No.-3

7. सल्तनतकालीन कृषीय एंव कपड़ा तकनीकी का विवरण दीजिए। 20
Refer to Chapter-22, Q.No.-1&2

8. भक्ति–आदोलन के उदय के लिए उतरदायी कारकों का परीक्षण कीजिए। इसकी मुख्य विशेषताएँ क्या थीं? 20
Refer to Chapter-29, Q.No.-2

9. 13–15वीं शताब्दियों में व्यापार एंव वाणिज्य के विकास की विवेचना कीजिए। 20
Refer to Chapter-21, Q.No.-3

10. निम्नलिखित में से किन्हीं दो पर लगभग 300 शब्दों (प्रत्येक) में संक्षिप्त टिप्पणियाँ लिखिए: 10+10

(1) बहमनी राज्य
Refer to Chapter-28

(2) संगीत
Refer to Chapter-31, Q.No.-3

(3) सल्तनत–कालीन चित्रकला
Refer to Chapter-31, Q.No.-2

(4) अमीर खुसरो
उत्तर–
1. अबुलहसन या अमीर खुसरो को इलबाणी तुर्को तथा खिलजी वंश के शासनकाल में रहने का सौभाग्य प्राप्त हुआ। उनका जन्म 1252 ई. में परियाली (उत्तर प्रदेश) में हुआ। उन्हें भारतीय होने पर अत्यधिक गर्व था। वह कहता है कि "मैंने दो कारणों से हिन्दुस्तान की प्रशंसा की है–प्रथम कारण है कि हिन्दुस्तान मेरी जन्म–भूमि और मेरा देश है। देश को प्यार करना महत्वपूर्ण कर्त्तव्य है। दूसरा, हिनदुस्तान जन्नत की तरह है। जलवायु खुरासार से भी बढ़िया है। सारा वर्ष हरा भरा और फूलों से भरा रहता है।"
2. खुसरों की रचनायें– उसकी विख्यात् रचनायें या पुस्तकें हैं–(क) किरानुस्सादैन (ख) मिफ्ताहुल फुतूह, (ग) नूरसिपेहर, तथा (घ) तुगलकनामा। (ङ) इनके अतिरिक्त 'आंशिका' भी ऐतिहासिक दृष्टि से उपयोगी रचना मानी जाती है।
(क) 'किरानुस्सादैन' में बुगरा खाँ और उसके पुत्र कैकुबाद के मध्य हुई स्मरणीय भेट का

वर्णन है। इसी रचना में अमीर खुसरो घृणापूर्वक मंगोलों की आकृति का विवरण देता है जिन्होंने उसे कैद कर लिया था।

(ख) 'मिफ्ताहुल पुतूह' में जलालुद्दीन खिलजी को विजयों का वर्णन है।

(ग) 'नूरसिपेहर' में खिज्र खाँ की अनगिनत कठिनाइयों तथा उसकी दुःखद मृत्यु का उल्लेख है।

(घ) 'तुगलकनामा' में उसने गयासुद्दीन तुगलक की विजयों का और तुगलक वंश के शासन काल में प्रारम्भिक घटनाओं का वर्णन है।

(ङ) 'आंशिका' में खिज्र खाँ तथ देवरानी की प्रेम–क्रीड़ाओं तथा विवाह का वर्णन है।

3. उपयोगिता खुसरों की कुछ रचनाएँ तत्कालीन भारतीय सामाजिक और सांस्कृतिक स्थिति के सम्बन्ध में भी उपयोगी सूचनाएं देती है। खुसरो की कृतियां ऐतिहासिक रूप से बहुत प्रामाणिक मानी जाती है। चूंकि वह सरकारी अधिकारी और दरबारी था, इसलिए उसकी पहुँच सरकारी अभिलेखों एवं उन सभी लोगों तक थी जो राजनीतिक गतिविधियों से गहरा सम्बन्ध रखते थे। खुसरो की कृतियों में तिथियां बहुत दी गई हैं और प्रायः उन्हें विश्वसनीय माना जाता है। लेकिन उसकी कृतियों में काव्यात्मक शैली, अलंकारिक भाषा तथा शब्दाडम्बर को बहुत प्रयोग किया गया है।

4. **निष्कर्ष**– एक कवि तथा इतिहास कार होने के साथ–साथ अमीर खुसरो एक संगीत था। वह धार्मिक संगीत सभाओं में भाग लेता था। इन सभाओं आयोजन प्रसिद्ध सूफी सन्त निजामुद्दीन औलिया करते थे। कहा जाता है कि अमीर खुसरो को जब अपने गुरू निजामुद्दीन औलिया की मृत्यु का (1329 ई.) समाचार प्राप्त हुआ तो इतने दुःखी हुए कि उन्होंने दूसरे दिन ही अपने प्राण दे दिए। उसे उसी स्थान पर दफना दिया गया।

ई.एच.आई.–3: भारत 8वीं सदी से 15वीं सदी ई. तक
जून, 2005

नोट : किन्हीं **पाँच** प्रश्नों के उत्तर लगभग 600 शब्दों (प्रत्येक) में दीजिए। सभी प्रश्नों के अंक समान हैं।

1. ब्रह्मदेय अनुदान किस प्रकार कृषि के विस्तार में सहायक हुए ? 20

Refer to Chapter-1, Q.No.-2

2. भारतीय सामंत व्यवस्था की प्रमुख विशेषताओं का वर्णन कीजिए। 20

Refer to Chapter-1, Q.No.-3

3. 8वीं –12वीं शताब्दियों ई. के मध्य नगरीय केन्दों के उदय एवं वृद्धि की प्रकिया से संबंधित क्षेत्रीय विभिन्नताओं की चर्चा कीजिए। 20

Refer to Chapter-2, Q.No.-1&2

4. 8वीं –12वीं शताब्दियों ई. के मध्य नवीन सामाजिक परम्पराओं के उदय का विश्लेषण कीजिए। 20

Refer to Chapter-5, Q.No.-2

5. निम्नलिखित में से किन्हीं दो पर लगभग 300 शब्दों (प्रत्येक) में संक्षिप्त टिप्पणी लिखिए: 10+10

(1) सामंत

Refer to Chapter-9, Q.No.-5

(2) वीर स्तम्भ

Refer to June-03, Q.No.-10(ii)

(3) चंगेज खां

Refer to Chapter-13, Q.No.-3

(4) चिश्ती सिलसिला

Refer to Chapter-30, Q.No.-3

6. दिल्ली सुल्तानों की मंगोल नीति पर एक निबंध लिखिए। 20

उत्तर– भारत की उत्तर–पश्चिमी सीमा प्राचीनकाल से ही विदेशी आक्रमणकारियों का शिकार रही है। यूनानियों (सिकन्दर), ईरानियों, मध्य–एशिया की लड़ाकू जातियों, मंगोलों तथा मुगलों आदि सभी विदेशी जातियों ने भारत पर इसी दिशा से आक्रमण किए। मंगोलों ने तो भारत की उत्तर–पश्चिमी सीमा पर बार–बार आक्रमण किए और वे इतने साहसी हो गए कि दिल्ली तक बढ़ आए। वे अपने मार्ग में हत्याएं, विनाश तथा आगजनी की तांडव नाच नचाते थे। इस प्रकार वे विनाश के पर्यायवाची बन गए थे।

इल्तुतमिश की मंगोल अथवा उत्तर–पश्चिमी सीमान्त नीति– इल्तुतमिश दिल्ली का ऐसा पहला सुल्तान था जिसके काल में मंगोलों ने भारत की उत्तर–पश्चिमी सीमा पर आक्रमण किये। इल्तुतमिश अभी अपने नवजात मुस्लिम साम्राज्य को सुदृढ़ करने में व्यस्त था, जब 1221 ई. में चंगेज खाँ के नेतृत्व में मंगोलों ने ख्वारिज्मा के शाह पर आक्रमण कर दिया और उसे पराजित कर दिया। युवराज जलालुद्दीन मंगोलों के आक्रमण से इतना आतंकित हुआ कि वह भाग खड़ा हुआ। चंगेज खाँ ने नासिरुद्दीन कुबाचा को भी परास्त कर दिया और उसके राज्य पर अपना अधिकार कर लिया। फिर उसने जलालुद्दीन कुबाचा को भी परास्त कर दिया और उसके राज्य पर अपना अधिकार कर लिया। फिर उसने जलालुद्दीन कुबाचा को भी परास्त कर दिया और उसके राज्य पन अपना अधिकार कर लिया। फिर उसने जलालुद्दीन का पीछा किया। जलालुद्दीन इल्तुतमिश से सहायता की याचना करने के लिए भारत आया। इल्तुतमिश ने दूरदर्शिता तथा बुद्धिमता से काम लिया और इस आए हुए खतरे को टालने के लिए उसने जलालुद्दीन को मंगोलों के विरुद्ध सहायता देने से इन्कार कर दिया। मंगोल भारत की गर्मी से परेशान होकर वापस लौट गए। इस प्रकार भारत पर आया खतरा टल गया और इल्तुतमिश का राज्य सुरक्षित बना रहा।

किन्तु मंगोलों के आक्रमण का खतरा निरन्तर बना रहा और उनका साहस इतना बढ़ गया कि उन्होंने 1241 ई. तथा 1245 ई. में भारत पर पुनः आक्रमण किए।

बलबन की मंगोल अथवा उत्तर–पश्चिम सीमा नीति– बलबन जिस समय सुल्तान नासिरुद्दीन महमूद के नाईब रूप में कार्य कर रहा था, उस समय मंगोलों ने भारत पर आक्रमण कर दिया था। बलबन ने इसका दृढ़ता से सामना किया। जब बलबन स्वयं सुल्तान बना, तो उसके श्यासन काल में मंगोलों के भारत पर दो खतरनाक आक्रमण हुए। 1279 ई. में जब मंगोलों ने भारत पर एक भीषण आक्रमण किया, तो बलबन ने अपनी विशाल सेना की सहायता से इस आक्रमण को पछाड़ दिया। इस युद्ध में मंगोलों को भारी क्षति उठाना पड़ी और उनका भारी जानी नुकसान हुआ। मंगोलों ने 1285 ई. में एक बलबन का ज्येष्ठ तथा योग्य पुत्र एवं उत्तराधिकारी महमूद मारा गया।

7. विजयनगर साम्राज्य की शासन व्यवस्था एंव अर्थव्यवस्था का संक्षिप्त वर्णन कीजिए। 20

Refer to Chapter-27, Q.No.-2&3

8. दिल्ली सुल्तानों के अधीन शासक वर्ग की संरचना का परीक्षण कीजिए। 20

Refer to Chapter-34, Q.No.-1

9. सल्तनत कालीन स्थापत्य–कला की प्रमुख विशेषताओं की विवेचना कीजिए। 20

Refer to Chapter-31

10. निम्नलिखित में से किन्हीं दो पर लगभग 300शब्दों (प्रत्येक) में संक्षिप्त टिप्पणी लिखिए: 10+10

(1) इक्त

Refer to Chapter-16, Q.No.-3

(2) दक्षिण–भारतीय साहित्य

उत्तर– तमिल साहित्य– चोल साम्राज्य के पतन के साथ ही तमिल साहित्य का महान् युग समाप्त हुआ। फिर भी, लेखक और कवि तमिल साहित्य में अपना योगदान देते रहे।

विल्लीपुत्तुरार, जिसका संबंध संभवतः 13वीं सदी से था, उस युग का एक महत्वपूर्ण साहित्यिक नाम था। उसने महाभारत का तमिल अनुवाद, प्रस्तुत किया जो भरतम् कहलय और तमिल–भाषी लोगों में लोकप्रिय हुआ। उने तमिल कविता में संस्कृत शब्दों और साहित्यिक अभिव्यक्तियों का प्रयोग प्रारम्भ किया। दूसरा महान् कवि और बिल्लीपुत्तुरार का समकालीन, अरुणागिरिनाथ था। उसने मुरुगन देवता की प्रशंसा में एक प्रगीतात्मक और भक्ति रचना–तिरुप्पगल की रचना की।

तेलुगु साहित्य– 13वीं सदी से तेलुगु साहित्य का उन्नति काल प्रारंभ हुआ। 13वीं और 14वीं शताब्दियों के दौरान संस्कृत कृतियों के तेलुगु अनुवाद और रूपांतर प्रकाशित हुए। 14वीं शताब्दी के प्रथम भाग का प्रमुख तेलुगु कवि ऐर्राप्रगदा था। उसने साहित्यिक लेखन की चम्पु शैली (गद्य और पद्य की मिश्रित शैली) को प्रचलित किया। इसी शैली में उसने रामायण की रचना की। उसने महाभारत के एक भाग और एक अन्य वैष्णव संस्कृत कृति, हरिवंश का तेलुगु में अनुवाद किया। श्रीनाथ (1365–1440) एक अन्य प्रमुख तेलुगु लेखक था। उसने ऐतिहासिक प्रेम विषयों पर छंदों की रचना की और इसने तेलुगु साहित्य में शास्त्रीय प्रबंधों के युग की आधारशिला रखी। उसका समकालीन, विजयनगर के राजा कृष्णदेव राय के शासन काल में सर्वोच्च ऊँचाईयाँ प्राप्त कीं, जो स्वयं संस्कृत और तेलुगु का कवि था उसने तेलुगु में अमुक्तामाल्यदा की रचना की। उसने कई तेलुगु कवियों को संरक्षण प्रदान किया जिनमें से प्रमुख पेद्दाना था। पेद्दाना ने तेलुगु में मनु–चरित की रचना की। इस काल कें तेलुगु साहित्य की एक महत्वपूर्ण विशेषता तेलुगु भाषा पर संस्कृत का बढ़ता हुआ प्रभाव था।

कन्नड़ साहित्य – कन्नड़ साहित्य का प्रारंभिक कला (12वीं सदी तक) जैन लेखकों से प्रभावित रहा। 12वीं शताब्दी के मध्य से, वीरशैववाद–एक लोकप्रिय धार्मिकआंदोलन–ने कन्नड़ भाषी क्षेत्र के साहित्य और लोगों को प्रभावित किया। वीरशैव आंदोलन के प्रवर्तक

बासव और उसके अनुयायियों की धार्मिक साहित्यिक रचनाओं (वचन) ने मध्यकालीन कन्नड़ साहित्य में महत्वपूर्ण योगदान दिया। चौदहवीं सदी के उत्तरार्द्ध का एक वीरशैव कवि, भीम कवि ने बासव पुराण की रचना की। उनमें से एक, रूद्र भट्ट ने चम्पु–शैली में जगन्नाथ विजय की रचना की। यह रचना, संस्कृत कृति विष्णु पुराण की रूपांतरित रचना थी। 14वीं और 16वीं शताब्दियों के मध्य, विजयनगर राजाओं व उनके सामंतों के संरक्षण में कन्नड़ साहित्य का और विकास हुआ। इस युग के महान् कवियों में से एक कुमार व्यास था जिसने 15वीं शताब्दी के मध्य में महाभारत का कन्नड़ अनुवाद प्रस्तुत किया।

मलयालम साहित्य– दक्षिण भारतीय भाषाओं में मलयालम का इतिहास सबसे नवीन है। यह मालाबार प्रदेश में तमिल की उप–भाषा के रूप में विकसित हुई। धीरे–धीरे इसने स्वयं को तमिल से मुक्त कर 14वीं शताब्दी में एक स्वतंत्र दर्जा प्राप्त किया। मालाबार क्षेत्र का तमिलनाडु से राजनीतिक अलगाव और विदेशियों द्वारा नवीन भाषाई शैलियों के प्रचलन करने से मलयालम का एक स्वतंत्र भाषा के रूप में विकास संभव हुआ। अति प्रारंभिक सहित्य मौखिक शैली का था जिसमें गीत और गाथाएँ होती थीं प्रारंभिक साहित्यिक रचना 14वीं शताब्दी की राम चरितम थी। 16वीं सदी से मलयालम पर संस्कृत के गहरे प्रभाव का सिलसिला प्रारंभ हुआ और इसने संस्कृत के कई तत्वों को ग्रहण किया।

(3) दिल्ली सल्तनत कालीन मुद्रा व्यवस्था

Refer to Chapter-19, Q.No.-3

(4) चित्रकला की पश्चिम भारतीय शैली

पश्चिम भारतीय शैली

(क) जैन चित्रकला : उपलब्ध पांडुलिपियों से यह पता चलता है कि पश्चिम भारतीय शैली का उद्‌भव और विकास 12वीं सदी के प्रारंभ में हुआ। ये गुजरात एवं राजस्थान के जैन भण्डारों (ग्रन्थालयों) में पायी जाती है। लेकिन ध्यान देने योग्य बात यह है कि सभी पांडुलिपियाँ न तो जैनियों की हैं और न ही धार्मिक प्रवृति की है न ही इन्हें अलग क्षेत्रीय श्रेणी में रखा जा सकता है। इसे पश्चिम भारतीय शैली इसलिए कहा जाता है क्योंकि ये अधिकांशतया गुजरात, राजस्थान तथा मालवा से प्राप्त हुई हैं। जैन भी केवल पश्चिम भारत तक सीमित नहीं थे। हमें कुछ अत्यंत महत्वपूर्ण पांडुलिपियाँ जौनपुर और ईदर जैसे दूरस्थ स्थानों से भी मिलती हैं।

14वीं सदी के अन्त तक पश्चिम भारतीय शैली का पूर्ण विकास हो गया। 14वीं सदी के मध्य में कागज की पांडुलिपि का लगातार प्रयोग किया गया लेकिन ताड़ के पत्ते को भी पूरे रूप में नहीं छोड़ा गया। इस शैली के कुछ प्रमुख लक्षण इस प्रकार है।

1. चित्रकला का विकास पांडुलिपियों पर हुआ है जो एक ही सतह पर बनी है और कभी–कभी एक सुस्पष्ट लेकिन ज्यादातर टूटी हुई लकीर से बनाई गई हैं। चित्रों पृष्ठभूमि अधिकांशतः लाल या नीली है।

2. कागज की सतह की सजावट जवाहरात की तरह चमकीली की गई है जिसमें मूल्यवान

रंगों का प्रयोग किया गया जैसे सोना, चांदी, लाजवर्दी, किरमिजी इत्यादि।

3. वास्तुकला के केवल अत्यावश्यक तत्वों का प्रयोग किया गया है। जिसमें छोटी धार्मिक आकृतियों, जानवर तथा घरेलू फर्नीचर आदि को ज्यामितीय स्वरूप में छोटे खानों में सजाया–संवारा गया है।

4. बड़ी आंखें, उभरा हुआ धड़, बैठी हुई स्थिति में पैरों की कष्टकारक अवस्था इत्यादि इस चित्रकला की विशेषता है। देखने में पुरूष एवं औरत में भेद करन कठिन है।

(ख) हिन्दू चित्रकला : हिन्दू चित्रकला में जैन परम्परा की महत्वपूर्ण विशेषताएं शामिल हैं जैसे बाहर निकली हुई या उभरी आँखें, शरीर के विकृत रूप, सपाट रेगों का प्रयोग आदि जो 15वीं सदी की हिन्दू पांडुलिपियों तथा बौद्ध पांडुलिपियों के दो उदाहरणों में भी देखने को मिलता है। अतः इनके लिए एक संकीर्ण नामकरण अनुचित है। विकल्प के अभाव में हम इस गलत नाम का ही प्रयोग यह सोचकर कर रहे हैं कि जैन चित्रों के बनाने वाले भी हिन्दू ही थे। उत्तर भारत में मुस्लिम शासन के प्रारंभिक काल से ताड़ के पत्तों पर किसी हिन्दू पांडुलिपि का उद्धरण नहीं मिलता, लेकिन नेपाल में इस प्रकार की पांडुलिपियों का मिलना इस बात की ओर इंगित करता है कि भारत में भी ऐसी पांडुलिपियों तैयार की गई होंगी।

ई.एच.आई.–3: भारत 8वीं सदी से 15वीं सदी ई. तक
जून, 2006

नोट : किन्हीं **पाँच** प्रश्नों के उत्तर लगभग 600 शब्दों (प्रत्येक) में दीजिए। सभी प्रश्नों के अंक समान हैं।

1. 8वीं और 13वीं शताब्दी के बीच भारत में आरंभिक मध्ययुगीन अर्थव्यवस्था की मुख्य विशेषताओं पर विचार कीजिए। 20

Refer to Chapter-1, Q.No.-3

2. अलाउद्दीन खिलजी के नेतृत्व में दक्खन और दक्षिणी भारत में तुर्क शक्तियों द्वारा प्राप्त विजयों का ब्यौरा दीजिए। 20

Refer to Chapter-15, Q.No.-1

3. दिल्ली सुल्तानों के समय के केन्द्रीकृत प्रशासन की मुख्य विशेषताओं का खुलासा कीजिए। 20

Refer to Chapter-16, Q.No.-1

4. अलाउद्दीन खिलजी की विपणन–नियंत्रण नीति का विश्लेषण कीजिए। यह नीति किस सीमा तक सफल रही। 20

Refer to Chapter-19, Q.No.-2

5. दिल्ली सुल्तानों के समय में व्यापार और वाणिज्य पर निबन्ध लिखिए। 20

Refer to Chapter-21, Q.No.-3

6. निम्नलिखित में से किसी एक पर विस्तार से टिप्पणी लिखिए : 20

(i) दिल्ली सुल्तानों के समय में कृषि–प्रौद्योगिकी

Refer to Chapter-22, Q.No.-1

(ii) दिल्ली सुल्तानों के समय में सैन्य–प्रौद्योगिकी

Refer to Chapter-22, Q.No.-3

7. 15वीं शताब्दीं में जौनपुर और बंगाल में क्षेत्रीय शक्तियों का परीक्षण। 20

Refer to Chapter-23, Q.No.-2&3

8. विजयनगर साम्राज्य की स्थापना और सुदृढ़ीकरण की प्रक्रिया का परीक्षण कीजिए।

20

Refer to Chapter-27, Q.No.-1

9. बहमनी शक्ति के उदय पर चर्चा कीजिए। 20

उत्तर– उत्तर भारत में दिल्ली सल्तनत की स्थापना बहुत वर्षो बाद तक दक्षिण के राज्य स्वतंत्र ही रहे। वस्तुतः आवागमन की कठिनाइयों तथा उत्तर भारत में ही अपनी व्यस्तता के कारण दिल्ली के सुल्तानों को दक्षिण की ओर दृष्टिपात करने का मौका ही नहीं मिला। इस प्रकार दक्षिण अलाउद्दीन के शासन के पूर्व तक मुस्लिम सत्ता के अक्षुण्ण रहा। पहली बार अलाउद्दीन के शासन काल में सल्तनत का प्रभाव दक्षिण में बढ़ा किन्तु सिर्फ शक्ति पर आधारित रहने के कारण यह स्थायी प्रमाणित नहीं हुआ। उलाउद्दीन की मुत्यु के पश्चात् दक्षिण के शासक पुनः स्वतंत्र हो गये। बाद में मुहम्मद तुगलक ने दक्षिण के राज्यों पर अपना सीधा शासन स्थपित किया। परन्तु सुल्तान की योजनाओं की असफलता ने उसकी लोकप्रियता एवं शक्ति को भारी नुकशान पहुँचाया।

मुहम्मद तुगलक की नीतियों और उसकी योजनाओं की असफलता ने सम्पूर्ण भारत में विद्रोहों को जन्म दिया। उनमें बहमनी राज्य का विद्रोह भी प्रमुख स्थान रखता था। विदेशी अमीरों ऐं सुल्तान के पारस्परिक सम्बन्ध बिगड़ते चले गये और दक्षिण भारत में कुतलुग खाँ, जिसे सुल्तान के अलाउज–मुल्क की उपाधि देकर दौलताबाद का सूबेदार नियुक्त किया था एवं उसके अन्य सहयोगियों ने मिलकर सुल्तान के विरुद्ध विद्रोह का झंडा खड़ा कर दिया, विद्रोहियों ने दौलताबाद पर अधिकार कर लिया।

दक्षिण का यही स्वतंत्र राज्य बहमनी साम्राज्य के नाम से प्रसिद्ध हुआ। स्थापना काल से विघटन तक (1357 से 1526 ई.) इस साम्राज्य की अवधि विस्तार लगभग एक सौ अस्सी वर्षो का है। इस अवधि में अठारह सुल्तानों ने राज्य किया। इस पूरी अवधि में इस साम्राज्य का गुजरात, तेलंगना, उड़ीसा और विजयनगर–साम्राज्य से सतत् संघर्ष चलता रहा। अन्य मुस्लिम राज्यों की तरह इसका इतिहास भी आक्रमणों, अत्याचारों, उत्पीड़नों, पारस्परिक कलहों और दुर्घटनाओं से भरा हुआ है। किन्तु इसमें शासन संबंधी सफलताओं और साहित्य तथा कला के विकास की झलक भी दिखलाई पड़ती है।

हसन गंगू द्वारा स्थापित इस राज्य को बहमनी राज्य अथवा उसके वंश को बहमनी वंश क्यों कहते हैं, इस पर विद्वानों में मतभेद है।

समसामयिक इतिहासकार फरिस्ता के अनुसार हसन गंगू पहले दिल्ली के प्रसिद्ध ज्योतिषी ब्राह्मण गंगू का सेवक था। अपने स्वामी का खेत जोतते हुए उसे भूमि से एक ताम्बे का बड़ा मिला जो स्वर्ण मुद्राओं से भरा हुआ था। हसन ने उस घड़े को अपने स्वामी को दे दिया। उसका ब्राह्मण स्वामी अति प्रसन्न हुआ। और उसने मुहम्मद तुगलक के कहकर उसे नौकरी दिलवा दी। उस ब्राह्मण ज्योतिषी ने हमन गंगू के विषय में यह भविष्यवाणी की थी कि वह एक दिन सुल्तान बनेगा। धीरे–धीरे उन्नति करता हुआ सचमुच ही हसन सुल्तान बन गया। हसन गंगू ने अपने इसी ब्राह्मण स्वामी के प्रति कृतज्ञता प्रगट करने के लिए अपने राज वंश कानाम 'बहमनी' (ब्राह्मणी) रखा तथा स्वयं 'बहमन शाह' की उपाधि धारण की।

इतिहासकार स्मिथ ने हसन जैसे क्रूर तथा धर्मान्ध मुसलमान सुल्तान के द्वारा अपने को

ब्राह्मण कहलने में सन्देह प्रकट किया है। हेग के मतानुसार हसन ईरान के शाह बहमन का वंशज था अथवा उससे किसी प्रकार संबंधित था। डा. ईश्वरी प्रसाद और बुल्जे हेग भी इसी मत का समर्थन करते हैं। वास्तव में वह स्वयं को फारसी वीर बहमन का वंशज मानता था, इसलिए उसने बहमन शाह की अपाधि धारण की न कि तथा कथित ब्राह्मण उपकारी के नाम पर उपलब्ध सिक्कों तथा उत्यकीर्ण लेखों से भी इस बात की पुष्टि नहीं होती है कि उसने कभी अपने वंश का नाम 'ब्राह्मणी' रखा जो बाद में 'बहमनी' बन गया।

10. निम्नलिखित में से किन्हीं दो पर संक्षिप्त टिप्पणियाँ लिखिए (प्रत्येक टिप्पणी लगभग 300 शब्दों की हो) : 10+10

(i) सूफी आंदोलन

उत्तर– 10वीं शताब्दी के उत्तरार्द्ध और 11वीं शताब्दी के दौरान जब मध्य एशिया और ईरान में पहले गजनवियों और बाद में सेलजुकों क अधीन तुर्की कायम हुआ तब सूफी मत एक संगठित आंदोलन के रूप में विकसित हुआ। इस काल के दौरान इस्लामी दुनिया में दो समानांतर संस्थाओं का विकास हुआ। (क) मदरसा व्यवस्था (धार्मिक शिक्षा का उच्च संस्थान) यह कट्टरपंथी इस्लामी शिक्षा की मान्य संस्था थी, और (ख) सूफी गतिविधियों के संगठित और स्थायी केन्द्र के रूप में खानकाह व्यवस्था का नया स्वरूप सामने आया।

खानकाह अब सूफियों की व्यक्तिगत गतिविधि का केन्द्र न रहकर सूफी शिक्षा के संस्थागत केन्द्र के रूप में उभर कर सामने आई। पर गुरू और शिष्य का संबंध अभी भी व्यक्तिगत था और इसने अब तक रहस्यमय और आनुष्ठानिक स्वरूप अख्तियार नहीं किया था। अभी सूफी के आश्रय स्थल मात्र न थे बल्कि सूफी मत और मान्यताओं के सुस्थापित केन्द्र थे। इसमें एक आध्यात्मिक गुरू अपने शिष्यों के साथ रहा करता था।

उलेमा सूफी मत को हमेशा संदेह की नजर से देखते थे। उन्हें खासकर समा जैसी और परम्परावादी प्रथाओं से सख्त नफरत थी। कट्टरपंथी इस्लामी शिक्षा प्राप्त कुछ सूफियों के बीच एक प्रकार का संतुलन स्थापित करने की कोशिश की। अबू हमीद अल–गजाली (1058–1111 ई.) इस प्रकार के सूफियों में सर्वप्रथम था। आरंभ में वह आलिम (धर्म प्रवक्ता) था, पर बाद में उसने सूफी की जिंदगी बसर की। उसने सूफी मत में बाह्य इस्लामी कानूनों का और औपचारिक सिद्धातों का पालन करने पर जोर दिया। पर इस्लाम में कट्टरपंथी और सूफी मत की प्रवृतियाँ अलग–अलग रास्तों पर ही विकसित हुई।

(ii) क्षेत्रीय राज्यों की कला और स्थापत्य

Refer to Chapter-32

(iii) हिन्दी साहित्य का विकास

Refer to Chapter-33, Q.No.-2

(iv) दिल्ली सल्तनत के दौरान महिलाओं की स्थिति

Refer to Chapter-34, Q.No.-3

ई.एच.आई.–3: भारत 8वीं सदी से 15वीं सदी ई. तक
दिसम्बर, 2006

नोट : किन्हीं **पाँच** प्रश्नों के उत्तर लगभग 600 शब्दों (प्रत्येक) में दीजिए। सभी प्रश्नों के अंक समान हैं।

1. भारत में 8वीं से 12वीं सदी ई. के दौरान व्यापारिक गतिविधियों पर चर्चा कीजिए। इनमें व्यापारी श्रेणियों की क्या भूमिका थी? 20

Refer to Chapter-3, Q.No.-1&2

2. भारत में 700–1200 ई. के दौरान मंदिर स्थापत्य की प्रमुख पद्धतियों का विवरण दीजिए। 20

Refer to Chapter-7, Q.No.-1

3. दिल्ली सल्तनत के विस्तार का, अलाउद्दीन खलजी के शासनकाल तक, विवरण दीजिए। 20

उत्तर– अलाउद्दीन के सामने सबसे महत्वपूर्ण समस्या यह थी कि वह स्वतंत्र राज्यों पर आधिपत्य स्थापित कैसे करे। सल्तनत काल की एक प्रमुख विशेषता यह रही है कि किसी नवीन वंश के उदय के साथ ही विजय कार्य एक बार फिर दोहराना होता था। अलाउद्दीन के राज्यारोहण के समय अधिकांश उत्तर भारत और पूरा दक्षिण भारत मुस्लिम आधिपत्य की परिधि के बाहर थां ऐसी स्थिति में समग्र हिंदुस्तान की विजय सुल्तान की सबसे बड़ी समस्या और सर्वोच्च महत्वाकांक्षा थी। अलाउद्दीन ने अपनी सल्तनत का प्रभावशाली विस्तार किया। उत्तर भारत में आधुनिक पंजाब, सिंध और उत्तर प्रदेश केंद्रीय शासन के सीधे नियंत्रण में थे। अलाउद्दीन स्वयं एक महान् सेनानायक नहीं था और उसकी विजय अलप खाँ और मलिक काफूर जैसे योग्य सेनानायकों के कारण होती थी। परंतु यह मत त्रुटिपूर्ण है। इस तथ्य पर गहराई से सोचने पर ज्ञात होता है कि जिन परिस्थितियों ने उसे सिंहासन प्राप्त करने के लिए उत्साहित किया था, वे सिद्ध करती हैं कि वह एक योग्य सेनानायक था। रणथंभौर को उसने अपनी क्षमता और श्रेष्ठ सैन्य कौशल से पराजित किया। 1303 ई. में वह चितौड़ को पराजित करने में सफल हुआ, जिसे कोई भी पूर्ववर्ती सुल्तान नहीं जीत सका था। 1308 ई. में काफूर ने दक्षिण की ओर प्रस्थान किया। इससे पूर्व 1290 ई. से 1308 ई तक आलउद्दीन निरंतर युद्ध करता रहा और सफलतापूर्वक विजय प्राप्त करता गया।

परंतु अलाउद्दीन प्रादेशिक विस्तार करने में ही सफल नहीं हुआ। उसके विस्तार का एक नवीन पक्ष भी था जो उसकी विजयों को एक विशेष स्थान प्रदान करता है। विजयों में और शत्रु को मित्र बनाने की नीति का पालन करने में उसकी तुलना अकबर से की जा सकती है। अकबर के समान वह यक मानता था कि शासक को सदा युद्धरत रहना चाहिए वरना उसके पड़ोसी उसके विरुद्ध शस्त्र उठा लेते हैं या उठा सकते हैं। वह शक्ति–प्रदर्शन के सिद्धांत मं विश्वास

रखता था और उसका राज्यकाल प्रभावशाली सैनिक उपलब्धियों का काल था।

अलाउद्दीन के साम्राज्य–विस्तार की सर्वोच्च उपलब्धि यह भी थी कि दक्षिण प्रदेशों को साम्राज्य में विलीन किए बिना ही उसकी महत्वाकांक्षा पूरी हो गई। वह उन कठिनाइयों से बच गया जिनका सामना मुहम्मद तुगलक को दक्षिण में सुल्तान की विस्तारवादों नीति के फलस्वरूप करना पड़ा था। अलाउद्दीन की नीति की सफलता के संबंध में के0 एस0 लाल लिखते हैं, रामदेव और बल्लाल देव जैसे महान् राजा दिल्ली आए, उन्होंने सुल्तान के प्रति स्वयं सम्मान प्रकट किया, उनके दोष के लिए गए, साम्राज्य के गौरव में वृद्धि हुई और सल्तनत का कोष दक्कन की संपत्ति से परिपूर्ण हो गया।

अलाउद्दीन के दक्षिण अभियानों के संबंध में यह तथ्य भी रोचक है कि वहाँ की जनता ने मुस्लिम आधिपत्य का विरोध नहीं किया। क्या इसका तात्पर्य यह है कि वह अपने हिंदू शासकों के शासन से असंतुष्ट थी? दक्षिणी राज्यों का राजनीतिक सामाजिक एवं आर्थिक ढाँचा कुछ हद तक इसकी पुष्टि अवश्य करता है। परंतु इस तथ्य को झुठलाया नहीं जा सकता कि दक्षिण के हिंदू राजा विलासी, अत्याचारी या क्रूर नहीं थे। वास्तव में जनता के उदासीन व्यवहार का कारण दक्षिण के राजाओं की आपसी कलह और युद्ध आदि थे।

विदेशी आधिपत्य के विरुद्ध जनता के किसी विद्रोह का अभाव एक और महत्वपूर्ण तथ्य की ओर संकेत करता है जिसे मलिक काफूर की विजित जनता के प्रति नीति से समझा जा सकता है। अपने दक्षिण अभियानों में उसने जनता के ऊपर अत्याचार या आतंकित करने की नीति को नहीं अपनाया। काफूर की सबसे बड़ी समस्या थी मराठा सरदारों को अनुकूल बनाना और इसमें वह सफल हुआ।

अलाउद्दीन की राज्य–विस्तार की नीति केवल सफलताओं की ही लंबी कहानी है। यह तथ्य ध्यान देने योग्य है कि अलाउद्दीन की दक्षिण विजय और मलिक काफूर की सफलता अल्पकालीन सिद्ध हुई। दक्षिण की विजय कभी पूर्ण नहीं हुई। मुबारक खलजी और मुहम्मद तुगलुक के दक्षिणी युद्धो से स्पष्ट है कि अलाउद्दीन क सफलताएँ दीर्घकालीन नहीं थीं। उसके राज्य–विस्तार की प्रमुख विशेषता यही थी कि वह दक्षिण में कुछ शासकों को मित्र बनाने और उनसे सहायता प्राप्त करने में सफल हुआ।

4. दिल्ली सुलतानों की भू–राजस्व व्यवस्था की चर्चा कीजिए। 20

Refer to Chapter-19, Q.No.-1

5. भारत में प्रचलित विभिन्न सूफी मतों की चर्चा कीजिए तथा भारतीय समाज एवं संस्कृति में इनके योगदान का विवरण दीजिए। 20

Refer to Chapter-30

6. विजयनगर राजतन्त्र की क्या प्रकृति थी? विजयनगर साम्राज्य की प्रशासनिक संरचना की चर्चा कीजिए। 20

Refer to Chapter-27, Q.No.-1

7. राजपूत राजतन्त्र पर चर्चा कीजिए। 13वीं से 15वीं सदी ई. के मध्य राजपूत राज्यों का संक्षिप्त विवरण दीजिए। 20

Refer to Chapter-10, Q.No.-2

8. उन प्रमुख तकनीकी यन्त्रों की चर्चा कीजिए जिन्होंने कृषि तथा गैर–कृषि उत्पादन बढ़ाने में योगदान दिया। 20

Refer to Chapter-22, Q.No.-1

9. सल्तनत काल में चित्रकला के विकास की चर्चा कीजिए। 20

Refer to Chapter-31, Q.No.-2

10. निम्न में से किन्हीं दो पर संक्षिप्त टिप्पणियाँ लिखिए। प्रत्येक टिप्पणी लगभग 300 शब्दों की हो: **10+10=20**

(i) बाजार केन्द्रों के रूप में *नगर* का महत्त्व

उत्तर – नगरमः बाजार केन्द्रः नगरम प्रशासन का एक और महत्त्वपूर्ण अंग था। इसका उदय 9वीं सदी ई. में उस समय हुआ था, जबकि बाजार केन्द्र का प्रशासन व्यापारिक संगठन (नगरात्तार) के द्वारा किया जाने लगा। फैलते कृषि समाज की बढ़ती आवश्यकताओं के साथ–साथ, इस तरह के बाजार केन्द्रों का विकास अधिकतर नाडूओं में हुआ। जहां ये एक ओर अपने विनिमय के लक्ष्यों को पूरा करता वहीं ये ब्रहमदेय एवं दूसरी बस्तियों की जरूरतों को भी पूरा करने लगा। नाडू तथा नगरम पारस्परिक तौर पर एक–दूसरे के समर्थक थे। नगरम के सदस्य वे कृषक होते थे, जो अपने अतिरिक्त उत्पादन को व्यापार के द्वारा बेच सकते थे। कुछ समय बाद वे पूर्णरूपेण व्यापारिक समुदाय के सदस्यों के रूप में रूपांतरित हो गए और उनको नगरात्ततार कहा जाने लगा।

नगरमों के तंत्र का उद्भव 9वीं सदी ई. तथा 12वीं सदी ई. के बीच हुआ। कांचीपुरम तथा तंजावूर जैसे विशाल व्यापारिक केन्द्रों के साथ–साथ राजनीतिक केन्द्रों को मानगरम या विशाल नगरम कहा जाता था। उन्होंने व्यापारिक संगठनों को अधिकार पत्र जारी करके अपना संरक्षण प्रदान किया। इन अधिकार पत्रों के द्वारा व्यापारी वाणिज्य पर आधारित नगरों की स्थापना कर सकते थे तथा अपने भाड़े के सिपाहियों के द्वारा इन नगरों की रक्षा भी। गोदामों तथा वितरण केन्द्रों को **एरिविरप्पात्तना** के नाम से जाना जाता था। ये नगरम के साथ–साथ **मनिग्रामाम** जैसे दूसरे छोटे स्थानीय व्यापारी संगठनों तथा **अन्जूवन्नाम** जैसे विदेशी व्यापार संगठनों के साथ भी व्यापार करते थे। वे विलासिता की चीजों, दूसरे देशों से विदेशी वस्तुओं तथा दक्षिण भारतीय सूती वस्त्रों में व्यापार करते थे। विनिमय के रूप में वे **चिट्टिरामेलि पेरिपान्डू** से कृषि उत्पादनों को प्राप्त करते थे। **चिट्टिरामेलि** सभी चारों वर्गों के किसानों का एक संगठन था और उसकी उत्पत्ति तमिल क्षेत्र में हुई।

(ii) मध्यकालीन भारत में स्त्रियों की स्थिति

Refer to Chapter-34, Q.No.-3

(iii) हिन्दी साहित्य का विकास

Refer to Chapter-33, Q.No.-2

(iv) चोल साम्राज्य

उत्तर– चोल : यद्यपि चोलों का राजनीतिक उत्कर्ष दसवीं शताब्दी के मध्य प्रारंभ हुआ तथापि उनका प्रारंभिक इतिहास संगम युग (तीसरी शताब्दी) से शुरू होता है। साहित्य में दो चोल नरेशों का प्रमुख रूप से उल्लेख मिलता है–(1) करिकाल (2) कोच्चेनगनान। संगमयुगीन चोलों को पराजित करके कावेरी तक अपने साम्राज्य का विस्तार किया। परवर्ती शताब्दियों में दक्षिण भारत के आर्थिक विकास में चोलों ने जिस महत्वपूर्ण भूमिका निर्वाह किया, उसका शुभारंभ करिकाल ने ही किया था। उसके शासनकाल में व्यापार एवं उद्योग समृद्ध स्थिति में थे। इस समृद्धि में विस्तार करने के लिए करिकाल ने कृषि योग्य भूमि का विस्तार किया। सिंचाई के साधनों के उन्नति करने के लिए तालाबों का निर्माण कराया। सिंचाई प्रदेश के आर्थिक विकास में महत्वपूर्ण योगदान दिया।

चोलों का उत्थान विजयालय (850–87 ई.) से प्रारंभ होता है। उनसे तांजाय (तांजीर या तंझबुर) पर अधिकार करके 'नरकेसरी' की उपाधि धारण की। पल्लव–पांड्य संघर्ष में पल्लवों का साथ देकर उसने अपनी स्थिति और अधिक सुदृढ़ कर ली। विजयालय के पुत्र एवं उत्तराधिकारी आदित्य ने भी पांड्यों के विरुद्ध पल्लवों को सहायता प्रदान की। अंततः पांड्य पराजित हुए और पल्लवों ने अपनी इस विजय से प्रसन्न होकर न केवल तांजाय पर चोल आधिपत्य को मान्यता दे दी, वरन् उन्हें कुछ पल्लव प्रदेश भी प्रदान कर दिए।

सन् 985 में राजराज के राज्यारोहण के साथ चोल इतिहास की महानता का युग प्रारंभ हुआ। राजराज के शासन के तीस वर्ष चोल राजवंश के इतिहास के निर्माण के वर्ष थे। सेना और प्रशासन के गठन, कला एवं स्थापत्य, धर्म तथा दर्शन और व्यापार एवं उद्योग–सभी क्षेत्रों में राजराज का शासनकाल नवीन प्रगति का सूचक था।

राजराज ने चोल साम्राज्यवाद को पुर्नजीवित किया। राष्ट्रकूट आक्रमण से चोलों की प्रतिष्ठा को जो क्षति पहुँची थीं, राजराज ने न केवल उसकी पूर्ति कर दी, वरन् जल एवं थल सेना के विस्तार तथा दक्षिण भारत के अपने समसत समकालीन राजनीतिक विरोधियों को पराजित कर, उसने चोलों को अजेय शक्ति के रूप में स्थापित कर दिया। चोल सेनाओं ने त्रिवेंद्रम के निकट कंडलूर में चेरों के शस्त्रागार और सैनिक प्रशिक्षण–केंद्रों को नष्ट कर दिया। चेरों की सैनिक शक्ति के आधार–स्तंभ को नष्ट करके, राजराज पांड्यों एवं सिंहालियों के विरुद्ध अपनी शक्ति नियोजित कर सकता था।

प में स्थापित कर दिया। चोल सेनाओं ने त्रिवेंद्रम के निकट कंडलूर में चेरों के शस्त्रागार और सैनिक प्रशिक्षण–केंद्रों को नष्ट कर दिया। चेरों की सैनिक शक्ति के आधार–स्तंभ को नष्ट करके, राजराज पांड्यों एवं सिंहालियों के विरुद्ध अपनी शक्ति नियोजित कर सकता था।

ई.एच.आई.–3: भारत 8वीं सदी से 15वीं सदी ई. तक
जून, 2007

नोट : किन्हीं **पाँच** प्रश्नों के उत्तर लगभग 600 शब्दों (प्रत्येक) में दीजिए। सभी प्रश्नों के अंक समान हैं।

---

1. आठवीं से बारहवीं सदी के दौरान दक्षिण भारत में कृषि व्यवस्था की विश्लेषणात्मक समीक्षा कीजिए। 20

Refer to Chapter-1, Q.No.-3

2. आठवीं से बारहवीं सदी के दौरान भारत की साामाजिक व्यवस्था पर टिप्पणी लिखिए। 20

Refer to Chapter-5, Q.No.-2

3. मोहम्मद गौरी के आक्रमणों का विवरण दीजिए। तुर्कों की विचय क्यों हुई? 20

Refer to Chapter-14, Q.No.-2

4. भारत में भक्ति आंदोलन के विशिष्ट लक्षणों की विवचेना कीजिए। सूफी आंदोलन पर इसका क्या प्रभाव पड़ा? 20

Refer to Chapter-29, Q.No.-3

5. विजयगनर साम्राज्य की अर्थव्यवस्था का विस्तारपूर्वक विवरण दीजिए। 20

Refer to Chapter-27, Q.No.-3

6. मध्य एशिया में मंगोलों के उद्‌भव को रेखांकित कीजिए। दिल्ली सुल्तानों के साथ उनके संघर्ष का संक्षेप में विवरण दीजिए। 20

उत्तर– खलजियों के शासनकाल में मंगोल आक्रमणों का क्षेत्र और आगे की ओर बढ़ गया। सन् 1299 ई. में मंगोलों ने कुतलग ख्वाजा के नेतृत्व में प्रथम बार दिल्ली पर आक्रमण किया। तब से दिल्ली मंगोल आक्रमणों का एक स्थायी लक्ष्य बन गई। दूसरी बार कुतलग ख्वाजा ने दिल्ली पर उस समय आक्रमण किया जब अलाउद्दीन चितौड़ के अभियान में व्यस्त था। यह आक्रमण इतना भयंकर था कि मंगोलों ने दिल्ली में व्यापक स्तर पर सर्वनाश किया। दिल्ली में उनके रहते अलाउद्दीन खलजी नगर में प्रवेश करने का प्रयास न कर सका।

मंगोलों के लगातार होने वाले आक्रमणों ने अलाउद्दीन को स्थायी समाधान ढूँढने के लिए बाध्य किया। उसने व्यापक स्तर पर सैनिकों की भर्ती की और सीमावर्ती किलों को मजबूत किया। फलस्वरूप मंगोलों को पहले सन् 1306 ई. में तथा फिर 1308 ई. में

पराजय का सामना करना पड़ा। मंगोलों की इस पराजय का एक कारण 1306 ई. में मंगोल सरदार दावा खाँ की मृत्यु और उसकी मृत्यु के बाद वहाँ गृह युद्ध का शुरू हो जाना भी था। इससे मंगोल बहुत अधिक कमजोर पड़ गए और अब उनका अस्तित्व एक शक्ति के रूप में समाप्त हो गया। इससे दिल्ली के सुल्तानों को अपनी सल्तनत की सीमाओं का प्रसार करने में सहायता मिली। मंगोलों का अंतिम महत्वपूर्ण आक्रमण तरमाशिरीन के नेतृत्व में मौहम्मद तुगलक के शासन काल में हुआ।

इस तरह दिल्ली के सुल्तान मंगोल समस्या का समाधान करने में सफल रहें और मंगोलों से अपने राज्य को बचाए रखने में सफलता प्राप्त की। इससे सल्तनत की शक्ति भी स्पष्ट होती है। इसके अतिरिक्त, मंगोलों द्वारा मध्य एवं पश्चिमी एशिया के किए गए सर्वनाश के कारण बड़ी संख्या में विद्वान, दार्शनिक, कलाकार एवं अन्य भाग कर दिल्ली आ गए और उन्होंने इसको मुस्लिम संस्कृति के एक महान् नगर के रूप में रूपांतरित कर दिया।

7. दिल्ली सुल्तानों के अधीन केंद्रीय एवं प्रांतीय प्रशासन की चर्चा कीजिए। 20

Refer to Chapter-16, Q.No.-1

8. भारत में तुर्कों ने स्थापत्य की किन नई विशेषताओं को प्रचलित किया? उपयुक्त उदाहरण देकर विवेचना कीजिए। 20

उत्तर– तुर्की राज्य एक सैनिक राज्य था, यह विचार के समर्थन में अनेक तर्क पर आधारित है कि उसकी शक्ति अस्त्रों पर आधारित थी। लगभग एक शताब्दी तक नई सल्तनत के लिए सैनिक और सुरक्षा की समस्याएँ सर्वोपरि थीं। अतः यह स्वाभाविक ही था कि राज्य का कार्य मुख्यतः सैनिक रहा। उसके प्रशासनिक कार्य का विकास क्रमशः हुआ। तुर्की विजय से जो परिवर्तन हुए, वह प्रशासनिक न होकर राजनीतिक थे।

प्रारंभिक मुस्लिम स्त्रोत और उनके लेखक (जैसे हसन निजामी और फखए–मुदब्बिर) ऐसा आभास दिलाते है कि उत्तर भारत का तुर्की आधिपत्य एक धार्मिक मामला था और योद्धा धार्मिक नेता थे जो अपने धर्म के लिए जीने और मरने को तैयार थे। इसके विपरित डॉ. निजामी का मत है, ऐतिहासिक दृष्टिकोण से उत्तर भारत का तुर्की आधिपत्य मंगोलिया व मध्य एशिया की जातियों द्वारा देशांतरण के कारण था। जनसंख्या का दबाव भी वास्तविक कारण था जो कि तुर्को को भारत लाया न कि धार्मिक संकीर्णता।

जिन प्रमुख इतिहासकारों ने तुर्की राज्य को धर्मप्रधान राज्य माना है, उनमें प्रमुख है – जदुनाथ सरकार, ए0 एल0 श्रीवास्तव आदि। हमारे लिए यह देखना आवश्यक है कि तुकी सल्तनत में धर्मप्रधान राज्य के तत्व कहाँ तक विद्यमान थे। किसी भी धर्मप्रधान राज्य के तीन आवश्यक तत्व हैं– (1) एक पवित्र वर्ग या पुजारी (पुरोहित) वर्ग का अस्तित्व, (2) ईश्वरीय कानून का प्रचलन और (3) इस कानून को लागू करने की शक्ति अर्थात् शासक। किंतु दिल्ली सल्तनत में ये विशेषताएँ सर्वोपरि नहीं थी।

दिल्ली सल्तनत के संस्थापक होने के नाते सल्तनत की प्रशासनिक संस्थाओं के विकास में इल्तुमिश का योगदान ठोस और महत्वपूर्ण था। तुर्की अमीरों को अच्छे सैन्य प्रशासन की शिक्षा के साथ–साथ शासन–व्यवस्था का भी शिक्षण दिया जाता था। इस कारण वे अच्छे प्रशासक

सिद्ध होते थे। मुहम्मद गोरी की विजय के बाद जब तुर्कों को सैनिक अभियानों और प्रशासन का कार्य सँभालना पड़ा तब उन्होंने भारत में चली आ रही संस्थाओं को अपनाया और उनको अपनी आवश्यकता के अनुसार अपने आदर्शों से समन्वित किया।

इल्तुतमिश को ऐवक से अनेक अधूरे प्रशासकीय, भवन निर्माण एवं साम्राज्य संबंधी कार्य विरासत में प्राप्त हुए। उसने इन्हें पूरा करने के साथ अपनी व्यक्तिगत नीतियों का भी संचालन किया। उसने अपने लंबे राज्यकाल में सामने आने वाली समस्याओं का कुशल संचालन किया। ऐबक ने सल्तनत की रूपरेखा की कल्पना मात्र की परंतु इल्तुतमिश ने उसे आकार और स्तर निर्देशन, शासन प्रणाली, स्वच्छ शासन देकर वास्तविक स्वरूप दिया।

आर0 पी0 त्रिपाठी के अनुसार "इल्तुतमिश की राजसत्ता तीन बातों पर आधारित थी: प्रथम, वह राज्यधिकारियों द्वारा चुना गया था; दूसरे वह विजेता और आज्ञापालन कराने की शक्ति रखता था, और तीसरे उसको बगदाद के खलीफा की मान्यता प्राप्त थी।" इल्तुतमिश के राजस्व राजनीतिक शक्तियों से उत्पन्न हुआ था और उसने नवीन राज्यों के हितों के लिए तुर्क परंपराओं के अनुसार शासन किया। राजनीतिक तत्व–आदर्श व संस्थाएँ–अपने प्रारंभिक जीवन में थे, जो भारतीय प्रभाव के अंतर्गत आकार और रूप ग्रहण कर रहे थे।

प्रारंभिक तुर्क सुल्तानों की शासन–व्यवस्था केवल विभिन्न प्रयोगों पर आधारित थी। शासन की कोई व्यापक व्यवस्था इस काल में विकसित नहीं हुई। कानून, परंपराओं और समयानुकूल आवश्यकताओं ने सुल्तानों के राजनीतिक दृष्टिकोण को प्रभावित किया। इन्हीं तीनों तत्वों ने सुल्तनों के राजस्व–संबंधी सिद्धांत को निर्धारित किया। प्रारंभिक तुर्क शासकों ने स्वयं को खलीफा का नायब घोषित किया। 'शरीअत' के नियमों में 'सुल्तान' या 'सल्तनत' का कोई उल्लेख नहीं था। इस पद को न्यायसंगत बनाने के लिए विभिन्न कदम उठाए गए थे। खलीफा की अधीनता की घोषणा इसी उद्देश्य से की गई कि सुल्तान के पद की प्रतिष्ठा की स्वीकार जाए। समकालीन इतिहासकारों ने इस प्रकार के विचार रखे कि यदि कोई सुल्तान न हो, तो मनुष्य एक–दूसरे का संहार देंगे।

यद्यपि दिल्ली सुल्तान अपने को खलीफा का नायब पुकारते थे तथापि अपने सिक्कों व खुत्बे पर खलीफाओं के नाम अंकित कराते थे परंतु उनकी व्यावहारिक स्थिति पर कोई प्रभाव नहीं पड़ा। ऐसा करके वे अपनी सुन्नी प्रजा और उलेमा वर्ग की वफादारी प्राप्त करते थे परंतु वास्तव में वे स्वतंत्र शासक थे। खलीफा से मानाभिषेक प्राप्त कर इल्तुतमिश ने दिल्ली सल्तनत को खलीफा के अधीन बनाया।

सन् 1258 में हलाकू ने खिलाफत को नष्ट कर दिया और खलीफा की हत्या कर दी। परंतु मिनहाज से ज्ञात होता है कि इस घटना के दो वर्ष बाद जब हलाकू के राजदूत भारत आए तो उनका स्वागत किया गया। इस प्रकार खलीफा का नाश करने वाले मंगोल नेता के प्रति भी मित्रतापूर्वक व्यवहार रखने का प्रयत्न किया गया।

आदि तुर्क शासकों के राजस्व में परंपरा का तत्व फारस से आया। उन्होंने फारसी राजस्व की परंपराओं व विचारों को अपनाया। उन्हीं के समान राजा को धरती पर ईश्वर की छाया घोषित किया गया। सुल्तान के प्रति वफादारी को ईश्वर के प्रति वफादारी बताया गया और सुल्तान के विरुद्ध विद्रोह को पाप की संज्ञा दी गई। जनता द्वारा सुल्तान का आज्ञापालन करवाने के लिए कुरान के इस पद पर बल दिया गया कि "ईश्वर का आज्ञापालन करो, खलीफा का

आज्ञापालन करो और जिनके हाथो में सत्ता है उनका आज्ञापालन करो।"

इस काल में फारस के रीति–रिवाजों व जीवन को भी अपनाया गया। इल्तुतमिश ओर बलबन दोनों ने अपने वंश को फिरदौसी के शाहनाम में उल्लिखित पौराणिक अफरासियाब से जोड़ा। रजिया को अपना उत्तराधिकारी चुनते समय भी इल्तुतमिश ने ईरानी परंपरा से प्रेरणा ली थी जहाँ पिता के बाद पुत्री के सिंहासनारोहण के उदाहरण प्राप्त होते थे।

मुस्लिम न्यायशास्त्रियों ने सुल्तान के अनेक कर्त्तव्य बताए हैं, जिनमें से प्रमुख निम्नलिखित थे:

1. धर्म की रक्षा करना।
2. अपनी प्रजा के झगड़ों का निर्णय करना।
3. इस्लाम के राज्यों की रक्षा करना तथा यात्रियों के लिए सड़कों को सुरक्षित करना।
4. फौजदारी कानून की स्थापना व उसे लागू करना।
5. आक्रमणों के विरुद्ध इस्लाम के क्षेत्रों की सीमाओं को मजबूत व सुरक्षित करना।
6. इस्लाम के विरोधियों के विरुद्ध धर्मयुद्ध करना।
7. करों को लगाना व वसूल करना।
8. अपने सार्वजनिक और न्यायिक कर्तव्यों की पूर्ति में सहायता करने के लिए अधिकारियों को नियुक्त करना।
9. निजी संपर्क से जनसाधारण के मामलों और दशा की जानकारी प्राप्त करना।
10. खजाने में से वार्षिक धन देना।
11. व्यक्तिगत रूप से प्रशासन का निरीक्षण व देखभाल करना।
12. प्रांतों में प्रशासन व राजस्व–व्यवस्था के लिए विश्वसनीय व्यक्तियों और सलाहकारों को नियुक्त करना।

9. सल्तनत काल में शिल्प उत्पादन एवं इससे सम्बन्धित व्यवस्था की विस्तारपूर्वक विवेचना कीजिए। 20

उत्तर – शिल्प और उद्योग: शिल्प उत्पादन ने कृषि उत्पादन के विकास में योगदान दिया। कपड़ा उद्योग जो प्राचीन काल से ही स्थापित था अब एक प्रमुख आर्थिक गतिविधि के रूप में विकसित होने लगा। मोटे और महीन दोनों तरह के रुई की वस्तुओं का उत्पादन हो रहा था। मारको पोलो (ई. 1293) और अरब के लेखकों ने बंगाल और गुजरात के सूत की बहुत प्रशंसा की है। बंगाल में मद्दर और गुजरात में इंडिगों की उपलब्धता ने भी शायद इन क्षेत्रों में कपड़ा उद्योग के विकास में महत्वपूर्ण भूमिका निभाई होगी।

तेल उद्योग इस काल में काफी महत्वपूर्ण हो गया था। दसवीं सदी के उपरांत तेलहन बोने और तेल के मिल या धनाका के प्रमाण मिलते हैं। इस काल में गन्ना उत्पादन और गन्ने की पिराई का उल्लेख किया गया है। यह गुड़ और चीनी के दूसरे रूपों के बड़े पैमाने पर उत्पादन की ओर इशारा करता है। कृषि आधारित उद्योगों के अलावा, धातु और चमड़े की वस्तुओं में शिल्पकारी उच्च कोटि की थी। उड़ीसा के पुरी एवं कोणार्क मंदिरों में बड़ी संख्या में पाई गई छड़ों से बारहवीं सदी के लोहारों की दक्षता का पता चलता है। बारहवीं सदी के यहूदी सौदागरों के गिंजा रिकार्डो से भारतीय पीतल उद्योग की प्रसिद्धि का पता चलता है। एडेन से

ग्राहक टूटे बर्तनों को भारत भेजते थे जिससे कि उनकी जरूरत के हिसाब से मरम्मत की जा सके। नालंदा, नेपाल, कश्मीर और चोल राज्य की कांस्य की बनी वस्तुओं से उस समय के भारतीय धातु कारीगरों की कुशलता का पता चलता है।

चमड़ा उद्योग के क्षेत्र में गुजरात की स्थिति बहुत अच्छी थी। मारको पोलो बताता है कि उस समय गुजरात के लोग चमड़े की लाल और नीले रंग की खूबसूरत चटाई बनाते थे जिन पर पक्षियों और जानवरों की कढ़ाई होती थी। अरब में इनकी बहुत अधिक मांग थी।

10. निम्न में से किन्हीं दो पर संक्षिप्त टिप्पणियाँ लिखिए (प्रत्येक टिप्पणी लगभग 300 शब्दों की हो): 10+10

(i) उत्तर–गुप्त काल में शिक्षा के क्षेत्र में प्रगति

Refer to Chapter-7, Q.No.-2

(ii) अलाउद्दीन खलजी की बाज़ार नियंत्रण नीति

Refer to Chapter-15, Q.No.-2

(iii) नाडु तथा वालानाडु

Refer to Chapter-12, Q.No.-1

(iv) दिल्ली सल्तनत के उत्तराधिकारी राज्य

Refer to Chapter-25, Q.No.-2

ई.एच.आई.–3: भारत 8वीं सदी से 15वीं सदी ई. तक

जून, 2008

नोटः इस प्रश्न पत्र में तीन खण्ड हैं। विद्यार्थियों को खण्ड I में से कोई ***दो*** *प्रश्न लगभग 500 शब्दों प्रत्येक में, खण्ड II में से कोई* ***चार*** *प्रश्न लगभग 250 शब्दों प्रत्येक में तथा खण्ड III से* ***दो*** *संक्षिप्त टिप्पणियाँ लगभग 100 शब्दों प्रत्येक में करने हैं।*

खण्ड I

प्रश्न 1. व्यापारी श्रेणी से क्या तात्पर्य है? प्रारम्भिक मध्यकाल में इसकी गतिविधियाँ क्या थीं?

प्रश्न 2. 13–15वीं शताब्दियों में वस्त्र तकनीकी के विभिन्न पहलुओं की चर्चा कीजिए।

प्रश्न 3. दिल्ली सल्तनत के पतन के लिए उत्तरदायी विभिन्न कारकों का आलोचनात्मक परीक्षण कीजिए।

प्रश्न 4. प्रारम्भिक मध्यकालीन दक्षिण भारत की कृषि संरचना में *नाडू*, *वालानाडू* और *नगरम्* की भूमिका का विश्लेषण कीजिए।

खण्ड II

प्रश्न 5. दिल्ली सुल्तानों के कुलीन वर्ग के संघटन की चर्चा कीजिए।

प्रश्न 6. दिल्ली सुल्तानों की दक्खन नीति का मूल्यांकन कीजिए।

प्रश्न 7. इस्लामी दुनिया में खलीफा के पद **(Caliphate)** के विकास की चर्चा कीजिए। दिल्ली सुल्तानों के खलीफा के साथ सम्बन्धों का परीक्षण कीजिए।

प्रश्न 8. प्रारम्भिक मध्यकाल में पश्चिमी एवं मध्य भारत में स्थानीय राज्यों के उदय का वर्णन कीजिए।

प्रश्न 9. ग्रामीण मध्यस्थ वर्ग के अधिकारों और प्रस्थिति **(position)** की चर्चा कीजिए।

प्रश्न 10. बहमनी राज्य में अफ्रीकी और दक्खनी कुलीन वर्ग की भूमिका का परीक्षण कीजिए।

प्रश्न 11. 13–15वीं शताब्दियों में क्षेत्रीय राज्यों में चित्रकला के विकास का वर्णन कीजिए।

प्रश्न 12. भारत में चिश्ती *सिलसिला* के विकास की चर्चा कीजिए।

खण्ड III

प्रश्न 13. निम्नलिखित में से किन्हीं *दो* पर लगभग 100 शब्दों (प्रत्येक) में संक्षिप्त टिप्पणियाँ लिखिए:

(i) अमीर खुसरौ

(ii) जौनपुर का शर्की राज्य

(iii) सल्तनत काल में फारसी साहित्य का विकास

(iv) तंत्रवाद

ई.एच.आई.–3: भारत 8वीं सदी से 15वीं सदी ई. तक

दिसम्बर, 2008

नोट: इस प्रश्न पत्र में तीन खण्ड हैं। विद्यार्थियों को खण्ड I में से कोई **दो** *प्रश्न लगभग 500 शब्दों (प्रत्येक) में, खण्ड II में से कोई* **चार** *प्रश्न लगभग 250 शब्दों (प्रत्येक) में तथा खण्ड III से* **दो** *संक्षिप्त टिप्पणियाँ लगभग 100 शब्दों (प्रत्येक) में करने हैं।*

खण्ड I

प्रश्न 1. 8वीं–12वीं शताब्दियों में भारत की सामाजिक व्यवस्था की प्रमुख विशेषताओं का विश्लेषण कीजिए।

प्रश्न 2. 8वीं–12वीं शताब्दियों में पश्चिम भारत में वंशीय शक्तियों के निर्माण तथा सुदृढ़ीकरण का आलोचनात्मक परीक्षण कीजिए।

प्रश्न 3. प्रारम्भिक मध्यकाल में आंतरिक तथा विदेशी व्यापार का संक्षिप्त वर्णन कीजिए।

प्रश्न 4. सल्तनत काल में भारत में प्रमुख सूफी *सिलसिलों* के विकास की रूपरेखा प्रस्तुत कीजिए। सांस्कृतिक संश्लेषण लाने में उसके योगदान का विश्लेषण कीजिए।

खण्ड II

प्रश्न 5. *इक्ता* को परिभाषित कीजिए। दिल्ली सल्तनत के सुदृढ़ीकरण में ये किस हद तक सहायक सिद्ध हुए?

प्रश्न 6. दिल्ली सुल्तानों की मंगोल नीति का विश्लेषण कीजिए।

प्रश्न 7. विजयनगर की राजनीति में धर्म तथा धार्मिक वर्गों की भूमिका का आलोचनात्मक परीक्षण कीजिए।

प्रश्न 8. दिल्ली सुल्तानों की भू–राजस्व प्रणाली पर चर्चा कीजिए।

प्रश्न 9. 13वीं–15वीं शताब्दियों में क्षेत्रीय राज्यों की प्रशासकीय संरचना की चर्चा कीजिए।

प्रश्न 10. सल्तनत काल में ग्रामीण कुलीन वर्ग की जीवन–शैली की तुलना ग्रामीण जनसाधारण वर्ग की जीवन–शैली से कीजिए।

प्रश्न 11. सल्तनत वास्तुकला **(architecture)** की प्रमुख विशेषताओं की चर्चा कीजिए।

प्रश्न 12. उत्तर भारत की तुर्की विजय के प्रभाव का विश्लेषण कीजिए।

खण्ड III

प्रश्न 13. निम्नलिखित में से किन्हीं *दो* पर लगभग 100 शब्दों (प्रत्येक) में संक्षिप्त टिप्पणियाँ लिखिए:

(i) मध्यकाल में सिंचाई के लिए पानी खींचने के तरीके

(ii) प्रारम्भिक मध्यकाल में शिक्षा का विकास

(iii) *तुर्कन–ए चिहिलगानी*

(iv) *अलवार* व *नयनार*

ई.एच.आई.–3: भारत 8वीं सदी से 15वीं सदी ई. तक

जून, 2009

नोटः इस प्रश्न पत्र में तीन खंड हैं। विद्यार्थियों को खंड–I में से कोई 2 प्रश्न लगभग 500 शब्दों (प्रत्येक) में, खंड–II में से कोई **चार** *प्रश्न लगभग 250 शब्दों (प्रत्येक) में तथा खंड–III में से दो पर संक्षिप्त टिप्पणियाँ लगभग 100 शब्दों (प्रत्येक) में करने हैं।*

खंड–I

प्रश्न 1. 8वीं से 13वीं शताब्दी के दौरान शहरी केन्द्रों के प्रकारों तथा क्षेत्रीय विभिन्नताओं का वर्णन कीजिए।

प्रश्न 2. खलजी सुलतानों के अधीन दिल्ली सल्तनत के क्षेत्रीय विस्तार पर निबंध लिखिए।

प्रश्न 3. विजयनगर साम्राज्य की स्थापना तथा सुदृढ़ीकरण की विवेचना कीजिए।

प्रश्न 4. उत्तर भारत में भक्ति आंदोलन की प्रमुख विशेषताओं का परीक्षण कीजिए।

खंड–II

प्रश्न 5. भारत में 700–1300 ई. के दौरान समुद्रीय व्यापार के स्वरूप का वर्णन कीजिए।

प्रश्न 6. भारत में 800–1300 ई. के दौरान मंदिर स्थापत्य कला की विवेचना कीजिए।

प्रश्न 7. दिल्ली सुलतानों के अधीन केन्द्रीय प्रशासन के ढाँचे का परीक्षण कीजिए।

प्रश्न 8. दिल्ली सुलतानों के अधीन कुलीन वर्ग के संरचनात्मक घटकों की विवेचना कीजिए।

प्रश्न 9. भारत में 13वीं से 16वीं शताब्दियों के दौरान व्यापार तथा वाणिज्य की प्रमुख विशेषताओं का वर्णन कीजिए।

प्रश्न 10. 13वीं से 16वीं शताब्दियों के दौरान राजपूताना में राजनैतिक व्यवस्था के स्वरूप की विवेचना कीजिए।

प्रश्न 11. दिल्ली सल्तनत के अधीन वास्तुकला की नई संरचनात्मक स्वरूपों के विकास की विवेचना कीजिए।

प्रश्न 12. भारत में मध्यकाल में हिन्दी साहित्य के विकास की विवेचना कीजिए।

खंड–III

प्रश्न 13. निम्न में से *किन्हीं दो* पर लगभग 100 शब्दों में (प्रत्येक) संक्षिप्त टिप्पणियाँ लिखिएः

(a) अलाउद्दीन खलजी का बाजार नियंत्रण
(b) वस्त्र निर्माण तकनीकी
(c) बहमनी *शक्ति* का उदय
(d) चिश्ती *सिलसिला*

ई.एच.आई. –03 : भारत 8वीं सदी से 15वीं सदी ई. तक
दिसम्बर, 2009

नोट : इस प्रश्न पत्र में तीन खंड हैं। विद्यार्थियों को खंड–I में से कोई दो प्रश्न लगभग 500 शब्दों (प्रत्येक) में, खंड–II में से कोई **चार** *प्रश्न लगभग 250 शब्दों (प्रत्येक) में तथा खंड–III में से दो संक्षिप्त टिप्पणियाँ लगभग 100 शब्दों (प्रत्येक) में करने हैं। प्रत्येक प्रश्न के अंक उसके सामने अंकित हैं।*

खंड – I

प्रश्न 1. दिल्ली सल्तनत के काल में व्यापार तथा वाणिज्य का विवरण दीजिए।

प्रश्न 2. सल्तनत काल में सूफी आंदोलन की प्रमुख विशेषताओं का वर्णन कीजिए।

प्रश्न 3. दिल्ली सुल्तानों के अधीन वास्तुकला के संरचनात्मक स्वरूपों के विकास की विवेचना कीजिए।

प्रश्न 4. दिल्ली सल्तनत के अधीन इक्ता व्यवस्था के स्वरूप तथा कार्यप्रणाली की विवेचना कीजिए।

खंड – II

प्रश्न 5. भारत में 900–1300 ई. के दौरान आंतरिक व्यापार के बारे में विस्तार से बताइए।

प्रश्न 6. भारत में 900–1200 ई. के दौरान शिक्षा एवं अध्ययन की स्थिति की विवेचना कीजिए।

प्रश्न 7. दिल्ली सुल्तानों के शासन काल में मंगोल समस्या के स्वरूप का परीक्षण कीजिए।

प्रश्न 8. दिल्ली सुल्तानों के अधीन राजस्व प्रशासन की प्रमुख विशेषताओं का वर्णन कीजिए।

प्रश्न 9. सल्तनत काल में कृषि तकनीकी की स्थिति की विवेचना कीजिए।

प्रश्न 10. विजयनगर साम्राज्य में स्थानीय प्रशासन पर टिप्पणी लिखिए।

प्रश्न 11. उत्तर भारत के एकेश्वरवादी भक्ति आंदोलन के स्वरूप की विवेचना कीजिए।

प्रश्न 12. पश्चिम भारत की चित्रकला शैली पर टिप्पाी लिखिए।

खंड – III

प्रश्न 13. निम्न में से किन्हीं दो पर लगभग 100 शब्दों में (प्रत्येक) संक्षिप्त टिप्पणियाँ लिखिए:

(a) दिल्ली सल्तनत के अध्ययन के फारसी स्त्रोत।

(b) दिल्ली सल्तनत का स्वरूप।

(c) मुहम्मद तुगलक के कृषि सुधार।

(d) सल्तनत काल में सार्वजनिक भवन तथा सार्वजनिक निर्माण कार्य।

ई.एच.आई. –03 : भारत 8वीं सदी से 15वीं सदी ई. तक
जनू, 2010

नोट : इस प्रश्न पत्र में तीन खंड हैं। विद्यार्थियों को खंड–I में से कोई दो प्रश्न (प्रत्येक लगभग 500 शब्दों में) खंड–II में से कोई **चार** *प्रश्न (प्रत्येक लगभग 250 शब्दों में) तथा खंड–III में से दो संक्षिप्त टिप्पणियाँ (प्रत्येक लगभग100 शब्दों में) करने हैं। प्रत्येक प्रश्न के अंक उसके सामने अंकित हैं।*

खंड – I

प्रश्न 1. आठवीं से बारहवीं शताब्दियों के दौरान कृषीय संगठन की प्रमुख विशेषताओं की विवेचना कीजिए।

प्रश्न 2. आठवीं से बारहवीं शताब्दियों के दौरान राजपूत राजनैतिक व्यवस्था के स्वरूप की विवेचना कीजिए।

प्रश्न 3. इक्ता व्यवस्था से आप क्या समझते हैं? इससे दिल्ली सुल्तानों को अपना शासन सुदृढ़ करने में किस प्रकार मदद मिली?

प्रश्न 4. दिल्ली सुल्तानों के अधीन भवन निर्माण कला की प्रमुख विशेषताओं पर प्रकाश डालिए।

खंड – II

प्रश्न 5. आठवीं से बारहवीं शताब्दियों के दौरान विभिन्न प्रकार में शहरी केन्द्रों का संक्षिप्त विवरण दीजिए।

प्रश्न 6. उत्तर गुप्त काल में नए वैचारिक विकास का आलोचनात्मक विवरण दीजिए।

प्रश्न 7. सामंतों के पदानुक्रम तथा कार्यों की विवेचना कीजिए।

प्रश्न 8. मध्य एशिया में तुर्कों के उदय की विवेचना कीजिए।

प्रश्न 9. दिल्ली सुल्तानों के केन्द्रीय प्रशासन पर एक टिप्पणी लिखिए।

प्रश्न 10. सल्तनत काल में कृषीय उत्पादन के लिए उपयोग में लाई–गई तकनीक का संक्षिप्त विवरण दीजिए।

प्रश्न 11. विजयनगर साम्राज्य में अर्थव्यवस्था की प्रमुख विशेषताओं का परीक्षण कीजिए।

प्रश्न 12. भक्ति आंदोलन की प्रमुख विशेषताओं का संक्षिप्त विवरण दीजिए।

खंड – III

प्रश्न 13. निम्नलिखित में से किन्हीं दो पर लगभग 100 शब्दों (प्रत्येक) में संक्षिप्त टिप्पणियाँ लिखिए:

(a) ब्रह्मदेय अनुदान **(b)** सामंती राजनैतिक व्यवस्था
(c) भारत में मंगोल आक्रमण **(d)** अमीर खुसरो

ई.एच.आई. –03 : भारत 8वीं सदी से 15वीं सदी ई. तक

दिसम्बर, 2010

नोट : *इस प्रश्न पत्र में तीन खंड हैं। विद्यार्थियों को खंड–I में से कोई दो प्रश्न (प्रत्येक लगभग* ***500*** *शब्दों में) खंड–II में से कोई* ***चार*** *प्रश्न (प्रत्येक लगभग* ***250*** *शब्दों में) तथा खंड–III में से दो संक्षिप्त टिप्पणियाँ (प्रत्येक लगभग* ***100*** *शब्दों में) करने हैं। प्रत्येक प्रश्न के अंक उसके सामने अंकित हैं।*

खंड – I

प्रश्न 1. आठवीं से बारहवीं शताब्दी के दौरान सामाजिक संगठन की विस्तृत विवेचना कीजिए।

प्रश्न 2. भारत में तुर्की शासन की स्थापना का विस्तृत विवरण दीजिए।

प्रश्न 3. अलाउद्दीन खिलजी की बाजार नियंत्रण नीति का आलोचनात्मक परिक्षण कीजिए। क्या यह सफल रही?

प्रश्न 4. चौदहवीं तथा पंद्रहवीं शताब्दियों में दक्खन में बहमनी शक्ति के उदय का विस्तृत विवरण दीजिए।

खंड – II

प्रश्न 5. प्रारंभिक मध्यकालीन कृषीय अर्थव्यवस्था की प्रमुख विशेषताओं की संक्षिप्त विवेचना कीजिए।

प्रश्न 6. राजपूतों के राजनैतिक शक्ति के रूप में उद्भव का संक्षिप्त विवरण दीजिए।

प्रश्न 7. सातवीं तथा तेरहवीं शताब्दियों के दौरान व्यापार तथा वाणिज्य के दो चरणों का परिक्षण कीजिए।

प्रश्न 8. दक्खन तथा दक्षिण भारत के प्रति दिल्ली सुल्तानों की क्या नीति थी? विवेचना कीजिए।

प्रश्न 9. दिल्ली सुल्तानों के अधीन कुलीन वर्ग के संगठन की विवेचना कीजिए।

प्रश्न 10. विभिन्न क्षेत्रों में तुर्कों द्वारा प्रचलित की गई नई तकनीकों पर संक्षिप्त टिप्पणी लिखिए।

प्रश्न 11. तेरहवीं तथा पंद्रहवीं शताब्दियों के दौरान राजपूत राज्यों का संक्षिप्त विवरण दीजिए।

प्रश्न 12. चिश्ती सूफी सिलसिले की प्रमुख विशेषताओं की विवेचना कीजिए। यह भारत में सर्वाधिक लोकप्रिय क्यों था?

खंड – III

प्रश्न 13. निम्नलिखित में से किन्हीं दो पर लगभग 100 शब्दों (प्रत्येक) में संक्षिप्त टिप्पणियाँ लिखिए:

(a) आठवीं शताब्दी के पश्चात् मिश्रित जातियों का उदय

(b) नाडु तथा वालानाडु **(c)** कारखाने **(d)** जौनपुर के शर्की

ई.एच.आई. – 03 : भारत 8वीं सदी से 15 वीं सदी ई. तक

जून, 2011

नोट : *इस प्रश्न पत्र में तीन खंड हैं। विद्यार्थियों को खंड–I में से कोई दो प्रश्न (प्रत्येक लगभग 500 शब्दों में), खंड–II में से कोई* **चार** *प्रश्न (प्रत्येक लगभग 250 शब्दों में) तथा खंड–III में से दो संक्षिप्त टिप्पणियाँ (प्रत्येक लगभग 100 शब्दों में) करने हैं। प्रत्येक प्रश्न के अंक उसके सामने अंकित हैं।*

खंड – I

प्रश्न 1. आठवीं तथा चौदहवीं शताब्दियों के दौरान आंतरिक तथा समुद्री व्यापार की प्रमुख विशेषताओं की विवेचना कीजिए।

प्रश्न 2. गार्डन चाइल्ड द्वारा रेखांकित शहर की प्रमुख विशेषताएँ क्या हैं? शहरी केंद्रों के उद्भव तथा विकास में क्षेत्रीय परिवर्तनों के प्रतिरूप की विवेचना कीजिए।

प्रश्न 3. दिल्ली सल्तनत के विघटन के कारणों का विश्लेषण कीजिए।

प्रश्न 4. गारत गें रूफी आंदोलन की प्रगुख विशेषताओं को उजागर कीजिए।

खंड – II

प्रश्न 5. खलजी सुलतानों के अधीन क्षेत्रीय विस्तार का वर्णन कीजिए।

प्रश्न 6. सल्तनत के कुलीन वर्ग के स्वरूप का विशेषण कीजिए।

प्रश्न 7. भारत में तेरहवीं तथा पंद्रहवीं शताब्दियों के दौरान फारसी, उर्दू तथा अरबी भाषाओं तथा साहित्य के विकास को रेखांकित कीजिए।

प्रश्न 8. सल्तनत काल में क्षेत्रीय राज्यों में स्थापत्य कला की शैलियों की प्रमुख विशेषताओं की विवेचना कीजिए।

प्रश्न 9. दक्खन में बहमनी शक्ति के उद्भव तथा सुदृढ़ीकरण की व्याख्या कीजिए।

प्रश्न 10. वस्त्र उत्पादन के क्षेत्र में टर्कों द्वारा प्रस्तावित नई तकनीकों की शुरुआत का वर्णन कीजिए। इन तकनीकों के महत्त्व की विवेचना भी कीजिए।

प्रश्न 11. अलाउद्दीन खलजी की बाजार नियंत्रण नीति की प्रमुख विशेषताओं की विवेचना कीजिए।

प्रश्न 12. सल्तनत काल में राजस्व प्रशासन की प्रमुख विशेषताएँ क्या थीं? विश्लेषण कीजिए।

खंड – III

प्रश्न 13. निम्नलिखित में से किन्हीं दो पर लगभग 100 शब्दों में (प्रत्येक) संक्षिप्त टिप्पणियाँ लिखिए:

(a) मंगोल आक्रमण

(b) दिल्ली सल्तनत में शहरी शिल्प उत्पादन

(c) महाराष्ट्र में भक्ति आंदोलन

(d) दिल्ली सल्तनत में कैलीग्राफी **(Calligraphy)**

ई.एच.आई. – 03 : भारत 8वीं सदी से 15वीं सदी ई. तक
दिसम्बर, 2011

नोट : *इस प्रश्न पत्र में तीन खंड हैं। विद्यार्थियों को खंड–I में से कोई दो प्रश्न (प्रत्येक लगभग 500 शब्दों में), खंड–II में से कोई* **चार** *प्रश्न (प्रत्येक लगभग 250 शब्दों में) तथा खंड–III में से दो संक्षिप्त टिप्पणियाँ (प्रत्येक लगभग 100 शब्दों में) करने हैं। प्रत्येक प्रश्न के अंक उसके सामने अंकित हैं।*

खंड – I

प्रश्न 1. आठवीं तथा तेरहवीं शताब्दियों के दौरान बदलती सामाजिक संरचना का संक्षिप्त विवरण दीजिए।

प्रश्न 2. व्यापारिक श्रेणियों को परिभाषित कीजिए। इनके प्रमुख कार्यों को सूचीबद्ध कीजिए।

प्रश्न 3. तेरहवीं तथा चौदहवीं शताब्दियों के दौरान तुर्कों के शासन के सुदृढ़ीकरण की प्रक्रिया की विवेचना कीजिए।

प्रश्न 4. तेरहवीं तथा चौदहवीं शताब्दियों के दौरान व्यापार तथा वाणिज्य की प्रमुख विशेषताओं का विश्लेषण कीजिए।

खंड – II

प्रश्न 5. आठवीं तथा तेरहवीं शताब्दियों के दौरान भारतीय राजनैतिक व्यवस्था के सैद्धांतिक पुनर्संरचना की समीक्षा कीजिए।

प्रश्न 6. आठवीं तथा तेरहवीं शताब्दियों के दौरान दक्खन में शासक वंशों के उद्‌भव तथा प्रसार की प्रक्रिया की व्याख्या कीजिए।

प्रश्न 7. दिल्ली सल्तनत के अधीन कृषि संबंधों के स्वरूप की विवेचना कीजिए।

प्रश्न 8. सैन्य प्रौद्योगिकी के क्षेत्र में तुर्कों के योगदान पर टिप्पणी लिखिए।

प्रश्न 9. दिल्ली सल्तनत के विघटन के बाद मालवा के एक स्वतंत्र राज्य के रूप में उद्‌भव को रेखांकित कीजिए।

प्रश्न 10. विजय नगर शासकों के अधीन स्थानीय प्रशासन की विवेचना कीजिए।

प्रश्न 11. अफाकी तथा दक्खनी कुलीन वर्ग के बीच संघर्ष ने बहमनी राज्य को कमजोर करने में क्या भूमिका निभाई?

प्रश्न 12. क्षेत्रीय राज्यों में चित्रकला के शैलीबद्ध क्रमिक विकास का संक्षिप्त वर्णन कीजिए।

खंड – III

प्रश्न 13. निम्नलिखित में से किन्हीं दो पर लगभग 100 शब्दों (प्रत्येक) में संक्षिप्त टिप्पणियाँ लिखिए:

(a) दिल्ली सल्तनत में मुद्रा व्यवस्था

(b) इक्ता व्यवस्था

(c) जौनपुर का राज्य

(d) हिन्दी साहित्य का विकास

> यदि हम यह यथार्थ रीति समझ लें कि युद्ध मनुष्यों के मन में पैदा होते हैं, तो हम मानसिक शान्ति के लिए और अधिक प्रयास करेंगे।

ई.एच.आई. – 03 : भारत 8वीं सदी से 15वीं सदी ई. तक
जून, 2012

नोट : *इस प्रश्न पत्र में तीन खंड हैं। विद्यार्थियों को खंड–I में से कोई दो प्रश्न (प्रत्येक लगभग 500 शब्दों में), खंड–II में से कोई* **चार** *प्रश्न (प्रत्येक लगभग 250 शब्दों में) तथा खंड–III में से दो संक्षिप्त टिप्पणियाँ (प्रत्येक लगभग 100 शब्दों में) करने हैं। प्रत्येक प्रश्न के अंक उसके सामने अंकित हैं।*

खंड – I

किन्हीं दो प्रश्नों का लगभग 500 शब्दों में (प्रत्येक) उत्तर दीजिए।

प्रश्न 1. भारत में 900–1300 ई. के मध्य स्थल तथा समुद्री व्यापार पर चर्चा कीजिए।

Refer to Chapter-3, Q.No.-3

प्रश्न 2. 8वीं–13वीं सदी के बीच भारतीय मंदिर स्थापत्य पर चर्चा कीजिए।

Refer to Chapter-7, Q.No.-1

प्रश्न 3. सुल्तानों के अंतर्गत केंद्रीय तथा प्रांतीय प्रशासन का विवरण दीजिए।

Refer to Chapter-16, Q.No.-1

प्रश्न 4. विजयनगर साम्राज्य की स्थापना तथा सुदृढ़ीकरण पर एक विस्तृत टिप्पणी लिखिए।

Refer to Chapter-27, Q.No.-1

खंड – II

किन्हीं चार प्रश्नों का लगभग 250 शब्दों में (प्रत्येक) उत्तर दीजिए।

प्रश्न 5. संक्षेप में नाडु तथा वालानाडु पर चर्चा कीजिए।

Refer to Chapter-12, Q.No.-1

प्रश्न 6. दिल्ली सल्तनत के दौरान मंगोल समस्या पर एक संक्षिप्त टिप्पणी लिखिए।

उत्तर– हिंदुकुश पर्वत द्वारा विभाजित काबुल–गजनी–कंधार रेखा पर दिल्ली सल्तनत का नियंत्रण न केवल "वैज्ञानिक सीमाओं" के स्थायित्व के लिए महत्त्वपूर्ण था, अपितु यह भी एक

सत्यता थी कि यह मार्ग भारत को उस बड़े सिल्क मार्ग से जोड़ता था, जो चीन से मध्य एशिया एवं ईरान होकर गुजरता था। लेकिन मध्य एवं पश्चिम एशिया में होने वाले परिवर्तनों के कारण नव–स्थापित तुर्की राज्य इस कार्य को न कर सका। मंगोल आक्रमणों के कारण उत्पन्न स्थिति ने दिल्ली के सुल्तानों के प्रसार को चिनाब नदी तक ही सीमित रखा, जबकि सतलुज का क्षेत्र संघर्षों का मुख्य केंद्र बन गया। इस तरह, सिंधु नदी भारत की मात्र एक "सांस्कृतिक सीमा" बनकर ही रह गई और सभी व्यावहारिक उद्देश्यों के लिए नियंत्रण रेखा केवल सिंधु नदी के पश्चिम तक ही सीमित थी।

इल्तुतमिश ने "अलगाववादी" नीति का अनुसरण किया। दिल्ली के सुल्तानों को मंगोलों के खतरे का सामना तभी से करना पड़ा जब सन् 1221 ई. में मंगोलों ने ख्वारिज्म साम्राज्य का अंत कर दिया और चंगेज खाँ राजकुमार जलालुद्दीन मंगबर्नी का पीछा करते हुए भारत की सीमाओं पर आ पहुँचा था। जलालुद्दीन को जब कोई विकल्प दिखाई नहीं पड़ा, तब उसने सिंधु नदी को पार किया और सिंधु के पूर्वी क्षेत्र में घुस गया। इल्तुतमिश मंगोलों को, भारत की सीमा तक पहुँच जाने के कारण, नजर–अंदाज नहीं कर सकता था। लेकिन उसके लिए सिंधु क्षेत्र में मंगबर्नी की उपस्थिति भी समान रूप से महत्त्वपूर्ण थी। सुल्तान को भय था कि कुबाचा तथा खोखर मंगबर्नी के साथ मिलकर कहीं गठजोड़ न कर ले। लेकिन राजनीतिक सत्ता के लिए कुबाचा एवं मंगबर्नी के मध्य गठबंधन नहीं हो सका, बल्कि वे सत्ता के लिए आपस में ही भिड़ गए। परंतु इसी बीच उसने खोखरों से वैवाहिक संबंध स्थापित करने में सफलता प्राप्त की। इससे उत्तर–पश्चिम में मंगबर्नी की स्थिति और मजबूत हो गई। अता मलिक ने अपनी पुस्तक तारीख–ए–जहाँगुशा में लिखा है कि इल्तुतमिश ने मंगबर्नी की उपस्थिति से उस खतरे का अनुमान कर लिया था, जिसके अनुसार "वह उसके ऊपर अपनी सत्ता को स्थापित कर उसको नष्ट कर सकता था।" इसके अतिरिक्त इल्तुतमिश भली–भाँति सल्तनत की कमजोरियों से भी परिचित था। इन्हीं कारणों से बाध्य होकर इल्तुतमिश ने "अलगाव" की नीति का अनुसरण किया।

प्रश्न 7. 8वीं–12वीं सदी के मध्य सामाजिक संगठनों पर एक संक्षिप्त टिप्पणी लिखिए।

Refer to Chapter-5, Q.No.-3

प्रश्न 8. 13–15 सदी के दौरान कृषि तकनीकी के लक्षणों का संक्षेप में परीक्षण कीजिए।

Refer to Chapter-22, Q.No.-1

प्रश्न 9. मध्य काल में गुजरात के पड़ोसी राज्यों से संबंधों पर चर्चा कीजिए।

Refer to Chapter-24, Q.No.-2

प्रश्न 10. सल्तनत कालीन सार्वजनिक भवनों पर एक संक्षिप्त टिप्पणी लिखिए।

उत्तर— आम धारणा, कि शाही भवनों को छोड़कर अन्य संरचनाओं की संख्या कम थी, के विपरीत हमने पाया कि ये संरचनाएँ, संख्या में शाही भवनों से कहीं अधिक हैं। इन भवनों में सराय, पुल, सिंचाई के तालाब, कुएँ और बावली, बाँध, कचहरी (प्रशासकीय भवन), कैदखाना, कोतवाली (पुलिस स्टेशन), डाक चौकी, हम्माम (सार्वजनिक स्नानागार) और कटरा (बाजार) इत्यादि होते थे। चूँकि इस तरह के भवनों का निर्माण सार्वजनिक एवं नागरिक उद्देश्यों के लिए किया जाता है इसलिए सामूहिक रूप से हम उनको सार्वजनिक भवनों एवं सार्वजनिक कार्यों की श्रेणी के अंतर्गत रख सकते हैं। बिना किसी धार्मिक और जातीय भेदभाव के ये सामान्य जनता के प्रयोग के लिए उपलब्ध थे।

सराय इन सार्वजनिक भवनों में सबसे विशिष्ट थे। इसका प्रचलन भारत में तेरहवीं शताब्दी में तुर्कों द्वारा किया गया। सराय का जिक्र सर्वप्रथम बलबन के समय (1266) में मिलता है। बाद के शासकों में मौहम्मद तुगलक और फिरोज तुगलक ने दिल्ली के आस-पास और सल्तनत के स्थल-मार्गों पर अनेक सराय बनवाईं। इन सरायों की मुख्य विशेषताएँ इस प्रकार हैं–

(1) वर्गाकार और आयताकार विन्यास हैं जो पक्की दीवारों से चारों ओर से घिरे होते थे जिसमें प्रवेश के लिए एक अथवा कभी-कभी दो दरवाजे होते थे।

(2) कतार में बने कमरे जिनके आगे मेहराबनुमा जगह होती थी। गोदाम अहाते के कोने में था।

अहाते में एक छोटी मस्जिद और एक या दो कुएँ होते थे।

पुल सार्वजनिक भवनों की अन्य महत्त्वपूर्ण श्रेणी थी। लेकिन छोटी और मध्य परिमाण की नदियों पर ही पक्के पुल बनाए गए थे। बड़ी नदियों, जैसे–गंगा और यमुना पर नौकाओं से बने पुल थे। हमारा सौभाग्य है कि उस समय के बने ऐसे दो पक्के पुल आज भी अस्तित्व में हैं। एक गंभीरी नदी पर चित्तौड़गढ में है तथा दूसरा, साहिबी (यमुना नदी की एक शाखा) नदी पर वजीराबाद, दिल्ली में स्थित है।

सल्तनत काल के विभिन्न प्रकार के छोटे और बड़े भवनों में सराय एवं पुल सर्वाधिक प्रचलित हैं। बाँध एवं सीढ़ीदार कुएँ भी सल्तनतकालीन वास्तुकला का एक भाग हैं। उदाहरण के लिए इल्तुतमिश द्वारा निर्मित गंधक की बावली है जो महरौली, दिल्ली में स्थित एक सीढ़ीदार कुआँ है।

प्रश्न 11. भक्ति कालीन कविता के लक्षणों पर चर्चा कीजिए।

उत्तर— भक्ति कालीन कविता के लक्षण इस प्रकार हैं–

(1) लोक-कल्याण की भावना—भक्तिकाल में काव्य का लक्ष्य है–लोक-कल्याण। कबीर, सूर, तुलसी सभी की दृष्टि लोक-कल्याण पर है। कबीर ने लोक के संबंध में दार्शनिक चिंतन

प्रस्तुत करते हुए यह निष्कर्ष निकाला कि सामाजिक विद्वेष, संघर्ष और अशांति का कारण है—अज्ञान। इसलिए बार—बार तत्त्व—चिंतन की ओर इशारा किया है। प्रेम प्रधान होने के कारण सूफी संतों की दृष्टि स्वतः लोक व्यवहार से संयुक्त हो गई। कृष्णभक्त कवियों की दृष्टि में लोक का रूप और अधिक विशद तथा मनोरम है। जायसी ने प्रेमजन्य संयोग—वियोग को एक विशेष पद्धति पर प्रकट किया। जायसी ने लोकपक्ष दरसाया, परंतु सूरदास ने लोकवृत्ति को वाणी दी और तुलसीदास के काव्य में लोकमंगल बृहत्तम रूप में अभिव्यक्त हुआ।

(2) **गुरु—माहात्म्य**—ज्ञान, प्रेम तथा भक्ति—तीनों साधन गुरु के निर्देशानुसार जीवन को कृतकृत्य करते हैं। इसलिए कबीर, सूर तथा तुलसी ने गुरु की बार—बार वंदना की है। कबीर ने तो गुरु को भगवान् से भी बड़ा माना है—

गुरु गोविंद दोऊ खड़े काकै लागूँ पाँय।
बलिहारी गुरु आपनै गोविंद दियो बताय।

जायसी का मत है कि गुरु के बिना कोई भी निर्गुण को प्राप्त नहीं कर सकता—

सुवा गुरु जेहि पंथ दिखावा।
विनु गुरु जगत को निरगुन पावा।

सूरदास कहते हैं कि गुरु—प्रसाद से ही यह दर्शन होता है—

गुरु परसाद होत यह दरसन

तुलसीदास के अनुसार गुरु—पद—रज—अंजन लगाने से गुप्त चीजें भी दिखाई पड़ने लगती हैं। गुरु—पद—नख—ज्योति के स्मरण मात्र से दिव्य दृष्टि प्राप्त हो जाती है।

गुरु—पद—नख मृदु मंजुल जोती।
सुमिरत दिव्य दृष्टि हियँ होती।

(3) **नाम—निष्ठा**—निर्गुण तथा सगुणमार्गी कवियों ने तो इष्ट—नाम में अपनी निष्ठा व्यक्त की ही है, प्रेममार्गी सूफी भी प्रकारांतर से नाम—जप का महत्त्व प्रतिपादित करते हैं। जायसी के काव्य में रतनसेन नाम—जप—निरत दिखाया गया है—

बैठ सिंघछाला होइ तपा।
पदुमावति पदुमावति जपा।

कबीरदास को तो सिर्फ हरिनाम की ही चिंता है, क्योंकि हरिनाम के अतिरिक्त जिसका भी चिंतन करोगे, वह नाशवान् होगा। यही नहीं, उनका तो कथन है कि सारा संसार मर गया, किंतु नाम का आधार लेने के कारण मैं नहीं मरा।

वैद मुवा रोगी मुवा, मुवा सकल संसार।
एक कबीरा ना मुवा, जिसके नाम अधार।

सूरदास ने नाम के प्रभाव का वर्णन करते हुए उस पर पूरा भरोसा व्यक्त किया है—

भरोसौ नाम को भारी।
प्रेम सों जिन नाम लीन्हौ, भये अधिकारी।

राम नाम कबीरदास का प्राण है। इसलिए वह नाम–जप का उपदेश देते हैं–

निरगुन राम जपहु रे भाई।
अविगत की गति लखी न जाई।

तुलसी तो डंके की चोट पर राम–नाम को राम से भी बड़ा घोषित करते हैं–

और करौं का नाम बड़ाई।
राम न सकहिं नाम गुन गाई।

(4) भक्तिकाल के सभी कवि धार्मिक कट्टरता और अंधविश्वासों के विरोधी हैं तथा आडंबर रहित सरल जीवन के आधार पर प्रेम–भक्ति के माध्यम से मुक्ति की प्राप्ति का उपदेश देते हैं।

(5) संस्कृत, अरबी, फारसी के स्थान पर, भक्तिकालीन कवियों ने जनता की बोलियों को काव्यभाषा बनाया।

प्रश्न 12. मध्यकालीन भारत में नारियों की स्थिति का परीक्षण कीजिए।

Refer to Chapter-34, Q.No.-3

मुस्लिम महिलाओं की स्थिति भी हिन्दू स्त्रियों जैसी ही थी। जहाँ तक महिलाओं की शिक्षा की बात है, गरीब वर्ग की महिलाओं को शिक्षा का मौका ही नहीं था, परंतु लगता है कि उच्च वर्ग की महिलाओं को शिक्षा और प्रशिक्षण मिलता था। हम देवलरानी, रूपमती, पद्मावती आदि का नाम सुनते हैं। रजिया का उदाहरण दर्शाता है कि मुस्लिम अभिजात वर्ग भी अपनी बेटियों को शिक्षा देता था। विधवा–विवाह और सती, दोनों के विषय में काफी अंतर्विरोध है। कई विदेशी यात्रियों, खास तौर से इब्न बतूता ने, संत्रास के साथ एक औरत को अपने पति की चिता पर खुद को जलाते हुए बताया है उसने चर्चा की है कि अगर कोई सती होना चाहती थी तो उसे सुल्तान से पहले आदेश लेना पड़ता था। परंतु जैसा कि उपलब्ध प्रमाणों से प्रतीत होता है, राजपूतों या अन्य हिन्दुओं ने इस आदेश का पालन शायद ही किया होगा।

एक मजेदार गलत धारणा जो आज तक प्रचलित है, वह है "परदा व्यवस्था" के विकास के संबंध में। "परदा" की परंपरा मुसलमानों की देन नहीं है, जैसा कि आम तौर पर माना जाता है। यह परंपरा काफी पहले से प्रचलित थी। फिर भी, परदे का व्यापक और संस्थागत रूप मुस्लिम शासन की ही देन है। कुछ भी हो, परदा उच्च वर्गों का विशेषाधिकार बन गया। हिन्दू और मुसलमान, दोनों अभिजात वर्ग अंतःपुर और हरम की चारदीवारी में अपनी स्त्रियों को छिपाकर रखते थे, जबकि गरीब (मुस्लिम) औरतें अपना शरीर ढकने के लिए बुर्के का इस्तेमाल करती थीं। मलिक मौहम्मद जायसी और विद्यापति भी 'परदा' की चर्चा करते हैं। परंतु मौहम्मद तुगलक के शासन तक राज्य द्वारा इस दिशा में पाबंदी लगाने की कोशिश नहीं की गई।

खंड – III

प्रश्न 13. निम्नलिखित में से किन्हीं दो पर लगभग 100 शब्दों में (प्रत्येक) संक्षिप्त टिप्पणियाँ लिखिए।

(a) आरंभिक मध्यकालीन भारत में तकनीकी

उत्तर– तकनीकी का इतिहास किसी भी तरह से राजनैतिक व आर्थिक अध्ययन से कम महत्त्वपूर्ण नहीं है। तकनीकी किसी समाज की भौतिक संस्कृति का एक अविच्छेय हिस्सा है। उस काल में औजार, यंत्र और उपकरण लकड़ी और मिट्टी के बने होते थे, जबकि अति आवश्यकता पड़ने पर ही लोहे का प्रयोग होता था। आवश्यकता पड़ने पर रस्सी, चमड़े और बाँस का भी प्रयोग किया जाता था। इसी कारण वे कम खर्चीले होते थे।

विभिन्न शिल्पकर्मियों द्वारा प्रयोग में लाए जाने वाले यंत्रों व औजारों का अध्ययन नहीं किया है। उदाहरण के तौर पर हथौड़ा, आरी, बसूला, रंदा, सूआ, कुल्हाड़ी, बरमा, गेंती, बेलचा, तोषा (छेनी) और संदान (Anvil) इत्यादि।

धातुकर्म के अंतर्गत कच्ची धातु का प्रगलन, लकड़ी और चारकोल के प्रयोग द्वारा किया जाता था। वात्या भट्टी (Blast furnace) उपलब्ध नहीं थी परंतु उसका कार्य धौंकनियों (Bellows) द्वारा किया जाता था। नमक और हीरों का खनन भी प्रमुख उद्योगों में से थे। नमक खारे समुद्र–जल के प्राकृतिक वाष्पीकरण द्वारा भी व्यवस्थित ढंग से इकट्ठा किया जाता था।

(b) सामंती राज्य व्यवस्था

Refer to Chapter-8, Q.No.-2

(c) दिल्ली सल्तनत में राजत्व की प्रकृति

Refer to Chapter-18, Q.No.-1

(d) मध्यकालीन भारत में समुद्री व्यापार

Refer to Chapter-21, Q.No.-3

ई.एच.आई. – 03 : भारत 8वीं सदी से 15वीं सदी ई. तक
दिसम्बर, 2012

नोट : *इस प्रश्न पत्र में तीन खंड हैं। विद्यार्थियों को खंड–I में से कोई दो प्रश्न (प्रत्येक लगभग 500 शब्दों में), खंड–II में से कोई* **चार** *प्रश्न (प्रत्येक लगभग 250 शब्दों में) तथा खंड–III में से दो संक्षिप्त टिप्पणियाँ (प्रत्येक लगभग 100 शब्दों में) करने हैं। प्रत्येक प्रश्न के अंक उसके सामने अंकित हैं।*

खंड – I

किन्हीं दो प्रश्नों का लगभग 500 शब्दों में (प्रत्येक) उत्तर दीजिए–

प्रश्न 1. आरंभिक मध्यकालीन भारत में शिक्षा तथा ज्ञान की स्थिति पर एक निबंध लिखिए।

प्रश्न 2. तुगलक सुल्तानों के अधीन राज्य विस्तार की प्रकृति पर चर्चा कीजिए।

प्रश्न 3. अलाउद्दीन खलजी के बाजार नियंत्रण उपायों पर चर्चा कीजिए।

प्रश्न 4. हिंदी साहित्य के विकास का परीक्षण कीजिए।

खंड – II

किन्हीं चार प्रश्नों का लगभग 250 शब्दों में (प्रत्येक) उत्तर दीजिए–

प्रश्न 5. आरंभिक मध्यकालीन कृषि अर्थव्यवस्था के लक्षणों पर चर्चा कीजिए।

प्रश्न 6. आरंभिक मध्यकालीन भारत की पत्थर तथा धातु मूर्तियों के लक्षणों का वर्णन कीजिए।

प्रश्न 7. 8वीं–13वीं सदी के दौरान भारतीय राज्य–व्यवस्था की प्रकृति संबंधी विभिन्न दृष्टिकोणों पर चर्चा कीजिए।

प्रश्न 8. तुर्क विजय के कारणों का परीक्षण कीजिए।

प्रश्न 9. दिल्ली सुल्तानों के केंद्रीय प्रशासन के प्रमुख तत्त्वों का विवरण दीजिए।

प्रश्न 10. मुहम्मद तुगलक के कृषि उपायों पर एक संक्षिप्त टिप्पणी लिखिए।

प्रश्न 11. चिश्ती सिलसिला पर एक संक्षिप्त टिप्पणी लिखिए।

प्रश्न 12. बहमनी शक्ति के उदय पर चर्चा कीजिए।

खंड – III

प्रश्न 13. निम्नलिखित में से किन्हीं दो पर लगभग 100 शब्दों में (प्रत्येक) संक्षिप्त टिप्पणियाँ लिखिए–

(a) नगरम

(b) इक्ता

(c) वस्त्र तकनीक

(d) बंगाल में वैष्णव भक्ति

ई.एच.आई. – 03 : भारत 8वीं सदी से 15वीं सदी ई. तक
जून, 2013

*नोट : इस प्रश्न पत्र में तीन खंड हैं। विद्यार्थियों को खंड–I में से कोई दो प्रश्न (प्रत्येक लगभग 500 शब्दों में), खंड–II में से कोई **चार** प्रश्न (प्रत्येक लगभग 250 शब्दों में) तथा खंड–III में से दो संक्षिप्त टिप्पणियाँ (प्रत्येक लगभग 100 शब्दों में) करने हैं।*

खंड – I

प्रश्न 1. आठवीं से तेरहवीं शताब्दियों के दौरान भारत में शहरीकरण के स्वरूप की विवेचना कीजिए।

प्रश्न 2. सल्तनत काल के दौरान कृषकों तथा ग्रामीण मध्यस्थों पर निबंध लिखिए।

प्रश्न 3. प्रारंभिक मध्यकाल में पश्चिम तथा मध्य भारत में उभरी राजनैतिक संरचनाओं की प्रमुख विशेषताओं का परीक्षण कीजिए।

प्रश्न 4. दिल्ली सल्तनत के अधीन प्रशासनिक तथा राजनैतिक संरचनाओं का विवरण दीजिए।

खंड – II

प्रश्न 5. विजयनगर साम्राज्य की स्थापना तथा सुदृढ़ीकरण को रेखांकित कीजिए।

प्रश्न 6 वस्त्र उत्पादन के क्षेत्र में तुर्कों द्वारा लागू की गई तकनीक पर टिप्पणी लिखिए।

प्रश्न 7. गुजरात की सल्तनत के पड़ोसी शक्तियों से राजनैतिक संबंधों का परीक्षण कीजिए।

प्रश्न 8. भारत में भक्ति आंदोलन के उद्भव के कारकों का विश्लेषण कीजिए।

प्रश्न 9. भारत में फारसी भाषा तथा साहित्य के विकास की विवेचना कीजिए।

प्रश्न 10. सल्तनत के अधीन स्थापत्य कला की शैलियों की प्रमुख विशेषताओं की व्याख्या कीजिए।

प्रश्न 11. सल्तनत काल में विदेशी व्यापार के स्वरूप का संक्षिप्त विवरण दीजिए।

प्रश्न 12. आठवीं से तेरहवीं शताब्दियों के दौरान दक्षिण भारत में राजनैतिक संरचना के स्वरूप की विवेचना कीजिए।

खंड – III

प्रश्न 13. निम्नलिखित में से किन्हीं दो पर लगभग 100 शब्दों (प्रत्येक) में संक्षिप्त टिप्पणी लिखिए–

(a) इक्ता व्यवस्था **(b)** सूफी तथा राज्य
(c) मध्यकालीन संगीत **(d)** तमिल साहित्य

ई.एच.आई. – 03 : भारत 8वीं सदी से 15वीं सदी ई. तक
दिसम्बर, 2013

नोट : इस प्रश्न–पत्र में तीन खंड हैं। विद्यार्थियों को खंड–I में से कोई दो प्रश्न (प्रत्येक लगभग 500 शब्दों में), खंड–II में से कोई ***चार*** *प्रश्न (प्रत्येक लगभग 250 शब्दों में) तथा* ***खंड–III*** *में से दो संक्षिप्त टिप्पणियाँ (प्रत्येक लगभग 100 शब्दों में) करने हैं।*

खंड – I

प्रश्न 1. प्रारंभिक मध्यकालीन कृषि अर्थव्यवस्था के स्वरूप की संक्षिप्त व्याख्या कीजिए।

प्रश्न 2. दिल्ली सल्तनत के ह्रास के कारकों की विवेचना कीजिए।

प्रश्न 3. दिल्ली सल्तनत के अधीन कृषि अर्थव्यवस्था की प्रमुख विशेषताओं का परीक्षण कीजिए।

प्रश्न 4. दक्खन में बहमनी शक्ति के उद्‌भव तथा सुदृढ़ीकरण की प्रक्रिया की व्याख्या कीजिए।

खंड – II

प्रश्न 5. सल्तनत काल के दौरान लोकप्रिय सूफी सिलसिलों पर टिप्पणी लिखिए।

प्रश्न 6. दिल्ली सल्तनत के अधीन चित्रकला की विभिन्न परंपराओं का संक्षिप्त वर्णन कीजिए।

प्रश्न 7. प्रारंभिक मध्यकालीन भारत में भक्ति आंदोलन की प्रमुख विशेषताओं की विवेचना कीजिए।

प्रश्न 8. दिल्ली सल्तनत के पतन के उपरांत उभरे क्षेत्रीय राज्यों की प्रशासनिक संरचना पर टिप्पणी लिखिए।

प्रश्न 9. उत्तर तथा पूर्वी भारत में आठवीं से तेरहवीं शताब्दियों के दौरान उभरी सामंतवादी राजनीतिक सत्ता की प्रमुख विशेषताओं की व्याख्या कीजिए।

प्रश्न 10. अलाउद्दीन खिलजी के बाजार नियंत्रण तरीकों का संक्षिप्त वर्णन कीजिए।

प्रश्न 11. चोल तथा चालुक्य शक्तियों के पतन के पश्चात् दक्खन तथा दक्षिण भारत में उभरे महत्त्वपूर्ण राज्यों का विवरण दीजिए।

प्रश्न 12. विजयनगर साम्राज्य में अर्थव्यवस्था तथा समाज के स्वरूप की विवेचना कीजिए।

खंड – III

प्रश्न 13. निम्नलिखित में से किन्हीं दो पर लगभग 100 शब्दों (प्रत्येक) में टिप्पणी लिखिए–

(a) वीर स्तंभ **(Hero stones)**
(b) देवदान
(c) मंगोल
(d) नयनकार व्यवस्था

ई.एच.आई. – 03 : भारत 8वीं सदी से 15वीं सदी ई. तक
जून, 2014

नोट : *इस प्रश्न–पत्र में तीन खंड हैं। विद्यार्थियों को खंड–I में से कोई दो प्रश्न (प्रत्येक लगभग 500 शब्दों में), खंड–II में से कोई* **चार** *प्रश्न (प्रत्येक लगभग 250 शब्दों में) तथा खंड–III में से दो संक्षिप्त टिप्पणियाँ (प्रत्येक लगभग 100 शब्दों में) करने हैं।*

खंड – I

प्रश्न 1. आठवीं से बारहवीं शताब्दी के मध्य व्यापार और वाणिज्य के दो चरणों का विस्तृत विवरण दीजिए।

प्रश्न 2. खिलजी और तुगलक सुल्तानों के शासन के काल में दिल्ली सल्तनत के विस्तार का विस्तृत विवरण दीजिए।

प्रश्न 3. दिल्ली सल्तनत की प्रशासनिक संरचना का विश्लेषण कीजिए।

प्रश्न 4. भारत में भक्ति आंदोलन के प्रारंभ और विकास का वर्णन कीजिए।

खंड – II

प्रश्न 5. प्रारंभिक मध्यकाल (आठवीं से बारहवीं शताब्दी) में कृषि भूमि व्यवस्था की संक्षिप्त चर्चा कीजिए।

प्रश्न 6. गुप्त काल के बाद विचारधारा की प्रकृति और भूमिका का विश्लेषण कीजिए।

प्रश्न 7. आठवीं से बारहवीं शताब्दी के मध्य उत्तर भारत में सामंती व्यवस्था की संरचना का विवरण दीजिए।

प्रश्न 8. मंगोल कौन थे? मध्य एशिया में उनके उद्भव का संक्षिप्त विवरण दीजिए।

प्रश्न 9. सल्तनत काल में शासक वर्ग के संघटन का परीक्षण कीजिए।

प्रश्न 10. इक्ता व्यवस्था से आप क्या समझते हैं? अमीर वर्ग में राजस्व संसाधनों का वितरण करने के लिए इसे किस प्रकार प्रयुक्त किया गया?

प्रश्न 11. मध्य काल में पश्चिम भारत में राजपूत राज्यों के उदय का विवरण दीजिए।

प्रश्न 12. भारत में चिश्ती संप्रदाय के सूफी संतों की लोकप्रियता के कारणों का विश्लेषण कीजिए।

खंड – III

प्रश्न 13. निम्न में से किन्हीं दो पर प्रत्येक लगभग 100 शब्दों में टिप्पणी लिखिए।

(a) मिश्रित जातियों का उदय
(b) मंदिर स्थापत्यकला
(c) सुलतानों के आधीन मुद्रा व्यवस्था
(d) आफाकी और दक्खनी

ई.एच.आई. – 03 : भारत 8वीं सदी से 15वीं सदी ई. तक
दिसम्बर, 2014

नोट : *इस प्रश्न–पत्र में तीन भाग हैं। विद्यार्थियों को भाग–I में से कोई दो प्रश्न (लगभग 500 शब्दों प्रत्येक में), भाग–II में से कोई* **चार** *प्रश्न (लगभग 250 शब्दों प्रत्येक में) तथा भाग–III में से कोई दो संक्षिप्त टिप्पणियाँ (लगभग 100 शब्दों प्रत्येक में) करने हैं।*

भाग – I

प्रश्न 1. आठवीं से बारहवीं शताब्दी के मध्य राजपूत वंशों के उदय और उनके विस्तार और फैलाव की विस्तृत चर्चा कीजिए।

प्रश्न 2. मध्य एशिया में मंगोलों के उदय की चर्चा कीजिए। दिल्ली सुल्तानों ने उनके भारत पर आक्रमणों का सामना किस प्रकार किया?

प्रश्न 3. सल्तनत काल में भारत में आंतरिक और विदेशी व्यापार का विश्लेषण कीजिए।

प्रश्न 4. भारत में प्रमुख सूफी संप्रदायों का विस्तृत विवरण दीजिए।

भाग – II

प्रश्न 5. भारत में नौवीं से तेरहवीं शताब्दी के मध्य व्यापारिक गतिविधियों की संक्षेप में चर्चा कीजिए।

प्रश्न 6. प्रारंभिक मध्यकालीन भारत के सामाजिक संगठन का विश्लेषण वर्ण व्यवस्था के विशेष संदर्भ में कीजिए।

प्रश्न 7. आठवीं से बारहवीं शताब्दी के मध्य भारतीय राज्यतंत्र की प्रकृति का परीक्षण कीजिए।

प्रश्न 8. तेरहवीं शताब्दी में भारत में दिल्ली सल्तनत के सुदृढ़ीकरण की चर्चा कीजिए।

प्रश्न 9. सल्तनत काल में अमीरों और सुल्तानों के बीच संघर्ष का विश्लेषण कीजिए।

प्रश्न 10. अलाउद्दीन खिलजी की आर्थिक नीति और बाजार सुधारों का संक्षिप्त विवरण दीजिए।

प्रश्न 11. विजयनगर साम्राज्य में आयागर व्यवस्था की विस्तार से चर्चा कीजिए।

प्रश्न 12. सल्तनतकालीन वास्तुकला की प्रमुख विशेषताओं का विश्लेषण कीजिए।

भाग – III

प्रश्न 13. निम्नलिखित में से किन्हीं दो पर लगभग 100 शब्दों (प्रत्येक) में संक्षिप्त टिप्पणियाँ लिखिए–

(क) नाडू और वालानाडू

(ख) मध्यकाल में वस्त्र–निर्माण तकनीकी

(ग) दक्षिण भारत में भक्ति आंदोलन

(घ) इक्ता व्यवस्था

ई.एच.आई. – 03 : भारत 8वीं सदी से 15वीं सदी ई. तक
जून, 2015

नोट : *इस प्रश्न–पत्र में तीन खंड हैं। विद्यार्थियों को खंड–I में से कोई दो प्रश्न लगभग 500 शब्दों (प्रत्येक) में, खंड–II में से कोई* **चार** *प्रश्न लगभग 250 शब्दों (प्रत्येक) में तथा खंड–III में से कोई दो संक्षिप्त टिप्पणियाँ लगभग 100 शब्दों (प्रत्येक) में करने हैं।*

खंड – I

प्रश्न 1. प्रारंभिक मध्यकालीन कृषि अर्थव्यवस्था की प्रमुख विशेषताओं का आलोचनात्मक परीक्षण कीजिए।

प्रश्न 2. दिल्ली सुल्तानों के अधीन राजस्व प्रशासन की प्रमुख विशेषताओं का आलोचनात्मक परीक्षण कीजिए।

प्रश्न 3. सल्तनत प्रशासक वर्ग की संरचना (संघटन) पर टिप्पणी लिखिए।

प्रश्न 4. भारत में एकेश्वरवादी जन–आंदोलनों के उद्‌भव के लिए उत्तरदायी कारकों तथा इनकी विशेषताओं की विवेचना कीजिए।

खंड – II

प्रश्न 5. भारत में आठवीं से तेरहवीं शताब्दी ई. के दौरान क्षेत्रीय राजनैतिक व्यवस्थाओं के स्वरूप का आलोचनात्मक परीक्षण कीजिए।

प्रश्न 6. सल्तनत काल के दौरान भारत में चित्रकला परंपराओं की प्रमुख विशेषताओं का विस्तारपूर्वक वर्णन कीजिए।

प्रश्न 7. सल्तनत की मुद्रा व्यवस्था पर टिप्पणी लिखिए।

प्रश्न 8. खिलजी सुल्तानों के अधीन क्षेत्रीय विस्तार की संक्षेप में विवेचना कीजिए।

प्रश्न 9. मंगोल चुनौती के प्रति दिल्ली सुल्तानों की प्रतिक्रिया का परीक्षण कीजिए।

प्रश्न 10. विजयनगर शासकों के अधीन नयनकार तथा अयागार व्यवस्थाओं की प्रमुख विशेषताओं का वर्णन कीजिए।

प्रश्न 11. सल्तनत वास्तुकला के अंतर्गत लागू की गई नई संरचनात्मक विशेषताओं की भूमिका एवं महत्त्व को उजागर कीजिए।

प्रश्न 12. दक्षिण भारत में तेरहवीं से सोलहवीं शताब्दी के दौरान क्षेत्रीय साहित्य के विकास की विवेचना कीजिए।

खंड – III

प्रश्न 13. निम्नलिखित में से किन्हीं दो पर लगभग 100 शब्दों (प्रत्येक) में संक्षिप्त टिप्पणियाँ लिखिए–

(क) इक्ता

(ख) वस्त्र उत्पादन एवं निर्माण तकनीक

(ग) वाणिज्यिक वर्ग

(घ) प्रारंभिक मध्यकालीन भारत में भूमि अनुदान

ई.एच.आई. – 03 : भारत 8वीं सदी से 15वीं सदी ई. तक
दिसम्बर, 2015

नोट : *इस प्रश्न–पत्र में तीन खंड हैं। विद्यार्थियों को खंड–I में से कोई दो प्रश्न लगभग 500 शब्दों (प्रत्येक) में, खंड–II में से कोई* **चार** *प्रश्न लगभग 250 शब्दों (प्रत्येक) में तथा खंड–III में से कोई दो संक्षिप्त टिप्पणियाँ लगभग 100 शब्दों (प्रत्येक) में करने हैं। प्रत्येक प्रश्न के अंक उसके सामने अंकित हैं।*

खंड – I

प्रश्न 1. 700 ई. से 900 ई. के दौरान व्यापारिक अर्थव्यवस्था की प्रमुख विशेषताओं की विवेचना कीजिए।

प्रश्न 2. अलाउद्दीन खलजी की बाजार नियंत्रण नीति पर टिप्पणी लिखिए।

प्रश्न 3. इक्ता की परिभाषा दीजिए। सल्तनत काल के दौरान इसके विकास को रेखांकित कीजिए।

प्रश्न 4. सल्तनत काल के दौरान भारत में प्रचलित प्रमुख सूफी सिलसिलों को सूचीबद्ध कीजिए। चिश्ती तथा सुहरावर्दी सिलसिलों की प्रमुख विशेषताओं का उल्लेख कीजिए।

खंड – II

प्रश्न 5. मंदिर वास्तुकला की विभिन्न शैलियों पर टिप्पणी लिखिए।

प्रश्न 6. दिल्ली सल्तनत के विघटन के लिए उत्तरदायी कारकों की विवेचना कीजिए।

प्रश्न 7. दक्खन तथा दक्षिण भारत के प्रति दिल्ली सुलतानों की नीति की विवेचना कीजिए।

प्रश्न 8. दिल्ली सुलतानों के केंद्रीय प्रशासन पर टिप्पणी लिखिए।

प्रश्न 9. दिल्ली सुलतानों के राजस्व प्रशासन का विश्लेषण कीजिए।

प्रश्न 10. अफाकी तथा दक्खनी कौन थे? बहमनी राज्य के विघटन के लिए ये किस हद तक उत्तरदायी थे?

प्रश्न 11. चौदहवीं तथा पन्द्रहवीं शताब्दियों के दौरान पूर्वी भारतीय वास्तुकला की प्रमुख विशेषताओं की विवेचना कीजिए।

प्रश्न 12. सल्तनत काल में स्त्रियों की स्थिति पर टिप्पणी लिखिए।

खंड – III

प्रश्न 13. निम्नलिखित में से किन्हीं दो पर लगभग 100 शब्दों (प्रत्येक) में संक्षिप्त टिप्पणियाँ लिखिए–

(क) प्रारंभिक मध्यकाल में भूमि अनुदान

(ख) महमूद गजनी

(ग) सल्तनत काल में गैर–कृषि उत्पादन का संगठन

(घ) भवन–निर्माण प्रौद्योगिकी के क्षेत्र में तुर्कों का योगदान

ई.एच.आई. – 03 : भारत 8वीं सदी से 15वीं सदी ई. तक

जून, 2016

नोट : *इस प्रश्न–पत्र में तीन खंड हैं। विद्यार्थियों को खंड–I में से कोई दो प्रश्न लगभग 500 शब्दों (प्रत्येक) में, खंड–II में से कोई* **चार** *प्रश्न लगभग 250 शब्दों (प्रत्येक) में तथा खंड–III में से कोई दो संक्षिप्त टिप्पणियाँ लगभग 100 शब्दों (प्रत्येक) में करने हैं। प्रत्येक प्रश्न के अंक उसके सामने अंकित हैं।*

खंड – I

प्रश्न 1. व्यापारिक श्रेणियाँ क्या थीं? दक्षिण भारत में व्यापारिक गतिविधियों के विस्तार में अय्यावोले श्रेणी द्वारा निभाई गई भूमिका की चर्चा कीजिए।

प्रश्न 2. 8वीं से 13वीं शताब्दियों के मध्य भारतीय राज्यतंत्र की प्रकृति का आलोचनात्मक परीक्षण कीजिए।

प्रश्न 3. विजयनगर साम्राज्य के स्थानीय प्रशासन की प्रमुख विशेषताओं की चर्चा कीजिए।

प्रश्न 4. दिल्ली सुल्तानों के अधीन राजस्व प्रशासन के प्रमुख लक्षणों का आलोचनात्मक परीक्षण कीजिए।

खंड – II

प्रश्न 5. 13वीं से 15वीं शताब्दियों में भारत में भक्ति आंदोलन की प्रमुख विशेषताओं की चर्चा कीजिए।

प्रश्न 6. दिल्ली सुल्तानों के केंद्रीय प्रशासनिक तंत्र का वर्णन कीजिए।

प्रश्न 7. दिल्ली सल्तनत के फारसी स्रोतों का संक्षिप्त सर्वेक्षण कीजिए।

प्रश्न 8. सामंत कौन थे? प्रारंभिक मध्यकाल में उनके द्वारा क्या कार्य निष्पादित किए जाते थे?

प्रश्न 9. दिल्ली सुल्तानों के अधीन शासन वर्ग के संघटन का आलोचनात्मक परीक्षण कीजिए।

प्रश्न 10. 13वीं से 15वीं शताब्दियों में हिन्दी साहित्य के विकास का संक्षिप्त विवरण प्रस्तुत कीजिए।

प्रश्न 11. सल्तनत काल में महिलाओं की स्थिति का वर्णन कीजिए।

प्रश्न 12. 13वीं से 15वीं शताब्दियों में संगीत के विकास पर एक टिप्पणी लिखिए।

खंड – III

प्रश्न 13. निम्नलिखित में से किन्हीं दो पर लगभग 100 शब्दों (प्रत्येक) में संक्षिप्त टिप्पणियाँ लिखिए–

(क) वीर स्तम्भ (ख) सिंध राज्य

(ग) चिश्ती सूफी (घ) दिल्ली सल्तनतकालीन चित्रकला

ई.एच.आई. – 03 : भारत 8वीं सदी से 15वीं सदी ई. तक
दिसम्बर, 2016

नोट : *इस प्रश्न–पत्र में तीन खंड हैं। विद्यार्थियों को खंड–I में से कोई दो प्रश्न लगभग 500 शब्दों (प्रत्येक) में, खंड–II में से कोई* **चार** *प्रश्न लगभग 250 शब्दों (प्रत्येक) में तथा खंड–III में से कोई दो संक्षिप्त टिप्पणियाँ लगभग 100 शब्दों (प्रत्येक) में करने हैं। प्रत्येक प्रश्न के अंक उसके सामने अंकित हैं।*

खंड – I

प्रश्न 1. 9वीं–13वीं शताब्दियों में शहरी केंद्रों के उदय के क्षेत्रीय पैटर्न का आलोचनात्मक परीक्षण कीजिए। प्रारंभिक मध्य काल में शहरीकरण के विकास में भू–अनुदानों के विस्तार तथा भक्ति ने क्या भूमिका अदा की?

प्रश्न 2. भारत में तुर्कों द्वारा प्रयुक्त नवीन तकनीकों का उल्लेख कीजिए। उनके क्या प्रभाव हुए?

प्रश्न 3. *इक्ता* क्या थे? दिल्ली सल्तनत के सुदृढ़ीकरण में उनका क्या योगदान था तथा तत्पश्चात् उसके पतन में उनकी क्या भूमिका थी?

प्रश्न 4. सल्तनत काल में भारत में *सूफी* सिलसिलों के विकास की चर्चा कीजिए।

खंड – II

प्रश्न 5. मंदिर स्थापत्य कला की विभिन्न शैलियों के प्रमुख लक्षणों की चर्चा कीजिए।

प्रश्न 6. 13वीं–14वीं शताब्दियों में भारत में मंगोल आक्रमणों की संक्षिप्त चर्चा कीजिए।

प्रश्न 7. अलाउद्दीन खलजी तथा मोहम्मद बिन तुगलक के दक्खन तथा दक्षिण भारत अभियानों का तुलनात्मक अध्ययन कीजिए।

प्रश्न 8. भू–राजस्व प्रशासन में अलाउद्दीन खलजी द्वारा क्या नवीन प्रयोग किए गए? क्या वह मध्यस्थों को हटाने में सफल हुआ?

प्रश्न 9. अफाकी कौन थे? बहमनी राज्य में अफाकियों तथा दक्खनियों के मध्य संघर्ष का परीक्षण कीजिए।

प्रश्न 10. 14वीं–15वीं शताब्दियों में उत्तर भारत में क्षेत्रीय राज्यों के प्रमुख लक्षणों की चर्चा कीजिए। क्या उन्हें सल्तनत के वास्तविक उत्तराधिकारी राज्य कहा जा सकता है?

प्रश्न 11. उत्तर भारत के कुछ लोकप्रिय एकेश्वरवादी आंदोलनों तथा उनकी विशेषताओं पर टिप्पणी लिखिए।

प्रश्न 12. तुगलक स्थापत्य कला के विकास के विभिन्न मुख्य चरणों का वर्णन कीजिए।

खंड – III

प्रश्न 13. निम्नलिखित में से किन्हीं दो पर लगभग 100 शब्दों (प्रत्येक) में संक्षिप्त टिप्पणियाँ लिखिए:

(क) प्रारंभिक मध्य काल में मूर्तिकला

(ख) *सामंत*

(ग) नायंकार प्रणाली

(घ) 13वीं–15वीं शताब्दियों के मध्य उर्दू भाषा का उदय तथा विकास

ई.एच.आई. – 03 : भारत 8वीं सदी से 15वीं सदी ई. तक
जून, 2017

नोट : इस प्रश्न–पत्र में तीन खंड हैं। विद्यार्थियों को खंड–I में से कोई दो प्रश्न लगभग 500 शब्दों (प्रत्येक) में, खंड–II में से कोई ***चार*** *प्रश्न लगभग 250 शब्दों (प्रत्येक) में तथा खंड–III में से कोई दो संक्षिप्त टिप्पणियाँ लगभग 100 शब्दों (प्रत्येक) में करने हैं। प्रत्येक प्रश्न के अंक उसके सामने अंकित हैं।*

खंड – I

प्रश्न 1. प्रारंभिक मध्यकालीन अर्थव्यवस्था (8वीं–13वीं शताब्दियों के मध्य) की प्रकृति का आलोचनात्मक परीक्षण कीजिए।

Refer to Chapter-4, Q.No.-1

प्रश्न 2. *सामंत* कौन थे? उनके अधिकार तथा कार्य क्या थे?

उत्तर– सामंत भारत में किंग्स के सेना के लोगों द्वारा इस्तेमाल किया जाने वाला शीर्षक और पद था। दक्षिण भारत में सामंत का अर्थ सम्राट के लिए एक सामंती था। 'सामंत' शब्द मूल रूप से एक 'पड़ोसी' और मौर्य काल में, आसन्न क्षेत्र के स्वतंत्र शासक को संदर्भित करता है, जैसा कि अर्थशास्त्र और अशोक के आदेशों में इसका उपयोग स्पष्ट है।

हालाँकि, इस शब्द में बदलाव हुआ और गुप्त अवधि के अंत तक और बाद के गुप्त काल में 'वसाल' का अर्थ आया। वास्तव में सामंत की संस्था मुख्य नवाचार थी, जो प्राचीन भारत की अवधि के बाद गुप्त काल को अलग करती थी। गुप्त अवधि के अंत तक और 6वीं शताब्दी तक सामंत शब्द को सार्वभौमिक रूप से एक अधीनित लेकिन पुनर्स्थापित सहायक नदी के राजकुमार के रूप में स्वीकार किया गया।

Refer to Chapter-9, Q.No.-5

मनु ने 200 ई. में ही ऐसे प्रशासनिक पदाधिकारियों को भूमि अनुदानों की चर्चा की है जिनके अधीन 1,10,20,100 एवं 1000 गाँव होते थे। सेवा के बदले भूमि अनुदान करने की प्रथा में उत्तर–गुप्त शताब्दियों में और तेजी आई।

महेन्द्रपाल द्वितीय के प्रतापगढ़ अभिलेख में एक ऐसे गाँव के अनुदान का उल्लेख है जो तलवारगिका हरिशेन के अधीन था। ऐसे बहुत से साक्ष्य उपलब्ध हैं जिनसे यह स्पष्ट है कि सैन्य सेवाओं के बदले दिए जाने वाले अनुदानों की संख्या में काफी वृद्धि हुई। दसवीं सदी ई. से 12वीं सदी ई. तक के बिहार तथा बंगाल से जुड़े साहित्य में देश्या, करज, ग्रामजा और प्रतिपटका आदि मंत्रियों, अपने वंश के सदस्यों तथा सैन्य सेवा करने वालों को दिए जाने वाले

कई तरह के भूमि अनुदानों का उल्लेख किया गया है। 1133 ई. का कमौली ताम्र–पत्र (पट्टिका) गहड़वाल नरेश गोविन्द चंद्र के एक पूर्वज द्वारा एक सरकार को राजपट्टि (शाही मुकुट) पर दिए गए भू–अनुदान का उल्लेख करता है। पाल नरेशों के भूमि अनुदानों में उल्लिखित राजा, राजपुत्र, रनका, राजरजनका, महासामंत आदि ज्यादातर सामंत भूमि से जुड़े हुए थे। कभी–कभी ये सामंत भी अपने स्वामी की आज्ञा से या उसकी आज्ञा के बिना भूमि अनुदानों को देते थे। इसको उप–सामंतीय व्यवस्था का नाम दिया गया है और यह विशेषतया गुर्जर–प्रतिहार राजाओं के अधीन विकसित हुई। वास्तविक अनुदान प्राप्तकर्त्ताओं को अपनी वृत्ति के लिए इस भूमि पर स्वयं खेती करने या किसी अन्य से खेती कराने अथवा स्वयं उपभोग करने या दूसरों द्वारा करवाने का अधिकार प्राप्त हो जाता था। इससे उन्हें अपनी भूमि किराए पर देने, उप–सामंतीय व्यवस्था देने या उस पर काम करने वाले किसानों को निकालने की स्वतंत्रता प्राप्त होती थी। उड़ीसा के मध्यकालीन भूमि अनुदानों में भोगी महाभोगी, बृहद्भोगी, सामंत, महासामंत, रण, राजवल्लभ आदि का उल्लेख मिलता है। ऐसा प्रतीत होता है कि ये सभी बिचौलिए भू–स्वामी थे जो सैनिक एवं प्रशासनिक कार्य भी करते थे।

11वीं तथा 12वीं शताब्दियों में कुछ ऐसे भी मुख्य अधिकारी थे जिनके वेतन का भुगतान पूर्णरूपेण स्थायी तौर पर करों द्वारा ही किया जाजा था। राजस्व एकत्रित करने, पुलिस सहित आपराधिक प्रशासनिक अधिकारी, आय–व्यय का लेखा रखने वाले तथा महल कर्मचारी उन करों को प्राप्त करते थे जो विशेषकर उनके लिए एकत्रित किए जाते थे। अक्षपट्टलिका, प्रतिहार और विषतियाथू (संभवतः 28 गाँव के समूह का राजस्व अधिकारी) जैसे अधिकारी गहड़वाल सम्राटों के अधीन इस प्रकार के करों को प्राप्त करते थे।

12वीं सदी ई. के गहड़वालों के अभिलेखों में अक्षपटल–प्रस्थ, अक्षपटल–अदय, प्रतिहार–प्रस्थ और विषतियाथू–प्रस्थ जैसे शब्दों का उल्लेख किया गया है। लेकिन यह स्पष्ट नहीं कि है कि यह कर उनको दिए जाने वाले संपूर्ण वेतन का भाग था या फिर उन्हें अतिरिक्त धन के रूप में इनको दिया जाता था। फिर भी इतना तो निश्चित है कि ये अधिकारीगण बहुत अधिक शक्तिशाली हो गए और अतिरिक्त आमदनी के अनुदानों पर भी अपना दावा प्रस्तुत करते थे। कुल मिलाकर इस परिपाटी का परिणाम यह हुआ कि विशेष करों को प्राप्त करने वाले बहुत से राज्य अधिकारियों के इस अधिकार ने, इन करों की मात्रा चाहे कुछ भी थी— किसानों की भूमि में एक बिचौलिए भू–स्वामी को कुछ हितों सहित निश्चित तौर पर पैदा किया।

प्रश्न 3. दिल्ली सल्तनतों की मुद्रा प्रणाली पर एक टिप्पणी लिखिए।

Refer to Chapter-19, Q.No.-3

प्रश्न 4. उत्तर भारत में *भक्ति* आंदोलन के उदय के लिए उत्तरदायी कारण क्या थे? *भक्ति* आंदोलन की प्रमुख विशेषताओं की सूची बनाइए।

Refer to Chapter-29, Q.No.-2

खंड – II

प्रश्न 5. वीर–स्तंभों पर एक टिप्पणी लिखिए। क्या आप इस मत से सहमत हैं कि वीर–स्तंभों की शैली में परिवर्तन वीरों की स्मृति की प्रतिष्ठा में परिवर्तन को दर्शाती है?
Refer to June-2003, Q.No.-10(ii)

प्रश्न 6. प्रारंभिक मध्य काल (8वीं से 13वीं शताब्दियों के बीच) में दक्खन में वंशीय राजतंत्रों के उद्‌भव तथा विस्तार की चर्चा कीजिए।
Refer to Chapter-11, Q.No.-1

प्रश्न 7. खिलाफत संस्था के विकास का विश्लेषण कीजिए। दिल्ली सुल्तानों की खिलाफत के साथ संबंध की प्रकृति क्या थी?

उत्तर– खिलाफत संस्था का विकास–पैगम्बर हजरत मोहम्मद की मृत्यु के बाद खिलाफत नामक संस्था अस्तित्व में आई। हजरत अबू बक्र मुस्लिम समुदाय के पहले प्रमुख या खलीफा बने। प्रारंभ में सत्ता के उत्तराधिकार के विषय में चुनाव के कुछ तत्त्व मौजूद थे। यह प्रथा अपने पूर्व की कबीलाई परंपरा से अधिक भिन्न नहीं थी।

इस्लामी व्यवस्था में खलीफा को धर्म का संरक्षक और राजनीतिक व्यवस्था को बनाए रखने वाला समझा जाता था। वह पूरे (मुस्लिम) समुदाय का प्रमुख था। पहले चार "पवित्र खलीफाओं" (हज़रत अबू बक्र, हजरत उमर, हजरत उस्मान और हजरत अली) के काल के बाद वंशानुगत शासन की प्रथा प्रारंभ हुई। यह प्रथा 661 ई. में उमैयद वंश के शासन से शुरू हुई। उमैयद वंश के शासन का केंद्रीय स्थल सीरिया में डमेस्कस (Damascus) में था। उमैयद वंश (Umaiyyids) के बाद 9वीं सदी के मध्य में अब्बासी वंश (Abbasids) सत्ता में आया। इस वंश का केंद्र स्थल बगदाद में था।

समय के साथ केंद्रीय सत्ता क्षीण हो गई और खलीफा की केंद्रीकृत संस्था तीन प्रमुख सत्ता–केंद्रों में बँट गई। स्पेन (उमैयद वंश की एक शाखा के अधीन), मिस्र (फातिमी वंश (Fatimids) के अधीन) और सबसे पुरानी बगदाद में। इनमें से प्रत्येक मुसलमानों की निष्ठा प्राप्त करने का दावा करता था। भारत के उत्तर–पश्चिमी सीमा के पास कुछ छोटे वंशों ने अपनी स्वतंत्र सत्ता स्थापित कर ली थी। इनमें से एक का केंद्र गजना (गजनी) था। सिद्धांततः कोई मुसलमान एक बड़ा या छोटा "स्वतंत्र" राज्य स्थापित नहीं कर सकता था। ऐसे किसी भी राज्य के लिए खलीफा की अनुमति लेना आवश्यक था, अन्यथा मुसलमानों की नजर में ऐसे राज्य की वैधता संदेहास्पद हो जाती। परंतु खलीफा की यह अनुमति औपचारिकता से अधिक कुछ नहीं थी और इस औपचारिकता का पालन करना सुरक्षित था।

दिल्ली सल्तनत की खिलाफत के साथ संबंध की प्रकृति–युद्धों में विजयों के आधार पर

उत्तर भारत में प्रारंभिक मुस्लिम तुर्की राज्य की स्थापना हुई। जीते हुए प्रदेशों में जहाँ तुर्की शासन स्थापित किया गया, स्थानीय जनसंख्या की तुलना में तुर्क संख्या में काफी कम थे। साथ ही उनके पास साधनों की भी कमी थी। इसलिए इन प्रदेशों के साधनों पर अधिकार करना उनके लिए बहुत जरूरी था। इसका प्रभाव तुर्की राज्य की प्रकृति पर पड़ा।

सैद्धांतिक और औपचारिक रूप से दिल्ली सुल्तानों ने इस्लामी कानूनों (शरियत) की सर्वोच्चता को मान्यता दी और उसके खुले आम उल्लंघन को रोकने का प्रयास किया। इस्लामी कानूनों के अतिरिक्त उन्होंने धर्मनिरपेक्ष अधिनियम (secular regulations) या (जवाबित) भी बनाए। कुछ विद्वानों के अनुसार, तुर्की राज्य धर्म पर आधारित राज्य था, हालाँकि व्यवहार में तुर्की राज्य उस कार्यसाधकता और अनिवार्यता की उपज था, जिसमें नव–स्थापित राज्य की जरूरतें सर्वाधिक महत्त्वपूर्ण थीं। समकालीन इतिहासकार जियाउद्दीन बर्नी "जहांदारी" (धर्मनिरपेक्ष) और "दीनदारी" (धार्मिक) के अंतर को रेखांकित करता है। साथ ही, बर्नी कुछ धर्मनिरपेक्ष लक्षणों की अपरिहार्यता या आवश्यकता को भी आकस्मिक परिस्थितियों की पूर्ति के लिए स्वीकार करता है। इस प्रकार, नव–स्थापित राज्य ने बहुत–सी ऐसी नीतियों और प्रथाओं को जन्म दिया जो मूलभूत इस्लामी परंपरा के अनुकूल नहीं थीं।

प्रश्न 8. विजयनगर साम्राज्य के राजनीतिक, सामाजिक तथा आर्थिक जीवन में धर्म तथा धार्मिक वर्गों ने क्या भूमिका अदा की?

उत्तर– धर्म और धार्मिक वर्गों की विजयनगर साम्राज्य के राजनीतिक, सामाजिक और आर्थिक जीवन में एक महत्त्वपूर्ण भूमिका थी।

प्रतीकात्मक राजस्व–धर्म की कठोर पालना का सिद्धांत विजयनगर साम्राज्य का एक प्रमुख अवयव एवं विशिष्ट लक्षण था। लेकिन, अधिकतर विजयनगर के शासकों को हिंदू शासकों से भी युद्ध करना पड़ता था, जैसे–उड़ीसा के गजपति। विजयनगर की सेना में रणनीति के दृष्टिकोण से सबसे महत्त्वपूर्ण दस्ते मुस्लिम सेनानायकों के अधीन होते थे। देवराया II द्वारा मुस्लिम तीरंदाजों को भर्ती किया गया। इन मुस्लिम टुकड़ियों ने विजयनगर के हिंदू प्रतिद्वंद्वियों के विरुद्ध विजयनगर की जीत में महत्त्वपूर्ण भूमिका निभाई।

विजयनगर शासकों ने सफल सैनिक कार्यवाहियों के फलस्वरूप दिग्विजयन की पदवी धारण की। विजयनगर का राजस्व एक प्रकार से प्रतीकात्मक था, क्योंकि विजयनगर के शासक अपनी सत्ता के प्रमुख केंद्र से परे भू–भागों पर अपने अधिपतियों द्वारा नियंत्रण रखते थे। इस प्रतीकात्मकता का निरूपण धर्म के साधन द्वारा होता था, जो लोगों द्वारा स्वामिभक्ति निश्चित करता था।

ब्राह्मणों की राजनीतिक भूमिका–विजयनगर साम्राज्य का एक विशिष्ट लक्षण ब्राह्मणों का राजनैतिक एवं धर्मनिरपेक्ष कार्यकर्त्ताओं न कि धार्मिक मुखियाओं के रूप में महत्त्व था। अधिकतर दुर्ग दाननायक (दुर्ग प्रभारी) ब्राह्मण होते थे। साहित्यिक स्रोत इस बात की पुष्टि

करते हैं कि उस युग में दुर्गों का बहुत महत्त्व था और उनका नियंत्रण ब्राह्मणों, विशेषतः तेलुगु मूल के, द्वारा किया जाता था।

इस काल में अधिकतर शिक्षित ब्राह्मण प्रशासक व लेखाकार के रूप में राजकीय कर्मचारी बनना चाहते थे, जहाँ उनके लिए उज्ज्वल जीविकोपार्जन के साधनों की संभावनाएँ थीं। शाही सचिवालय पूर्ण रूप से ब्राह्मणों द्वारा संचालित थे। ये ब्राह्मण अन्य ब्राह्मणों से भिन्न थे–ये तेलुगु नियोगी नामक उपजाति से संबंधित थे। वे धार्मिक कृत्यों को लेकर बहुत पुरातनपंथी नहीं थे। ब्राह्मण प्रभावशाली ढंग से राजा के लिए प्रजा की दृष्टि में वैधता स्थापित करने का कार्य करते थे। विद्यारन्या नाम के ब्राह्मण और उसके परिजन संगमा–बंधुओं के मंत्री थे–उन्होंने उनको पुनः हिंदू धर्म में स्वीकार कर उनके शासन को वैधता प्रदान की।

राजाओं, संप्रदायों और मंदिरों के मध्य संबंध–दूरस्थ तमिल भू–भाग पर प्रभावी नियंत्रण हेतु विजयनगर के शासकों ने तमिल क्षेत्र के वैष्णव संप्रदायी मुखियाओं का सहयोग लिया। तमिल प्रदेश में अजनबी होने से विजयनगर के शासकों के लिए अपनी शक्ति को वैधता प्रदान करने हेतु मूलभूत तमिल धार्मिक संगठनों, जैसे–मंदिरों के साथ संबंध स्थापित करना आवश्यक हो गया।

राजाओं, संप्रदायों और मंदिरों के मध्य संबंधों की निम्नलिखित चार बिंदुओं के आधार पर व्याख्या की जा सकती है–

(1) राजत्व को बनाए रखने के लिए मंदिर आधारभूत थे।

(2) संप्रदायी मुखिया राजाओं और मंदिरों के मध्य एक कड़ी का कार्य करते थे।

(3) यद्यपि मंदिरों की सामान्य देख–रेख स्थानीय संप्रदायी वर्गों द्वारा की जाती थी, मंदिरों संबंधी विवादों को सुलझाने का कार्य राजा के हाथों में था।

(4) ऐसे विवादों में राजा का हस्तक्षेप वैधानिक न होकर, प्रशासनिक होता था।

प्रश्न 9. सल्तनत काल के दौरान समुद्र पार (विदेशी) व्यापार का संक्षिप्त विवरण दीजिए।

Refer to Chapter-21, Q.No.-3

प्रश्न 10. दिल्ली सल्तनत के केंद्रीय प्रशासन पर एक टिप्पणी लिखिए।

Refer to Chapter-16, Q.No.-1

प्रश्न 11. सल्तनत काल में हिंदी साहित्य के विकास की संक्षिप्त में चर्चा कीजिए।

Refer to Chapter-33, Q.No.-2

प्रश्न 12. दिल्ली सल्तनत के पतन के पश्चात् स्थापत्य की प्रमुख क्षेत्रीय शैलियों के विकास की सूची बनाइए।

Refer to Dec-2003, Q.No.-8

खंड – III

प्रश्न 13. निम्नलिखित में से किन्हीं दो पर लगभग 100 शब्दों (प्रत्येक) में संक्षिप्त टिप्पणियाँ लिखिए:

(क) *नाडु*

Refer to Chapter-12, Q.No.-1

(ख) सल्तनत काल के अध्ययन संबंधी फारसी स्रोत

Refer to Chapter-33, Q.No.-1

(ग) मध्य एशिया में मंगोलों का उदय

Refer to Chapter-13, Q.No.-3

(घ) *इक्ता* तथा *खालिसा*

उत्तर– इक्ता–नए शासकों ने *इक्ता* व्यवस्था कायम की, जिसमें राजनैतिक संरचना की एकता को बिना हानि पहुँचाए, राजस्व संग्रह और वितरण दोनों कार्य सम्मिलित किए गए। *इक्ता* एक भूमि अनुदान था एवं उसका प्राप्तकर्त्ता *मुक्ती* या *बली* कहलाता था। *इक्ता* व्यवस्था की आदर्श परिभाषा ग्यारहवीं शताब्दी के एक सेल्जुक राज्यवेत्ता निजाम–उल मुल्क तुसी द्वारा की गई है।

तुसी की परिभाषा के अनुसार *इक्ता* एक प्रकार का राजस्व संबंधी कार्यभार था, जो *मुक्ती* को सुल्तान की इच्छानुसार प्राप्त होता था। *मुक्ती* सुल्तान को देय भूमि कर और अन्य करों को उचित ढंग से प्राप्त करने का अधिकारी था, लेकिन उसका किसानों के लिए कार्य करने वालों, स्त्रियों तथा बच्चों एवं उनकी अन्य जायदाद पर कोई हक नहीं था। *मुक्ती* की सुल्तान के प्रति कुछ जिम्मेदारियाँ थीं, जिनमें प्रमुख सैन्य दलों का अनुरक्षण करना एवं आवश्यकता पड़ने पर उन्हें सुल्तान के लिए हाजिर करना था। *इक्ता* एक स्थानांतरणीय कार्यभार था और *इक्ताओं* के स्थानांतरण की प्रथा प्रचलन में थी।

खालिसा–वह क्षेत्र जिसका राजस्व सीधे सुल्तान के निजी कोष के लिए वसूल किया जाता था, *खालिसा* कहलाए। अलाउद्दीन खलजी के शासन में *खालिसा* क्षेत्र में काफी वृद्धि हुई। परंतु *खालिसा* पूरे राज्य में फैले हुए क्षेत्र नहीं थे। दिल्ली और इससे जुड़े हुए जिले तथा दोआब के भाग *खालिसा* के अंतर्गत आते थे। इल्तुतमिश के काल में तबरहिंद (भटिंडा) भी *खालिसा* के अंतर्गत था। अलाउद्दीन खलजी के अधीन संपूर्ण मध्य दोआब और रूहेलखंड के कुछ भाग *खालिसा* के अंतर्गत आ गए थे। परंतु संभवतः फिरोज तुगलक के समय *खालिसा* के क्षेत्रफल में यथेष्ट कमी आई।

ऐसा कहा जाता है कि इल्तुतमिश (1210–36) द्वारा सुल्तान की फौज (हश्म–ए कल्ब) के सैनिकों को वेतन की जगह दोआब प्रदेश में "छोटे इक्ता" प्रदान किए गए। बलबन (1266–86) ने उनके पुनर्ग्रहण हेतु एक उत्साहहीन असफल प्रयास किया। अलाउद्दीन खलजी (1296–1316) ने ही सैनिकों को नकद वेतन देने की प्रथा को दृढ़ता से स्थापित किया। इस प्रथा को पुनः फिरोज तुगलक द्वारा बदला गया जिसने सैनिकों को उनके वेतन के स्थान पर गाँवों को प्रदान करना प्रारंभ किया। इन्हें वजह कहा जाता था और उनके स्वामियों को वजहदार। ये आवंटन न केवल स्थायी बल्कि वंशानुगत प्रकृति के होते थे।

ई.एच.आई. – 03 : भारत 8वीं सदी से 15वीं सदी ई. तक
दिसम्बर, 2017

नोट : *इस प्रश्न–पत्र में तीन खंड हैं। विद्यार्थियों को खंड–I में से कोई दो प्रश्न लगभग 500 शब्दों (प्रत्येक) में, खंड–II में से कोई* **चार** *प्रश्न लगभग 250 शब्दों (प्रत्येक) में तथा खंड–III में से कोई दो संक्षिप्त टिप्पणियाँ लगभग 100 शब्दों (प्रत्येक) में करने हैं। प्रत्येक प्रश्न के अंक उसके सामने अंकित हैं।*

खंड – I

प्रश्न 1. व्यापारिक श्रेणी क्या थी? यह कैसे कार्य करती थी? दक्षिण भारत की कुछ महत्त्वपूर्ण व्यापारिक श्रेणियों को सूचीबद्ध कीजिए।

प्रश्न 2. प्रारंभिक मध्यकालीन राज्य–व्यवस्था की व्याख्या से संबंधित विभिन्न दृष्टिकोणों का आलोचनात्मक परीक्षण कीजिए।

प्रश्न 3. सल्तनत कालीन शासक वर्ग के संघटन का परीक्षण कीजिए। खिलजी तथा तुगलक शासकों के अधीन इसमें क्या परिवर्तन आए?

प्रश्न 4. भारत में सल्तनत काल में प्रचलित प्रमुख सूफी सिलसिलों की चर्चा कीजिए।

खंड – II

प्रश्न 5. 8वीं और 12वीं शताब्दी के मध्य भारत में बढ़ते सामाजिक तनावों के कारणों पर टिप्पणी कीजिए।

प्रश्न 6. अलाउद्दीन खिलजी के बाजार नियंत्रण सुधारों का आलोचनात्मक विवरण दीजिए।

प्रश्न 7. तुगलक स्थापत्य पर एक टिप्पणी लिखिए।

प्रश्न 8. 14वीं–15वीं शताब्दियों में मध्य तथा पूर्वी भारत में क्षेत्रीय राज्यों के उदय का संक्षिप्त विवरण दीजिए।

प्रश्न 9. दिल्ली सुल्तानों की मंगोल नीति का परीक्षण कीजिए।

प्रश्न 10. तुर्की आक्रमण के समय भारत की सामाजिक–राजनीतिक स्थिति की चर्चा कीजिए।

प्रश्न 11. 13वीं–15वीं शताब्दियों में संगीत के विकास की चर्चा कीजिए।

प्रश्न 12. सल्तनत काल में फारसी साहित्य के विकास पर एक टिप्पणी लिखिए।

खंड – III

प्रश्न 13. निम्नलिखित में से किन्हीं दो पर लगभग 100 शब्दों (प्रत्येक) में संक्षिप्त टिप्पणियाँ लिखिए–

(क) नगरम्

(ख) अमीर खुसरो

(ग) दीवान–ए–अर्ज

(घ) सल्तनत काल में वस्त्र तकनीक

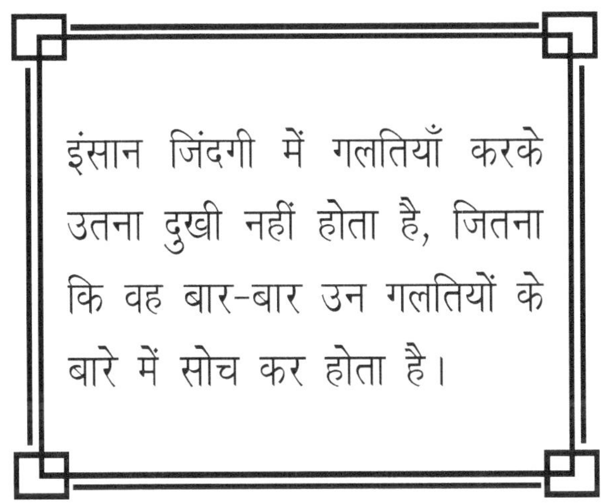

ई.एच.आई. – 03 : भारत 8वीं सदी से 15वीं सदी ई. तक
जून, 2018

नोट : *इस प्रश्न–पत्र में तीन खंड हैं। विद्यार्थियों को खंड–I में से कोई दो प्रश्न लगभग 500 शब्दों (प्रत्येक) में, खंड–II में से कोई* **चार** *प्रश्न लगभग 250 शब्दों (प्रत्येक) में तथा खंड–III में से कोई दो संक्षिप्त टिप्पणियाँ लगभग 100 शब्दों (प्रत्येक) में करने हैं। प्रत्येक प्रश्न के अंक उसके सामने अंकित हैं।*

खंड – I

प्रश्न 1. 8वीं से 12वीं शताब्दियों के मध्य प्रारंभिक मध्यकाल में नगरीय केंद्रों के उदय के लिए उत्तरदायी कारकों की चर्चा कीजिए।

Refer to Chapter-2, Q.No.-2 (Pg. No.-6)

प्रश्न 2. प्रारंभिक मध्यकाल में मंदिर स्थापत्य के विकास का आलोचनात्मक परीक्षण कीजिए। पारिस्थितिकीय विन्यासों के साथ इसका क्या संबंध था?

Refer to Chapter-7, Q.No.-1 (Pg. No.-32)

प्रश्न 3. इक्ता व्यवस्था पर एक टिप्पणी लिखिए और बताइए कि इल्तुतमिश से फिरोज तुगलक के काल के मध्य इसमें क्या परिवर्तन आए।

Refer to Chapter-16, Q.No.-3 (Pg. No.-74)

प्रश्न 4. भक्ति आंदोलन के उदय के लिए उत्तरदायी कारक क्या थे? इसकी विशिष्ट विशेषताओं की सूची बनाइए।

Refer to Chapter-29, Q.No.-2 (Pg. No.-130)

खंड – II

प्रश्न 5. दक्षिण भारत की कृषीय व्यवस्था में नाडू तथा वालानाडु की भूमिका की चर्चा कीजिए।

Refer to Chapter-12, Q.No.-1 (Pg. No.-55)

प्रश्न 6. उत्तर भारत में तुर्कों की विजय के क्या कारण थे?

उत्तर– उत्तर भारत की तुर्की विजयों के लिए बहुत से तर्क दिए गए हैं। बहुत से तत्कालिक

इतिहासकार इस सफलता के कारणों की व्याख्या करते हुए यह कहते हैं कि यह "ईश्वर की इच्छा" थी। ब्रिटिश इतिहासकारों ने, जिन्होंने भारतीय इतिहास के अध्ययन का प्रारंभ कुछ गहराई के साथ शुरू किया, तुर्कों की सफलता के निम्नलिखित कारण बताए हैं—गौरी की सेना के सिपाहियों की भर्ती जंगी *जनजाति* से की गई थी जो सिंधु और ऑक्सस के मध्य पड़ने वाले कठोर क्षेत्र के निवासी थे। उन्होंने सैलजुक सेनाओं तथा मध्य एशिया की अन्य खूंखार जातियों से युद्ध द्वारा सैन्य शक्ति और युद्ध विद्या में निपुणता हासिल कर ली थी। दूसरी ओर, भारतीय शांतिप्रिय थे और युद्ध पसंद नहीं करते थे। इसके अतिरिक्त, वे छोटी–छोटी रियासतों में विभाजित थे, जिससे उनकी राज्य विस्तार की अभिलाषाओं को गहरा आघात लगा।

लेकिन तुर्कों की सफलता के लिए की गई यह व्याख्या अपर्याप्त एवं असंतुलित है। इस व्याख्या के अंतर्गत भारतीय इतिहास के सुस्पष्ट तथ्यों की अवहेलना की गई है और दूसरी ओर जिन देशों से ये आक्रमणकारी आए, उनके इतिहास को भी नजर–अंदाज कर दिया गया। यह याद रखा जाना चाहिए कि तथाकथित युद्धप्रिय मुस्लिम क्षेत्रों को सन् 1218–19 में बिना किसी विशेष विरोध के मंगोलों द्वारा रौंद डाला गया था। दूसरी ओर, तुर्कों ने जिन राजपूत राजाओं के विरुद्ध सफलता प्राप्त की थी – वे न तो साहस में कम थे और न ही सैनिक भावना में। 8वीं सदी ई. से 12वीं सदी ई. तक का लंबा समय भारत के इतिहास में युद्धों एवं आंतरिक हिंसात्मक संघर्षों की कहानियों से भरपूर है। अतः यह मानना कठिन है कि भारतीय जनता की शांतिप्रियता तथा कुछ न सीखने की प्रवृत्ति तुर्क विजेताओं की सफलता के लिए उत्तरदायी थी।

कुछ भारतीय इतिहासकार तुर्कों की सफलता का कारण इस्लाम द्वारा निर्मित विशेष प्रकार के सामाजिक तंत्र को मानते हैं। उदाहरण के तौर पर जदुनाथ सरकार उन तीन अनोखी विशेषताओं पर बल देते हैं, जिनको इस्लाम ने अरबों, बर्बरों, पठानों एवं तुर्कों को प्रदान किया था। प्रथम, इस्लाम कानूनी एवं धार्मिक स्तरों पर पूर्ण समानता तथा सामाजिक एकता पर बल देता है। भारत की तरह तुर्क ऐसी जातियों में विभाजित नहीं थे, जो एक–दूसरे से पूर्णरूपेण अलग थीं। दूसरे, तुर्कों का ईश्वर में पूर्ण विश्वास था और ईश्वर की इच्छा उनको प्रोत्साहित करती थी, जिसके कारण उनके अंदर एक सुनिश्चित लक्ष्य को प्राप्त करने की भावना थी। तीसरी और अंतिम, इस्लाम ने तुर्क विजेताओं को मदिरापान से दूर रखने की प्रेरणा दी, जिसने, सरकार के अनुसार, राजपूत, मराठा और दूसरे भारतीय शासकों का सर्वनाश किया। इस व्याख्या में भी कुछ सत्यता का अंश हो सकता है, परंतु यह व्याख्या भी अपर्याप्त प्रतीत होती है।

भारत की पराजय के संभवतः दो महत्त्वपूर्ण कारण थे—प्रथम, उस समय की सामाजिक–राजनीतिक परिस्थितियाँ और दूसरी सैनिक तैयारियाँ।

गुर्जर–प्रतिहारों के पतन के बाद कोई एक राज्य उनका स्थान ग्रहण न कर सका। उनके

स्थान पर कन्नौज में गहढ़वाल, मालवा में परमार, गुजरात में चालुक्य, अजमेर में चौहान, दिल्ली में तोमर, बुंदेलखंड में चंदेल आदि छोटे–छोटे राज्यों का उदय हुआ। एकता स्थापित करने के स्थान पर उनकी कार्यवाहियाँ अपने–अपने छोटे क्षेत्रों तक ही सीमित थीं और वे निरंतर एक–दूसरे के साथ संघर्षरत थे। केंद्रीकृत सत्ता का अभाव एक ऐसा महत्त्वपूर्ण कारण था जिससे सैन्य बलों की शक्ति तथा क्षमता पर कुप्रभाव पड़ा। फख्र मुदब्बिर ने अपनी पुस्तक आदाब–उल हर्ब वा अल शुजात में उल्लेख किया है कि भारतीय सेनाएँ "सामंतीय सैन्य भर्ती" के आधार पर गठित थीं। प्रत्येक सेना की एक टुकड़ी सीधे एक तत्कालिक सामंत सरदार के अधीन थी, न कि राजा के। अतः सेना में "नेतृत्व की एकता" का अभाव था। इसके अतिरिक्त, क्योंकि कुछ ही जातियाँ एवं वंश सैनिक व्यवसाय को अपना सकते थे, ज्यादातर जनता को सैनिक प्रशिक्षण से अलग रखा जाता था। इस प्रवृत्ति ने देश की सामान्य जनता को देश की सुरक्षा के प्रति असंबद्ध बना दिया। जिस समय तुर्कों ने आक्रमण किए, उस समय शायद ही भारतीय जनता ने अपने राजाओं की मदद की हो। अछूत की अवधारणा ने भी सैनिक क्षमता पर कुठाराघात किया, क्योंकि इस अवधारणा ने श्रम–विभाजन को असंभव बना दिया जिससे सैनिकों को युद्ध करने से लेकर पानी भरने तक के सभी कार्यों को स्वयं करना पड़ता था।

तुर्कों की सफलता का दूसरा महत्त्वपूर्ण कारण उनकी उच्च सैन्य तकनीक तथा युद्ध कौशल था। स्टैप्स के इन खानाबदोशों को युद्ध में "घोड़ों के युग" को प्रारंभ करने का श्रेय है। तुर्कों ने लोहे की रकाब एवं घोड़े की नाल का उपयोग किया। इससे उनकी मारक क्षमता में वृद्धि हुई और अश्वरोही सेना की क्षमता भी बढ़ी। जहाँ एक ओर घोड़े की नाल ने घोड़े को गतिशील बनाया, वहीं रकाब ने सैनिकों को विशेष लाभ की स्थिति में ला दिया।

आम धारणा थी कि भारतीयों की पराजय का मुख्य कारण युद्ध में हाथियों का उपयोग था, अब यह अधिक तर्कसंगत प्रतीत नहीं होता। हमें तबकात–ए–नासिरी या अन्य किसी स्रोत में ऐसा कोई उल्लेख नहीं मिलता, जिससे इस विचार की पुष्टी होती हो। राजा जयपाल का उदाहरण इस संदर्भ में एक अपवाद है, जहाँ उसके हाथी युद्ध से भाग गए थे। इस तरह के उदाहरण अन्यथा बहुत कम हैं। वास्तव में, महमूद गजनवी भारत से बहुत से हाथी अपने राज्य में ले गया था, जहाँ उसने उनका अच्छे से प्रयोग किया।

प्रश्न 7. खिलाफत संस्था की चर्चा कीजिए। दिल्ली सुल्तानों के साथ इसका क्या संबंध था?

Refer to June-2017, Q.No.-7 (Pg. No.-229)

प्रश्न 8. सल्तनत काल में सूती वस्त्रों से संबंधित विभिन्न तकनीकी उपकरणों की चर्चा कीजिए।

Refer to Chapter-22, Q.No.-2 (Pg. No.-98)

प्रश्न 9. बहमनी राज्य में अफाकियों तथा दक्खनियों के मध्य संघर्ष तथा बादशाह के साथ उनके संबंधों का विश्लेषण कीजिए।

उत्तर— अमीरों की भूमिका न केवल सल्तनत को बनाने के लिए थी बल्कि राजा बनाने के रूप में भी थी। प्रत्येक सुल्तान की चाह अमीरों की वफादारी प्राप्त करना था। यही परंपरा बहमनी राज्य में भी जारी रही। अलाउद्दीन बहमन शाह के काल में ही हमें तीन गुट नजर आते हैं—एक वह गुट था जिसने दक्खन में एक स्वतंत्र राज्य की स्थापना में अलाउद्दीन बहमन शाह की सहायता की, दूसरा तुगलक गुट और तीसरे गुट में स्थानीय सरदार और उनके मातहत (असामी) थे, जिनके व्यक्तिगत स्वार्थ थे।

अलाउद्दीन मुजाहिद के काल (1375–78) के बाद में अमीरों के इस संयोजन में एक नए घटक का आगमन हुआ, यह था—अफाकी। इस शब्द का अर्थ है "सार्वभौमिक" – वे लोग जिन्हें मूलस्थान से उखाड़ दिया गया है और वे अब किसी प्रदेश से संबंधित नहीं हैं। उन्हें गरीब–उद दयार अर्थात् "अजनबी" भी कहा जाता था। ये अफाकी यहाँ इरान, ट्रान्सऑक्सियाना और ईराक से आए थे। दक्खनियों और अफाकियों के मध्य वास्तविक संघर्ष 1397 में गियासुद्दीन तहमतान के काल में हुए जब उसने कई अफाकियों को उच्च पदों पर नियुक्त किया— उदाहरणार्थ, सलाबत खाँ को बरार का राज्यपाल, मुहम्मद खाँ को सर–ए नौबत और अहमद बेगा कजनीवी को पेशवा बनाया गया। इन उच्च पदों पर, जो पहले दक्खनियों के हाथों में थे, अफाकियों की नियुक्ति ने पुराने अमीर वर्ग और तगलचिन के नेतृत्व वाले तुर्की गुट में बहुत असंतोष को जन्म दिया। तगलचिन ने 1397 में इनके प्रभाव को कम करने में सफलता प्राप्त की जब उसने सफल षड्यंत्र कर गियासुद्दीन को मरवा कर शम्सुद्दीन दाउद II (1397) को एक "कठपुतली" सुल्तान बनाया और स्वयं के लिए मलिक नाएब और मीर जुमला के पद हासिल किए। अहमद I (1422–36) ने पहली बार, एक अफाकी खलफ हसन बसरी (जिसकी मदद से उसे सिंहासन प्राप्त हुआ था) को वकील–ए सल्तनत के उच्चतम पद पर नियुक्त कर उसे मलिक–उत तुज्जार (व्यापारियों का शहजादा) की उच्चतम पदवी दी। अफाकियों की यह अद्‌भुत प्रगति उनके द्वारा दक्खनियों की तुलना में लगातार वफादारी के प्रदर्शन के कारण संभव हुई। अफाकी सैयद हुसैन बडखोही व साथियों ने ही अहमद को अपने शासनकाल के प्रारंभिक वर्षों में विजयनगर अभियान के दौरान वहाँ से बच निकलने में सहायता प्रदान की थी। इसके परिणामस्वरूप अहमद I ने अफाकी तीरंदाजों की एक विशेष टुकड़ी तैयार की। उन्हें इसी प्रकार के अन्य लाभ भी मिलते रहे। इस नीति से दक्खनियों में बहुत असंतोष फैला। इन दो गुटों के मध्य विवाद को अहमद के गुजरात के विरुद्ध मुहिम में देखा जा सकता है जब दक्खनियों के असहयोग के कारण मलिक–उत तुज्जार के नेतृत्व में बहमनी सेना को पराजय उठानी पड़ी। दोनों गुटों के बीच यह खाई अहमद II के शासनकाल में और बढ़ी। खानदेश की सेनाओं के आक्रमण के समय दक्खनियों के असहयोग के कारण केवल अफाकी दलों को खलफ हसन बसरी के नेतृत्व में

भेजा जा सका। हुमायूँ शाह (1458–1461) ने दोनों गुटों के मध्य सामंजस्यता लाने के प्रयास किए। अहमद III (1461–65 ई.) के काल में, दक्खनियों ने शासन की पतवार ख्वाजा–ए जहाँ तुर्क, मलिक–उत तुज्जार और महमूद गावां के हाथों में देख अनुभव किया कि अफाकियों के हाथों में शक्ति केंद्रित थी। दूसरी तरफ, अफाकी इसलिए असंतुष्ट थे क्योंकि अहमद II के अधीन उन्हें शक्तियों में, उसके उत्तराधिकारी के काल में, बहुत कमी कर दी गई। मौहम्मद III (1463–1482) के मुख्यमंत्री महमूद गावां ने भी दोनों गुटों के मध्य साम्य स्थापित करने के प्रयास किए। इसके परिणामस्वरूप, उसने मलिक हसन को तेलंगाना का सर–ए लश्कर और फतउल्लाह को बरार के सर–ए लश्कर के पद पर नियुक्त किया। किंतु महमूद गावां स्वयं जरीफ–उल मुल्क दक्खनी और मिफ्ताह हब्शी के षड्यंत्रों का शिकार बना। इसके बाद गुटों का साम्य बिखर गया और बाद के कमजोर राजा एक या दूसरे गुट के हाथों में कठपुतली बनते गए।

शिहाबुद्दीन महमूद के शासनकाल (1482–1512) में संघर्ष चरमोत्कर्ष पर पहुँचा। जबकि राजा का अफाकियों के प्रति स्पष्ट झुकाव था, दक्खनियों ने हब्शी (अबीसीनियाई) गुट से दोस्ती की। हब्शी गुट ने, 1487, में राजा को मारने का एक दुस्साहसिक प्रयास किया किंतु यह असफल रहा। इसके परिणामस्वरूप बड़ी संख्या में दक्खनियों का कत्ले–आम प्रारंभ हुआ जो तीन दिनों तक जारी रहा। इन गुटों के झगड़ों ने केंद्र को कमजोर कर दिया था। शिहाबुद्दीन का शासनकाल कासिम बरीद, मलिक अहमद, निजाम–उल मुल्क, बहादुर गिलानी आदि के विद्रोहों और षड्यंत्रों से त्रस्त रहा। शिहाबुद्दीन की मृत्यु (1518) ने इन सरदारों को अपने प्रांतों में लगभग खुली छूट प्रदान की। अंत में, बीजापुर के इब्राहीम आदिल शाह ने सर्वप्रथम अपनी स्वतंत्रता की घोषणा 1537 में की। इस प्रकार बहमनी सल्तनत के क्षेत्रीय विखंडन की प्रक्रिया प्रारंभ हुई।

प्रश्न 10. मध्यकाल में हिंदी के विकास पर एक टिप्पणी लिखिए।

Refer to Chapter-33, Q.No.-2 (Pg. No.-151)

प्रश्न 11. 13वीं–14वीं शताब्दियों के उन प्रमुख विदेशी व्यापार मार्गों की सूची बनाइए जिन्होंने सल्तनत काल में व्यापारिक गतिविधियों को बढ़ावा दिया।

Refer to Chapter-21, Q.No.-3 (Pg. No.-91)

प्रश्न 12. सल्तनत काल में मुद्रा व्यवस्था की चर्चा कीजिए। इसने किस हद तक भारतीय अर्थव्यवस्था के मुद्रीकरण में योगदान दिया?

Refer to Chapter-19, Q.No.-3 (Pg. No.-86)

खंड – III

प्रश्न 13. निम्नलिखित में से किन्हीं दो पर लगभग 100 शब्दों (प्रत्येक) में संक्षिप्त टिप्पणियाँ लिखिए–

(क) तांत्रिकवाद

Refer to Chapter-6, Q.No.-2 (Pg. No.-29)

(ख) प्रारंभिक मध्यकालीन भारत में शिक्षा

Refer to Chapter-7, Q.No.-2 (Pg. No.-35)

(ग) चंगेज खान

Refer to Chapter-13, Q.No.-3 (Pg. No.-60)

(घ) 14वीं–15वीं शताब्दियों का बंगाल

Refer to Chapter-23, Q.No.-3 (Pg. No.-103)

ई.एच.आई. – 03 : भारत 8वीं सदी से 15वीं सदी ई. तक
दिसम्बर, 2018

नोट : *इस प्रश्न–पत्र में तीन खंड हैं। विद्यार्थियों को खंड–I में से कोई दो प्रश्न लगभग 500 शब्दों (प्रत्येक) में, खंड–II में से कोई* **चार** *प्रश्न लगभग 250 शब्दों (प्रत्येक) में तथा खंड–III में से कोई दो संक्षिप्त टिप्पणियाँ लगभग 100 शब्दों (प्रत्येक) में करने हैं। प्रत्येक प्रश्न के अंक उसके सामने अंकित हैं।*

खंड – I

प्रश्न 1. शिल्पी संघ (गिल्ड्स) को परिभाषित कीजिए। उनके संगठन तथा प्रकार्यों (गतिविधियों) की चर्चा कीजिए।

प्रश्न 2. 8वीं से 13वीं शताब्दियों के मध्य भारतीय राज्यव्यवस्था की प्रकृति का आलोचनात्मक परीक्षण कीजिए।

प्रश्न 3. दिल्ली सुल्तानों की मंगोल नीति की संक्षिप्त चर्चा कीजिए।

प्रश्न 4. अलाउद्दीन खलजी की राजस्व नीति की चर्चा कीजिए। उसने बाजार नियंत्रण किस प्रकार किया?

खंड – II

प्रश्न 5. प्रारंभिक मध्य काल में सामाजिक संगठन में नई उभरती हुई प्रवृत्तियों का आलोचनात्मक परीक्षण कीजिए।

प्रश्न 6. बहमनी राज्य के उत्थान पर एक संक्षिप्त टिप्पणी लिखिए।

प्रश्न 7. तुगलक काल में सल्तनत की सीमाओं के विस्तार का वर्णन कीजिए।

प्रश्न 8. सल्तनत के शासक वर्ग (**nobility**) के संघटन का परीक्षण कीजिए।

प्रश्न 9. विजयनगर साम्राज्य में धर्म तथा धार्मिक वर्गों की भूमिका का विश्लेषण कीजिए।

प्रश्न 10. उत्तरी भारत में एकेश्वरवादी आंदोलनों की और उनकी विशिष्ट विशेषताओं की चर्चा कीजिए।

प्रश्न 11. सुहरावर्दी और चिश्ती सिलसिलों पर एक टिप्पणी लिखिए।

प्रश्न 12. तुगलक स्थापत्य–कला की प्रमुख विशेषताओं की सूची बनाइए।

खंड – III

प्रश्न 13. निम्नलिखित में से किन्हीं दो पर लगभग 100 शब्दों (प्रत्येक) में संक्षिप्त टिप्पणियाँ लिखिए:

(क) 8वीं से 13वीं शताब्दियों के मध्य मूर्ति कला

(ख) नगरम्

(ग) गौरी के आक्रमण

(घ) जौनपुर

ई.एच.आई. – 03 : भारत 8वीं सदी से 15वीं सदी ई. तक

जून, 2019

नोट : *इस प्रश्न–पत्र में तीन खंड हैं। विद्यार्थियों को खंड–I में से कोई दो प्रश्न लगभग 500 शब्दों (प्रत्येक) में, खंड–II में से कोई* **चार** *प्रश्न लगभग 250 शब्दों (प्रत्येक) में तथा खंड–III में से कोई दो संक्षिप्त टिप्पणियाँ लगभग 100 शब्दों (प्रत्येक) में करने हैं। प्रत्येक प्रश्न के अंक उसके सामने अंकित हैं।*

खंड I

प्रश्न 1. प्रारंभिक मध्य काल में ब्रह्मदेय तथा अग्रहार के विशेष संदर्भ में विभिन्न प्रकार की कृषक बस्तियों की विशेषताओं तथा भूमिका का आलोचनात्मक परीक्षण कीजिए।

Refer to Chapter-1, Q.No.-2 (Pg. No.-2)

अग्रहार– अग्रहार या अग्रहारम विशुद्ध रूप से ब्राह्मणों की ही बस्ती हुआ करती थी और इसका उल्लेख दूसरी सदी के संगम काल के साहित्य में भी पर्याप्त मिलता है। इन्हें चुतर्वेदिमंगलम भी कहा गया है। अग्रहार का तात्पर्य ही है फूलों की तरह माला में पिरोये हुए घरों की श्रृंखला। वे प्राचीन नगर नियोजन के उत्कृष्ट उदाहरण माने जा सकते हैं। इन ग्रामों (अग्रहारम) में रहने वालों की दिनचर्या पूरी तरह वहाँ के मंदिर के इर्द–गिर्द और उससे जुड़ी हुई होती थी, यहाँ तक कि उनकी अर्थव्यवस्था भी मंदिर के द्वारा प्रभावित हुआ करती थी। प्रायःकाल सूर्योदय के बहुत पहले ही दिनचर्या प्रारंभ हो जाती थी, जैसे महिलाओं और पुरुषों का तालाब या बावड़ी जा कर स्नान करना, घरों के सामने गोबर से लीपकर सादा रंगोली डालना, भगवान् के दर्शन के लिए मंदिर जाना और वहाँ से वापस आकर ही अपने दूसरे कार्यों में लगना।

अग्रहारम के चारों तरफ दूसरी जाति के लोग भी बसते थे, जैसे– बढई, कुम्हार, बसोड, लोहार, सुनार, वैद्य, व्यापारी और खेतिहर मजदूर आदि। मंदिर को और वहाँ के ब्राह्मणों को भी उनकी सेवाओं की आवश्यकता रहती, ब्राह्मणों की स्वयं की कृषि भूमि भी हुआ करती थी या फिर वे पट्टे पर मंदिर से प्राप्त करते थे। मंदिर की संपत्ति (मालगुजारी) की देख रेख और अन्य क्रियाकलापों के लिए पर्याप्त कर्मी भी हुआ करते थे जिन्हें नकद या वस्तु (धान/चावल) रूप में वेतन दिया जाता है। मंदिर के प्रशासन के लिए एक न्यास भी हुआ करता था। कुल मिलाकर मंदिर को केंद्र में रखते हुए यह एक कृषि आधारित अर्थव्यवस्था थी।

मूलतः तमिलनाडु के कुम्बकोनम, तंजावूर तथा तिरुनेलवेली से भयभीत ब्राह्मणों का पलायन हुआ था। बड़ी संख्या में वे लोग पालक्काड़ में बसे और कुछ कोच्चि के राजा के शरणागत हुए, तिरुनेलवेली से पलायन करने वालों ने त्रावणकोर में शरण ली और बस गए। उन्हें

राजकार्य, शिक्षण आदि के लिए उपयुक्त समझा गया और लगभग सभी को कृषि भूमि भी उपलब्ध हुई। केरल आकर उन्होंने अपने अग्रहारम बना लिए और अपनी सांस्कृतिक परंपराओं को संजोये रखा। उनके अग्रहारम में शिव मंदिर के अतिरिक्त विष्णु के लिए भी दूसरे छोर पर मंदिर बने। अधिकतर विष्णु की कृष्ण के रूप में पूजा होती थी।

अग्रहार शिक्षा के महत्त्वपूर्ण केंद्र भी थे। यहाँ बौद्ध धर्म के अनुयायी भी निवास करते थे। ये लोग जनता के नैतिक स्तर को ऊँचा उठाने में महत्त्वपूर्ण योगदान देते थे।

प्रश्न 2. प्रारंभिक मध्य काल भारत में नगरीय केंद्रों के उदय के लिए उत्तरदायी कारण क्या थे? ग्रामीण केंद्रों के शहरी केंद्रों में परिवर्तन की प्रक्रिया की चर्चा कीजिए।

Refer to Chapter-2, Q.No.-1, 2 (Pg. No.-6, 7)

प्रश्न 3. विजयनगर साम्राज्य के सामाजिक–आर्थिक तथा राजनीतिक जीवन में धर्म तथा धार्मिक वर्गों ने क्या भूमिका अदा की?

Refer to June-2017, Q.No.-8 (Pg. No.-230)

प्रश्न 4. सल्तनत काल में भारत में चिश्ती सिलसिले के विकास की चर्चा कीजिए।

उत्तर– सल्तनत काल में चिश्ती संप्रदाय का विकास दो चरणों में संपन्न हुआ। 1356 में शेख नसीरुद्दीन (चिराए–ए दिल्ली) की मृत्यु के बाद प्रथम चरण समाप्त हुआ। 14वीं शताब्दी के उत्तरार्द्ध में इसकी अवनति हुई। दूसरे चरण की शुरुआत 15वीं–16वीं शताब्दी में पूरे देश में इसके पुनरुत्थान और प्रसार से हुई।

पहला दौर–भारत में स्थित सूफी संप्रदायों में चिश्ती संप्रदाय सबसे लोकप्रिय था। इसका प्रारंभ हिरात में हुआ था। सीजिस्तान में जन्मे (लगभग 1141) ख्वाजा मुइनुद्दीन चिश्ती ने भारत में इस संप्रदाय की स्थापना की (मृ. 1236)। वे गौरी के आक्रमण के समय भारत आए। 1206 ई. में अंतिम रूप से वे अजमेर में बस गए और उन्हें मुसलमानों और गैर–मुसलमानों सभी का आदर प्राप्त हुआ। आने वाली शताब्दियों में अजमेर स्थित उनकी मजार प्रमुख तीर्थस्थल बन गया। दिल्ली में ख्वाजा कुतबुद्दीन बख्तियार काकी (मृ. 1236) ख्वाजा मुइनुद्दीन चिश्ती के शिष्य थे। शेख मुइनुद्दीन चिश्ती के एक दूसरे खलीफा शेख हमीदुद्दीन नागौरी (मृ. 1274) ने राजस्थान में नागौर को अपनी गतिविधि का केंद्र बनाया। शेख हामिदुद्दीन नागौरी ने नागौर में एक सिलसिला स्थापित किया और वहाँ एक साधारण राजस्थानी किसान की तरह रहने लगे। उन्होंने शासन से जुड़े लोगों के साथ संबंध नहीं रखा। दिल्ली में ख्वाजा कुतबुद्दीन बख्तियार काकी का खलीफा ख्वाजा फरीदुद्दीन मसूद (1175–1265) उनका उत्तराधिकारी बना। वह गजशकर या बाबा फरीद के नाम से ज्यादा जाने जाते थे।

बाबा फरीद के ख्यातिलब्ध और 14वीं शताब्दी के प्रमुख सूफी संत शेख निजामुद्दीन औलिया (1236–1325) को कौन नहीं जानता है। उन्होंने दिल्ली को चिश्ती संप्रदाय का केंद्र बनाया। उनके समकालीन दो इतिहासकार जियाउद्दीन बर्नी और अमीर खुसरो ने 13वीं शताब्दी के उत्तरार्द्ध और 14वीं शताब्दी के पूर्वार्द्ध में उत्तर भारत के सामाजिक और धार्मिक जीवन में उनके महत्त्व को रेखांकित किया है। बाद में, उनके उत्तराधिकारियों ने देश में विभिन्न भागों में चिश्ती संप्रदाय का प्रचार–प्रसार किया।

शेख निजामुद्दीन औलिया के कई आध्यात्मिक शिष्य या खलीफा हुए। शेख बुरहानुद्दीन गरीब (मृ. 1340) उनमें से एक था। मौहम्मद तुगलक ने उन्हें दक्कन जाने को मजबूर किया। उन्होंने दौलताबाद को अपना केंद्र बनाया और वहाँ चिश्ती संप्रदाय का प्रचार–प्रसार किया। दिल्ली में शेख नासिरूद्दीन महमूद (मृ. 1356) शेख निजामुद्दीन औलिया के प्रमुख खलीफा और उत्तराधिकारी थे। उन्हें चिराग–ए दिल्ली (दिल्ली का दीप) के नाम से भी जाना जाता था। उन्होंने और उनके शिष्यों ने चिश्ती संप्रदाय की उन प्रथाओं को छोड़ दिया, जो कट्टरपंथी इस्लाम के साथ टकराती थीं। दूसरी तरफ उन्होंने उलेमा से अनुरोध किया कि चिश्ती संप्रदाय की प्रमुख प्रथा समा के प्रति अपना कड़ा रुख नरम कर लें।

बाद के तुगलक और सैय्यद शासकों के काल में दिल्ली में चिश्ती संप्रदाय का पतन– कुछ विद्वानों का मानना है कि दिल्ली में चिश्ती संप्रदाय के पतन का कारण सुल्तान मौहम्मद तुगलक का रवैया और नीतियाँ थीं। पर यह ध्यान रखना चाहिए कि व्यक्तिगत रूप में सुल्तान सूफियों का विरोधी नहीं था। सुल्तान ने सूफियों को राज्य की सेवा स्वीकार करने के लिए बाध्य किया। इसके बावजूद कुछ सूफी, यहाँ तक कि शेख नासिरूद्दीन चिराग–ए दिल्ली भी पूरे समय दिल्ली में ही रहे। मौहम्मद तुगलक की मृत्यु के बाद उनके उत्तराधिकारी फिरोजशाह तुगलक ने सूफियों को धार्मिक दान दिया और खानकाह फिर सक्रिय हो उठे। 1356 में शेख नासिरुद्दीन की मृत्यु के बाद दिल्ली में कोई ख्याति प्राप्त चिश्ती हस्ती नहीं रह गई। अपने किसी धार्मिक उत्तराधिकारी की नियुक्ति किए बगैर उनकी मृत्यु हो गई। तैमूर के आक्रमण (1398 ई.) के समय उनका एक प्रमुख शिष्य गेसूदराज दिल्ली छोड़कर दक्खन जैसी सुरक्षित जगह चला गया। दिल्ली सल्तनत के पतन के बाद सूफी अपेक्षाकृत स्थायित्व प्राप्त राज्यों में फैलने लगे और वहीं अपने खानकाह स्थापित किए। 14वीं शताब्दी के उत्तरार्द्ध और 15 वीं शताब्दी का चिश्ती संप्रदाय देश के विभिन्न भागों में फैल गया। इससे चिश्ती सूफियों के दृष्टिकोण और प्रथाओं में मूलभूत बदलाव आया।

दूसरा दौर–13वीं शताब्दी के उत्तरार्द्ध से ही सूफी दक्खन की ओर जाने लगे थे, पर दक्खन में चिश्ती संप्रदाय की नींव मौहम्मद तुगलक के शासन काल में शेख बुरहानुद्दीन गरीब ने डाली। बाद में, कई सूफी चिश्ती बहमनी राज्य (1347–1538) की राजधानी गुलबर्गा जाकर बस गए। गुलबर्गा में इन सूफियों ने दरबार से अपना रिश्ता कायम किया और राज्य संरक्षण स्वीकार किया। इस प्रकार शासक वर्ग के प्रति चिश्ती संप्रदाय के रवैये में

परिवर्तन आ गया। दूसरी तरफ बहमनी शासकों ने उन्हें अपने पक्ष में करने के लिए भूमि अनुदान प्रदान किए। मौहम्मद बंदा नवाज (लगभग 1321–1422) इन चिश्तियों में प्रमुख थे। वह दक्खन चले गए और बहमनी सुल्तान फिरोजशाह बहमनी (1397–1422) से बतौर भू–अनुदान चार गाँव प्राप्त किए। वह कट्टरपंथी सूफी थे और उन्होंने सूफी मत की मान्यताओं की अपेक्षा इस्लामी कानून (शरीयत) को प्रमुखता दी। पर उनके बाद किसी ने चिश्ती संप्रदाय में रुचि नहीं दिखाई और उनके परिवारजन भूमिधर कुलीन वर्ग का जीवन व्यतीत करने लगे। इससे उस क्षेत्र में चिश्ती संप्रदाय का अंत हो गया। 1422 ई. में बहमनी राज्य की राजधानी गुलबर्गा से बदलकर बीदर हो गई। इस कारण भी गुलबर्गा में चिश्ती संप्रदाय का पतन हो गया।

15वीं शताब्दी के अंत से एक बार फिर चिश्ती संप्रदाय शक्ति अर्जित करने लगा और 16वीं–17वीं शताब्दी तक इसका विकास हुआ। आदिलशाही सुल्तानों की राजधानी बीजापुर शहर के ठीक बाहर शाहपुर की पहाड़ी पर इनका नया केंद्र स्थापित हुआ। शाहपुर पहाड़ी पर स्थापित चिश्ती संप्रदाय गुलबर्गा में स्थापित चिश्ती संप्रदाय से भिन्न था। इसने दरबार और उलेमा से दूरी बनाए रखी और स्थानीय तत्त्वों को अपना आधार बनाया। उत्तर भारत में 15वीं शताब्दी के उत्तरार्द्ध और 16वीं शताब्दी के पूर्वार्द्ध में चिश्ती संप्रदाय का पुनरूत्थान हुआ। चिश्ती संप्रदाय की तीन शाखाएँ उभर कर सामने आईं, नागौरी (शेख हमीदुद्दीन नागौरी के नाम पर), साबिरी (शेख अलाउद्दीन कालियारी के नाम पर), और निजामी (शेख निजामुद्दीन औलिया के नाम पर)। दिल्ली के आरंभिक सूफियों की तरह बाद के चिश्ती सूफियों ने समाज के सभी तबके के लोगों को अपना शिष्य बनाया पर उन्होंने अपने पूर्ववर्ती चिश्तियों की मान्यताओं का ख्याल नहीं रखा और राज्य का संरक्षण स्वीकार किया।

खंड II

प्रश्न 5. मध्य एशिया में चंगेज खाँ की शक्ति के उदय का संक्षिप्त विवरण दीजिए।

Refer to Chapter-13, Q.No.-3 (Pg. No.-60)

प्रश्न 6. राजपूतों के विरुद्ध तुर्कों की सफलता के कारणों का आलोचनात्मक परीक्षण कीजिए।

Refer to June-2018, Q.No.-6 (Pg. No.-236)

प्रश्न 7. दिल्ली सुल्तानों की दक्खन नीति की मुख्य विशेषताओं का वर्णन कीजिए।

उत्तर– 13वीं शताब्दी के अंत तक उत्तर भारत में अपनी स्थिति को सशक्त बनाने के पश्चात् दिल्ली सुल्तानों ने 14वीं शताब्दी के प्रारंभ में दक्षिण को अपने आक्रमणों का निशाना बनाया। इसका विवरण निम्न प्रकार है–

प्रथम चरण—जलालउद्दीन खिलजी के शासनकाल (1290–96 ई.) में उसके भतीजे अलाउद्दीन ने यादव राज्य की राजधानी देवगिरि पर आक्रमण तथा राजा रामचंद्र को पराजित किया और भारी लूट–पाट की। राजा रामचंद्र ने प्रत्येक वर्ष एक बड़ी राशि भेंट स्वरूप देने का प्रण किया। इसके बाद लगभग 10 वर्ष के बाद ही दिल्ली सल्तनत की ओर से दक्षिण पर आक्रमण हुआ।

इन आक्रमणों का विवरण निम्न प्रकार है–

(i) देवगिरि—अलाउद्दीन ने 1306–07 में अपने सेनानायक मलिक काफूर को दक्षिण आक्रमण के लिए नियुक्त किया। राजा पुनः पराजित हुआ और बंदी बना कर दिल्ली लाया गया। राजा ने सुल्तान को वार्षिक भेंट राशि देने का वायदा किया।

(ii) वारंगल—मलिक काफूर ने 1309 में काकतीय राजधानी वारंगल पर आक्रमण किया। आक्रमण में पराजित होने के बाद बाध्य होकर राजा ने अपना खजाना काफूर को सौंप दिया और वार्षिक भेंट राशि का वायदा किया।

(iii) द्वारसमुद्र—होयसल राज्य की राजधानी द्वारसमुद्र पर 1310–11 में आक्रमण किया गया। वहाँ के शासक बल्लाल देव ने मामूली संघर्ष के बाद समर्पण कर संधि कर ली।

(iv) मदुरा—मदुरा में राज्य पर नियंत्रण करने के लिए दो भाइयों सुंदर पांड्य और वीर पांड्य के मध्य संघर्ष चल रहा था। वीर पांड्य ने सुंदर पांड्य को पराजित करके सिंहासन पर अधिकार कर लिया। सुंदर पांड्य ने अलाउद्दीन खिलजी से सहायता मांगी। मलिक काफूर मदुरा पहुँचा और वीर पांड्य को पराजित कर लूट में भारी धनराशि प्राप्त की।

मलिक काफूर ने 1312 में यादव राजधानी पर पुनः आक्रमण किया क्योंकि राजा राम देव की मृत्यु के बाद उसके पुत्र शंकर देव ने दिल्ली सुल्तान को भेंट राशि देना बंद कर दिया। युद्ध में शंकर देव पराजित हुआ। काफूर ने कृष्ण तथा तुंगभद्रा नदी के बीच के संपूर्ण क्षेत्र पर अधिकार स्थापित कर लिया।

अलाउद्दीन की दक्षिण नीति की प्रमुख विशेषताएँ निम्न प्रकार हैं–

(i) संपूर्ण दक्षिण भारत बिना किसी विशेष प्रतिरोध के जीत लिया गया।

(ii) अलाउद्दीन दक्षिण भारत को अपने राज्य में सम्मिलित करने के पक्ष में नहीं था। उसने उन पर दबाव डाला कि वे दिल्ली सुल्तान की अधीनता स्वीकार कर निश्चित धन वार्षिक भेंट के रूप में दिल्ली सुल्तान को भेजें।

(iii) दक्षिण भारत की विजयों से दिल्ली सुल्तानों को भारी धन राशि प्राप्त हुई।

दूसरा चरण—अलाउद्दीन खलजी की मृत्यु के बाद दक्षिण के राज्यों ने दिल्ली सल्तनत की अधीनता स्वीकार करने से इंकार कर दिया और वार्षिक भेंट राशि देना भी बंद कर दिया। परिणामस्वरूप दिल्ली सल्तनत की ओर से दक्षिण पर आक्रमण का नया क्रम शुरू हुआ। साथ ही सल्तनत की दक्षिण नीति में भी परिवर्तन आया।

अलाउद्दीन ने अपने अंतिम दिनों में दक्षिण के राज्यों का उत्तरदायित्व मलिक काफूर को सौंप

दिया था। उसकी मृत्यु के बाद उसके उत्तराधिकारी मुबारक खलजी (1316–1320) ने देवगिरी पर आक्रमण किया और विशाल क्षेत्र अपने राज्य में मिला लिया। सुल्तान ने वहाँ अपने अधिकारी नियुक्त किए। इन अधिकारियों को भू–क्षेत्र (इक्ता) प्रदान किए गए। इन अधिकारियों को सादा अमीर अथवा 100 का सेनानायक कहा गया। इन अमीरों का कार्य अपने क्षेत्र से भू–राजस्व वसूल करना और शांति व्यवस्था बनाए रखना था। साथ ही उसने इन अमीरों को वारंगल पर आक्रमण करने का आदेश दिया। वारंगल का राजा प्रताप रुद्र देव पराजित हुआ और उसके राज्य के कुछ क्षेत्र भी सल्तनत में सम्मिलित कर लिए गए।

मुबारक खलजी की मृत्यु के बाद वारंगल ने पुनः वार्षिक भेंट राशि देना बंद कर दिया। नए सुल्तान गियासुद्दीन तुगलक ने अपने पुत्र उलुग खां (मौहम्मद तुगलक) के नेतृत्व में एक विशाल सेना तेलंगाना पर आक्रमण करने भेजी। कुछ प्रारंभिक असफलताओं के बाद उलुग खां वारंगल के राजा प्रताप रुद्र देव को पराजित करने में सफल हुआ। अब तेलंगाना का संपूर्ण क्षेत्र दिल्ली सल्तनत में मिला लिया गया। उलुग खां ने इस संपूर्ण क्षेत्र को प्रशासनिक इकाईयों में बाँट दिया और सादा अमीरों के नियंत्रण में दे दिया। ये अमीर सल्तनत के प्रति प्रत्यक्ष रूप से उत्तरदायी थे। माबार भी 1323 में विजित किया गया। शरीफ जलालउद्दीन इसका गवर्नर नियुक्त किया गया और मदुरा उसका प्रशासनिक केंद्र। अब उलुग खां सुल्तान बना और मौहम्मद तुगलक की उपाधि धारण की। उसने यह देखा कि उसके राज्य के दक्षिणी क्षेत्रों की प्रशासनिक व्यवस्था अकुशल है अतः उसने दक्षिण में देवगिरी को दूसरी राजधानी के रूप में विकसित करने का निर्णय किया (1327–28)। देवगिरी का नाम दौलताबाद रखा गया। बड़ी संख्या में अमीरों, व्यापारियों, विद्वान व्यक्तियों तथा अन्य जनमानस को दौलताबाद में बसने के लिए प्रोत्साहित किया गया।

इस तरह हम देखते हैं कि मौहम्मद तुगलक की दक्षिण नीति खलजी से बिल्कुल अलग थी। तुगलक ने दक्षिण के बड़े भाग को अपने राज्य में मिलाकर वहाँ सल्तनत के ढाँचे पर भू–राजस्व व्यवस्था और प्रशासन लागू किया।

प्रश्न 8. इक्ता शब्द को परिभाषित कीजिए। सल्तनत के सुदृढ़ीकरण में इसकी भूमिका की चर्चा कीजिए।

Refer to Chapter-16, Q.No.-3 (Pg. No.-74)

प्रश्न 9. दिल्ली सल्तनत के विघटन में कुलीन वर्ग की भूमिका का परीक्षण कीजिए।

Refer to Chapter-18, Q.No.-2 (Pg. No.-79)

प्रश्न 10. सल्तनत काल में कृषि संबंधी कौन–से तकनीकी उपकरणों का सूत्रपात हुआ?

Refer to Chapter-22, Q.No.-1 (Pg. No.-96)

प्रश्न 11. 13वीं से 15वीं शताब्दियों के मध्य प्रांतीय राज्यों में संगीत के विकास की चर्चा कीजिए।

उत्तर– मध्यकालीन भारत की ललित कलाओं में सबसे कम ऐतिहासिक स्रोत संगीत के विषय में है। दिल्ली सल्तनत के काल में संगीत की जो कुछ भी जानकारी मिलती है वह अमीर खुसरो के लेखन से मिलती है। प्रांतीय राजवंशों की स्थिति भी लगभग यही है। महत्त्वपूर्ण ऐतिहासिक जानकारी बहुत कम है तथा कई बार तो इतिहास तथा किंवदंतियों में अंतर करना कठिन हो जाता है। जो कुछ भी जानकारी उपलब्ध है उससे कुछ तथ्य प्रस्तुत किए जा सकते हैं। इस क्षेत्र में सबसे पुराना ग्रंथ "संगीत रत्नाकार" के नाम से जाना जाता है। यह मूल पुस्तक अभी भी उपलब्ध है। इसकी रचना 1210–47 के बीच देवगिरी के यादव शासक के राजदरबार में शारंगदेव द्वारा की गई। संगीत रत्नाकार संगीत की विभिन्न विधाओं के साथ–साथ नृत्य के विभिन्न रूपों की भी व्याख्या करता है। यह 264 रागों का उल्लेख करते हुए उन्हें प्रमुख या छोटी श्रेणियों में वर्गीकृत करता है। हालाँकि वर्गीकरण के प्रमुख आधार अस्पष्ट हैं। सबसे बड़ी विशेषता संगीत के विभिन्न तत्त्वों का सुव्यवस्थित वर्णन है।

संगीत रत्नाकार पर विजयनगर के मल्लिकार्जुन (1446–65) के दरबारी कालीनाथ की टीका भी संस्कृत में उपलब्ध है। इस तरह की दो और टीकाएँ–केशव और सिंहभूपाल के द्वारा–उपलब्ध हैं लेकिन इसकी जानकारी नहीं है कि कब और कहाँ इनकी रचना हुई।

15वीं सदी में गुजरात से दो अन्य रचनाएँ मिली। पहली का नाम संगीत सुधाकर है जिसे सौराष्ट्र के शासक हरिपाल देव को समर्पित किया गया है। सर्वप्रथम इसी समय संगीत विधा का विभाजन हिन्दुस्तानी तथा कर्नाटक शैली में हुआ। दूसरा मूल ग्रंथ घुनयात–उल–मुन्या के नाम से जाना जाता है। इसका शाब्दिक अर्थ "इच्छा का आनंद" है। किंतु इसकी पांडुलिपि अपूर्ण है। अतः लेखक का नाम भी जानना असंभव है। लेकिन इतना तो अवश्य कहा जा सकता है कि इसकी रचना मलिक शमसुद्दीन अबू राजा के संकेत व निर्देश पर की गई जो फिरोज तुगलक के काल में गुजरात का राज्यपाल था। घुनयात जैसा कि इसका लेखक कहता है शासक वर्ग की संगीत अभिरुचि को प्रदर्शित करने तथा शासक वर्ग (मुआँतबीरान) तथा विशेषज्ञों (नारिफ) की आवश्यकताओं की पूर्ति के लिए लिखी गई (फारसी की घुनयात–उल–मुन्या के संपादक शहाब सरमदी हैं जिसका प्रकाशन 1978 ई. में नई दिल्ली से हुआ)। यह मूल ग्रंथ कई दृष्टिकोणों से महत्त्वपूर्ण है। यह सबसे पुराना फारसी का ग्रंथ है जिसमें संस्कृत के दुर्लभ उद्धरण भी मिलते हैं। इसके अतिरिक्त घुनयात में संस्कृत के कुछ ऐसे ग्रंथों के उद्धरण भी मिलते हैं जो ग्रंथ अब अप्राप्य हैं।

15वीं सदी के मूल ग्रंथों में रागतरंगिनी का महत्त्वपूर्ण स्थान है। इसे लोचन कवि को समर्पित किया गया है। इसमें जयदेव (गीत गोविंद) तथा विद्यापति के उद्धरण मिलते हैं। रागतरंगिनी की विशेषता रागों के नए प्रकार की थाट पद्धति में निहित है। संगीत के सभी आधुनिक प्रचलित रूपों का व्यावहारिक उपयोग इसमें देखने को मिलता है।

15वीं सदी के उत्तरार्द्ध में जौनपुर के शर्की शासकों ने संगीत को एक नई स्फूर्ति प्रदान की।

महान पारखी तथा निपुण सुल्तान हुसैन शर्की (1458–99) ने स्वर संगीत को बढ़ावा देते हुए ख्याल को कलावंती ख्याल के रूप में प्रस्तुत किया उसने कुछ नए राग जैसे राग–जौनपुरी तोड़ी, सिंधु भैरवी, सिन्दुरा तथा रसूली तोड़ी आदि का भी आविष्कार किया।

जैसा कि ज्ञात है, प्रख्यात शासकों के अधीन विजयनगर संगीत के केंद्र के रूप में स्थापित हुआ। सबसे प्रसिद्ध दक्षिण भारतीय संगीत शैली का ग्रंथ रमामात्य द्वारा लिखित स्वरमेल कलानिधि है। यह अपनी मौलिकता के लिए प्रसिद्ध है और आज भी संगीत प्रेमियों द्वारा प्रयोग किया जाता है।

उपरोक्त विवरण से स्पष्ट है 13वीं और 15वीं सदी तक संगीत का विकास निरंतर होता रहा, किंतु सभी क्षेत्रीय विधाओं को समंवित करने का प्रयास नहीं किया गया। मुगलों के आने के बाद संगीत की कला और विकसित हुई और विकास के चरमोत्कर्ष तक पहुँची।

प्रश्न 12. क्षेत्रीय भाषाओं के विकास की सामाजिक पृष्ठभूमि का परीक्षण कीजिए।

उत्तर– सल्तनत काल में भारत के विभिन्न भागों में क्षेत्रीय भाषाओं का विकास हुआ। इस युग में क्षेत्रीय भाषाओं के विकास के लिए महत्त्वपूर्ण कारण निम्नलिखित थे–

(i) उत्तर–गुप्त काल में, लगभग 7वीं–8वीं शताब्दी से, सामंतवादी समाज, अर्थव्यवस्था और राजनीति की प्रगति के फलस्वरूप क्षेत्रीय सत्ता और संस्कृति का आविर्भाव हुआ। क्षेत्रीयवाद के विकास का एक परिणाम, अपभ्रंश से क्षेत्रीय भाषाओं के प्रारंभिक रूपों की उत्पत्ति था।

(ii) संस्कृत साहित्य की गुणवत्ता में कमी दिल्ली सल्तनत की स्थापना से बहुत पहले ही प्रारंभ हो गई थी। 10वीं–11वीं शताब्दियों में प्रकाशित संस्कृत साहित्य अधिकांशतः स्वाभाविकताहीन था और अलोकप्रिय था। यह साहित्य एक छोटे से ब्राह्मणीय दायरे तक सीमित रहा। सल्तनत युग में राज भाषा के रूप में संस्कृत का प्रतिस्थापन फारसी द्वारा किए जाने से संस्कृत साहित्य के पतन की प्रक्रिया और भी तीव्र हो गई। केंद्र में इसको प्राप्त सरकारी संरक्षण के सागाप्त होते ही कई राज्यों ने क्षेत्रीय भाषाओं के प्रयोग को बढ़ावा दिया क्योंकि फारसी भारत के कई भागों में एक अपरिचित भाषा थी। कई राज्यों में, प्रशासकीय कार्यों हेतु, तुर्कों से पहले भी, संस्कृत के अतिरिक्त क्षेत्रीय भाषाओं का प्रयोग प्रचलित था। दिल्ली सुल्तानों के शासन काल में, कई प्रदेशों में, स्थानीय स्तर पर हिंदी जानने वाले राजस्व अधिकारियों का उल्लेख मिलता है।

(iii) 13वीं शताब्दी में तुर्कों द्वारा उत्तर भारत की विजय से राजपूत–ब्राह्मण गठबंधन का अंत हो गया। फलस्वरूप, समाज में ब्राह्मणों का प्रभाव कम हो गया; संस्कृत–भाषा की प्रमुखता को धक्का पहुँचा और क्षेत्रीय भाषाओं ने, जो स्थानीय स्तर पर लोकप्रिय थी; प्रमुखता प्राप्त की।

(iv) गैर–ब्राह्मणवादी और परंपरावादी नाथपंथी आंदोलन और बाद में विभिन्न भक्ति आंदोलनों–अनुसारक और उग्र ऐकेश्वरवादी, दोनों ने क्षेत्रीय साहित्य के तीव्र विकास में एक महत्त्वपूर्ण भूमिका निभाई। नाथपंथी आंदोलन की उत्पत्ति से पूर्व, उनके पूर्ववर्तियों बौद्ध सिद्धों की अधिकांश साहित्य–क्षेत्रीय भाषाओं में, जिसमें हिंदी भी सम्मिलित थी, रचा गया। नाथपंथी आंदोलन, जिसने ब्राह्मणवाद के घटते प्रभाव से लाभ उठाया और जो 13वीं और 14वीं

शताब्दी में अपने चरमोत्कर्ष पर पहुँचा, ने लोकप्रिय क्षेत्रीय भाषाओं के विकास के लिए महत्त्वपूर्ण कार्य किया। 15वीं शताब्दी के उपरांत उत्तर भारत में भक्ति आंदोलनों की प्रगति ने, क्षेत्रीय भाषाओं के विकास और इन भाषाओं में साहित्य की विविध विधाओं को विकसित करने में अत्यंत प्रभावशाली योगदान दिया। भक्ति आंदोलन के संत अपने छंदों की रचना आम बोल–चाल की भाषा मे करते थे, जिससे वे लोगों में बहुत लोकप्रिय थे। वे लोकप्रिय मुहावरों, दंत–कथाओं और लोक कथाओं का प्रयोग करते थे। भक्ति आंदोलन ने एक आम तरीके से लोकप्रिय प्रादेशिक भाषाओं के विकास में योगदान दियां। भक्ति संतों ने, विशेष रूप से जिनका संबंध भक्ति आंदोलन की पारंपरिक धारा से था, महाकाव्यों, पुराणों और भगवद् गीता का अनुवाद संस्कृत से क्षेत्रीय भाषाओं में किया, जिससे आम लोग उन्हें पढ़ सकें। इस तरह से, भक्ति कवियों ने संस्कृत की विभिन्न कृतियों से भक्ति प्रसंग लेकर उनको लोकप्रिय बनाया। इन कृतियों के पाठों का न केवल क्षेत्रीय भाषओं में अनुवाद किया गया बल्कि उन्हें सरल तरीके से, लोगों के समझने हेतु, प्रस्तुत किया गया।

खंड III

प्रश्न 13. निम्नलिखित में से किन्हीं दो पर लगभग 100 शब्दों (प्रत्येक) में संक्षिप्त टिप्पणियाँ लिखिए:

(क) प्रारंभिक मध्यकाल में शूद्रों का कृषकों के रूप में उदय

Refer to Chapter-5, Q.No.-3 (Pg. No.-23)

(ख) तंत्रवाद

Refer to Chapter-6, Q.No.-2 (Pg. No.-29)

(ग) खंडात्मक राज्य

Refer to Chapter-8, Q.No.-2 (Pg. No.-39)

(घ) तुर्कान–ए–चिहिलगानी

Refer to Chapter-18, Q.No.-2 (Pg. No.-79)

ई.एच.आई. – 03 : भारत 8वीं सदी से 15वीं सदी ई. तक
दिसम्बर, 2019

नोट : *इस प्रश्न–पत्र में तीन खंड हैं। विद्यार्थियों को खंड–I में से कोई दो प्रश्न लगभग 500 शब्दों (प्रत्येक) में, खंड–II में से कोई* ***चार*** *प्रश्न लगभग 250 शब्दों (प्रत्येक) में तथा खंड–III में से कोई दो संक्षिप्त टिप्पणियाँ लगभग 100 शब्दों (प्रत्येक) में करने हैं। प्रत्येक प्रश्न के अंक उसके सामने अंकित हैं।*

खंड – I

प्रश्न 1. व्यापारिक श्रेणियों को परिभाषित कीजिए। प्रारंभिक मध्ययुगीन भारत में व्यापारिक श्रेणियों के संगठन एवं उनके प्रकार्यों का आलोचनात्मक परीक्षण कीजिए।

Refer to Chapter-4, Q.No.-2

प्रश्न 2. प्रारंभिक मध्ययुगीन काल में मंदिर स्थापत्य की विभिन्न शैलियों के विकास पर चर्चा कीजिए।

Refer to Chapter-7, Q.No.-1

प्रश्न 3. तुर्किश शासक वर्ग की संरचना किस प्रकार की थी?

उत्तर– लगभग संपूर्ण तेरहवीं शताब्दी मे तुर्की सैन्य शक्ति ने उत्तर भारत पर नियंत्रण स्थापित किया। चौदहवीं शताब्दी के मध्य तक इसका विस्तार दक्कन में भी हो गया। अब एक विशाल प्रतिकूल क्षेत्र को शांत रखना और शासित करना था। इस कार्य के लिए एक शासक वर्ग को बनाए और जारी रखना था। प्रारंभिक तुर्की शासक वर्ग का राजनीतिक और वित्तीय सत्ता पर अधिकार का स्वरूप सुल्तान के साथ हिस्सेदारी का था। प्रारंभिक काल में दूर–दराज के नवविजित प्रांतों में भेजे गए अमीर लगभग पूर्ण स्वतंत्र थे। यह अमीर या कुलीन इन प्रदेशों में गवर्नर के रूप में भेजे जाते थे। यह अमीर मुक्ती या वली कहलाते थे और इनके अधीन प्रदेश को इक्ता कहा जाता था। समय के साथ, मुक्तियों को एक इक्ते से दूसरे इक्ते में स्थानांतरित करने की प्रथा प्रारंभ हुई। संभवतः गौरी के आक्रमण से पूर्व की राजनीतिक व्यवस्था जारी रही। इस व्यवस्था में राय और रानाओं से अंशदान या निश्चित राशि माँगी जाती थी तथा इनसे यह अपेक्षा की जाती थी कि पहले की भाँति ही कर वसूल करें।

समकालीन इतिहासकार मिन्हाज 'उस सिराज और बर्नी के अनुसार सल्तनत की स्थापना के प्रारंभिक वर्षों में अधिकांश महत्त्वपूर्ण कुलीन और सुल्तान गुलाम परिवारों से संबंध रखते थे। प्रारंभिक काल के बहुत से तुर्की कुलीन और सुल्तानों ने अपने सैनिक अथवा राजनीतिक

जीवन का आरंभ एक गुलाम के रूप में किया था। परंतु सुल्तान बनने से पहले ही उन्होंने अपना दास्य मुक्ति पत्र (खत–ए आजादी) प्राप्त कर लिया था। ऐसा ही एक सुल्तान कुतुबुद्दीन ऐबक था। सन् 1210 में उसकी मृत्यु के पश्चात् उसके एक कृपापात्र एल्तुतमिश ने दिल्ली पर अधिकार कर लिया और स्वयं को सुल्तान घोषित कर दिया। उसने गुलामों का अपना एक दल तैयार किया, जिन्हें शम्सी मलिक (शम्सी–शमसुद्दीन इल्तुतमिश के नाम पर) कहा गया। बर्नी इन्हें तुरकान–ए–चिहिलगानी (चालीस का दल) कहता है। इल्तुतमिश के अमीरों में बहुत से ताजिक या जन्म से स्वतंत्र (गुलाम के विपरीत) अधिकारी भी थे। मिन्हाज–उस सिराज के अनुसार, नासिरूद्दीन महमूद के सिंहासनारोहण के समय (1246 ई.) शासक वर्ग में अप्रवासी (आहार से आए हुए) स्वतंत्र अमीर भी थे। इल्तुतमिश की मृत्यु के बाद उत्तराधिकार के संघर्ष ने अमीरों के मतभेदों को उजागार किया।

शासक वर्ग में आपसी मतभेदों के बावजूद इनमें एक बुनियादी भाईचारा था। जिसकी झलक इस वर्ग से बाहर के व्यक्तियों के विरुद्ध शत्रुता में दिखाई देती है। रजिया (1236–1240 ई.) ने जब एक हब्शी (एबीसीनियन) गुलाम जमालुद्दीन याकूत को अमीर–ए आखुर ("शाही घोड़ों के विभाग का प्रधान") का पद दिया तो अत्यधिक असंतोष उभरा। इसी प्रकार का विरोध इमादउद्दीन रेहान (सुल्तान नासिरूद्दीन महमूद के काल में) को एक महत्त्वपूर्ण पद देने का हुआ, क्योंकि वह एक हिंदू था, जो धर्म–परिवर्तित करके मुसलमान हो गया था। इस प्रकार, कुलीन होना या शासक वर्ग में स्थान कुछ विशेष वर्गों का विशेषाधिकार समझा जाता था। कभी–कभी यह कार्य "कुलीन जन्म" के सिद्धांत के आधार पर किया जाता था, जैसा कि बलबन की नीतियों से दिखाई देता है। बर्नी इन नीतियों का श्रेय बलबन को देता है।

इस प्रकार समान हितों के कारण प्रभावशाली गुट एकजुट रहते थे। शासक वर्ग की संरचना में प्रजाति और संभवतः धर्म भी महत्त्वपूर्ण भूमिका निभाते थे। वास्तव में, शासक वर्ग एक एकाश्म या समरूपी संगठन नहीं था। इसके कई तरह दल और गुट थे तथा प्रत्येक गुट ईर्ष्यापूर्वक अपने विशेष हितों की रक्षा करता था। गौरी के आक्रमण के समय जो तुर्की अधिकारी या सेना नायक उसके साथ थे, वे प्रारंभिक तुर्की शासक वर्ग के केंद्र में थे–

(1) इलबरी–मुहम्मद गौरी द्वारा विजित भारतीय क्षेत्रों पर कुतुबुद्दीन ऐबक ने अधिकार प्राप्त किया। भारतीय क्षेत्रों पर उत्तराधिकार प्राप्त करने का ऐबक को उतना ही अधिकार था, जितना यलदूज कुबाचा जैसे अमीरों को था जिन्होंने क्रमशः गजना और सिंघ पर अपनी स्वतंत्रता और स्वायत्तता घोषित की। यही सल्तनत के प्रारंभिक इतिहास की विशेषता रही। स्वयं को सिंहासनारूढ़ करने और सत्ता में बने रहने के लिए सुल्तान को अमीरों के समर्थन की आवश्यकता रहती थी। उदाहरण के लिए, इल्तुतमिश ने दिल्ली के अमीरों की सहायता से सिंहासन पर अधिकार किया। सिंहासन प्राप्त करने के प्रयासों में अथवा सुल्तान बनाने में तुर्की अमीरों भी भूमिका बहुत महत्त्वपूर्ण होती थी। बर्नी के अनुसार, अनुभवी तुर्की अमीर एक–दूसरे से कहते थे कि "तुम क्या हो जो मैं नहीं हूँ और तुम क्या बनोगे जो मैं नहीं बन सकूँगा।"

प्रारंभिक तुर्की कुलीन वर्ग शासन करने के अपने विशिष्ट एकाधिकार पर बहुत अधिक बल देते थे। उनके इस एकाधिकार को जब अन्य सामाजिक दल चुनौती देते थे तो यह वर्ग नाराज हो जाता था और वे उसका विरोध करते थे। इल्तुतमिश की मृत्यु के बाद उसके अमीरों के दल तुर्कान–ए–चिहिलगानी ("चालीस का दल") के हाथ में काफी शक्ति आ गई। यह वर्ग काफी महत्त्वपूर्ण था। जब सुल्तानों ने अन्य दलों को सत्ता में भागीदार बनाने का प्रयास किया, तो इस गुट ने तीव्र विरोध किया। आप जानते ही हैं कि जब रजिया ने एबीसीनिया के एक गुलाम याकूत को अमीर–ए आखुर का पद दिया तो तुर्की अमीरों ने विरोध किया। जब नासिरूद्दीन महमूद (1246–1266 ई.) ने इस गुट की शक्ति का दमन करने के लिए बलबन (जो चालीस के गुट में था) को महत्त्वपूर्ण पद से हटाकर इमादउद्दीन रेहान, जो धर्म–परिवर्तित मुस्लिम था, को उसके स्थान पर बैठाया तो सफलता नहीं मिली। समकालीन इतिहासकार मिन्हाज "शुद्र नस्ल के तुर्कों" का पक्ष लेते हुए कहता है कि वह "हिंदुस्तान की प्रजाति के इमादउद्दीन रेहान का अपने ऊपर शासन करना कैसे सहन कर सकते थे।" तुर्की अमीर वर्ग के विरोध के सामने असमर्थ सुल्तान ने रेहान को हटाकर बलबल को पुनर्स्थापित कर दिया। शक्ति का दमन करने के लिए कई कदम उठाए। वह स्वयं ऐसे अमीरों की सहायता से सत्ता में आया था, जो उसके प्रति वफादार थे। बर्नी के अनुसार, बलबन ने अनेक वरिष्ठ तुर्की अमीरों की हत्या कराई। यह उन तुर्की अमीरों को, जो सुल्तान को चुनौती दे सकते थे, भयभीत करने का प्रयास था। बर्नी के अनुसार, बलबन ने स्वयं सुल्तान नासिरूद्दीन को अपनी "कठपुतली" (नमूना) बनाकर रखा था। इसलिए वह अग्रणी तुर्की अमीरों के प्रति सशक्ति था।

(2) खलजी—सन् 1290 ई. में खलजी वंश ने इलबरी वंश को उखाड़ फेंका। खलजियों का सत्ता में आना समकालीन इतिहासकारों के लिए एक बिल्कुल नई बात थी। बर्नी कहता है कि खलजी तुर्कों से भिन्न एक अलग "नस्ल" के थे। सी.ई. बोसवर्थ जैसे आधुनिक इतिहासकार उन्हें तुर्क ही मानते हैं, परंतु तेरहवीं शताब्दी में उन्हें कोई तुर्क नहीं मानता था। इसलिए उनका सत्ता में आना एक विलक्षण और नवीन घटना के रूप में देखा गया, क्योंकि वह अमीर और शासक वर्ग के महत्त्वपूर्ण अंग नहीं थे। अलाउद्दीन खलजी ने तुर्की अमीरों की शक्ति का अंत करने के लिए अपने कुलीन या अमीर वर्ग में नए लोगों को सम्मिलित किया। इनमें प्रमुख थे मंगोल (नव या नए मुस्लिम), भारतीय और एबीसीनियावासी (मलिक काफूर एबीसीनियाई वर्ग का सुप्रसिद्ध उदाहरण है) अमीर वर्ग की संरचना में विस्तार की यह प्रक्रिया तुगलक वंश के काल में भी जारी रही।

अलाउद्दीन खलजी और बलबन के काल में दिल्ली में कोतवालियान (कोतवाल का बहुवचन) नामक अमीरों का एक छोटा सा गुट था। वास्तव में, यह एक परिवार का गुट था, जिसका प्रमुख दिल्ली का कोतवाल फखरूद्दीन था।

(3) तुगलक—मुहम्मद तुगलक के काल में भारतीय और अफगान अमीरों के प्रवेश के अतिरिक्त अमीर वर्ग में अभूतपूर्व विषमता आ गई। इसमें काफी संख्या में विदेशी तत्त्व,

विशेषकर खुरासानी, सम्मिलित हो गए जिन्हें सुल्तान अइज्जा (प्रिय) कहता था। इनमें से बहुत से अमीर सादह ("एक सौ के नायक") के रूप में नियुक्त किए गए। बर्नी इस बात के लिए शोक प्रकट करता है कि सुल्तान ने "निम्न कुल में जन्मे" (जवाहर–ए लुतरह) व्यक्तियों को ऊँचे पद प्रदान कर दिए हैं। वह कहता है कि गाने–बजाने वाले, नाई और रसोइयों को उच्च पद दे दिए गए। वह नामों के साथ कुछ उदाहरण देता है जैसे पीरा माली को दीवान–ए विजारत दिया गया। धर्म (इस्लाम) में नए परिवर्तित अजीजउद्दीन खम्मार (अर्क निकालने वाला या आसवक) और कवामुल मुल्क मकबूल तथा मलिक मख और मलिक साहू लोदी अफगान जैसे अफगानों और साई राज धारा तथा भीरन राम जैसे हिंदुओं को इक्वता और पद दिए गए।

फीरोज तुगलक के काल में कुलीनों की सामाजिक पृष्ठभूमि के विषय में कोई स्पष्ट संकेत नहीं मिलते। ऊपरी तौर पर सुल्तान और अमीरों के बीच अस्थिर शांति प्रतीत होती है।

अमीरों के लिए खान, मलिक और अमीर जैसे पदनामों का प्रयोग किया जाता था। अफगान कुलीनों के लिए बहुधा खान पदनाम प्रयोग किया जाता था, अमीर का तात्पर्य नायक से था, मलिक का उपयोग राजा, शासक या प्रधान के अर्थ में होता था। सम्मान सूचक उपाधियों के अतिरिक्त अमीरों को कुछ वैभव तथा सम्मान के प्रतीक चिह्न भी दिए जाते थे, जिन्हें मरातिब कहते थे और जो अमीरों के विशेषाधिकार के प्रतीक थे। जैसे–खिलत (सम्मान सूचक वस्त्र), सुल्तान द्वारा तलवार या कटार भेंट करना, शोभा यात्रा में घोड़े और हाथी प्रयोग करने का अधिकार, राजचिह्न–युक्त छतरी, राजचिह्न धारण करने और नगाड़ा तथा नक्कारा बजाने का अधिकार।

यह तथ्य विशेष ध्यान देने योग्य है कि प्रत्येक सुल्तान अमीरों का एक ऐसा गुट संगठित करने का प्रयास करता था, जो स्वयं उसके प्रति वफादार हो। इस नीति के द्वारा सुल्तान को पहले से मौजूद उस अमीर वर्ग पर निर्भर रहने की आवश्यकता नहीं रहती थी जिसकी वफादारी संदेहास्पद होती थी। समकालीन इतिहासकारों के विवरणों में हमें इसीलिए अमीरों के संदर्भ कुतुबी (कुतुबुद्दीन ऐबक के), शम्सी (शमसुद्दीन इल्तुतमिश के), अलबनी (बलबन के) और अलाई (अलाउद्दीन खलजी के) अमीरों के रूप में मिलते हैं। यहाँ यह स्पष्ट करना प्रासंगिक होगा कि चाहे सुल्तान शक्तिशाली हो या कमजोर, अमीरों का प्रत्येक गुट उसकी कृपा–दृष्टि प्राप्त करने का भरसक प्रयास करता था क्योंकि सभी विशेषाधिकार और शक्तियों का स्रोत सुल्तान ही था। अगर सुल्तान दृढ़ इच्छा शक्ति का स्वामी होता था तो उसकी यह स्थिति उसकी सत्ता को मजबूत करने में बहुत सहायक सिद्ध होती थी।

दिल्ली सल्तनत के इस सामंती अधिकारी वर्ग में अफगान काफी संख्या में शामिल रहते थे। लोदी वंश (1451–1526 ई.) के सत्ता में आने से अमीर वर्ग में अफगानों की प्रधानता स्थापित हो गई।

प्रश्न 4. चित्रकला की जैन एवं चौर पंचशिका शैलियों की परंपराओं एवं स्वरूपों पर प्रकाश डालिए।

Refer to Chapter-32, Q.No.-2

खंड – II

प्रश्न 5. मंगोलों की चुनौतियों का सामना करने के लिए तुर्क शासकों द्वारा किन रणनीतियों का अनुसरण किया गया?

उत्तर– प्रो. के.ए. निजामी ने तुर्क सल्तनत द्वारा मंगोल खतरे की ओर अपनाए गए दृष्टिकोण को तीन भागों में बाँटा है–(1) अलगाववाद, (2) तुष्टिकरण और (3) विरोध।

इल्तुतमिश ने "अलगाववादी" नीति का अनुसरण किया। दिल्ली के सुल्तानों को मंगोलों के खतरे का सामना तभी से करना पड़ा जब सन् 1221 ई. में मंगोलों ने ख्वारिज्म साम्राज्य का अंत कर दिया और चंगेज खाँ राजकुमार जलालुद्दीन मंगबर्नी का पीछा करते हुए भारत की सीमाओं पर आ पहुँचा था। जलालुद्दीन को जब कोई विकल्प दिखाई नहीं पड़ा तब उसने सिंधु नदी को पार किया और सिंधु के पूर्वी क्षेत्र में घुस गया। इल्तुतमिश मंगोलों को भारत की सीमा तक पहुँच जाने के कारण, नजरअंदाज नहीं कर सकता था। लेकिन उसके लिए सिंधु क्षेत्र में मंगबर्नी की उपस्थिति भी समान रूप से महत्त्वपूर्ण थी। सुल्तान को भय था कि कुबाचा तथा खोखर मंगबर्नी के साथ मिलकर कहीं गठजोड़ न कर ले। लेकिन राजनीतिक सत्ता के लिए कुबाचा एवं मंगबर्नी के मध्य गठबंधन नहीं हो सका, बल्कि वे सत्ता के लिए आपस में ही भिड़ गए। परतु इसी बीच उसने खाखरों से वैवाहिक संबंध स्थापित करने में सफलता प्राप्त की। इससे उत्तर–पश्चिम में मंगबर्नी की स्थिति और मजबूत हो गई। अता मलिक ने अपनी पुस्तक तारीख–ए–जहाँगुशा में लिखा है कि इस्तुतमिश ने मंगबर्नी की उपस्थिति से उस खतरे का अनुमान कर लिया था, जिसके अनुसार "वह उसके ऊपर अपनी सत्ता को स्थापित कर उसके नष्ट कर सकता था।" इसके अतिरिक्त इल्तुतमिश भली–भाँति सल्तनत की कमजोरियों से भी परिचित था। इन्हीं कारणों से बाध्य होकर इल्तुतमिश ने "अलगाव" की नीति का अनुसरण किया। ऐसा प्रतीत होता है कि चंगेज खाँ ने अपने दूत को इल्तुतमिश के दरबार में भेजा था। सुल्तान के विषय में स्पष्ट रूप से कुछ कह पाना कठिन है, लेकिन इतना निश्चित है कि जब तक चंगेज खाँ जीवित रहा (मृत्यु 1227 ई.), तब तक इल्तुतमिश ने उत्तर–पश्चिम की ओर कोई अभियान नहीं भेजा। यह संभव हो सकता है कि दोनों के मध्य एक–दूसरे पर आक्रमण न करने का कोई समझौता हुआ हो। इल्तुतमिश ने कूटनीतिक तरीके से ख्वारिज्म राजकुमार के साथ राजनीतिक गठबंधन करने की अवहेलना की। ख्वारिज्म राजकुमार ने आइन–उल मुल्क को इल्तुतमिश के दरबार में अपने राजदूत के रूप में इस प्रार्थना के साथ भेजा कि वह उसको राजनीतिक शरण दे। किंतु इल्तुतमिश ने यह कहते हुए इंकार कर दिया कि ठहरने के

लिए अनुकूल वातावरण नहीं है। दूसरे, उसने उसके दूत का वध करा दिया। मिन्हाज सिराज उल्लेख करता है कि इल्तुतमिश ने मंगबर्नी के विरुद्ध सैनिक अभियान भेजा। किंतु मंगबर्नी ने किसी तरह से युद्ध को टाल दिया और वह सन् 1224 ई. में अंततः भारतीय भूमि को छोड़ गया।

इल्तुतमिश की "अलगाववाद" की नीति में परिवर्तन, "तुष्टीकरण" की नीति की ओर बदलाव, उस समय हुआ जबकि सल्तनत की सीमाओं को लाहौर एवं मुल्तान तक बढ़ा दिया गया। इस नीति के कारण मंगोल आक्रमणों के सम्मुख सल्तनत प्रत्यक्ष तौर पर आ गई क्योंकि अब दोनों के मध्य कोई मध्यवर्ती राज्य न रहा था। बमियान के हसन करलग ने रजिया सुल्तान के सम्मुख मंगोल विरोधी गठबंधन बनाने का प्रस्ताव रखा, किंतु उसने इस प्रस्ताव को मानने से इंकार कर दिया। इससे स्पष्ट है कि उसने मंगोलों के प्रति "तुष्टीकरण" की नीति का अनुसरण किया। हमको इस तथ्य को भी ध्यान में रखना चाहिए कि इस नीति का अनुसरण चंगेज खाँ के पुत्रों के बीच साम्राज्य के बँटवारे के कारण किया गया, जिससे कि उनकी शक्ति कमजोर हो गई। दूसरा कारण यह भी था कि उस समय मंगोल पश्चिम एशिया में व्यस्त थे।

चाहे कोई भी कारण रहे हों, किंतु 1240–1266 ई. के मध्य मंगोलों ने प्रथम बार भारत पर अधिकार करने की नीति का अनुसरण किया और दिल्ली के साथ एक–दूसरे पर "आक्रमण न करने के समझौते के" स्वर्णिम युग का अंत हो गया। इस दौरान सल्तनत को मंगोलों से गंभीर खतरा बना रहा। इसका मुख्य कारण मध्य एशिया में होने वाला परिवर्तन था। ट्रांस ऑक्सियाना के मंगोल खाँ के लिए शक्तिशाली ईरानी शासन, मंगोल खानेत, का सामना करना कठिन था इसलिए उसने अपने भाग्य को परखने के लिए भारत की ओर कूच किया। सन् 1241 ई. में तैर बहादुर ने लाहौर पर आक्रमण किया और नगर को पूर्ण रूप से नष्ट कर दिया। इसी के साथ सन् 1245 ई. एवं 1246 ई. में दो और आक्रमण किए गए। नासिरूद्दीन के शासन काल में बलबन द्वारा किए गए विशेष प्रयासों के बावजूद सन् 1241–66 ई. के बीच सल्तनत की सीमाएँ सिमट कर ब्यास नदी तक रह गईं। इसके बावजूद भी कुछ समय तक "तुष्टीकरण की नीति जारी रही। सन् 1206 में हलागू के दूत का दिल्ली में उचित सम्मान किया गया और इसी तरह के कूटनीतिक सम्मान का परिचय हलागू ने भी दिया।

दिल्ली सल्तनत की नीति में विशेष परिवर्तन बलबन के सत्तासीन होने के बाद ही हुआ। कुल मिलाकर यह "विरोध" का समय था। बलबन अधिकतर समय दिल्ली में ही रहा उसकी मुख्य ताकत मंगोलों को रोके रहने में ही लगी रही और उसने उनको ब्यास नदी से दूर रखने में सफलता भी प्राप्त की। बर्नी ने लिखा है कि तामीर खाँ तथा आदिल खाँ जैसे कुलीनों ने बलबन को मालवाँ एवं गुजरात पर आक्रमण करने का सुझाव दिया और उसे प्रसारवादी नीति का अनुसरण करने की सलाह दी। किंतु बलबन ने उत्तर दिया–

"जबकि मंगोलों ने इस्लाम की संपूर्ण भूमि पर अधिकार कर लिया है, लाहौर को नष्ट कर दिया है और इसे आधार बनाकर प्रत्येक वर्ष हमारे देश पर आक्रमण करते हैं.....तब मैं अपनी राजधानी को कैसे छोड़ सकता हूँ। मंगोल निश्चय ही इस अवसर का लाभ उठाते हुए दिल्ली पर अधिकार कर लेंगे और दोआब को रौंद डालेंगे। अपने ही राज्य में शांति बनाए रखना और अपनी शक्ति सुदृढ़ करना दूसरे देशों के क्षेत्रों पर आक्रमण करने से कहीं बेहतर है, जबकि अपना स्वयं का राज्य असुरक्षित हो।"

बलबन ने मंगोलों के विरुद्ध "बल एवं कूटनीति" दोनों का उपयोग किया। उसने अपनी सुरक्षा रेखा को मजबूत करने के प्रयत्न किए। ब्यास नदी के पार मंगोलों के विस्तार को रोंकने के लिए भटिंडा, सुनाम तथा समाना के किलों की मरम्मत कराई। बलबन ने मुल्तान एवं उच्छ पर अधिकार करने में भी सफलता प्राप्त की, किंतु पंजाब में उसकी सेनाओं पर मंगोलों का भारी दबाव बना रहा। बलबन के पुत्र राजकुमार मौहम्मद को प्रत्येक वर्ष मंगोलों के विरुद्ध सैनिक अभियान भेजने पड़ते थे। मंगोलों से मुल्तान की ही रक्षा करते हुए सन् 1285 ई. में राजकुमार की मृत्यु हुई। परंतु एक वास्तविकता यह भी थी कि सन् 1295 ई. तक मंगोलों ने दिल्ली पर अधिकार करने के प्रति कोई विशेष उत्सुकता नहीं दिखाई।

खलजियों के शासनकाल में मंगोल आक्रमणों का क्षेत्र और आगे की ओर बढ़ गया। सन् 1299 ई. में मंगोलों ने कुतलग ख्वाजा के नेतृत्व में प्रथम बार दिल्ली पर आक्रमण किया। तब से दिल्ली मंगोल आक्रमणों का एक स्थायी लक्ष्य बन गई। दूसरी बार कुतलग ख्वाजा ने दिल्ली पर उस समय आक्रमण किया जब अलाउद्दीन चित्तौड़ के अभियान में व्यस्त था। यह आक्रमण इतना भयंकर था कि मंगोलों ने दिल्ली में व्यापक स्तर पर सर्वनाश किया। दिल्ली में उनके रहते अलाउद्दीन खलजी नगर में प्रवेश करने का प्रयास न कर सका।

मंगोलों के लगातार होने वाले आक्रमणों ने अलाउद्दीन को स्थायी समाधान ढूँढने के लिए बाध्य किया। उसने व्यापक स्तर पर सैनिकों की भर्ती की और सीमावर्ती किलों को मजबूत किया। फलस्वरूप मंगोलों को पहले सन् 1306 ई. में तथा फिर 1308 ई. में पराजय का सामना करना पड़ा। मंगोलों की इस पराजय का एक कारण 1306 ई. में मंगोल सरदार दावा खाँ की मृत्यु और उसकी मृत्यु के बाद वहाँ गृह युद्ध का शुरू हो जाना भी था। इससे मंगोल बहुत अधिक कमजोर पड़ गए और अब उनका अस्तित्व एक शक्ति के रूप में समाप्त हो गया। इससे दिल्ली के सुल्तानों को अपनी सल्तनत की सीमाओं को प्रसार करने में सहायता मिली। मंगोलों का अंतिम महत्त्वपूर्ण आक्रमण तरमाशिरीन के नेतृत्व में मौहम्मद तुगलक के शासन काल में हुआ।

इस तरह दिल्ली के सुल्तान मंगोल समस्या का समाधान करने में सफल रहे और मंगोलों से अपने राज्य को बचाए रखने में सफलता प्राप्त की। इससे सल्तनत की शक्ति भी स्पष्ट होती है। इसके अतिरिक्त, मंगोलों द्वारा मध्य एवं पश्चिमी एशिया में किए गए सर्वनाश के कारण बड़ी संख्या में विद्वान, दार्शनिक, कलाकार एवं अन्य लोग भाग कर दिल्ली आ गए और उन्होंने इसको मुस्लिम संस्कृति के एक महान नगर के रूप में रूपांतरित कर दिया।

प्रश्न 6. दिल्ली सल्तनत के राजस्व प्रशासन का स्वरूप किस प्रकार का था?

उत्तर– तेरहवीं शताब्दी में राजस्व व्यवस्था किस प्रकार की थी? इसके विषयमें बहुत स्पष्ट जानकारी हमारे पास नहीं है। यहाँ तक कि इस काल में भूमि–कर की सही दर के विषय में भी ज्ञात नहीं है। संभवतः पुरानी कृषि और भूमि–कर व्यवस्था ही जारी रही। प्रमुख अंतर यह था कि केन्द्र में भूमि की आय पर अधिकार करने वाला वर्ग बदल गया। पुराने शासक–वर्ग के स्थान पर अब तुर्की शासक–वर्ग भूमि की आय प्राप्त करने लगा। इस व्यवस्था के विषय में कुछ अधिक जानकारी प्राप्त करने के लिए हम इतिहासकार बनीं के विवरण (जो अलाउद्दीन खिलजी के शासन के प्रारंभिक वर्षों का विवरण है) का विश्लेषण कर सकते हैं।

संक्षेप में बनीं हमें तीन ग्रामीण अभिजात या उच्च वर्गों के विषय में बताता है। यह वर्ग है: खोत, मुकद्दम और चौधरी जो राज्य की ओर से किसानों से भूमि–कर या खराज वसूल करते थे। यह लोग किसानों से कर वसूल करके दीवान–ए विजारत के अधिकारियों के पास जमा कर देते थे। इस कार्य के बदले में अपने पारिश्रमिक के रूप में उन्हें हस वसूली का एक भाग प्राप्त करने का अधिकार था, जिसे हक्क–ए खोनी या खोती का अधिकार कहते थे। यह धन उन्हें नकद रूप में नहीं मिलता था, बल्कि कर–मुक्त भूमि के रूप में अर्थात् भूमि के एक भाग का कर वह स्वयं अपने पास रख सकते थे। इसके अतिरिक्त, यह किसानों से भी उनकी उपज का कुछ भाग अलग से लेते थे, जिसे किस्मत–ए खोती कहा जाता था। भूमि–कर के अतिरिक्त, प्रत्येक कृषक को गृह कर (घरी) और पशु या चरागाह कर (चराई) भी देना होता था। यह भी संभव है कि शायद चौधरी सीधे कर इकट्ठा करने की व्यवस्था से जुड़ा हुआ नहीं था, क्योंकि इब्नबतूता के अनुसार, चौधरी "सौ गाँवों" (परगनों) का प्रमुख होता था। इस अनुमान को और अधिक बल इस तथ्य से मिलता है कि बनीं हमेशा हक्क–ए खोती या मुकद्दमी जैसे शब्दों का प्रयोग करता है हक्क–ए चौधरी की बात कहीं नहीं करता। इतिहासकार डब्ल्यू.एच.मोरलैण्ड इन तीनों वर्गों के लिए मध्यस्थ–वर्ग (intermediaries) जैसे शब्द का प्रयोग करता है।

अलाउद्दीन खिलजी ने इस मध्यस्थ–वर्ग का दमन किया। संक्षेप में यह कहा जा सकता है कि मध्यस्थ वर्ग हमेशा विद्रोह के लिए तैयार एक असभ्य वर्ग हो गया था। सुल्तान ने उनके विरूद्ध निम्न प्रमुख आरोप लगाए–

(क) मध्यस्थ–वर्ग अपनी भूमि के उस भाग पर कर नहीं देते थे जो कर–मुक्त नहीं थी, बल्कि वे अपने कर का "बोझ" किसानों पर डाल देते थे।

(ख) वे चराई कर नहीं देते।

गलत तरीकों से प्राप्त "अधिक दौलत" ने उन्हें घमण्डी बना दिया। वे राजस्व अधिकारियों के आदेशों का पालन नहीं करते थे और जब उन्हें हिसाब देने के लिए राजस्व कार्यालय में बुलाया जाता, तो वे नहीं जाते।

इन परिस्थितियों में सुल्तान को उनकी आय के साधनों पर प्रहार करना पड़ा। इसके लिए सुल्तान ने जो कदम उठाए वह निम्न थे–

(i) राज्य की ओर से राजस्व–दर कुल उपज के आधे के बराबर निश्चित की गई अर्थात उपज का आधा भाग राज्य कर के रूप में होगा। भूमि की नाप (masahat) की गई और उसकी प्रत्येक इकाई पर कर निश्चित किया गया। इसके लिए वफा–ए बिस्वा शब्द प्रयोग किया गया (वफा–उपज; बिस्वा–बीघे का 1/20वां भाग)। संभवतः पृथक–पृथक प्रत्येक किसान की भूमि पर कर निर्धारित किया गया।

(ii) किसानों और मध्यस्थों पर कर की दर समान रखी गई (50 प्रतिशत) इसमें कोई भेद नहीं किया गया चाहे वे मध्यस्थ हों या "सामान्य किसान" (बलाहार)।

(iii) मध्यस्थों के अनुलाभ (perquistes) समाप्त कर दिए गए।

(iv) मध्यस्थों से भी गृह कर और चराई कर वसूल किया गया।

इससे यह स्पष्ट है कि इन आदेशों का एक उद्देश्य किसानों को मध्यस्थों की अवैधानिक वसूली से बचाना था। बर्नी का कथन भी यही है कि सुल्तान की नीति का उद्देश्य यह था कि "शक्तिशाली" (अकविया) का "बोझ" "कमजोर" (जुआफा) पर नहीं पड़ना चाहिए। एक ओर, जहाँ किसान अब मध्यस्थों के अत्याचार से बच सके, वहीं अब उन्हें पहले की अपेक्षा कर भी अधिक देना पड़ा। चूँकि कर की दर सब लोगों के लिए समान थी, इसलिए यह प्रतिगामी कर था (अर्थात् अधिक गरीब के लिए कर का बोझ अधिक और कष्टदायी)। इस प्रकार, राज्य ने तो मध्यस्थों का नुकसान करके अपनी आय बढ़ा ली, परन्तु किसानों को कोई लाभ नहीं हुआ। उनकी स्थिति उसी प्रकार दयनीय ही रही।

यह सही है कि अब मध्यस्थों के हाथ से सीधे कर वसूलने का कार्य ले लिया गया लेकिन अब भी उनसे यह आशा की जाती थी कि अपने क्षेत्र में वे कानून और व्यवस्था बनाए रखेंगे तथा बिना किसी पारिश्रमिक के राजस्व अधिकारियों की सहायता करेंगे। राज्य द्वारा किसानों से सीधे सम्पर्क स्थापित किए जाने से राजस्व अधिकारियों की संख्या बहुत बढ़ गई। यह अधिकारी विभिन्न नामों से जाने जाते थे, जैसे "उम्माल, मुतसर्रिफ, मुर्शरिफ, मुहासिलान, नवीसिन्दगान आदि। कुछ ही समय बाद मध्यस्थों में भ्रष्टाचार बहुत बढ़ गया जिसके लिए नायब वजीर शरफ कैनी ने उन्हें दण्डित किया। आठ से दस हजार तक अधिकारी जेल में डाले गए। धोखाधड़ी पकड़ने की प्रक्रिया बहुत सरल थी। लेखा परीक्षक गाँव के पटवारी की बही या खाते की सूक्ष्मता से जाँच करते थे। किसानों द्वारा राजस्व अधिकारियों को किए गए प्रत्येक वैधानिक या अवैधानिक भुगतान का विवरण बही में रहता था। इन भुगतानों की तुलना वसूली की प्राप्ति से की जाती थी और भ्रष्टाचार पकड़ा जा सकता था। अलाउद्दीन खलजी ने कर वसूलने वालों के वेतन बढ़ा दिए थे, फिर भी भ्रष्टाचार जारी रहा।

ये नए नियम जिस क्षेत्र में लागू किए गए थे, बर्नी उनकी ओर भी संकेत करता है। राज्य के केन्द्र को शामिल करते हुए यह एक विस्तृत क्षेत्र में लागू थे। परंतु मालवा तथा राजस्थान

के कुछ क्षेत्र और बिहार, अवध तथा गुजरात इसमें सम्मिलित नहीं थे। इस विषय में यह तथ्य ध्यान में रखना आवश्यक है कि यह नियम केवल खालसा ("शाही" अथवा "सुरक्षित" भूमि) के लिए ही थे।

भुगतान की प्रणाली एक अन्य महत्त्वपूर्ण प्रश्न है। मोरलैण्ड का विचार है कि तेरहवीं शताब्दी में नकद वसूली की प्रथा सामान्यतया प्रचलित थी और चौदहवीं शताब्दी तक इसका काफी विस्तार हो गया था। परन्तु अलाउद्दीन ने अनाज के रूप में वसूली को वरीयता प्रदान की। उसने आदेश दिया कि दोआब की सम्पूर्ण खालिसा भूमि से वसूली अनाज के रूप में ही की जाए और दिल्ली तथा उसके आसपास के क्षेत्र से केवल आधा राजस्व नकद रूप में वसूला जाए (शेष आधा अनाज के रूप में)। उसके द्वारा अनाज के रूप में वसूली को वरीयता देने का कारण दिल्ली और अन्य क्षेत्रों में अनाज का भण्डारण तथा जिससे आपात स्थिति (जैसे सूखा पड़ने या अन्य कारण से अनाज की कमी होने पर) में संग्रहित अनाज का उपयोग हो सके। साथ ही, एक अन्य उद्देश्य यह थ कि इस संगृहित अनाज की सहायता से वह अनाज मण्डी में अपनी कीमतों को स्थिर करने की नीति को सफल बना सकता था।

गियासउद्दीन तुगलक द्वारा दो महत्त्वपूर्ण परिवर्तन किए गए। (i) मध्यस्थ वर्ग हो हक्क–ए खोती का अधिकार वापस दे दिया गया (परन्तु किस्मत–ए खोती का अधिकार नहीं दिया गया) उन्हें गृह कर और चराई कर से भी मुक्ति दे दी गई; (ii) भूमि को नापने की व्यवस्था (मसाहत) तो जारी रखी गई, परन्तु साथ ही अवलोकन या "वास्तविक उपज" (बर हुक्म हासिल) के आधार पर भी कर का निर्धारण जारी रखा। मुहम्मद तुगलक के कार्यों को लेकर कुछ अनिश्चितता है कि उसने भूमि कर की दर 50 प्रतिशत से भी अधिक बढ़ा दी थी यह भी कहा जाता है कि अलाउद्दीन की मृत्यु के बाद उसके उत्तराधिकारियों ने कर की दर घटा दी थी जिसे मुहम्मद तुगलक ने फिर 50 प्रतिशत कर दिया। यह दोनों दृष्टिकोण गलत प्रतीत होते हैः अलाउद्दीन द्वारा निर्धारित की गई दर में कोई फेर–बदल नहीं हुआ। वास्तव में, मुहम्मद तुगलक ने कुछ नए कर (अबवाब) लगाए और साथही पुरानों को फिर जारी किया (उदाहरण के मध्यस्थों पर फिर चराई और गृह कर लागू किए)। इसके अतिरिक्त, ऐसा भी प्रतीत होता है कि कर निर्धारित करने के लिए केवल भूमि को नापने की प्रथा अपनाई गई। स्थिति उस समय अधिक बिगड़ी जब अनाज के रूप में वसूली "वास्तविक उत्पादन" के आधार पर न करके सम्पूर्ण नापी गई भूमि में राज्य द्वारा निर्धारित उपज (वफा–ए फरमानी) के आधार पर की गई। साथ ही, नकद रूप में वसूली करने के लिए भी बाजार में अनाज के प्रचलित मूल्यों को आधार नहीं बनाया गया बल्कि "सुल्तान द्वारा निर्धारित मूल्य" (निर्ख–ए फरमानी) को आधार माना गया। इस सबके ऊपर जैसा कि बर्नी कहता है इन सभी करों को अत्यन्त कठोरता से वसूल करने की कोशिश की गई। इन नियमों को दोआब की सम्पूर्ण खालिसा भूमि पर लागू किया गया। परिणाम प्रत्यक्ष थे—मध्यस्थों के नेतृत्त्व में किसानों का अभूतपूर्व विद्रोह, जिसने खूनी संघर्ष को जन्म दिया। बाद में फीरोज शाह तुगलक ने लगभग तेईस प्रकार के उप–कर या अबवाब समाप्त किए जिसमें चराई और घरी (गृह कर) राजस्व का

ठेके पर देने की प्रथा एक अन्य प्रमुख कदम था जो विशेषकर तुगलक काल में अपनाया गया। इस व्यवस्था के अनुसार कुछ क्षेत्रों में राजस्व वसूल करने का उत्तरदायित्व ठेकेदारों को दे दिया गया। ठेकेदार संभवतः कुल राशि अग्रिम रूप में देकर किसी क्षेत्र में एक निश्चित समय के लिए कर इकट्ठा करने का अधिकार प्राप्त कर लेते थे। फीरोज शाह के काल में एक "सिंचाई कर" (haqq-l sharb) भी उन लोगों पर लगाया गया, जो राज्य द्वारा निर्मित नहरों से सिंचाई के लिए पानी लेते थे। यहाँ हम आपको यह भी बताना चाहेंगे कि जब फसल खराब हो जाती थी, तब राज्य द्वारा भूमि–कर में छूट आदि दी जाती थी। मुहम्मद तुगलक के काल में किसानों को कृषि ऋण सोनघर भी दिया जाता था।

प्रश्न 7. नायनकार और आयगार व्यवस्थाओं का संक्षिप्त विवरण दीजिए।

Refer to Chapter-27, Q.No.-2

विजयनगर साम्राज्य के काल में नायक और आयगार व्यवस्था की प्रमुखता थीं, जिनका संक्षिप्त विवरण निम्नानुसार है–

नायनकार व्यवस्था–नायनकार व्यवस्था विजयनगर के राजनैतिक संगठन की एक महत्त्वपूर्ण विशेषता थी। सेनानायक और योद्धा नायक या अमरनायक की पदवी धारण किया करते थे। इन योद्धाओं को इनकी जातीय पहचान, कर्त्तव्यों या अधिकारों और विशेषाधिकारों के आधार पर वर्गीकृत करना कठिन है।

नायक संस्था का गहन अध्ययन दो पुर्तगाली विद्वानों फरनाओं नूनिज और डोमेन्गो पाएस द्वारा किया गया जिन्होंने 16वीं शताब्दी में तुलूव वंश के कृष्णदेव राय और अच्युत राय के राज्य–काल में भारत की यात्रा की थी। उन्होंने नायकों को महज रायों (केंद्रीय सरकार) के एजेंट के रूप में देखा। नूनिज द्वारा वर्णित नायकों द्वारा रायों को दी जाने वाली अदायगी, के प्रमाण से सामंती दायित्वों का प्रश्न सामने आता है। विजयनगर के अभिलेख और बाद में मेकेन्जी की पांडुलिपियाँ नायकों का प्रादेशिक नायकों के रूप में चित्रण करते हैं, जिनकी राजनीतिक महत्वाकांक्षाएँ कई बार शासकों के उद्देश्यों के विपरीत टकराती थीं। एन.के. शास्त्री (1946 में) ने 1565 के पूर्व और उसके बाद के नायकों के मध्य एक विभाजन–रेखा खींची है। पहले वे पूर्ण रूप से शासकों पर निर्भर थे, जबकि बाद में नायक अर्द्ध–स्वतंत्र हो गए थे। किंतु, बाद में उन्होंने अपनी राय में संशोधन करते हुए 1565 के पूर्व नायकों को सैनिक–मुखिया बताया जिनके अधीन सैनिक जागीरें होती थीं। एक नवीनतम कृति में (सोरसेज ऑफ इंडियन हिस्ट्री) उन्होंने विजयनगर साम्राज्य को एक सैनिक महासंघ बताया जिसमें कई सरदार मिलकर उनमें से सर्वाधिक शक्तिशाली के नेतृत्व में सहयोग करते थे। उन्होंने इस बात पर बल दिया कि इस्लाम के बढ़ते खतरे को देखते हुए विजयनगर शासकों को सैन्य–शक्ति और धर्म पर महत्त्व देना पड़ा। कृष्णास्वामी नायक व्यवस्था को सामंती मानते हैं। परंतु वेंकटरमन्या का कहना है कि नायक व्यवस्था में यूरोपीय सामंतवाद के प्रमुख लक्षण जैसे स्वामिभक्ति, सम्मान और उप–सामंतीकरण अनुपस्थित थे। इसी तरह डी.सी. सरकार

इस सिद्धांत का खंडन करते हुए इसकी सामंतवाद के एक रूपांतर के रूप में इसकी एक प्रकार की जमींदार प्रथा के रूप में व्याख्या करते हैं, जिसमें राजा हेतु सैनिक सेवाओं के लिए अमरनायकों को भूमि बाँटी जाती थी।

इसी प्रकार, डी.सी. सरकार और टी.वी. महालिंगम विजयनगर के नायकों को योद्धाओं के रूप में प्रस्तुत करते हैं, जिन्हें केंद्रीय सरकार द्वारा सैनिक सेवा के बदले पद (कर) दिया जाता था। अमरनायक उस सैन्य अधिकारी को कहा जाता था, जिसके अधीन निश्चित संख्या में सैन्य टुकड़ियाँ रहती थीं। इन नायकों को भूमि या क्षेत्र में राजस्व अधिकार प्राप्त थे, जो अमरम (अमरमकरा या अमरामहाली) कहलाते थे। तमिल–प्रदेश और विजयनगर साम्राज्य में भूमि का लगभग 3/4 भाग इसके अंतर्गत आता था। नायकों की जिम्मेदारियाँ और गतिविधियों में से कुछ इस प्रकार थीं : मंदिरों को उपहार देना, तालाबों का निर्माण, उजाड़ भूमि को फिर से उपजाऊ बनाना और मंदिरों से शुल्क वसूल करना। तथापि, तमिल अभिलेख राजा या उसके अधिकारियों को नायकों द्वारा भुगतान का उल्लेख नहीं करते हैं।

मेकेन्जी की पांडुलिपियों के आधार पर कृष्णास्वामी का मानना है कि विजयनगर के सेनापतियों (पहले कृष्णदेव राय के अधीन) ने कालांतर में स्वतंत्र नायक राज्यों की स्थापना की। इन खतरों से बचने के लिए विजयनगर सम्राटों ने सामुद्रिक व्यापार पर अधिक नियंत्रण का प्रयास किया, जो घोड़ों की खरीद–फरोख्त के लिए महत्त्वपूर्ण था। उन्होंने अच्छी नस्ल के घोड़ों के लिए उच्च दाम देकर इस व्यापार पर अपना एकाधिकार स्थापित करना चाहा। उन्होंने वफादार सैनिकों की सुरक्षित सुरक्षा बनाई। इस प्रकार, जहाँ एक तरफ तेलुगु नायक विजयनगर साम्राज्य की शक्ति के स्रोत थे, वहीं दूसरी ओर वे इसके प्रतिद्वंद्वी भी थे।

आयगार व्यवस्था–विजयनगर युग में स्वायत्त स्थानीय संस्थाओं को विशेषतः तमिल भाग में, आघात पहुँचा। विजयनगर काल से पहले कर्नाटक तथा आंध्र में स्थानीय संस्थाओं के पास तमिल क्षेत्र की अपेक्षा कम स्वायत्तता थी। विजयनगर काल में कर्नाटक में स्थानीय क्षेत्रीय विभाजन बदल दिए गए। फिर भी, आयगार व्यवस्था जारी रही और संपूर्ण वृहतर क्षेत्र में व्यापार रूप से प्रचलित थी। 15–16वीं शताब्दी के मध्य नाडु और नट्टार की क्षीण होती शक्ति के फलस्वरूप तमिल प्रदेश में इसका विस्तार हुआ। आयगार ग्राम्य सेवक अथवा कर्मचारी होते थे तथा इसके अंतर्गत परिवार के समूह आते थे। ये थे–मुखियागण (रेड्डी और गौडा, मनियम), लेखाकार (करनम सेनभोवा) और पहरेदार (तलाइयारी)। इन्हें गाँव का एक भाग या गाँव में एक भूखंड दे दिया जाता था। कभी–कभी उन्हें एक निश्चित लगान अदा करना पड़ता था, किंतु सामान्यतया ये भूखंड मान्या अर्थात् कर–मुक्त होते थे, क्योंकि उनकी कृषिय आय पर कोई नियमित कर नहीं लगाया जाता था। कुछ विशेष स्थितियों में ग्राम्य कर्मचारियों को नकद के रूप में उनकी सेवा के लिए सीधा भुगतान किया जाता था। अन्य ग्राम्य–सेवकों जैसे धोबी या पुजारी को भी आनुष्ठानिक कार्यों और गाँव के समुदायों की सेवा के लिए भुगतान भूमि के रूप में किया जाता था। अन्य सामान्य सेवाएँ देने वाले ग्राम्य सेवकों

में चमड़ा–कारीगर, जिनके बनाए चमड़े के थैले सिंचाई के साधनों (कपिला या मोहते) में उपयोगी थे, कुम्हार, लुहार, बढ़ई, जलापूर्ति कारक व्यक्ति (निरनिक्कर : जो सिंचाई–मार्गों की देख–रेख करता था और साहूकारों, महाजनों का पर्यवेक्षक था) थे। आयगार व्यवस्था की विशिष्टता यह थी कि भूमि द्वारा आय का विशेष आवंटन तथा निश्चित नकद भुगतान पहली बार ग्राम्य सेवकों (जिनका निश्चिय कार्य था) को किया गया।

प्रश्न 8. बहमानी शक्तियों के पतन में अफाकियों और दक्खनियों की भूमिका का उनके संघर्ष के विशेष संदर्भ में विश्लेषण कीजिए।

उत्तर– अमीरों की भूमिका न केवल सल्तनत को बनाने के लिए थी बल्कि राजा बनाने के रूप में भी थी। प्रत्येक सुल्तान की चाह अमीरों की वफादारी प्राप्त करना था। यही परंपरा बहमनी राज्य में भी जारी रही। अलाउद्दीन बहमन शाह के काल में ही हमें तीन गुट नजर आते हैं – एक वह गुट था जिसने दक्खन में एक स्वतंत्र राज्य की स्थापना में अलाउद्दीन बहमन शाह की सहायता की, दूसरा तुगलक गुट और तीसरे गुट में स्थानीय सरदार और उनके मातहत (असामी) थे, जिनके व्यक्तिगत स्वार्थ थे।

अलाउद्दीन मुजाहिद के काल (1375–78) के बाद में अमीरों के इस संयोजन में एक नए घटक का आगमन हुआ यह था–अफाकी। इस शब्द का अर्थ है "सार्वभौमिक" – वे लोग जिन्हें मूलस्थान से उखाड़ दिया गया है और वे अब किसी प्रदेश से संबंधित नहीं हैं। उन्हें गरीब–उद दयार अर्थात् "अजनबी" भी कहा जाता था। ये अफाकी यहाँ इरान, ट्रांसऑक्सियाना और ईराक से आए थे। दक्खनियों और अफाकियों के मध्य वास्तविक संघर्ष 1397 में गियासुद्दीन तहमतान के काल में हुए जब उसने कई अफाकियों को उच्च पदों पर नियुक्त किया – उदाहरणार्थ, सलाबत खाँ को बरार का राज्यपाल, मुहम्मद खाँ को सर–ए नौबत और अहमद बेग कजनीवी को पेशवा बनाया गया। इन उच्च पदों पर, जो पहले दक्खनियों के हाथों में थे, अफाकियों की नियुक्ति ने पुराने अमीर वर्ग और तगलचिन के नेतृत्व वाले तुर्की गुट में बहुत असंतोष को जन्म दिया। तगलचिन ने 1397 में इनके प्रभाव को कम करने में सफलता प्राप्त की जब उसने सफल षड्यंत्र कर गियासुद्दीन को मरवा कर शम्सुद्दीन दाउद II (1397) को एक "कठपुतली" सुल्तान बनाया और स्वयं के लिए मलिक नाएब और मीर जुमला के पद हासिल किए। अहमद I (1422–36) ने पहली बार, एक अफाकी खलफ हुसन बसरी (जिसकी मदद से उसे सिंहासन प्राप्त हुआ था) को वकील–ए सल्तनत के उच्चतम पद पर नियुक्त कर उसे मलिक–उत तुज्जार (व्यापारियों का शहजादा) की उच्चतम पदवी दी। अफाकियों की यह अद्‌भुत प्रगति उनके द्वारा दक्खनियों की तुलना में लगातार वफादारी के प्रदर्शन के कारण संभव हुई। अफाकी सैयद हुसैन बडखोही व साथियों ने ही अहमद को अपने शासनकाल के प्रारंभिक वर्षों में विजयनगर अभियान के दौरान वहाँ से बच निकलने में सहायता प्रदान की थी। इसके परिणामस्वरूप अहमद I ने अफाकी तीरन्दाजों की

एक विशेष टुकड़ी तैयार की। उन्हें इसी प्रकार के अन्य लाभ भी मिलते रहे। इस नीति से दक्खनियों में बहुत असंतोष फैला। इन दो गुटों के मध्य विवाद को अहमद के गुजरात के विरुद्ध मुहिम में देखा जा सकता है जब दक्खनियों के अहसयोग के कारण मलिक–उत तुज्जार के नेतृत्व में बहमनी सेना को पराजय उठानी पड़ी। दोनों गुटों के बीच यह खाई अहमद II के शासनकाल में और बढ़ी। खानदेश की सेनाओं के आक्रमण के समय दक्खनियों के असहयोग के कारण केवल अफाकी दलों को खलफ हसन बसरी के नेतृत्व में भेजा जा सका। हुमायुँ शाह (1458–1461) ने दोनों गुटों के मध्य सामंजस्यता लाने के प्रयास किए। अहमद III (1461–65 ई.) के काल में, दक्खनियों ने शासन की पतवार ख्वाजा–ए जहाँ तुर्क, मलिक–उत तुज्जार और महमूद गावां के हाथों में देख अनुभव किया कि अफाकियों के हाथों में शक्ति केंद्रित थी। दूसरी तरफ, अफाकी 'इसलिए असंतुष्ट थे क्योंकि अहमद II के अधीन उन्हें प्राप्त शक्तियों में, उसके उत्तराधिकारी के काल में, बहुत कमी कर दी गई। मौहम्मद III (1463–1482) के मुख्यमंत्री महमूद गावां ने भी दोनों गुटों के मध्य साम्य स्थापित करने के प्रयास किए। इसके परिणामस्वरूप, उसने मलिक हसन को तेलंगाना का सर–ए लश्कर और फतउल्लाह को बरार से सर–ए लश्कर के पद पर नियुक्त किया। किंतु महमूद गावां स्वयं जरीफ–उल मुल्क दक्खनी और मिफ्ताह हब्शी के षड्यंत्रों का शिकार बना। इसके बाद गुटों का साम्य बिखर गया और बाद के कमजोर राजा एक या दूसरे गुट के हाथों में कठपुतली बनते गए।

शिहाबुद्दीन महमूद के शासनकाल (1482–1512) में संघर्ष चरमोत्कर्ष पर पहुँचा। जबकि राजा का अफाकियों के प्रति स्पष्ट झुकाव था, दक्खनियों ने हब्शी (अबीसीनियाई) गुट से दोस्ती की। हब्शी गुट ने, 1487, में राजा को मारने का एक दुसाहसिक प्रयास किया किंतु यह असफल रहा। इसके परिणामस्वरूप बड़ी संख्या में दक्खनियों का कत्ले–आम प्रारंभ हुआ जो तीन दिनों तक जारी रहा। इन गुटों के झगड़ों ने केंद्र को कमजोर कर दिया था। शिहाबुद्दीन का शासनकाल कासिम बरीद, मलिक अहमद, निजाम–उल मुल्क, बहादुर गिलानी आदि के विद्रोहों और षड्यंत्रों से त्रस्त रहा। शिहाबुद्दीन की मृत्यु (1518) ने इन सरदारों को अपने प्रांतों में लगभग खुली छूट प्रदान की। अंत में, बीजापुर के इब्राहीम आदिल शाह ने सर्वप्रथम अपनी स्वतंत्रता की घोषणा 1537 में की। इस प्रकार बहमनी सल्तनत के क्षेत्रीय विखंडन की प्रक्रिया प्रारंभ हुई।

प्रश्न 9. 14वीं–15वीं शताब्दी में उत्तर भारत में क्षेत्रीय राज्यों के उद्‌भव पर संक्षिप्त टिप्पणी लिखिए।

उत्तर– सल्तनत की स्थापना के समय से ही दिल्ली के सुल्तानों और उनके अमीरों के बीच संघर्ष चल रहे थे। लेकिन जब केंद्रीय शक्ति मजबूत थी तो विद्रोह सफलतापूर्वक दबा दिए गए। मुहम्मद तुगलक के शासन काल में 1347 में बहमनी राज्य की स्थापना के समय

पहली बार राज्य के विघटन के लक्षण दिखाई दिए। परंतु अगले पचास वर्षों तक सल्तनत सलामत (अक्षुण्ण) बनी रही। सन् 1398 में तैमूर के आक्रमण ने इसकी कमजोरियों को उजागर कर दिया। इसने अमीरों को सुल्तान की सत्ता से स्वतंत्र प्रभाव क्षेत्र विकसित करने का अवसर प्रदान किया। महत्त्वपूर्ण प्रांतीय गवर्नर अपने स्वतंत्र राज्य स्थापित करने लगे। मालवा में दिलावर खान (1401) ने, गुजरात में जफर खान (1407) ने, जौनपुर में ख्वाजा जहाँ (1394) ने तथा पंद्रहवीं शताब्दी में राजस्थान के कुछ क्षेत्रों ने अपनी स्वतंत्रता की घोषणा कर दी। बंगाल तो बुगरा खाँ के समय (13वीं सदी के अंत) से ही अर्द्ध–स्वतंत्र था। सल्तनत का वास्तविक प्रभाव क्षेत्र दिल्ली के आस–पास के 200 मील तक सीमित हो गया था। इसके बहुत गहरे परिणाम हुए। गुजरात, मालवा, बंगाल और जौनपुर जैसे उपजाऊ क्षेत्रों के निकल जाने से राज्य के राजस्व संसाधनों में भारी कमी आई। विद्रोही तत्त्वों का दमन करने के लिए अब राज्य लंबे युद्ध करने की स्थिति में नहीं था। सैय्यद और लोदी सुल्तानों के काल में तो स्थिति इतनी खराब हो गई थी कि नियमित राजस्व जमा करने के लिए भी वार्षिक सैनिक अभियान भेजने पड़ते थे।

उदाहरण के लिए, 1414 से 1432 ई. तक लगातार मेवात और कटेहर के छोटे–छोटे राजाओं के दमन के लिए सेनाएँ भेजनी पड़ी। इसी तरह बयाना और ग्वालियर के छोटे राज्य भी राजस्व देने से कतराने लगे। परिणामस्वरूप 1416 से 1506 ई. तक लगातार उनके विरुद्ध सेनाएँ भेजी गई। इस सबसे पता चलता है कि पंद्रहवीं शताब्दी में सुल्तानों का नियंत्रण नाममात्र का ही रह गया था। इन परिस्थितियों में बहुत थोड़े से प्रयास से ही सल्तनत को उखाड़ फेंका जा सकता था।

प्रश्न 10. तुगलक वास्तुकला के विकास पर संक्षेप में चर्चा कीजिए।

उत्तर– इस काल के भवनों में नई वास्तुकला शैली का प्रयोग हुआ। अवशेषों के आधार पर कहा जा सकता है कि इस वंश के सिर्फ प्रथम तीन शासकों ने ही वास्तुकला में अपनी रुचि दिखाई। इस काल की वास्तुकला को मुख्य दो भागों में बाँट सकते हैं–पहला समूह गियासुद्दीन और मौहम्मद तुगलक की वास्तुकला से संबंधित है दूसरा फिरोज तुगलक से।

वास्तुकला की तुगलक शैली की मुख्य विशेषताएँ निम्नलिखित हैं–

(1) मुख्य भवन–निर्माण सामग्री खुरदरे पत्थर (कंकड़) थी और अधिकांश दीवारें प्लास्टर की हुई होती थीं।

(2) दीवारें एवं बुर्ज अधिकतर अंदर की तरफ झुके हुए होते थे। इसे कोनों पर प्रखर रूप से देखा जा सकता है।

(3) चार भवनों वाली नई मेहराब के सीमित और शायद प्रयोगात्मक प्रयोग ने इसके आधार के लिए धरनी की आवश्यकता को आवश्यक बनाया। इस तरह की मेहराब–धरनी शैली का सम्मिश्रण तुगलक शैली की मुख्य विशेषता थी। नुकीली घोड़े की नालनुमा मेहराब की प्रचलित

शैली को इसकी संकीर्ण परिधि तथा अधिक जगह घेरने की अयोग्यता के कारण उपयोग में लाना बंद कर दिया गया।

(4) प्रचलित दबी हुई गर्दन वाले गुंबदों की जगह नए स्पष्ट रूप से उभरी हुई गर्दन वाले नुकीले गुंबदों का प्रयोग।

(5) भवनों की पट्टिकाओं की सजावट के लिए सफेद टाइल्स का उपयोग।

(6) इस काल में अष्टभुजीय मकबरों का उदय हुआ जिन्हें सोलहवीं तथा सत्रहवीं शताब्दी में मुगल शासकों ने अपनाया एवं उसे पूर्णता प्रदान की।

इसके साथ ही एक अन्य विशेषता सजावट का कम प्रयोग था। अब यह मेहरावों के नक्काशीदार किनारों और चापस्कंध के प्लास्टर अथवा दीवारों पर गोलाकार चित्रों तक सीमित रह गई थी।

प्रश्न 11. क्या आप इस दृष्टिकोण से सहमत हैं कि सल्तनत काल में राजकीय संरक्षण के नुकसान ने संस्कृत भाषा एवं साहित्य के पतन को जन्म दिया?

उत्तर– सामान्य तौर पर यह कहा जा सकता है कि राजकीय संरक्षण के अभाव के कारण सल्तनत युग में संस्कृत साहित्य के स्तर में गिरावट आई। यद्यपि यह सही है कि राजभाषा के रूप में संस्कृत का स्थान फारसी ने ले लिया था, संस्कृत साहित्यिक रचनाओं के सृजन में संख्या की दृष्टि से कोई कमी नहीं आई। यह युग संस्कृत भाषा की विभिन्न शाखाओं में बड़ी संख्या में साहित्यिक रचनाओं के लिए महत्त्वपूर्ण है, जैसे–काव्य (कवितामय वृतांत), धर्म और दर्शन शास्त्र, व्याकरण, नाटक, कहानियाँ, चिकित्सा विज्ञान, खगोल विज्ञान, विधि पुस्तकों पर टीका–टिप्पणियाँ और सार संग्रह तथा अन्य पारंपरिक संस्कृत रचनाएँ। न ही संस्कृत के लिए राजकीय संरक्षण का अभाव पूर्ण था, क्योंकि अभी भी कई राजा संस्कृत कवियों को संरक्षण देते थे–विशेष रूप से दक्षिण भारत और राजस्थान में। यद्यपि बड़ी संख्या में संस्कृत रचनाएँ लिखीं गईं, इन रचनाओं के स्तर में गिरावट के स्पष्ट चिह्न मौजूद थे। गिरावट की यह प्रक्रिया सल्तनत की स्थापना से पूर्व ही प्रारंभ हो गई थी जो सल्तनत युग में अधिक स्पष्ट ही गई। इस युग की अधिकांश संस्कृत रचनाओं में मौलिकता का अभाव था। अधिकतर संस्कृत कृतियाँ नीरस, आवृतिमूलक तथा कृत्रिम थीं। धार्मिक विषयों पर लिखी संस्कृत रचनाएँ अक्सर अलौकिक चिंतन युक्त होती थीं। जीवनी–संबंधी रचनाएँ मुख्यतया वीरोचित गाथाओं के रूप में होती थीं जिनमें संतचरितात्मक विवरणों और प्रेम कहानियों की भरमार थी। संस्कृत ने नए फारसी बोलने वाले शासक वर्ग का संरक्षण खो दिया। परंतु सल्तनत ने संस्कृत साहित्यिक रचनाओं के स्वतंत्र सृजन में हस्तक्षेप नहीं किया। वास्तव में, सल्तनत युग के दौरान कागज के प्रचलन ने प्राचीन संस्कृत रचनाओं जैसं–रामायण और महाभारत के पुनर्सृजन और प्रचार जैसे कार्यों को तीव्र कर दिया।

संस्कृत साहित्यिक रचनाओं के प्रकाशन में दक्षिण भारत, बंगाल, मिथिला और पश्चिम भारत अग्रणीय रहे। विजयनगर के राजाओं ने संस्कृत कवियों को संरक्षण प्रदान किया। पश्चिम भारत के जैन विद्वानों ने भी संस्कृत साहित्य के विकास में योगदान दिया। पश्चिम भारत में सर्वाधिक महत्त्वपूर्ण जैन विद्वान हेमचंद्र सूरी थे, जिनका संबंध 12वीं शताब्दी से था। उत्तरी बिहार में मिथिला भी संस्कृत के केंद्र के रूप में विकसित हुआ। बाद में, सल्तनत युग के अंत में और मुगल काल के दौरान, बंगाल और उड़ीसा में चैतन्य आंदोलन ने विभिन्न क्षेत्रों में संस्कृत रचनाओं के प्रकाशन में योगदान दिया, जैसे—नाटक, चम्पू (गद्य व पद्य का मिश्र रूप), व्याकरण आदि।

संस्कृत कवियों को कई राजपूत राजाओं का संरक्षण प्राप्त था। इन कवियों ने संस्कृत प्रशस्ति की शास्त्रीय विधा में अपने संरक्षकों के वंशों का इतिहास लिखा। इस प्रकार के वंश या कुटुम्ब इतिहास ने एक निश्चित सूत्र का अनुकरण किया जो उस काल में एक स्थापित प्रवृत्ति का रूप धारण कर चुका था। इन संस्कृत रचनाओं में से कुछ जैसे—पृथ्वीराज विजय और हम्मीरमहाकाव्य प्रसिद्ध हैं। मुस्लिम शासकों पर कई ऐतिहासिक कविताएँ जैसे—गुजरात के सुल्तान महमूद बेगड़ा की जीवनी राजविनोद उसके दरबारी कवि उदयराज द्वारा लिखी गई। कश्मीर के राजाओं के इतिहास से संबंधित कल्हण की राजतरंगिनी (12वीं शताब्दी) के बाद सल्तनत युग में जोनराज द्वारा द्वितीय राजतरंगिनी की रचना की गई जिसमें जयसिंरा से सुल्तान जेन–उल आबेदिन (1420–1470) तक के कश्मीर शासकों का इतिहास शामिल है। श्रीवर द्वारा तृतीय राजतरंगिनी की रचना की गई जिसमें 1486 ई. तक के कश्मीर के इतिहास का वर्णन है। इन सभी रचनाओं में उनके संरक्षकों का प्रशस्तियुक्त गुण गान है परंतु उनमें उपयोगी ऐतिहासिक तथ्य भी सम्मिलित हैं। इन ऐतिहासिक काव्यों के अतिरिक्त, बड़ी संख्या में अर्द्ध ऐतिहासिक रचनाएँ, प्रबंध भी लिखी गईं। ये प्रबंध काल्पनिक और संतचरित लेखन से परिपूर्ण थे। परंतु उनमें से कुछ जैसे—मेरुतुंग द्वारा रचित औरबंधआकाश, चिंतामणि और राजशेखर के प्रबंधकोष में ऐतिहासिक महत्त्व की जानकारी है। तथापि, कुल मिलाकर, बड़ी संख्या में प्रकाशित सल्तनतयुगीन संस्कृत साहित्य अपनी मौलिक ओजस्विता और सृजनशीलता खो चुका था और इस साहित्य का अधिकांश हिस्सा उस काल की बौद्धिक प्रगति से अछूता रहा।

प्रश्न 12. सल्तनत काल में अभिजात वर्ग एवं सामान्य जनता की जीवन शैलियों की तुलना कीजिए।

उत्तर— धार्मिक अभिजात वर्ग—सल्तनत प्रशासन ने उलेमा को विशेष दर्जा दे रखा था। इनमें से जो न्यायिक प्रशासन और धार्मिक कानून से संबंधित थे, उन्हें "दस्तरबंदान" के नाम से जाना जाता था क्योंकि वह एक विशेष टोपी द्वारा पहचाने जाते थे।

उलेमा शासकों की धर्म–संबंधी मामलों में मदद करते थे। उन्हें एक विशेष प्रशिक्षण लेना पड़ता था और पढ़ाई का एक निश्चित पाठ्यक्रम पूरा करना पड़ता था जिसमें इस्लामी सिद्धांत, कानून, तर्क, अरबी और धार्मिक पुस्तकें, तफसीर, हदीस, कुरान जैसे धार्मिक ग्रंथों को पढ़ना पड़ता था।

यह लोग, कुछ अन्य लोगों के साथ, एक बौद्धिक अभिजात वर्ग का हिस्सा थे, जैसे अहल कलम कहा जाता था। उनकी सामाजिक भूमिका केंद्रीयकृत राज्य और निरंकुश राजा की जरूरत के अनुरूप निर्धारित होती थी। यह लोग शाही शासन का नैतिक सहारा प्रदान करते थे।

राजनीतिक अभिजात वर्ग–उच्चतम मान–मर्यादा उन लोगों के लिए आरक्षित थी जिन्हें "खान" की उपाधि दी गई थी, कुछ को लुग खाँ की पदवी भी दी जाती थी। इनके नीचे मलिक थे और तीसरे नंबर पर अमीर थे। चूँकि इनमें से अधिकांश उपाधियाँ सैन्य पदों की सूचक थी, सिपहसलार और सरलेख शासक वर्ग में सबसे छोटा पद था। अमीर शब्द जिसका अर्थ था कुलीन, असैन्य और सैन्य दोनों अधिकारियों पर लागू होता था।

वैभव के बाहरी प्रदर्शन के अलावा, सल्तनत का शासक वर्ग या अमीर सुल्तानों की जीवन शैली की नकल करता था। लगभग हर सामंत के पास बड़े महल, हरम, गुलाम और उनकी जरूरतों की पूर्ति के लिए घरेलू कारखाने थे। उनके पास अपने घराने के रख–रखाव के लिए पर्याप्त धन था।

दरबार में उपस्थित होने और युद्ध में जाने के अलावा, सामंत वर्ग शिकार करते थे, भोज में हिस्सा लेते थे और भोज आयोजित करते थे, साथ ही संगीतज्ञों और नर्तकियों द्वारा मनोरंजन में अपना समय गुजारते थे। ज्यादातर, वे विशाल पुस्तकालय भी रखते थे।

सल्तनत के शासक वर्ग का सुल्तानों के साथ संबंध उनके संकीर्ण निजी हित पर निर्भर था। नतीजन प्रत्येक अमीर शाही तख्त के पास पहुँचने की कोशिश करता था। बलबन और अलाउद्दीन खलजी ने कठोरतापूर्वक अमीर वर्ग का दमन किया परंतु इनकी वैभवपूर्ण जीवन शैली, इन सुल्तानों के उत्तराधिकारियों के काल में पुनः प्रवर्तित हो गई। मौहम्मद तुगलक के शासन काल में उसके वजीर की आय इराक की कुल आय के बराबर थी। दूसरे मंत्रियों को सालाना 20,000 से 40,000 तनका मिलते थे, मुख्य सद्र को तो 60,000 तनका की रकम साल भर के लिए मिलती थी। तुगलक काल में कई अमीर अपने बेटों के लिए काफी संपत्ति छोड़ गए। इस प्रकार, बशीर जो फिरोज तुगलक के मातहत आरिज–ए मुमालिक था, अपने पीछे 13 करोड़ छोड़ गया, जिसे सुल्तान ने यह कह कर जब्त कर लिया कि बशीर उसका गुलाम था। परंतु ऐसा कम होता था और अधिकांश अमीरों को इक्ता को छोड़कर बाकी संपत्ति अपने बेटों के नाम छोड़ने की इजाजत थी।

अभिजातों का जीवन–सामंत बड़ी–बड़ी हवेलियों में रहते थे। प्रत्येक हवेली में कई कमरे, स्नानघर, अहाता, पानी की टंकी पुस्तकालय और हरम होते थे। भीतरी भाग कीमती परीदों

और चित्रकारी से सजा रहता था। घर सफाई से पुते होते थे। उनके घरों में अच्छे किस्म का फर्नीचर होता था। बिस्तरों की सजावट रेशम, सोने और चांदी से होती थी। वह रेशमी गद्दों का उपयोग करते थे। अमीर हिंदुओं द्वारा इस्तेमाल किए जाने वाले गद्दों को सीतल–पती कहा जाता था।

जनता की जीवन शैली—हिंदू समाज के ढाँचे में इस काल में कोई परिवर्तन नहीं हुआ।

घरेलू जीवन—परिवार भारतीय ग्रामीण समाज का "केंद्र" था। "हिंदू" समाज का पारिवारिक आचार–व्यवहार, जो मुसलमान लाए थे, उससे भिन्न था, फिर भी इनमें कुछ लक्षण मिलते–जुलते थे। दोनों समाज पुरुष प्रधान थे—पुत्री के बजाय पुत्र को श्रेष्ठ मानना।

कर्मकांड और धार्मिक अनुष्ठान—हिंदू और मुस्लिम, दोनों परिवारों में बच्चे के जन्म से ही समारोह शुरू हो जाते थे। परिवार जितना ज्यादा इज्जतदार होता, कर्मकांड उतने ही विस्तृत होते। हिंदुओं में उपनयन संस्कार बच्चों का विद्या के क्षेत्र में प्रवेश को सूचित करता है और मुसलमानों में 4 साल 4 महीने 4 दिनों, के बाद बिस्मिल्लाह खानी (मकतब में बच्चे को भेजना) समारोह का आयोजन होता था। मुसलमानों में खतना समारोह (आम तौर पर 7वें वर्ष में) खूब धूमधाम से मनाया जाता था, जबकि हिंदुओं में उपनयन (द्विजा समारोह) का आयोजन होता था।

दूसरा महत्त्वपूर्ण समारोह था विवाह। दोनों, हिंदू और मुसलमान न सिर्फ खूब धूमधाम से यह आयोजन करते थे, बल्कि बहुत सारे कर्मकांडों को भी मानते थे। लड़की अपने साथ बड़ा दहेज लेकर आती थी। हिंदुओं के बीच उप–जाति में विवाह की इजाजत थी, परंतु दूसरे वर्ण में अंतर्विवाह पर पाबंदी थी। जहाँ तक मुसलमानों का सवाल था, पत्नी या पति को, पसंद करने की पूरी आजादी थी। परंतु अपने सामाजिक समूहों की "हैसियत" (काफू) को महत्त्व दिया जाता था।

मृत्यु के समारोह के साथ विभिन्न अंधविश्वासपूर्ण अनुष्ठान होते थे। हिंदुओं के बीच, अनुष्ठान एक साल तक चलते थे जो श्राद्ध के साथ समाप्त होते थे। मुसलमानों में, सियुम (तीसरे दिन का समारोह) होता था। जाति अभी भी सामाजिक मतभेदों को निर्धारित करने वाली प्रमुख श्रेणी थी। स्मृति ग्रंथ इस बात पर जोर देते थे कि शैतानों को सजा और चतुर्वर्ण (चार वर्णों में विभाजित वर्ण–व्यवस्था) सामाजिक–व्यवस्था की हथियारों के बल पर रक्षा करना क्षत्रियों का कर्म था। दरअसल, पूर्व के शासक वर्ग जो राजा, रणका इत्यादि के पुत्र थे, अब ग्रामीण अभिजात वर्ग और प्रशासनिक शाखा में परिणत हो गए थे, जिनके बिना राज्य का काम नहीं चल सकता था। इस प्रकार, दिल्ली सल्तनत के लिए यह बहुत महत्त्वपूर्ण था कि हिंदू अभिजात वर्ग और शहर–अवस्थित प्रशासन के बीच शक्ति का मौन बँटवारा रहे।

अभी भी शूद्र का कर्म था उच्च जातियों की सेवा करना। शूद्रों द्वारा वेदों की स्तुति पर पाबंदी अभी भी लागू थी, हालाँकि अब वह पुराणों की स्तुति को सुन सकते थे। स्मृति लेखक अभी भी

शूद्रों द्वारा उच्च जातियों के साथ भोजन करने और आनुष्ठानिक भोजों में शामिल होने पर पाबंदी लगाए हुए थे और चांडालों तथा अन्य अछूतों के साथ घुलने–मिलने पर भी कठोर पाबंदी लगाई गई थी।

प्रतिदिन पूजा और अनुष्ठानों की आम धार्मिक पद्धति का निर्वाह होता था। विवाह के पुराने रूप चल रहे थे। काली काल में उच्च जातियों के बीच अंतरजातीय विवाहों पर पाबंदी थी। इसने जाति–विभेद को और कठोर बनाया। फिर भी, जैसा कि स्मृति लेखकों ने विस्तारपूर्वक अंतरजातीय विवाह से उत्पन्न बच्चों की चर्चा की है, ऐसे विवाह होते होंगे। हालाँकि अपनी खुद की जाति में विवाह करने की परंपरा थी, फिर भी ऐसा लगता था कि धनी और सबल किसी भी जाति या वर्ग से अपनी पत्नियाँ चुन सकते थे, कुछ पाबंदियों को छोड़कर।

खंड – III

प्रश्न 13. निम्नलिखित में से किन्हीं दो पर लगभग 100 शब्दों में संक्षिप्त टिप्पणी लिखिए–

(क) वीर–स्तंभ

Refer to Chapter-6, Q.No.-2

(ख) प्रारंभिक मध्यकाल में कायस्थों का नए साक्षर वर्ग के रूप में उद्‌भव

Refer to Chapter-5, Q.No.-3

(ग) अलाउद्दीन खिलजी के बाजार नियंत्रण के उपाय

Refer to Chapter-19, Q.No.-2

(घ) दासता और दास व्यापार

उत्तर– गौरी शासकों ने भारत में दास प्रथा का प्रचलन देखा, जहाँ इसका एक प्राचीन इतिहास रहा था। इस विषय में उनके लिए भी कोई नैतिक आशंकाएँ वाधक नहीं थीं। दास प्रथा इस्लाम में स्वीकृत थी और इस्लामी देशों में यह प्रचलित थी। इरफान हबीब के अनुसार, गजनवियों और गौरियों के उत्तरी भारत में आक्रमण, जूलियस सीजन के इंग्लैंड पर आक्रमणों की भाँति, आंशिक रूप से गुलामों को प्राप्त करने के उद्देश्य से थे। एक युद्ध की सफलता सोना, चांदी, मवेशी और घोड़ों के साथ–साथ पकड़े गए दासों की संख्या में आंकी जाती थी। कुतुबुद्दीन ऐवक ने 1195 में गुजरात पर अभियान के दौरान 20 हजार और 1202 में कालिंजर पर आक्रमण कर 50 हजार दास प्राप्त किए। सल्तनत की स्थापना के बाद भी अविजित क्षेत्रों में लड़ाइयों द्वारा गुलामीकरण की प्रक्रिया जारी रही। बलबन के रणथम्भौर अभियान और दक्खन में मलिक काफर के मुहिमों का एक प्रमुख उद्देश्य गुलामों को प्राप्त करना था।

दासों को प्राप्त करने का एक अन्य स्रोत विद्रोही गाँवों (मवास) की लूट–मार था, जो क्षेत्र सल्तनत को खराज अदा करने से मुकर जाता था। इन स्रोतों से प्राप्त दासों की संख्या बहुत अधिक थी। अलाउद्दीन खलजी (1296–1316) के शासनकाल में 50,000 दास थे। यह संख्या फिरोज तुगलक (1351–88) के समय 1,80,000 तक पहुँच गई। सुल्तान के अतिरिक्त अमीरों के पास निजी तौर पर बड़े–बड़े दासों के दल होते थे, जिनमें बड़ी संख्या में औरतें भी सम्मिलित थीं। यहाँ तक कि अभिजात गरीब वर्ग भी दास रखता था।

नए शासक वर्ग, जो अपनी पसंद के अनुसार कार्य करवाना चाहता था, के लिए दास बहुत महत्त्व के थे। प्रारंभ में कुछ सीमा तक पारंपरिक भारतीय शिल्पकर्मियों और कारीगरों को नए कुलीन वर्ग की माँगों और नई उत्पादन तकनीकी जैसी चरखे और रूई धुनने के यंत्र के प्रयोग में मुश्किल आई होगी। अप्रशिक्षित दासों को किसी भी कार्य में दक्ष किया जा सकता था। फिरोज तुगलक के दासों में 12,000 कारीगर सम्मिलित थे।

एक बड़ा दास बाजार था। बर्नी ने अलाउद्दीन खलजी द्वारा विभिन्न उम्र के दासों की कीमत निश्चित करने का ब्यौरा दिया है। दासों की बहुलता ने भारत में इस्लामी देशों में दासों के निर्यात को प्रोत्साहित किया। लेकिन फिरोज तुगलक ने दासों के निर्यात को बंद करवा दिया।

ई.एच.आई. – 03 : भारत 8वीं सदी से 15वीं सदी ई. तक

जून, 2020

नोटः *इस प्रश्न–पत्र में तीन खंड हैं। विद्यार्थियों को खंड–I में से कोई दो प्रश्न लगभग 500 शब्दों में (प्रत्येक), खंड–II में से कोई* **चार** *प्रश्न लगभग 250 शब्दों में (प्रत्येक) तथा खंड–III में से कोई दो संक्षिप्त टिप्पणियाँ लगभग 100 शब्दों में (प्रत्येक) करने हैं। प्रत्येक प्रश्न के अंक उसके सामने अंकित हैं।*

खंड–I

प्रश्न 1. किसी बस्ती की नगरीय रूप में पहचान के क्या मापदंड हैं? प्रारंभिक मध्यकाल में नगरीय केंद्रों के उदय के क्या कारण थे?

प्रश्न 2. मंदिर स्थापत्य की विभिन्न शैलियों का विस्तृत विश्लेषण प्रस्तुत कीजिए।

प्रश्न 3. इक्ता शब्द को परिभाषित कीजिए। दिल्ली सुल्तानों के अधीन इक्ता प्रणाली के संचालन पर एक टिप्पणी लिखिए।

प्रश्न 4. भक्ति आंदोलन के उदय के लिए उत्तरदायी कारणों का आलोचनात्मक परीक्षण कीजिए। कुछ लोकप्रिय एकेश्वरवादी आंदोलनों और उनकी विशेषताओं की चर्चा कीजिए।

खंड–II

प्रश्न 5. प्रारंभिक मध्यकाल में वंशीय शक्ति के निर्माण का आलोचनात्मक परीक्षण कीजिए।

प्रश्न 6. दिल्ली सुल्तानों की दक्खन नीति पर संक्षिप्त चर्चा कीजिए।

प्रश्न 7. दिल्ली सुल्तानों की मुद्रा प्रणाली पर एक टिप्पणी लिखिए।

प्रश्न 8. कृषि तकनीकी के क्षेत्र में तुर्कों द्वारा प्रयुक्त नवीन तकनीकियों की चर्चा कीजिए।

प्रश्न 9. दिल्ली सुल्तानों के राजपूत राज्यों के साथ संबंधों का एक संक्षिप्त ब्यौरा प्रस्तुत कीजिए।

प्रश्न 10. नायक और अमरनायक कौन थे? नायनकारा प्रणाली किस प्रकार काम करती थी?

प्रश्न 11. 13–15 वीं शताब्दियों में चित्रकला के प्रचलित विभिन्न रूपों की संक्षिप्त रूपरेखा प्रस्तुत कीजिए।

प्रश्न 12. क्षेत्रीय भाषाओं के उदय की सामाजिक तथा राजनीतिक पृष्ठभूमि की चर्चा कीजिए।

खंड–III

प्रश्न 13. निम्नलिखित में से किन्हीं दो पर लगभग 100 शब्दों में (प्रत्येक) संक्षिप्त टिप्पणियाँ लिखिए–

(अ) अंजुवणम और मणिग्रामम

(ब) तंत्रवाद

(स) नगरम्

(द) जौनपुर

ई.एच.आई. – 03 : भारत 8वीं सदी से 15वीं सदी ई. तक
दिसम्बर, 2020

नोट: *इस प्रश्न–पत्र में तीन खंड हैं। विद्यार्थियों को खंड–I से कोई दो प्रश्न लगभग 500 शब्दों में (प्रत्येक), खंड–II से कोई* **चार** *प्रश्न लगभग 250 शब्दों में (प्रत्येक) तथा खंड–III से कोई दो संक्षिप्त टिप्पणियाँ लगभग 100 शब्दों में (प्रत्येक) करने हैं। प्रत्येक प्रश्न के अंक उसके सामने अंकित हैं।*

खंड–I

प्रश्न 1. ब्रह्मदेय, देवदान तथा गैर–ब्रह्मदेय अनुदान की विशेषताओं तथा भूमिका की चर्चा कीजिए।

प्रश्न 2. अलाउद्दीन खिलजी की भू–राजस्व प्रणाली की चर्चा कीजिए। मध्यस्थों के उन्मूलन के लिए उसने क्या कदम उठाए।

प्रश्न 3. राजपूतों के विरुद्ध तुर्की सफलता के पीछे उत्तरदायी कारण क्या थे?

प्रश्न 4. 13–15वीं शताब्दियों में स्थापत्य की क्षेत्रीय शैलियों की प्रकृति तथा विकास का आलोचनात्मक परीक्षण कीजिए।

खंड–II

प्रश्न 5. सामंत कौन थे? उनकी शक्ति तथा अधिकारों की चर्चा कीजिए।

प्रश्न 6. खलीफा कौन थे? दिल्ली सुल्तानों के साथ उनके संबंधों की चर्चा कीजिए।

प्रश्न 7. 7–12वीं शताब्दियों में नगरों के पतन के कारणों की चर्चा कीजिए।

प्रश्न 8. मध्य तथा पूर्वी भारत में क्षेत्रीय शक्तियों के उदय पर एक टिप्पणी लिखिए।

प्रश्न 9. अफाकी तथा दक्खनी कौन थे? बहमनी राज्य के साथ उनके संबंधों तथा उनके मध्यम आंतरिक संघर्षों की चर्चा कीजिए।

प्रश्न 10. 13–15वीं शताब्दियों में चित्रकला की विभिन्न शैलियों का संक्षिप्त ब्यौरा प्रस्तुत कीजिए।

प्रश्न 11. 13–15वीं शताब्दियों में हिंदी साहित्य के विकास की संक्षिप्त चर्चा कीजिए।

प्रश्न 12. सल्तनतकाल में कुलीनों की जीवनशैली की चर्चा कीजिए।

खंड–III

प्रश्न 13. निम्नलिखित में से किन्हीं दो पर लगभग 100 शब्दों में संक्षिप्त टिप्पणियाँ लिखिए–

(अ) शूद्रों का कृषकों के रूप में उदय

(ब) वीर–स्तंभ

(स) चिश्ती सूफी

(द) सल्तनतकाल में महिलाओं की स्थिति

ई.एच.आई. – 03 : भारत 8वीं सदी से 15वीं सदी ई. तक

जून, 2021

नोटः *इस प्रश्न–पत्र में तीन खंड हैं। विद्यार्थियों को खंड–I में से कोई दो प्रश्न लगभग 500 शब्दों (प्रत्येक) में, खंड–II में से कोई* **चार** *प्रश्न लगभग 250 शब्दों (प्रत्येक) में तथा खंड–III में से कोई दो संक्षिप्त टिप्पणियाँ लगभग 100 शब्दों (प्रत्येक) में करने हैं। प्रत्येक प्रश्न के अंक उसके सामने अंकित हैं।*

खंड–I

प्रश्न 1. 900–1300 ई. में व्यापार तथा वाणिज्य की प्रकृति का आलोचनात्मक परीक्षण कीजिए।

प्रश्न 2. प्रारंभिक मध्यकालीन भारत में मंदिर स्थापत्य की विभिन्न शैलियों की विशेषताओं का विस्तृत वर्णन कीजिए।

प्रश्न 3. दिल्ली सुल्तानों के अधीन इक्ता प्रणाली के विकास का आलोचनात्मक परीक्षण कीजिए।

प्रश्न 4. सिंचाई के उद्देश्यों से 13वीं–15वीं शताब्दियों में कौन–से विभिन्न तरीके तथा तकनीकें प्रयुक्त की गईं थीं?

खंड–II

प्रश्न 5. प्रारंभिक मध्यकालीन मध्य तथा पश्चिमी भारत में वंशीय शक्ति के निर्माण पर एक टिप्पणी लिखिए।

प्रश्न 6. दिल्ली सुल्तानों के केंद्रीय शासन पर संक्षिप्त में चर्चा कीजिए।

प्रश्न 7. अलाउद्दीन खलजी की बाजार नियंत्रण नीति की प्रमुख विशेषताओं की चर्चा कीजिए।

प्रश्न 8. क्या आप इस मत से सहमत हैं कि अफाकी और दक्खनियों के मध्य संघर्ष बहमनी राज्य के पतन का कारण बना?

प्रश्न 9. तुगलककालीन भारतीय–इस्लामिक स्थापत्य की प्रमुख विशेषताएँ क्या थीं?

प्रश्न 10. विजयनगर साम्राज्य में ब्राह्मणों ने क्या भूमिका निभाई? व्याख्या कीजिए।

प्रश्न 11. सल्तनतकालीन अभिजात्य शासक वर्ग की जीवनशैली का वर्णन कीजिए।

प्रश्न 12. 13वीं से 15वीं शताब्दियों में भारत में सूफियों की भूमिका का संक्षिप्त वर्णन कीजिए।

खंड–III

प्रश्न 13. निम्नलिखित में से किन्हीं दो पर लगभग 100 शब्दों (प्रत्येक) में संक्षिप्त टिप्पणियाँ लिखिए–

(क) सल्तनतकालीन इतिहास निर्माण के फारसी स्रोत

(ख) मध्य एशिया में तुर्की साम्राज्य

(ग) कमाटा–कामरूप और अहोम

(घ) तमिल और तेलुगु भाषाएँ तथा साहित्य

ई.एच.आई. – 03 : भारत 8वीं सदी से 15वीं सदी ई. तक
दिसम्बर, 2021

नोटः *इस प्रश्न–पत्र में तीन खंड हैं। विद्यार्थियों को खंड–I में से कोई दो प्रश्न लगभग 500 शब्दों (प्रत्येक) में, खंड–II में से कोई* **चार** *प्रश्न लगभग 250 शब्दों (प्रत्येक) में तथा खंड–III में से कोई दो संक्षिप्त टिप्पणियाँ लगभग 100 शब्दों (प्रत्येक) में करने हैं। प्रत्येक प्रश्न के अंक उसके सामने अंकित हैं।*

खंड–I

प्रश्न 1. प्रारंभिक मध्यकालीन अर्थव्यवस्था की विशेषताओं का आलोचनात्मक परीक्षण कीजिए।

प्रश्न 2. सामंत कौन थे? उनके पदानुक्रम तथा कार्यों की चर्चा कीजिए।

प्रश्न 3. प्रारंभिक 13वीं शताब्दी में राजपूतों के विरुद्ध तुर्कों की सफलता के क्या कारण थे?

प्रश्न 4. प्रमुख लोकप्रिय एकेश्वरवादी आंदोलनों को सूचीबद्ध कीजिए। उनकी लोकप्रियता के पीछे क्या कारण थे?

खंड–II

प्रश्न 5. वंशावलियों को गढ़ने के विशेष संदर्भ में दक्खन में वंशीय शक्ति के निर्माण का आलोचनात्मक परीक्षण कीजिए।

प्रश्न 6. 13वीं–15वीं शताब्दियों में वाणिज्यिक वर्गों की विभिन्न श्रेणियों की चर्चा कीजिए।

प्रश्न 7. दिल्ली सुल्तानों की दक्खन नीति पर एक टिप्पणी लिखिए।

प्रश्न 8. दिल्ली सुल्तानों की मुद्रा प्रणाली पर संक्षिप्त चर्चा कीजिए। मुहम्मद तुगलक ने सांकेतिक मुद्रा का चलन क्यों किया?

प्रश्न 9. यादव, काकतीय, होयसल तथा पांड्य शक्तियों के दक्खन तथा दक्षिण भारत में उदय पर चर्चा कीजिए। उनमें आपस में संघर्ष के पीछे क्या मुख्य मुद्दे थे?

प्रश्न 10. नायनकार प्रणाली के प्रमुख लक्षण क्या थे?

प्रश्न 11. चित्रकला की जैन पोथी परंपरा तथा चौरपंचशिका शैलियों पर एक टिप्पणी लिखिए।

प्रश्न 12. फारसी भाषा तथा साहित्य के विकास में अमीर खुसरो के योगदान की चर्चा कीजिए।

खंड–III

प्रश्न 13. निम्नलिखित में से किन्हीं दो पर लगभग 100 शब्दों (प्रत्येक) में संक्षिप्त टिप्पणियाँ लिखिए–

(क) प्रारंभिक मध्यकाल में शिक्षा तथा अध्ययन

(ख) महमूद गजनवी

(ग) दास तथा दास व्यापार

(घ) नहरों द्वारा सिंचाई तथा उसके प्रभाव

ई.एच.आई. – 03 : भारत 8वीं सदी से 15वीं सदी ई. तक

जून, 2022

नोट: *इस प्रश्न–पत्र में तीन खंड हैं। विद्यार्थियों को खंड–I में से कोई दो प्रश्न लगभग 500 शब्दों में (प्रत्येक), खंड–II में से कोई* ***चार*** *प्रश्न लगभग 250 शब्दों में (प्रत्येक) तथा खंड–III में से कोई दो संक्षिप्त टिप्पणियाँ लगभग 100 शब्दों में (प्रत्येक) करने हैं। प्रत्येक प्रश्न के अंक उसके सामने अंकित हैं।*

खंड–I

प्रश्न 1. 8–13वीं शताब्दियों के दौरान क्षेत्रीय विभिन्नताओं के साथ नगरीय केंद्रों के उदय तथा विकास की चर्चा कीजिए।

प्रश्न 2. प्रारंभिक मध्यकालीन भारत में मंदिर स्थापत्य की प्रमुख शैलियों की चर्चा कीजिए।

प्रश्न 3. दिल्ली सुल्तानों की राजस्व प्रणाली की चर्चा कीजिए।

प्रश्न 4. 13–15वीं शताब्दियों के दौरान भारत में नवीन तकनीकों की शुरुआत का संक्षिप्त वर्णन कीजिए।

खंड–II

प्रश्न 5. प्रारंभिक मध्यकालीन भारत के समुद्री व्यापार पर एक संक्षिप्त टिप्पणी लिखिए।

प्रश्न 6. प्रारंभिक मध्यकालीन भारत में जाति संरचना में आए परिवर्तनों का विश्लेषण कीजिए।

प्रश्न 7. दिल्ली सुल्तानों ने मंगोल आक्रमण का सामना किस प्रकार किया?

प्रश्न 8. दिल्ली सुल्तानों की केंद्रीय प्रशासनिक संरचना की चर्चा कीजिए।

प्रश्न 9. राजपूताना में प्रमुख राजपूत राज्यों की स्थापना की प्रक्रिया का विश्लेषण कीजिए।

प्रश्न 10. अलाउद्दीन खिलजी की बाजार नियंत्रण नीति का विश्लेषण कीजिए।

प्रश्न 11. सूफियों की सामाजिक भूमिका पर एक संक्षिप्त टिप्पणी लिखिए।

प्रश्न 12. दिल्ली सुल्तानों के तहत भारत में वास्तुकला के शैलीगत विकास का विश्लेषण कीजिए।

खंड–III

प्रश्न 13. निम्नलिखित में से किन्हीं दो पर लगभग 100 शब्दों में (प्रत्येक) संक्षिप्त टिप्पणियाँ लिखिए–

(क) सामंत

(ख) दास एवं कारखाना

(ग) अफाकी और दक्खनी

(घ) अमीर खुसरो

ई.एच.आई. – 03 : भारत 8वीं सदी से 15वीं सदी ई. तक

दिसम्बर, 2022

नोटः *इस प्रश्न–पत्र में तीन खंड हैं। विद्यार्थियों को खंड–I से कोई दो प्रश्न लगभग 500 शब्दों में (प्रत्येक), खंड–II से कोई* **चार** *प्रश्न लगभग 250 शब्दों में (प्रत्येक) तथा खंड–III से कोई दो संक्षिप्त टिप्पणियाँ लगभग 100 शब्दों में (प्रत्येक) करने हैं। प्रत्येक प्रश्न के अंक उसके सामने अंकित हैं।*

खंड–I

प्रश्न 1. प्रारंभिक मध्यकालीन भारत में श्रेणियों की भूमिका और कार्यों का परीक्षण कीजिए।

प्रश्न 2. भारत पर प्रारंभिक तुर्की आक्रमणों की चर्चा कीजिए। तुर्कों को क्या सफलता प्राप्त हुई?

प्रश्न 3. दिल्ली सल्तनत के अधीन कुलीन वर्ग के संगठन की चर्चा कीजिए।

प्रश्न 4. मध्यकालीन उत्तर भारत में प्रमुख एकेश्वरवादी आंदोलनों का उसकी प्रमुख विशेषताओं के साथ वर्णन कीजिए।

खंड–II

प्रश्न 5. उत्तर–गुप्तकाल में विचारधारा की भूमिका का विश्लेषण कीजिए।

प्रश्न 6. प्रारंभिक मध्यकालीन भारत में व्यापार की प्रमुख विशेषताओं की चर्चा कीजिए।

प्रश्न 7. नाडु तथा वालानाडु के विशेष संदर्भ में 8–13वीं शताब्दियों के मध्य दक्षिण भारत की कृषीय व्यवस्था तथा राजनीति का परीक्षण कीजिए।

प्रश्न 8. अलाउद्दीन खलजी के अधीन दिल्ली सल्तनत के विस्तार का संक्षिप्त ब्यौरा प्रस्तुत कीजिए।

प्रश्न 9. इक्ता व्यवस्था की भूमिका तथा कार्यों का आलोचनात्मक परीक्षण कीजिए।

प्रश्न 10. नायकार तथा आयगर प्रणालियों पर एक टिप्पणी लिखिए।

प्रश्न 11. बहमनी राज्य की स्थापना तथा सुदृढ़ीकरण की प्रक्रिया का विश्लेषण कीजिए।

प्रश्न 12. बंगाल तथा जौनपुर की प्रांतीय वास्तुकला की चर्चा कीजिए।

खंड–III

प्रश्न 13. निम्नलिखित में से किन्हीं दो पर लगभग 100 शब्दों (प्रत्येक) में संक्षिप्त टिप्पणियाँ लिखिए–

(अ) खलीफा तथा दिल्ली सुल्तान

(ब) मंदिर स्थापत्य की वेसर शैली

(स) मेवाड़ के राठौड़

(द) दिल्ली सुल्तानों के अधीन सैन्य–तकनीकी

www.ingramcontent.com/pod-product-compliance
Ingram Content Group UK Ltd.
Pitfield, Milton Keynes, MK11 3LW, UK
UKHW021932200726
13853UKWH00010B/443